高职高专公共基础课规划教材

# 职业礼仪教程

张岩松　主编

清华大学出版社

北京

## 内 容 简 介

本书是反映高职教育教学改革最新理念的任务驱动型教材开发的有益尝试,其内容是根据企事业单位日常职业活动所涉及的各类礼仪规范而设计的,分为职业形象礼仪、入职履职礼仪和行业职场礼仪三大项目,每个项目下设若干项任务,全书共有仪容礼仪、服饰礼仪、仪态礼仪、求职礼仪、工作礼仪、交际礼仪、商务礼仪、涉外礼仪、酒店服务礼仪、旅游服务礼仪、银行服务礼仪、民航服务礼仪、会展礼仪、营销礼仪14项任务,每项任务就是一个学习单元,由学习目标、情境导入、实训设计、礼仪知识、思考与训练五部分构成,通过实训项目引领,运用情景模拟、角色扮演等教学方法,以教师为指导、学生为主体,让学生做中学、学中做、学做结合,真正提高现代职业礼仪各项技能的应用能力,以培养合格的职业人。

本书可作为高职高专院校各专业学生礼仪公共基础课程和职业礼仪专业基础课程的新型实用教材,也是各类企业进行员工职业礼仪培训的创新型教材,还是社会各界人士提高职业礼仪素养和职业能力的自我训练手册。

**本书封面贴有清华大学出版社防伪标签,无标签者不得销售。**

**版权所有,侵权必究。侵权举报电话:010-62782989　13701121933**

**图书在版编目(CIP)数据**

职业礼仪教程/张岩松主编.--北京:清华大学出版社,2014(2016.1重印)
高职高专公共基础课规划教材
ISBN 978-7-302-36588-4

Ⅰ.①职…　Ⅱ.①张…　Ⅲ.①礼仪-高等职业教育-教材　Ⅳ.①K891.26

中国版本图书馆 CIP 数据核字(2014)第 112079 号

**责任编辑:**张龙卿
**封面设计:**徐日强
**责任校对:**袁　芳
**责任印制:**宋　林

**出版发行:**清华大学出版社
　　网　　　址:http://www.tup.com.cn,http://www.wqbook.com
　　地　　　址:北京清华大学学研大厦 A 座　　　邮　　编:100084
　　社 总 机:010-62770175　　　　　　　　　　邮　　购:010-62786544
　　投稿与读者服务:010-62776969,c-service@tup.tsinghua.edu.cn
　　质 量 反 馈:010-62772015,zhiliang@tup.tsinghua.edu.cn
　　课 件 下 载:http://www.tup.com.cn,010-62795764

**印 装 者:**北京嘉实印刷有限公司
**经　　销:**全国新华书店
**开　　本:**185mm×260mm　　　**印　张:**18.25　　　**字　数:**440 千字
**版　　次:**2014 年 7 月第 1 版　　　　　　　**印　次:**2016 年 1 月第 2 次印刷
**印　　数:**2501~4000
**定　　价:**38.00 元

产品编号:058541-01

作为社会中的一员，我们每天都离不开礼仪，礼仪无处不在。讲礼仪，才会有品位；有品位，才会有魅力。实践证明，在现代社会，不学礼，则不知礼；不知礼，则必失礼。尤其对具备较强专业性与技能性的当代高职高专学生来说，在择业、就业、从业的过程中，更应掌握必备的现代职业礼仪知识和操作规范，才能有效地与他人沟通和合作，成为一个素养高、形象好的现代职业人。

本书正是基于此而编写的。作为教育部立项建设的大连职业技术学院现代交际礼仪国家精品课程的标志性成果，它是反映高职教育教学改革最新理念的任务驱动型教材开发的有益尝试。本书的内容是根据企事业单位日常职业活动所涉及的各类礼仪规范而设计的，分为职业形象礼仪、入职履职礼仪和行业职场礼仪三大项目，每个项目下设若干项任务，全书共有仪容礼仪、服饰礼仪、仪态礼仪、求职礼仪、工作礼仪、交际礼仪、商务礼仪、涉外礼仪、酒店服务礼仪、旅游服务礼仪、银行服务礼仪、民航服务礼仪、会展礼仪、营销礼仪14项任务，每项任务就是一个学习单元，由学习目标、情境导入、实训设计、礼仪知识、思考与训练五部分构成，通过实训项目引领，运用情景模拟、角色扮演等教学方法，以教师为指导、学生为主体，让学生做中学、学中做，学做结合，真正提高现代职业礼仪各项技能的应用能力，以培养合格的职业人。

本书由张岩松任主编，杨帆、白冰任副主编。具体分工如下：张岩松编写项目1，杨帆编写项目2；白冰编写项目3。车秀英、蔡颖颖、孙新雨、包红君、刘桂华、穆秀英、孙培岩、高琳、张铭、唐召英、郭沁荣、唐成人、张朝晖、马蕾、付强、祁玉红、王又昀、胡旸、宋小峰完成了绪论的编写工作，刘晓燕、屈剑、赵祖迪进行了图片制作工作。全书由张岩松统稿。

本书可作为高职高专院校各专业学生礼仪公共基础课程和职业礼仪专业基础课程的新型实用教材，也是各类企业进行员工职业礼仪培训的创新型教材，还是社会各界人士提高职业礼仪素养和职业能力的自我训练手册。

本书在编写过程中，集采众家之说，参考颇多，限于篇幅仅列出了主要参考书目，在此，向各位专家、学者深表谢意。有些资料参考了互联网上发布或转发的信息，在此也向各位原作者所付出的辛勤劳动表示衷心的感谢！

由于本书的编写是新的尝试，加之编写水平有限，对书中的不当之处，敬请读者指正。

"国尚礼则国昌，家尚礼则家大，身尚礼则身正，心尚礼则心泰。"（明末清初的教育家颜元）我们相信这本创新型礼仪教材一定会受到广大师生和各界人士的欢迎。因为——

明"礼"才能"业"兴！

作　者
2014 年 3 月

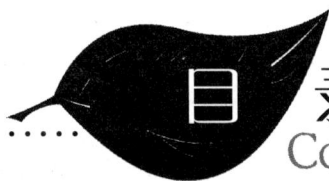

# 目录 Contents

# 项目 2　入职履职礼仪

职业礼仪教程

IV

# 项目 3　行业职场礼仪

目
录

职业礼仪教程

# 绪 论

礼仪能够带来良好的人际关系,而良好的人际关系又是提高生产力的要求。

——[新加坡]李光耀

我不喜欢和不注重礼仪的人打交道,我相信别人也这样。

——[美]杰克·韦尔奇

礼仪是人们步入文明社会的"通行证"。人类自诞生那天起,便开始了对文明与美的追求。礼仪体现了人类社会不断摆脱愚昧、野蛮、落后的状态,以及整个社会的进化程度,也是一个国家、一个民族进步、开化与兴旺的标志。我国作为东方文明古国和东方文化的发源地,素有"礼仪之邦"的美誉。经过数千年对文明的不懈追求,形成了丰富多彩的东方文化和礼仪。

今天,随着社会生产力的不断发展、物质生活条件的逐步改善、社会文明程度的日益提高,人们对礼仪倍加推崇。讲文明、懂礼貌,尊重他人、服务社会已成为人们的共识。无论是人际的、社会的以至国与国之间的交往,或是旅游、商业、服务业等行业的接待服务工作,都离不开对礼仪规范的遵守。现代人都开始注重文明修养,讲究礼仪,几乎每个人都成为礼仪的载体、文明的化身。

## 一、礼仪

礼仪是人们在社会交往过程中形成的并得到共同认可的各种行为规范,它是人们以一定的程序、方式来表现的律己、敬人的完整行为。它体现了一个国家、一个民族、一个地区的道德风尚和人们的精神面貌,所以,礼仪是人类精神文明的产物。

### 1. 礼仪的内涵

礼仪是人际交往过程中的外在表现的形式与规则的总和。它作为在人类历史发展中逐渐形成并积淀下来的一种文化,始终以其某种精神的约束力支配着每一个人的行为。礼仪是人类文明进步的重要标志,是适应时代发展、促进个人进步和成功的重要途径。礼仪、法律与道德,被称为人生幸福的三位守护神。而礼仪却不像法律那样威严、不像道德那样肃然。礼仪始终是一个会心的微笑、一种温和的声音、一种怡情悦心的需要。礼仪的内涵包括如下四个方面。

第一，礼仪是一种行为准则或规范。它是一种程序，有一定的套路，表现为一定的章法，只有遵守这些习俗和规范，才能适应社会发展。

第二，礼仪是一定社会关系中人们约定俗成、共同认可的行为规范。它表现为一些零散的规矩、习惯，然后才逐渐上升为大家认可的、可以用语言、文字、动作进行准确描述和规定的行为准则，并成为人们有章可循、可以自觉学习和遵守的行为规范。

第三，礼仪是一种情感互动的过程。在礼仪的实施过程中，既有施礼者的控制行为，也有受礼者的反馈行为。即礼仪是施礼者与受礼者之间尊重互换、情感互动的过程。

第四，礼仪的目的是为了实现社会交往各方面的互相尊重，从而达到人与人之间关系的和谐。在现代社会，礼仪体现着一个人对他人和社会的认知水平、尊重程度，是一个人学识、修养和价值的外在表现。遵守礼仪是人获得自由的重要手段和途径之一。

随着时代的变迁、社会的进步和人类文明程度的提高，人们的文明程度在不断地提高，现代礼仪在对我国古代礼仪扬弃的基础上，不断推陈出新，内容更完善、更合理、更加丰富多彩。

（1）礼节

礼节是指人们在交际过程中逐渐形成的约定俗成的和惯用的各种行为规范之总和。礼节是社会外在文明的组成部分，具有严格的礼仪性质。它反映着一定的道德原则的内容，反映着对人对己的尊重，是人们心灵美的外化。在阶级社会，由于不同阶级的人在利益上的根本冲突，礼节多流于形式。在现代社会中，由于人与人之间地位平等，其礼节从形式到内容都体现出人与人之间相互平等、相互尊重和相互关心。现代礼节主要包括：介绍的礼节、握手的礼节、打招呼的礼节、鞠躬的礼节、拥抱的礼节、亲吻的礼节、举手的礼节、脱帽的礼节、致意的礼节、作揖的礼节、使用名片的礼节、使用电话的礼节、约会的礼节、聚会的礼节、舞会的礼节、宴会的礼节等。当今世界是多元化的，不同国家、不同民族、不同地区的人们在各自生存环境中形成了各自不同的价值观、世界观和风俗习惯，其礼节从形式到内容都不尽相同。

（2）礼貌

礼貌是指人们在社会交往过程中良好的言谈和行为。它主要包括口头语言的礼貌、书面语言的礼貌、态度和行为举止的礼貌。礼貌是人的道德品质修养的最简单、最直接的体现，也是人类文明行为的最基本的要求。在现代社会，使用礼貌用语，对他人态度和蔼，举止适度，彬彬有礼，尊重他人已成为日常的行为规范。

（3）仪表

仪表是指人的外表，包括仪容、服饰、体态等。仪表属于美的外在因素，反映人的精神状态。仪表美是一个人心灵美与外在美的和谐统一，美好纯正的仪表来自于高尚的道德品质，它和人的精神境界融为一体。端庄的仪表既是对他人的一种尊重，也是自尊、自重、自爱的一种表现。

（4）仪式

仪式是指行礼的具体过程或程序。它是礼仪的具体表现形式。仪式是一种比较正规、隆重的礼仪形式。人们在社会交往过程中或是组织开展各项专题活动过程中，常常要举办各种仪式，以体现出对某人或某事的重视，或是为了纪念等。常见的仪式包括成人仪式、结婚仪式、安葬仪式、凭吊仪式、告别仪式、开业或开幕仪式、闭幕仪式、欢迎仪式、升旗仪式、入场仪式、签字仪式、剪彩仪式、揭匾挂牌仪式、颁奖授勋仪式、宣誓就职仪式、交接仪式、奠基仪式、洗礼仪式、捐赠仪式等。仪式往往具有程序化的特点，这种程序有些是人为的、约定俗成的。在现代礼仪中,仪式中有些程序是必要的,有些则可以简化。因此,仪式也大有越来越简化的趋势。但是,有些仪式的程序是不可省略的,否则就是失礼。

（5）礼俗

礼俗即民俗礼仪,它是指各种风俗习惯,是礼仪的一种特殊形式。礼俗是由历史形成的,普及于社会和群体之中并根植于人们心理之中,在一定的环境经常重复出现的行为方式。不同国家、不同民族、不同地区在长期的社会实践中形成了各具特色的风俗习惯。"十里不同风,百里不同俗",不但每一个民族、地区,甚至一个小小的村落都可能形成自己的风俗习惯。

**2. 礼仪的特性**

礼仪是人们在漫长的社会实践中逐步地形成、演变和发展的。现代礼仪是在一番脱胎换骨之后形成的,它具有文明性、共通性、多样性、变化性、规范性和传承性等特性。

（1）文明性

礼仪是人类文明的结晶,是现代文明的重要组成部分。人类从降世那天起就开始了对文明的追求,亚当、夏娃用树叶遮身便是文明之举。人类从茹毛饮血到共享狩猎成果,从盲目迷信、敬畏鬼神到崇尚科学、论证无神,从战争到和平,尤其是文字的发明,人类运用语言文字来表达文明、宣传文明、建设文明。文明体现的宗旨是尊重,既是对人也是对己的尊重,这种尊重总是同人们的生活方式有机地、自然地、和谐地和毫不勉强地融合在一起,成为人们日常生活、工作中的行为规范。这种行为规范包含着个人的文明素养,比如待人接物热情周到、彬彬有礼;人们彼此间互帮互助、彼此尊重、和睦相处,体现出人们日常生活中的文明、友好;注重个人卫生,穿着适时得体,见人总是微笑着问候致意,礼貌交谈,文明用语,这也体现出人们的品行修养。总之,礼仪是人们内心文明与外在文明的综合体现。

（2）共通性

无论是交际礼仪、商务礼仪还是公关礼仪,都是人们在社会交往过程中形成并得到共同认可的行为规范。我们今天生活的世界可谓千姿百态。人们尽管分散居住于五大洲、四大洋的不同角落,但是,许多礼仪都是世界通用的。例如,问候、打招呼、礼貌用语、各种庆典仪式、签字仪式等,大体上是世界通用的。虽然由于各国家、各地区、各民族形成了许多特有的风俗习惯,但就礼仪本身的内涵和作用来说,仍具有共通性。正是由于礼仪拥有共通性,才形成了国际交往礼仪。

（3）多样性

世界是丰富多彩的,其中礼仪也是五花八门、绚烂多姿的。世界各地民俗礼仪千奇百怪,几乎没有人能说清楚世界上到底有多少种礼仪形式。从语言的表达礼仪到文字的使用礼仪,从举止礼仪到规范化礼仪,从服饰礼仪到仪表礼仪,从风俗礼仪到宗教礼仪等,在不同的国家、不同的场合,礼仪的表达方式也有所不同。比如在人们常见的国际交往礼仪中,仅见面礼节就有握手礼、点头礼、亲吻礼、鞠躬礼、合十礼、拱手礼、脱帽礼、问候礼等。礼仪可谓多种多样、纷繁复杂。有些礼仪所表达的方式和内容,在甲国家或地区与乙国家或地区可能截然相反。

（4）变化性

礼仪并不存在僵死不变的永恒模式。随着时间的推移,礼仪会发生巨大的变化。可以说,每一种礼仪都有其产生、形成、演变、发展的过程。礼仪在运用时也具有灵活性。一般来说,在非正式场合,有些礼仪可不必拘于约定俗成的规范,可增可减,随意性较大。在正式场合,讲究礼仪规范是十分必要的。但如果双方已非常熟悉,即使是较正式的场合,有时也不必过于讲究礼仪规范。

（5）规范性

礼仪,指的就是人们在交际场合待人接物时必须遵守的行为规范。这种规范性,不仅约束着人们在一切交际场合的言谈话语、行为举止,使之合乎礼仪;而且也是人们在一切交际场合必须采用的一种"通用语言",是衡量他人、判断自己是否自律、敬人的一种尺度。礼仪是约定俗成的一种自尊、敬人的惯用形式,任何人要想在交际场合表现得合乎礼仪、彬彬有礼,都必须对礼仪无条件地加以遵守。另起炉灶,自搞一套,或是只遵守个人适应的部分,而不遵守自己不适应的部分,都难以为交往对象所接受、所理解。

（6）传承性

任何国家的礼仪都具有自己鲜明的民族特色,任何国家的当代礼仪都是在本国古代礼仪的基础上继承、发展起来的。离开了对本国、本民族既往礼仪成果的传承、扬弃,就不可能形成当代礼仪。这就是礼仪传承性的特定含义。作为一种人类的文明积累,礼仪将人们在交际应酬之中的习惯做法固定下来、流传下去,并逐渐形成自己的民族特色,这不是一种短暂的社会现象,而且不会因为社会制度的更替而消失。对于既往的礼仪遗产,正确的态度不应当是食古不化、全盘沿用,而应当是有扬弃、有继承,更有发展。

## 二、职业礼仪

当今,企业与企业的竞争已经从局部的产品竞争、价格竞争、资源竞争、人才竞争,发展到企业整体性竞争——企业形象的竞争。企业形象是一个综合性的概念,它是由众多的个体形象组成的,而职业礼仪正是塑造个人形象、企业形象的一种重要手段和工具。

### 1. 职业礼仪的含义

职业礼仪是指各行业的职业人员在现代社会从事各种工作的过程中,用以维护企业或个人形象,对交往对象表示尊重、善意、友好的一系列行为规范及惯用形式。职业礼仪是因工作需要,为完成某种公务而与其他集团或个人之间发生交往的礼仪。

职业礼仪是一般礼仪在职业活动中的运用和体现,它比一般的交际礼仪的内容更丰富,同一般的交际礼仪相比,职业礼仪有很强的规范性和操作性。在现代市场经济条件下,作为一名职业人员,要想在竞争激烈的行业领域取得成功,并保持良好的商业信誉和个人形象,就必须了解、熟悉和正确地使用职业礼仪。

一般来说,在职业活动中,语言合情合理、行为自然得体,按约定俗成的规矩办事,按大家都可以接受的礼节程序与他人或者客户交往,这些都是职业礼仪的基本内容。职业礼仪是企业以及企业工作人员与公众关系的"润滑剂",正确地运用职业礼仪,对于树立良好的企业形象、个人形象,妥善处理各方面关系,有效地消除隔阂、误解,更好地实现企业目标,取得最佳的经济效益和社会效益都具有非常现实的意义。

一般的,职业礼仪包括如下四个基本要素。

（1）职业礼仪的主体

职业礼仪的主体即各种职业活动中礼仪行为和活动的操作者和实施者。它通常是个人,也可以是组织。当礼仪活动规模较小、较为简单时,其主体通常是个人。当礼仪活动规模较大、较为复杂时,其主体通常是组织。没有礼仪的主体,礼仪活动就不可能进行,礼仪也就无从谈起。

（2）职业礼仪的客体

职业礼仪的客体即各种礼仪行为和活动的指向者或接受者,又叫礼仪的对象。职业礼仪的客体包括有形的对象和无形的对象,可以是人,也可以是物。没有礼仪的客体,礼仪就失去了对象,就不称其为礼仪。

（3）职业礼仪的媒介

职业礼仪的媒介即职业礼仪行为或活动所依托的载体,包括言语交际符号和非言语交际符号两大类。在具体操作礼仪时,不同的礼仪媒体往往是交叉、配合使用的。

（4）职业礼仪的环境

职业礼仪的环境即职业礼仪行为和活动都是在一定的时空条件下进行的,受到环境的制约和影响,因此,在践行礼仪时,要从实际出发,因地制宜、因人而异。

**2. 职业礼仪的本质和特征**

职业礼仪本质上是企业经营活动的一部分,是企业形象的一种宣传形式和传播手段,是建立在尊重、诚信、宽容基础上的现代礼仪方式。

职业礼仪的内容贯穿于企业经营活动的全过程,只是或明或暗地有所体现而已。职业礼仪在企业日常工作中体现得更加明显,包括企业和职业人员的礼仪观念、礼仪行为、礼仪程序以及企业对顾客公众（或服务对象）的反应和反馈礼仪。

职业礼仪的主体即企业或企业的员工,他们既有接受顾客公众礼仪的反馈和引导,培养顾客公众礼仪向善、向"美"的义务,又有不可因公众对自己的礼仪不周或缺失而产生不满或报复心理,进而影响企业和职业人员应有的礼仪态度和礼仪行为的义务。职业礼仪在具体实施过程中应当突出显示企业的价值观和经营理念与精神,致力于建立良好的企业形象,始终坚持把职业礼仪与企业的利益联系起来,把个人的礼仪融入企业的职业礼仪之中,自觉维护自身形象,为企业的发展尽职尽责。

一般的,职业礼仪具有以下特征。

（1）围绕企业经营目标

职业礼仪属于企业经营活动的组成部分,代表企业、反映企业形象,是围绕企业经营目标而运转的企业化个人行为。

（2）注重情理与利益和谐

职业礼仪既注重情感沟通,也注重信息交流,注意利用各类传播手段来沟通企业与顾客公众的关系,旨在实现理性和感情的结合,实现情理与利益的和谐统一。

（3）旨在维护企业形象

职业礼仪的主要目的在于树立和维护企业的良好形象。一套能代表企业的职业礼仪会带上企业文化的色彩,除了具有一般社交礼仪的特征,还反映企业内部规范的独特之处。

（4）注重礼仪的民族特性

企业人员应该在保证产品质量的前提下,针对不同的民族和不同信仰的顾客公众,采取适合当地风土人情的令人愉快的职业礼仪方式,从而使企业的产品、服务和企业形象为当地的顾客所接受。

（5）注重遵守礼仪的一般原则

一般礼仪所强调的尊重、诚信、热情、宽容等，在职业礼仪中也得到了普遍的重视，职业礼仪中也更加强调诚信服务顾客、热情服务顾客、处处尊重顾客等。

**3. 职业礼仪的作用**

职业礼仪是企业人员的社交金钥匙，是经营活动中的通行证，它甚至能够决定经营活动的成败。

这里有一个例子颇能说明问题：一天上午，有一家公司同时来了两位客人，他们分别是两家知名化妆品公司的销售人员。第一位销售人员无论是自我介绍还是递名片，都显得彬彬有礼，而且穿着打扮和言谈举止都显得很有涵养。第二位销售人员在接公司主管的名片时，只是扫了一眼，就顺手把名片放进了上衣口袋里，而且这位销售人员穿着随便，言谈举止比较粗俗。最终，这家公司和第一位销售人员签订了销售合同。这家公司主管后来解释说："第二位销售人员缺乏礼仪修养，给人一种不可信的感觉，由此我对其产品和售后服务产生了怀疑。第一位销售人员则给我留下了很好的印象，我对其产品和售后服务有信心。尽管我知道，第一位销售人员的产品并不比第二位销售人员的产品质量好，但我最终还是选择了第一位销售人员的产品，我想，这是因为他有良好的礼仪修养的缘故。"

不可否认，随着商业影响逐步全球化，人与人之间、公司与公司之间商业往来的日益频繁，尤其是我国融入世界经济循环之后，职业礼仪越来越受到人们的重视。

（1）职业礼仪有利于塑造个人形象

个人形象是指一个人的相貌、身高、体形、服饰、语言、行为举止、气质风度以及文化素质等方面的综合。这其中有先天构成要素，但更多要素是需要我们通过后天不断努力来加以改善提高的。作为职业人员，应该给自己的角色定位为：服务他人的职业人员。这一角色定位要求我们必须在仪表、表情、举止动作、服饰、谈吐、待人接物等方面达到一定的礼仪要求。可见，职业礼仪与个人形象的塑造密不可分，职业人员平时所付出的全部努力，可以被归纳为一句话：想方设法在人际交往中，自己塑造出完美的形象，并且尽心竭力地维护个人的形象。正如一位公关大师所说的那样："形象是金。在世人眼里，每一名职业人员的个人形象如同他所在单位生产的产品、提供的服务一样重要。它不仅真实地反映了每一名职业人员本人的教养、阅历以及是否训练有素，而且还准确地体现着他所在单位的管理水平与服务质量。"如果说个人形象就是职业人士进行自我宣传的广告，恐怕一点也不过分。只有学习并掌握好职业礼仪，才能更好地提升自己的个人形象。

首先，遵守职业礼仪可以给人留下良好的第一印象。众所周知，人际交往中存在着"首因效应"，即人们在日常生活中初次接触某人、某物、某事时所产生的即刻的印象，通常会在对该人、该物、该事的认知方面发挥明显的甚至是举足轻重的作用。对于人际交往而言，这种认知往往直接制约着交往双方的关系。美国推销学会有这样一个统计，在第一次接近时成功与否形象占55%、声音占38%、内容占7%。可见，在交往过程中，可能30秒、10秒，甚至3秒都能决定你工作、交际的成败。充分认识到这一点，我们就不难理解职业礼仪对树立良好的第一印象所起的重要作用，从而在学习和工作当中更好地运用职业礼仪。

其次，遵守职业礼仪可以充分展示职业人员良好的教养与优雅的风度。个人形象说到底是由人的身材、长相、服饰打扮以及姿态、风度构成的，是一个人精神面貌和内在素质的外在表现。身材、长相是天生的，而服饰打扮以及姿态、风度却是可以通过后天培养的。一个人的外在美固然能引人注目,但只有将外在美与内在美结合起来,个人的魅力才能长久不衰。职业礼仪不仅要求职业人员注重仪容仪表,更强调职业人员要培养良好的语言行为习惯,遵守社会公德以及法纪法规,符合社会规范。

再次,遵守职业礼仪有助于促进职业人员的社会交往,改善人们的人际关系。古人认为:"世事洞明皆学问,人情练达即文章。"这句话,讲的其实就是交际的重要性。一个人只要同其他人打交道,就不能不讲礼仪。运用礼仪,除了可以使职业人员在交际活动中充满自信、胸有成竹、处变不惊之外,其最大的好处就在于,它能够帮助职业人员规范彼此的交际活动,更好地向交往对象表达自己的尊重、敬佩、友好与善意,增进大家彼此之间的了解与信任。假如人皆如此,长此以往,必将促进交往的进一步发展,帮助人们更好地取得交际成功,进而造就和谐、完美的人际关系,取得事业的成功。

最后,遵守职业礼仪可以更好地向交往对象表示尊敬、友好之意,赢得对方的好感。"礼仪"中"礼"字就是表示敬意、尊敬、崇敬之意,多用于对他人的尊重,体现着一个人对他人和社会的认知水平、尊重程度,是一个人的学识、修养和价值的外在表现。一个人只有在尊重他人的前提下,才会被他人尊重,人与人之间的和谐关系,也只有在这种互相尊重的过程中,才能逐步建立起来。这是礼仪的重点和核心,是对待他人的诸多做法中最要紧的一条。要做到敬人之心常存,处处不可失敬于人,不可伤害他人的尊严,更不能侮辱对方的人格。掌握了这一点,就等于掌握了礼仪的灵魂。

因此,我们完全可以说礼仪即教养,而有道德才能高尚,有教养才能文明。这也就是说,通过一个人对礼仪运用的程度,可以察知其教养的高低、文明的程度和道德的水准。孔子曰:质胜文则野,文胜质则史,文质彬彬,然后君子。意即:内心品质超过礼仪修养即不注重礼仪修养,则是粗野;而只注重外表修饰而忽略内心修养,则显虚浮;只有既重视内心修养的提高,又重视礼仪修养,这样的人才是真正的君子。由此可见,职业人员学习礼仪,运用礼仪,有助于提高自身的修养,有助于"用高尚的精神塑造人",真正提高职业人员的文明程度。

(2)职业礼仪有利于塑造企业形象

企业形象是指社会公众心目中对一个企业组织的总体评价。包括企业的价值观念、企业的行为准则和规范、企业的传统习惯和道德修养、企业的礼仪文化。企业形象是企业最宝贵的无形资产,塑造和树立良好的企业形象是企业生存和发展的根本。因此,名牌企业对自己的组织形象格外重视,麦当劳的黄色大"M",员工整齐划一的服饰和操作流程;可口可乐使人过目不忘的 Coca-Cola 的标准字体、白色水线和红底色的图案,常变常新的代言人;"蓝色巨人"IBM 统一的服饰打扮……在一个成熟的买方市场中,消费者绝不会因为一两个耀眼的广告、一两句动听的广告语而进行购买。在一个成熟的买方市场中,企业卖的或生产的是什么?是企业形象。礼仪是企业形象的核心内容之一,礼仪必须通过人来展现。所以,职业人员的个人形象与企业形象不可避免地紧密联系在一起。职业人员形象是企业形象的代表,职业人员是企业形象的主要塑造者,职业人员是企业连接消费者的"桥梁"。在职场上,职业礼仪不再仅仅是个人素质的外在表现,更是企业文化内涵的体现。大凡国际化的大企业,对礼仪都有着极高的要求,原因就在于企业希望通过形式规范的礼仪表现出企业的整体素质,从而获得良好的公众评价。

职业礼仪能展示企业的文明程度、管理风格和道德水准,是企业的规章制度、规范和道德具体化为一些固定的行为模式,从而对这些规章制度、规范和道德等起到强化作用,塑造出完美的企业形象。"世界一流的饭店组织"之一的白天鹅宾馆的成功经验之一就是：大胆引进外国管理酒店的先进经验，结合本国国情和当地具体环境，制定一整套严格的、切实可行的管理制度和服务规范，并始终不渝地执行。

让顾客满意，为顾客提供优质的商品和服务，是良好企业形象的基本要求。职业礼仪服务能够最大限度地满足顾客在服务中的精神需求，使顾客获得物质需求和精神需求满足的统一。以礼仪服务为主要内容的优质服务，是企业生存和发展的关键所在。它将通过职业人员的仪容仪表、服务用语、服务操作程序等，使服务质量具体化、系统化、标准化、制度化，使顾客得到一种信任、荣誉、感情、性格、爱好等方面的满足，给企业带来巨大的经济效益。

企业通过各种规范化的礼仪，还可以激发员工对企业的自豪感，增强企业的凝聚力和向心力。如日本松下公司创作了自己的"松下之歌"、"松下社训"，每天早晨八点钟，遍布各地的松下企业员工一起高唱松下歌曲，使每一名员工都以自己是松下的员工而感到光荣。目前，我国的许多企业通过统一企业标识、统一企业服装、统一色彩等，塑造企业统一的社会形象，也使企业的员工自觉地维护企业的形象，企业通过开业庆典、周年纪念、表彰大会等仪式，激发员工对本企业的了解、爱戴，加深感情，增强企业的凝聚力和向心力。可见，职业礼仪在塑造企业形象中的作用是十分巨大的。

（3）职业礼仪有利于塑造职业形象

职业形象是行业或组织的精神及文化理念与从业人员个体形象的有机融合，是个性化和规范化的统一。不同的行业和组织都有各自不同的文化和理念，这就要求其从业人员的个人形象必须服从于组织形象，其个性的凸现必须在符合企业要求的前提之下。因此，职业形象必须是个体形象与组织形象的完美结合，不同行业的从业人员，其个体形象必须符合某类特定职业角色的要求。每一个职业人员，都应该树立起与之相适应的职业理想、职业道德、职业信念，都应该具备与行业要求相吻合的职业素质、职业气质和职业仪表。

著名的形象顾问法兰克曾经说过："你在职场中的威信，有五成来自于别人如何看待你。"面对竞争激烈的现代商业社会，职业人员想要在职场中脱颖而出，必须与各种各样不同的人打交道，这就必须学会与人相处。职业礼仪的本质就是按照规范与人交往。你的服饰打扮不符合要求，别人拒绝与你为伍；你的举止谈吐粗俗，别人对你敬而远之；你不尊重他人的宗教习俗，会令你功败垂成。而良好的礼仪可以更好地向对方展示自己的长处和优势，它往往决定了机会是否降临。为他人服务不是件简单而容易的事情，要赢得社会的认同和尊重，就要不断地学习，提高自己的素质，树立良好的职业形象非常重要。

（4）职业礼仪有利于塑造国家形象

一个国家的实力由硬实力和软实力构成。硬实力是指国家的 GDP、科技实力、军事实力等；软实力就是指文化、文明礼仪以及修养水平等精神要素。哈佛大学肯尼迪政府学院前院长约瑟夫·奈教授认为，可以将软实力表述为一国的文化、价值观念、社会制度、发展模式的国际影响力与感召力。如果软实力做得好，国家的文化就容易被别人吸收，文化辐射力就强，国家的政策也就容易被别人理解，对外交往遇到的障碍就相对少得多。随着改革开放的深入、中国国力的提高，世界对中国的关注也加大了，可以说整个世界都在分析和关注中国。所以，当我们的公民走出国门的时候，我们的公司走出国门的时候，就要严格遵循道德和文明礼仪规范，因为这涉及整个中国的形象问题。

一个国家的公民道德素质、文明礼仪涉及国家对外的信用，影响到整个民族、整个国家的对外形象。随着我国融入世界经济经贸大循环,对外开放进一步扩大,这就意味着我国与世界各国的交往日益增多,职业人员涉外服务、国际营销也随之增加。我们的一言一行、一举一动,无不代表了国家的形象。"中国"、"玉"在其中,我们要对得起这个名字。

当前,我国正在大力推进社会主义精神文明建设。其中的一项重要内容,就是要求全体社会成员讲文明、讲礼貌、讲卫生、讲秩序、讲道德,心灵美、语言美、行为美、环境美。这些内容与礼仪完全吻合。因此,完全可以说,提倡礼仪学习、运用,与推进社会主义精神文明建设是殊途同归、相互配合、相互促进的。这种社会主义的礼治,对于我国的现代化建设,是不可或缺的;也是我们弘扬中国"礼仪之邦"的礼仪文化,使我国更强、更好、更美地自立于世界之林。

**4. 职业礼仪的原则**

在不同的交际场合,对不同的交往对象,我们采取的礼仪都有所不同。但是其中隐含的基本精神是一致的,主要包括以下一些基本原则。

（1）体现职业化

职业化就是一种工作状态的标准化、规范化、制度化,使自己在合适的时间、地点,用适合的方式,做适合的事。简单地说,就是做什么事情就有个做相应事情的状态。职业化是社会分工、经济发展的必然选择,是国际化的职场规则。职业化除了专业技能外,还主要体现为积极的工作态度、健康的工作形象、专业的工作举止。

职业化就是用理性的态度对待工作,理智的表现自己的职业行为,在职业活动中保证自己工作的状态和质量不受个人情绪的影响,做到行为与职位和身份相称。职业化使员工把岗位职责专业地完成到最佳状态,能够出色地完成本职工作。职业化不仅赢得交往对象的满意和信任,而且还提升了职业人的形象,提高了工作效率,增强了企业的竞争力[①]。所以体现职业化是职业礼仪的首要原则。

（2）学会尊重

心理学认为,人们对尊重的需要分两类,即自尊和来自他人的尊重。自尊包括对获得信心、能力、本领、成就、独立和自由的愿望。来自他人的尊重包括威望、承认、接受、关心、赏识等。人们往往容易做到自尊,但要获得来自他人的尊重,首先要学会尊重他人。尊重他人是礼仪的重要原则。与人交往,不论对方的地位高低、身份如何、相貌怎样,都要尊重他人的人格,使人感到他在你的心目中是受欢迎的,从而得到一种心理上的满足,进而产生愉悦。要注意三点:一是在交往中,要热情、真诚。热情的态度会使人产生受重视、受尊重的感觉。相反,对人冷若冰霜,会伤害别人。如果过分热情,会使人感到虚伪、缺乏诚意。二是要给人留面子。所谓面子,就是自尊心。每个人都有自尊心,失去自尊心对一个人来说,是件非常痛苦的事。伤害别人的自尊是严重的失礼行为。维护自尊,希望得到他人的尊重,是人的基本需要。三是允许他人表达思想,表现自己。当别人和自己的意见不同时,不要把自己的意见强加给对方。当你和与自己性格不同的人交往时,也应尊重对方的人格和自由。尊重他人才能赢得他人的尊重。

尊重原则要求职业人员忠诚并尊重自己的企业,尊重顾客公众,尊重对手,这样才能赢得敬业爱岗,真正为自己企业所接纳,为自己的顾客所喜爱。尊重是职业礼仪的第一原则和

① 未来之舟.新员工入职礼仪培训手册.北京:中国经济出版社,2009

最根本的原则,是一切原则的前提和基础。

(3) 遵时、守信

所谓遵时,就是要遵守规定或约定的时间,如按时赴约、交货、完成项目,准时参加会议等,不能违时或失约;所谓守信,就是讲信用,对自己的承诺认真负责。现代社会工作节奏快,时间就是生命,时间就是效益,这早已为世人所认同。违时既会给对方造成各方面的损失,也是对对方的不尊重。同时,在日常生活和工作中,一个人难免会对他人许下这样或那样的承诺,"言必信,行必果",这是对自身的肯定,也是对自身人格的尊重和肯定。违时失约和不守信用,都是失礼的行为,是人际交往中的大忌。在职业活动中,如果已和宾客约定了时间或是做出了承诺,一般不能轻易变动,而应想方设法去做到。在不得已需要变更时,也需提前打招呼并做出令人信服的解释,尽量避免给对方造成麻烦或使对方产生误解。凡是需要承诺的事情,要量力而行,不能仅仅是为了顾及面子就随便答应,事后又不负责任地随意毁约。一旦言而无信,尤其是养成了习惯,就会造成对别人的不便,甚至会对企业、对自己的形象和声誉造成很大损害。

(4) 宽容待人

一般来说,职业活动交往双方的心理总存在一定的距离,存在不相容的心理状态,这种差异会在交往者之间产生思想隔膜,甚至会使关系僵化。要想缩小这种心理上的差异,求得人与人之间能多一份和谐、多一份信赖,就必须抱着宽容之心。"宽则得众。"(孔子语)宽容就是要求人们既要严于律己,又要宽以待人,要多容忍他人、多体谅他人、多理解他人,而不能求全责备,斤斤计较,过分苛求,咄咄逼人。唯有宽容才能排除交往中的各种障碍,不能宽容他人的人,往往会得理不饶人,使人际关系恶化。共性是寓于个性之中的,人们应该维护和发展共性,以理解和宽容来增强人们之间的凝聚力。

(5) 平等对待

平等原则是职业人员在工作过程中对任何工作对象都应一视同仁,给予同等程度的礼遇,不应因企业规模的大小,所有制的不同,人员彼此在年龄、性别、种族、文化、职业、身份、财富、衣着打扮等方面有所不同就厚此薄彼,区别对待,给予不同的礼遇。在职业活动中,平等对待是建立良好关系的首要前提和必要条件,只有平等才能造就和谐的人际关系和真正的道德。

(6) 真诚交往

职业礼仪的运用基于交际主体对他人的态度,如果能抱着诚意与对方交往,那么交际主体的行为自然而然地便显示出对对方的关切与爱心。因为无论用何种语言表达,行为是最好的证明。在通常情况下人们可以用假话来掩饰自己的企图,但却无法用行为来掩饰自己的虚假,因为体态语言是无法掩饰虚假的。因此唯有真诚,才能使你的行为举止自然得体,与此相反,倘若仅把运用礼仪作为一种道具和伪装,在具体操作礼仪规范时口是心非,言行不一,弄虚作假,投机取巧;或是当面一个样、背后一个样;有求于人时一个样,被人所求时又一个样,将礼仪等同于"厚黑学",是违背职业礼仪的基本原则的。

(7) 优质服务

曾经有一个单位要招聘营销部经理,出的唯一一道面试题是:"谁给你发工资?"最后,只有一个人被录取了,他的回答是:"顾客给我发工资,因为顾客给我们带来效益;公司给我发工资,因为公司给我提供了舞台;我自己给自己发工资,因为一切还要靠自己的主观努力。"这里不难看出,对于企业来说顾客永远是最重要的,它是企业财富的源泉,是企业的生命和衣食父母,没有了顾客也就没有了业绩,顾客不必依赖企业,但是企业必须依赖顾客。有专家指出:失去一个老顾客,要花费 5 倍于维护老顾客关系的经历和费用去开发一个新顾客;如果一家企业的顾客存续率只要增加 5%,利润就会提高 70%。如何赢得顾客呢? 关键靠为顾客提供最优质的服务。只有给客户提供优质的服务,才能增强竞争的优势,把握制胜的主动权。

优质服务首先是态度,要求对客户表现出热情和关注,即使商品再好。但如果职业人员出言不逊、冷言冷语、爱理不理,恐怕结果也是客户的愤懑离开乃至投诉。为客户服务应想客户之所想,体察客户需求,当好客户的参谋,解决好客户的各种难题,提供高效快捷的服务,真正做到以客户为中心,设身处地站在顾客的立场考虑问题,通常是化解拒绝的一条有效途径。有这样一个故事:假期,小吴在商场销售服装,赚取学费。某日,一位小姐看中一条长裤,但试穿之后嫌长裤是素色,认为有格子的更加富有青春气息。但小吴轻声跟她说了几句话,她欣然付钱买下。原来,小吴跟她说:"你身材不高,穿格子长裤,不是一下子就被人判断出你的身高了吗?"销售活动的最大课题,是就自己商品的特性,求得顾客的认同。职业人员应该将"商品的特征"转变为"顾客使用该商品的好处"。比如说:"我的影印机每分钟可复印 60 张。"这还不够,应该加上一句:"那么您的影印业务便可加倍增长了。"

(8) 施礼适度

俗话说:"礼多人不怪。"人们讲究礼仪是基于对对方的尊重,这是无可厚非的,但是,凡事过犹不及,职业交往中要因人而异,要考虑时间、地点、环境等条件。如果施礼过度或不足,都是失礼的表现。比如见面时握手时间过长,或是见谁都主动伸手,不讲究主次、长幼、性别;告别时一次次地握手,或是不住地感谢,让人觉得厌烦。礼仪的施行只是内心情感的表露,只要内心情感表达出来,就完成了礼仪的使命。如果反复重复,似乎有别人不理解、不领情之嫌,画蛇添足,实无必要。

**5. 职业礼仪的修养**

礼仪修养是一个需要经过长期反复的陶冶、磨炼的过程。在这个过程中,除了加深对礼仪的认识之外,还包括激发礼仪情感、养成礼仪习惯等,在礼仪修养过程中,只有经过反复认识、反复感染、反复实践才能得其要领,真正符合礼仪的规范要求。职业礼仪的修养要从以下方面着手[①]。

(1) 提高职业礼仪认识

从事现代职业活动,就应了解与现代职业活动相适应的职业礼仪。一位职业人员只有在职业礼仪知识的指导下,才能在各种职业活动中如鱼得水、左右逢源。提高对职业礼仪的认识是进行礼仪修养的起点,也是实现职业礼仪修养其他环节的前提和基础。提高职业礼仪认识是将礼仪规范逐渐内化的过程。通过学习、评价、认同、模仿和实践过程,逐渐学习、构造、完善自己的社交礼仪规范体系,并以此来评价他人的行为,调整自己的交际行为和交往行为。人们可以通过学习,尽可能地开阔视野,丰富礼仪知识。一般可通过学习利益史、伦理学、心理学、公共关系学等方面的一般知识,还可以通过日常的观察、学习,了解社会习俗和风土人情,积累各方面的社会知识。这是开阔视野、增加礼仪知识的重要

---

① 杜明汉.职业礼仪.北京:电子工业出版社,2007

途径。

（2）明确角色定位

职业礼仪修养的目的之一是要通过修养，使个人的言行在职业交往活动中与自己的身份、地位、社交角色相适应，从而被人理解、被人接受。职业活动中的角色则是指在职业活动中处于某一职业关系状态的人，或者说它是指某一个个体在职业关系系统中所占的一定地位。社会对于不同的职业角色提出了不同的行为规范和行为模式。职业活动中的角色既包括社会、他人对具有一定社会地位的人在社交中的行为的期待，也包括对自己应有行为的认识。职业角色是人根据自己对社会期待的认识而实现的、外显的、可见的外部行为模式。具有不同社会经验的人，对于职业角色的评价可能有完全不同的意义。

在职业活动过程中，随着主客关系和社交对象的变化，角色也在发生相应的变化。一个人扮演的是一个职业角色，如庆典嘉宾、谈判者、拜访者。既然每一个人在职业活动中都扮演着不同的职业角色，那么重视职业角色定位、加强职业角色的礼仪修养，就有着十分重要的意义，同时，这也为我们加强职业角色的礼仪修养提供客观的根据。

在职业活动中，每个人按其所处的身份地位为实现其存在价值而完成一系列行为。当经理就要有经理的样子，当推销员就要有推销员的样子。职业角色不仅给每个人确定自己的行为提供了规范，而且为人们相互识别、相互交际、相互评价、相互理解提供了标准。职业人员在职业活动中往往需要以不同的身份出现，这种身份的变化就是角色的变化，其行为必须符合社会对这一角色所认同的规范。

职业活动中角色不同，应遵循的礼仪要求也就不同。不同的角色，如上下级之间、男女之间、亲朋之间、主宾之间，其礼仪要求是有差别的。在人与人之间的交往活动中，社交成功的主要标志是个人使自己的行为与他人和社会的期待相符合。职业活动中角色的实现是建立在个人对自己的角色的认识基础之上的。例如，一位经理在公司里他是管理者，管理着几个部门，其礼仪要求主要体现在听取汇报、检查工作、指导员工、决策规划等方面，要求他平等待人、科学决策、说话和气等。对外当他面对客户时，则是一名"推销员"，要求他热忱真诚、彬彬有礼、大方得体，两种角色的礼仪要求是不同的。

在职业活动中，要把角色扮演得恰到好处、礼貌有加、事事得体，并不是一件容易的事情。正因为如此，每个职业人员一方面要重视职业活动中角色的定位，增强角色意识；另一方面要加强自己的礼仪修养，以适应多种角色的不同礼仪要求。

（3）陶冶职业礼仪情感

在正确认识职业礼仪的基础上，还需要得到感情上的认可，才会自觉地去遵守礼仪规范。如果没有真挚的情感，即使凭理智去遵循礼仪规范，也会显得不自然。例如，营销现场每天要接待成千上万名不同的顾客，有些顾客非常挑剔，如果职业人员没有良好的职业礼仪情感，是难以做到始终如一、服务周到、以礼相待的。礼仪需要真诚，如果缺乏对他人的关心、重视、尊重，一切礼仪都将变成毫无意义的形式。

陶冶情感包括两个方面：一是形成与应有的礼仪认识相一致的礼仪情感；二是要改变与应有的礼仪认识相抵触的礼仪情感。

（4）锻炼职业礼仪意志

职业人员要想使遵循的职业礼仪规范变成自觉的行为，没有持之以恒的意志是办不到的。职业人员只有自觉地坚持修养一些基本的行为规范，如站、坐、走、微笑，才能使这些规范行成自觉的行为。在现实世界中,礼仪规范实际遵循起来并不是畅通无阻的,"好心不得好报"的事则屡见不鲜,有时你积极主动地帮助别人,却有可能被别人说成是假惺惺;一个人对经理说话礼貌、客气却被视为拍马屁。凡此种种,不仅需要你能克服错误舆论的非难、亲戚朋友的责备和埋怨,而且更需要你有足够的勇气和毅力克服来自自身情绪的干扰,不为眼前的局面所困扰,继续保持良好的礼仪。这种礼仪行为持之以恒,就能取得良好的效果。因此,礼仪修养除了需要提高礼仪认识、陶冶礼仪情操之外,还要注意锻炼自己的礼仪意志。

(5) 养成职业礼仪习惯

职业礼仪修养的最终目标就是要人们养成按礼仪要求去做的行为习惯,如见面的礼仪、电话的礼仪,日积月累的修养就会成为一种习惯,又如养成控制自己声调、表情的习惯,时间长了也能收到意想不到的效果。总之,在职业礼仪修养过程中,通过一些看得见的礼仪训练,让职业人员通过模仿、学习提高自己的实际操作能力进而养成良好的礼仪习惯,对以后的职业礼仪实践将有所裨益。

### 思考与训练

1. 生活中的礼仪与职业礼仪有何区别? 大学生,尤其是职业技术学院的学生掌握职业礼仪的重要意义何在?

2. 举出近一个月来发现的不符合礼仪礼节的 5 个例子,并分析其问题所在及其改进办法。

3. 上网搜索与职业礼仪相关的内容,分析哪些知识点自己比较熟悉,哪些知识点自己不太熟悉,那些不太熟悉的知识点就是自己今后学习的重点。

4. 请指出以下职业人员礼仪上存在的问题。

(1) 小王邋里邋遢站在总经理办公室门前,头发乱蓬蓬的,西装皱皱巴巴,刚一进门就被秘书小姐赶出了办公室。

(2) 小李坐在接待室等待顾客,不耐烦地走过来走过去,还不时地翻看接待室的物品。顾客一来他就迫不及待地开始推销产品,顾客没机会插上一句话。

(3) 拥挤的公共汽车上,小张因一点小事和一个乘客争吵起来。他气呼呼地赶到顾客那儿,发现顾客是和自己刚才在车上争吵过的那个人。

(4) 小刘是饭店前厅的接待小姐,客人登记住店时看了房价后无意中说了一句:"这么高的房价? 你们的房价为什么这么高呢?"小刘回答:"本来还要高,看你不是经商的,这不已经给你打了折了。"客人听后极为不悦,大步离开了店堂。

(5) 居民区苏小姐正在忙家务,门铃响了,她打开门,迎面而立的是一位戴墨镜的年轻男士。苏小姐问:"您是⋯⋯"男士没有摘下墨镜,而是从口袋里摸出一张名片,"我是保险公司的。"苏小姐接过名片看了看,不错,他的确是保险公司的,但这位男士的形象让她反感,便说:"对不起,我们不打算买保险。"说着就要关门,而这位男士动作非常敏捷,已将一只脚迈进门内,挤了进来,一副极不礼貌的样子,在屋内打量,"你们家的房子装修得这么漂亮,真令人羡慕。可天有不测风云,万一发生个火灾什么的,损失就大了,不如现在你就买份保险⋯⋯"苏小姐越听越生气,光天化日之下,竟然有人闯进门来诅咒她的房子,于是,她把年轻男士轰了出去。

(资料来源:胡详鸿.礼仪:销售人员的第一课.现代营销(经营版),2010(01))

绪论

## 5. 案例分析

### 劳模张秉贵

据报道,张秉贵1955年11月到百货大楼站柜台,三十多年的时间接待顾客400万人,没有跟顾客红过一次脸、吵过一次嘴,没有怠慢过任何一个人。他把为人民服务的信念与本职工作密切联系起来,他认为:"站柜台不单是经济工作,也是政治工作;不但是买与卖的关系,还是相互服务的关系。""一个营业员服务态度不好,外地人会说你那个城市服务态度不好,港澳同胞会感到祖国不温暖,外国人会说中华人民共和国不文明。我们真是工作平凡,岗位光荣,责任重大!"

从为国家争光、为人民服务的政治信念出发,他练就了"一抓准"和"一口清"的过硬本领,通过眼神、语言、动作、表情、步伐、姿态等调动各个器官的功能,几乎成了那个时代商业领域的服务规范,商业服务业的简单操作,被他升华为艺术境界。

在北京,传统的"燕京八景"名扬天下,而张秉贵的售货艺术被人们誉为"第九景"。张秉贵不仅技术过硬,而且注重仪表,天天服装整洁,容光焕发。他认为:"站柜台就得有个干净利落的精神劲儿,顾客见了才会高兴地买我们的东西。特别是我们卖食品的,如果不干不净,顾客就先倒了胃口,谁还会再买我们的东西啊!"他坚持每周理发、每天刮胡子、换衬衣、擦皮鞋。

张秉贵一进柜台,就像战士进入阵地。普通售货员一般早晨精神饱满,服务态度较好;下午人疲倦了,不太爱说话了,也懒得动弹,对顾客就容易冷漠。张秉贵却不然,从清晨开门接待第一个顾客,到晚上送走最后一个顾客,自始至终都能春风满面、笑容可掬。他到了退休年龄,体力明显不济,一上柜台还是表现得生龙活虎。到了下班后,他却往往步履蹒跚。同志们说他是"上班三步并作一步走,下班一步变为三步迈"。

看张秉贵工作,也成了许多人的享受。有一位拄着拐杖的老人,经常来欣赏他卖货。这位老人对他说:"我是因病休息的人,每天来看看您站柜台的精神劲儿,我的病也仿佛好了许多。"一位音乐家看他售货后说:"你的动作优美、富有节奏感,如果配上音乐,是非常动人的旋律。"

(资料来源:曹彦志,张秉贵.燕京八景添一景.北京青年报,2001(06))

**思考与讨论:**

(1) 张秉贵讲究职业礼仪有何特殊意义?

(2) 本案例对你有哪些启示?

# 职业形象礼仪

凡人之所以为人者，礼义也。礼义之始，在于正容体、齐颜色、顺辞令、容体正、颜色齐、辞令顺，而后礼义备。

——《礼记·冠义》

讲礼仪，才会有品位；有品位，才会有魅力。

——作者

任务 1　仪容礼仪

任务 2　服饰礼仪

任务 3　仪态礼仪

在美的方面，相貌的美高于色泽的美，而秀雅合适的动作又高于相貌的美。

——[英]培根

7 秒钟就决定了第一印象，永远没有第二次机会给对方留下第一印象。

——[英]罗伯特·庞德

# 仪容礼仪

## 学习目标

- 进行仪容细节的修饰,做到仪容整洁卫生;
- 能够根据自身面容的特点进行化妆,展现出富有魅力的妆容;
- 做到发型美观;
- 能够进行肌肤的保养。

## 情境导入

### 松下幸之助重视礼仪

日本的著名企业家松下幸之助被称为"经营之神",但他曾经不修边幅,也不注重企业形象,因此企业发展缓慢。一天,松下幸之助去理发时,理发师不客气地批评他不注重仪表,说:"你是公司的代表,却这样不注重衣冠,别人会怎么想,连人都这样邋遢,他的公司会好吗?"从此松下幸之助一改过去的习惯,开始注意自己在公众面前的仪表仪态,生意也随之兴旺起来。现在,松下电器的种类产品享誉天下,与松下幸之助长期率先垂范,要求员工懂礼貌、讲礼节是分不开的。

(资料来源:http://blog.sina.com.cn/s/blog_4e591e350100v967.html,2011-09-29)

问题:企业领导者和员工的仪容礼仪对企业有着怎样的作用?

## 实训设计

在企业经营管理中,若想在激烈的市场竞争中脱颖而出,获得成功,企业员工的个人礼仪与整体形象将起到至关重要的作用。礼仪,不仅是人际交往的"通行证",更是企业成功的金钥匙。礼仪虽小,但却是小中见大,于细微处见精神,是从表象反映本质的"行为显微镜"。"经营之神"松下幸之助的例子正说明了这一点。因此,作为一名职业人员必须重视礼仪细节,尤其是要进行仪容设计,给人一个良好的第一印象无论何时都是至关重要的。

仪容,通常是指人的外貌,是一个人的精神面貌和内在气质的外在体现。具体而言,仪容由一个人的面容、发型以及身体所有未被服饰遮掩的肌肤所构成。在社会交往中要维护良好的自我形象,就必须讲究仪容仪表。良好的仪容仪表不仅能给人以端庄、大方、舒适的印象,还能体现个人的自尊自爱以及对他人的尊重和礼貌。而不注意自身仪容修饰的人,将引起交际对象极大反感,损害自己的和所代表的组织的形象。

为了完成本项任务的学习,建议在班级举行一次"职业仪容设计展示会",具体操作如下。

**职业仪容设计展示会**

实训目标:运用仪容设计的相关要求与规范,设计出符合职业人现代礼仪要求的仪容形象。

实训学时:2学时。

实训地点:实训室。

实训准备:准备化妆盒、棉球、粉底霜、胭脂、眼影、眉笔、唇彩、香水等化妆用品。

实训方法:将全班学生分组,两两一组,要求其根据所学仪容礼仪知识,扬长避短展现出得体的妆容。在课堂上分组进行形象展示,最好用数码相机进行拍摄,由学生互评,要求从面部化妆、发型设计方面进行重点评价。由教师进行总结评价,重点评价各组存在的共性问题。最后,全班评出"最佳表现"妆容。

# 一、仪 容 整 洁

**1. 面容的清洁**

清洁感是仪容美的关键,也是一个基本要求。面部是一个人最突出的代表部位,面容是否洁净,是有生气、有光泽,还是灰暗、死气沉沉、憔悴疲倦,关系到每个人留给他人的印象,你对别人也会由于这一点产生不同的印象。一个教养有素的人不会经常不修不整、蓬头垢面。仪容的清洁感要求面容干净整洁。面容清洁不仅是面部没有看得见的污垢,而且不要存有附在皮肤上的老死的细胞角质层。彻底清洁皮肤有如下几种方法。

(1)清洗面容

保持面容洁净需要天天洗脸,这很容易。用清水、香皂、洗面奶都可以,但记住一定要用清水冲洗干净。仅仅保持天天洗脸不一定能保证仪容的清洁感,因为你无法及时洗去和老死的细胞屑混在一起的角质性污物,这是你面部容易起小疹子、疙瘩、瘙痒,起红斑、黄褐斑的重要原因。要知道皮肤也在新陈代谢,不停分泌皮脂及其他废物。皮肤分皮下组织、真皮和表皮,细胞不断在真皮内生成并推向表皮,一般当细胞到达最外层时,就已经开始死亡了,没有生命力了。在显微镜下,这些老死的细胞屑像枯叶一样堆积成一层灰色的皮痂,只不过肉眼看不见罢了。皮痂不仅阻挡着新生细胞继续补充到皮肤表皮上去,而且使你的皮肤黯淡无光、干燥易皱。

(2)定期脱落表皮

实际上部分枯死细胞会在不知不觉中落在枕巾、毛巾和水中,但仍需要定期进行"大扫除"。定期使用磨砂膏、面膜,都能起到非常好的脱落皮屑的作用。经常注意脱落表皮,还有一个益处,就是可以防止、缓解某些皮肤病,如粉刺、痤疮等。

面容清洁还包括保持脖颈、耳朵等部位的绝对清洁。

**2. 肌肤的保养**

护肤是仪容美的关键。皮肤尤其是面部皮肤的经常护理和保养,是实现仪容美的首要前提。正常健康的人皮肤具有光泽,且柔软、细腻洁净、富有弹性;而当人处于病态或衰老的时候,其皮肤就会失去光泽、弹性,出现皱纹或色斑。对皮肤进行经常性的护理和保养有助于保持皮肤的青春活力。

(1)皮肤的类型

皮肤一般分为干性皮肤、中性皮肤、油性皮肤、混合性皮肤、敏感性皮肤。对于不同类型的皮肤需用不同的方法加以护理和保养。

① 干性皮肤红白细嫩,油脂分泌较少,经不起风吹日晒,对外界的刺激十分敏感,极易出现色素沉着和皱纹。有些干性皮肤的人苦于自己的皮肤少了一份"亮光",使劲往脸上涂抹"增亮"的油脂,殊不知此举减少了皮肤的透气性。其实对于这种皮肤,每天在洗脸的时候,可以在水中加入少许蜂蜜,湿润整个面部,用手拍干。坚持一段时间,就能改善面部肌肤,使其光滑细腻。保养要点是补充油脂和保湿。

② 中性皮肤比较润泽细嫩,对外界的刺激不太敏感。这种皮肤比较易于护理,可以在晚上用水洗脸后,再用热水掳脸片刻,然后轻轻抹干。保养要点是维持水油平衡。

③ 油性皮肤肤色较深,毛孔粗大,油光满面,易生痤疮等皮脂性皮肤病,但适应性强,不易显皱。洗脸时可在热水中加入少许白醋,以便有效地去除皮肤上过多的皮脂、皮屑和尘埃,使皮肤富有光泽和弹性。保养要点是控制油脂分泌和保湿。

④ 混合性皮肤看起来很健康且质地光滑,但 T 型区(额头、鼻子、下巴的区域)有些油腻,而两颊及脸部的外缘有一些干燥的迹象。混合性皮肤在护肤时可考虑分区护肤的法则,对于干燥的部位除了更多地补水保养外,可以适当地选择一些营养成分较丰富的护肤品,而偏油部分可以使用清爽护肤品。保养要点是控制 T 型区的油脂分泌,消除两颊的干燥现象并保湿。

⑤ 敏感性皮肤表皮较薄,毛细血管明显,使用保养品时很容易过敏,出现发炎、泛红、起斑疹、瘙痒等症状。保养要点是适度清洁、不过度去角质、不频繁更换保养品、不使用含有致敏成分的化妆品。

确定皮肤类型的简单方法是:在早晨起床前,准备三张干纸片,分别贴在额头、鼻子、面颊上,两分钟后揭下,放在亮处观察,就可判断自己的皮肤类型。如果满纸油迹即为油性皮肤,极少油迹即为干性皮肤;如果额头、鼻子有油迹,脸颊上几乎没有即为中性皮肤,额头、鼻子有较多油迹,脸颊上没有为混合性皮肤。

(2)皮肤的保养

① 注意合理的饮食。合理的饮食是美容保健的根本。人体需要多种养分,有了养分,皮肤才有自然健康的美。因此,我们在日常的生活中应注意饮食上的多种多样,多吃富含维生素的食物,少吃刺激性食物,保持吸收、消化系统的畅通。有的人可不这样认为,打工妹小孙就是一个典型的例子。小孙有着对"高档"化妆品的强烈追求,在她每月的正常支出中,用于购买化妆品的支出几乎占了一半,她是同学们中最了解化妆品的人,每当有新品上市的时

候,她总控制不住跃跃欲试的冲动,总会率先试用一把,然后把自己的感受以最快的速度向外传播,这也是她不无骄傲的一点。然而,家里给的钱是个定数,买了化妆品,吃饭的钱相应就少了,于是,小孙会省吃俭用,尽可能把吃饭的消费降到最低点。假如你也像小孙一样的话,请你和她一起调整一下支出比例,饮食是根本,小孙的做法恰恰是舍本逐末。一项研究表明:美好的容颜的养成,内在营养占80%,外在护肤占20%。

② 保持乐观情绪。乐观的情绪是最好的"润肤剂"。俗话说:"笑一笑,十年少",笑是一种化学刺激的反应,它激发人体各器官,尤其是激发头脑、内分泌系统的活动,笑的时候,脸部肌肉舒展,使面部皮肤新陈代谢加快,促进血液循环,增强皮肤弹性,起到美容的作用。经常笑能使面色红润,容光焕发,给人年轻健康的美感。放松是保持乐观情绪的一剂良药,每天平躺在床上,使脚比头高,什么也不想,可以听轻音乐,10分钟后,即可增加面部的供血量,收到护肤的功效。

③ 保证良好的睡眠。保持卧室的良好环境,如卧室的温度、床垫和枕头的软硬,都要适合自己入睡的要求,如有可能,特别是北方的冬季,可在室内装置加湿器,防止皮肤干裂。良好的睡眠使皮肤可以获得更多的氧气,满足代谢的需要。

④ 保持皮肤适度的水分。皮肤的弹性和光泽是由含水量决定的。要使皮肤滋润,每天保证喝水2000毫升左右。每天晚上睡前饮一杯凉开水,睡眠时,水分会融入细胞,为细胞所吸收。早晨起床后,也要饮一杯凉开水,使胃肠畅通,使水随血液循环分布全身,滋润皮肤。皮肤角质层水分也可以从体外吸收,保持环境湿度,在化妆品中配合上保湿剂,是保持皮肤水分的好方法。坚持每天用冷水浸脸一次,约2分钟,坚持必有成效。

⑤ 正确洗脸。正确洗脸,保持皮肤清洁卫生是不可或缺的。正确的洗脸方法是:洗脸水温不要太高,一般应低于35℃;洗脸应从下往上洗,从里向外洗,这样有助于皮肤血液循环;要使用温和的洗面奶,少用或不用香皂;洗脸的动作要轻柔。

⑥ 避免不良刺激。紫外线对皮肤有破坏作用,过度暴晒会使皮肤变黑、粗糙,并出现皱纹,因此阳光太强的天气,要注意防晒。应化淡妆,不要浓妆艳抹,减轻对皮肤的刺激。不要使用伪劣化妆品。

⑦ 按摩皮肤。具体方法是:两手掌相互摩擦发热,然后两手掌由前额顺着脸的两旁轻轻向下擦,擦至下巴时,再向上擦至前额,如此一上一下将脸的各处擦到,上下共36次,每天早晚洗脸后进行。在按摩时手法要轻柔,不可过分用力。

只有自觉地、习惯地在日常生活和工作中保养皮肤,坚持皮肤"锻炼",才能使皮肤细腻、光泽、柔嫩、红润,富有弹性,青春永驻。

**3. 头发的整洁与修饰**

头发没有像面容那样受到人们的重视,但假如你在乎自己的形象,愿意改进自己的形象,就应该把头发作为重要的环节来考虑。一张再美的面孔,如果没有了头发的衬托,那就大大逊色了。头发松软黑亮有光泽,加上整齐的梳理,才能呈现出光洁的面容,展现你良好的素养、气质。头发不整洁,头皮屑以及脱落的头发落在肩膀上、衣背上,穿着再漂亮,面部再干净,仍会给人不洁的感觉。头发干净与否,是一个比服饰更重要的显示教养素质的环节。

(1)洗发

我们应该改变自己的洗发观念和洗发频率。过去几十年因条件因素而形成的洗发习惯不知不觉误导了人们对于健康头发的认知概念,以至于今天许多人可以天天沐浴,而不能理解天天洗发这一做法。前不久,中国健康教育协会特别推出"头发天天清洁,把握成功瞬间"的社会公益活动,建议人们遵循正确的洗护发方法,养成每周洗头4～7次的卫生习惯。

许多人误认为天天洗发会影响发质,会使头发变干枯、受损,会促使头发脱落。事实上,头发上的毛囊每天都在不断地分泌油脂以润滑头发,正常人平均每平方厘米的头皮上,分布着144～192个能分泌油脂的皮脂腺,所以,经常洗头,不但不会损伤头发,良好的循环还能刺激皮脂腺的正常分泌,使头发滋润光泽。香波洗头起到最基本的清洁功能,但绝不会洗去过量油脂。因此,清洁是保养头发的最基本的方法,只要根据自己的发质,选用优质的洗发露,并遵循正确的洗发方法,天天洗发不仅不会引起掉头发,反而会令头发更加健康强壮。

此外,经常用发刷(或梳子)刷梳头发,应刷(梳)到头皮上,可以促进头皮血液循环,加强对头发的营养供给,并会刺激毛根均匀分泌油脂来滋润头发。古语说"梳理百回,养发健身"。

要注意选择好洗发用品。洗发用品中有一类是药物性洗发剂,如去头屑洗发精、止痒洗发水、防脱发洗发液等。它们都是在洗发剂基剂中加入了一定的药物原料配制而成。你可以根据自己头发的情况"对号入座",选择其中一种。

另一类洗发剂是营养性洗发剂,如蛋白洗发液、水果洗发液,以及用何首乌、啤酒花配方的洗发剂等。它们是在洗发剂中添加一定的营养性物质。这一类洗发用品的选择要求不是太严格,你可以多使用几种试试,看哪一种用后头发感觉最好。

研究人员测量健康头发的pH为4～5,在这个数值范围内头发呈最佳弱酸状态比较好,有弹性、有光泽。然而洗发剂中的某些成分会使头发的pH偏向碱性,所以洗发后最好用护发品来中和头发的酸碱度。

(2)护理

头发的性质是指头发的油性含量。根据不同的油脂含量,我们的头发可分为干性、油性、中性和混合性发质四种。不同的发质有不同的特点和产生原因,我们在日常护理中应该根据自身特点进行护理,否则只会损坏我们的秀发。不同发质的护理见表1-1。

表1-1　不同发质的护理

| 发质类型 | 表现 | 成因 | 护理 |
|---|---|---|---|
| 油性 | 头发细长、发丝油腻,经常需要清洁;洗后第二天,发根出现油垢;头皮厚,容易头痒 | 荷尔蒙分泌紊乱、精神压力大、遗传、过度梳理、常吃高脂肪食物 | 缓解精神压力、勤于洗发、调节内分泌平衡、少吃高脂肪食物 |
| 干性 | 头发缺乏光泽、干燥、油脂少;易打结、难梳理、易生头皮屑;一般发根稠密、发梢稀薄、时有分叉,头发僵硬、弹性较低 | 皮质分泌不足、头发蛋白缺乏水分、经常漂染或高温吹干、天气干燥 | 摄入高脂肪食物和水分,少漂染发、少用高温吹干,勤于梳理 |
| 中性 | 头发不油腻、不干燥,柔软顺滑、有光泽,只有少量头皮屑 | 皮脂分泌正常,日常护理良好 | 无须特别护理,按常规进行护理即可 |
| 混合性 | 头皮油腻、干燥,靠近头皮1厘米以内的头发很油腻,越往发梢越干燥甚至分叉 | 体内激素水平不稳定;过度烫发或染发等 | 少烫发或染发,在护肤专家的指导下进行护发 |

(资料来源:向多佳.职业礼仪.成都:四川大学出版社,2009)

头发的营养。有人说头发是皮肤的变型。而在另一种古老的语言中,头发被称为"血余"。可见充足的血液及其良好的循环,决定着我们头发的质量。而要保证血液供给充分,促进血液循环,就必须保证营养摄入的富足。所以,除了我们已知的那些有益于皮肤健美的各种营养外,豆类、芝麻、核桃中的植物性蛋白质,海带、海菜、贝类中的钙质,对头发也都有着特殊功用。

少白头与家庭遗传以及人体内分泌有关系。分泌系统中的脑下垂体会影响头发中皮质层的色素颗粒,内分泌功能失调,会引起发色的变化。头皮血液循环不畅通,也会使乌发变色。此外,从营养学分析,人体内缺乏铜元素和铁元素,缺乏泛酸,都会引起头发早白。还有,情绪上长时间的紧张、焦虑,也会使头发变白。因此有必要多吃黑芝麻、核桃、豆类以及动物肝脏等食品,可服用些当归、红枣茶、何首乌汁等,再配合以头皮的按摩、梳刷,平复安定自己的情绪。

体内如果摄取过多的糖分、盐分以及动物性脂肪等有害于血液循环的食物,会使头发变硬、变脆并容易脱落。应尽可能地少吃这类食物,这同时也是保养肌肤的要求。

容易脱发和秃顶的人,头皮往往硬化,要多吃富含铁质的食物,如水果、瘦肉、鸡蛋蛋白、菠菜、卷心菜、芹菜等。这些食物有助于活血软化头皮,并促进其更新。及时补充各种氨基酸和多种微量元素,也会防止或减缓头发脱落。而富含这些营养的食物有:黑豆、蛋类、黑芝麻、乳类等。

(3)饰发

在交际场合,观察一个人往往是"从头开始"的,发型是构成仪容美的重要内容,是职业人员展示良好的个人形象的前提。

美观的发型能给人一种整洁、庄重、洒脱、文雅、活泼的感觉。发型的选择要与性别、发质、服装、身材、脸形等相匹配,还要与自己的气质、职业、身份相吻合,才能扬长避短、和谐统一,显现出真正的美。

职业人员在头发修饰方面也应遵循一定的礼仪规范,如表1-2所示。

表1-2 职业人员头发的修饰

| 内容 | 礼 仪 规 范 |
|------|------------|
| 修饰 | 在正式场合,可剪发、吹发、烫发,但不能染成自然色以外的颜色,也不要过多地使用喷彩或啫喱水 |
| 长度 | 男士不留长发,不留鬓角。女士剪短发,发长不应过肩,刘海儿不宜过低,不要遮住眼睛。如果留有长发,在正式场合和重要场合应梳髻盘头或系扎,不披头散发 |
| 发饰 | 在正式场合头发最好不要滥加装饰。女士若有必要使用发卡、发绳、发带或发箍时,应选黑色、蓝色、棕色,朴实、大方,不要插戴色彩艳丽或图案夸张的发饰 |
| 发型 | 发型应高雅、干练、大方,与脸形和身材相适应。比如,身材高而瘦的女性适合留长发,并可适当地增加一些装饰;身材矮小的女性,适宜留短发或盘发,露出脖子可使身材显高;较胖的女性适合梳淡雅舒展、轻盈俏丽的发型 |

(资料来源:李国辉.生客卖礼貌,熟客卖热情:一本书学会销售礼仪.北京:机械工业出版社,2012)

**4. 手及指甲的卫生**

有了光洁的面容,整洁的头发,如果伸出一双手很脏,手指甲长而黑污,美好的印象就会荡然无存。指甲应当整齐清洁。有时候我们发现某些男士也留有长指甲，非常不合时宜。不论出于什么理由男士们都不应该留长指甲。女性在这个问题上有更多的自由选择，但重要的是要修剪整齐，保持干净。坚决杜绝黑指甲。

要养成洗手的好习惯，坚持外出回来、饭前、便后勤洗手。

还应该注意双手的护养。最基本的保养方法是，在接触水以后，注意擦一些护肤霜在手上。如果在户外工作或外出时，应该在手上也涂一层防晒霜。在保养手的皮肤的同时，如果加做手操就更好了。一方面，可以使手部血液循环加速，促进皮肤的新陈代谢；另一方面，手操使各指关节得到锻炼，手指活动灵巧而不是粗硬弯曲。下面介绍的手操都非常简便，随时随地都可以做。

- 伸直左手，用伸直的右手背贴在左手背上，来回摩擦，然后相反运动；
- 双手伸直，左右摇动，摇动得越快越好；
- 用手握拳，然后放开，由慢到快持续两分钟；
- 给手做干浴；
- 做翻花鼓的动作，手指手腕都尽可能往外翻；
- 臃肿的手指，可在热水中做按摩，以促进血液循环。饮食方面需减少盐分，多吃蔬菜和水果；
- 用手指模仿弹钢琴的样子，手指移动换位，越快越好；
- 用柠檬片擦手背，可以帮助消除粗糙。

**5. 口腔的卫生**

口腔是表现清洁感的另一个重点。

与人说话的时候露出牙齿上嵌有、沾有的食物残渣，这是很让人厌恶的，它会让人产生窝囊、作风马马虎虎的印象。所以我们应该注意口腔卫生。还应当特别注意口中的异味，也就是我们通常所说的口臭。与人交谈的时候如果口中发散出难闻的气味，会使对方很不愉快，自己也很难堪。

口腔异味原因很多，口腔内本来就有多种细菌，能够分解食物残渣中的淀粉类物质和蛋白类物质，产生酸性或其他异味。坚持随时刷牙漱口的习惯，口腔中细菌没有作用的对象，口腔中异味就自然消除了。有时候我们吃了葱、韭菜、大蒜、萝卜等刺激性食物，也会产生强烈异味，所以，在与人交往、工作之前，如果碰巧吃了这一类食物，可在口中嚼一点茶叶、红枣和花生，它们有助于清除异味。必要时可以使用口香糖减少口腔异味，但应该指出，参加比较正式的交际活动，在他人面前大嚼口香糖是不礼貌的。

造成口腔异味的另一个原因是口腔疾病，如龋齿、牙龈炎、牙槽脓肿、口腔溃疡等疾病。这些原因造成的口中异味，单靠刷牙漱口的方法不可能消除。只要治疗好这些口腔疾病，异味就会随之消失。

如果上述两种情况都已经排除，那么口中异味就与体内疾病有关了。如消化不良，肺病、肝病、糖尿病、气管炎等，这就需要治疾病之本了。

切记，口臭会使一个人的好印象大打折扣。

**6. 身体、衣着的整洁**

保持身体干净，经常洗澡是必须的，尤其是参加正式活动之前一定要保持清爽干净。洗澡可以除去身上的尘土、油垢和汗味,并且使人容光焕发,至少也要坚持每星期洗一次澡。每天晚上睡前要坚持洗脚,用热水泡脚还可以解乏、帮助睡眠,十分有益健康。

身体不要带有异味。有些人会有身体异味,也就是我们通常俗称的"狐臭",应当及时根除治疗和使用治疗药水,此外要紧的是加强个人卫生。体臭是大汗腺分泌物和细菌作用后发生的酸,经常保持皮肤的清洁干燥,就可以将体味减小到最低程度。喷涂治疗药物也是抑制细菌、杀菌的一个非常有效的方法。

保持衣着整洁,勤换内衣,外衣也要定期清洗、消毒。要勤换鞋袜,保持鞋袜舒适干净。不要在集会或看演出等公众场合穿拖鞋。

此外,要使用自己的毛巾、口杯、脸盆、牙刷和香皂,养成良好的卫生习惯。

# 二、化妆适度

爱美之心,人皆有之。在人际交往和参加某些仪式时,适当化妆,既表现出个人对美的追求,同时也是对他人尊重的一种表现。做任何事情都贵在适度,化妆也不例外,一定要根据东方人的特点来装扮修饰,做到恰如其分。过分醉心于美容,妆化得不堪浓艳,不仅有损于皮肤的健康,而且还有损于别人的观瞻,因此,化妆适度是仪容美的基本要求。

**1. 妆前自我认识**

一个人要让别人觉得美,全身的整体比例很重要,因为只有符合比例的才是和谐的,只有和谐的才是美的。

(1)"黄金分割"

美学上人体的形式比例关系符合著名的"黄金分割"定律。"黄金分割"定律是指事物各部分间的一定数学比例关系,即:将一条线段一分为二,其较短一段与较长一段之比等于较长一段与全线段之比。按照此种比例关系组织的任何对象,都表现了变化的统一,内部关系的和谐。因此,许多哲学家与美学家认为,无论在艺术界还是自然界中,"黄金分割"都是形式美中较为理想的关系。对于人类而言,通常人的脸形是接近黄金矩形的,女性的椭圆形脸之所以被多数人视为理想的脸形,就是因为脸形的长宽之比近似黄金矩形。然而生活中的人们并不都是这样的脸形,于是我们可以从美的比例出发,利用发型和化妆弥补脸形比例的不足,使整个头部形象形成一种新的比例关系。

(2)"三庭五眼"

除了脸形的长宽之比之外,"三庭五眼"也是对人的面部长宽比例进行测量的一种简单方法。五官端正就是指符合"三庭五眼"的比例要求。

"三庭"是指上庭、中庭和下庭。①上庭:从额头发际线到两眉头连线之间的距离。②中庭:从两眉头连线到鼻头底端之间的距离。③下庭:从鼻头底端到下颏(下巴尖)的距离。理想的比例是,上庭∶中庭∶下庭=1∶1∶1,即三者长度相等。

"五眼"是指:①左太阳穴处发际至左眼尾的长度;②左眼长度;③左眼内眼角至右眼内眼角的长度;④右眼长度;⑤右眼眼尾至右太阳穴处发际的长度。

"三庭"、"五眼"如图 1-1 所示（http://kdsjlkefc. blog. 163. com/blog/static/11899870320095702324372/,2008-07-04）。

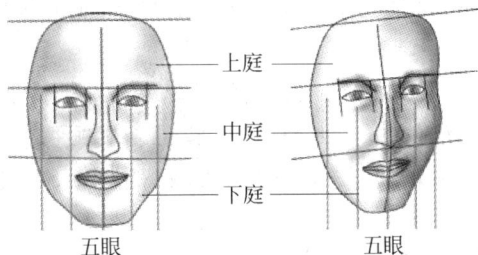

图 1-1 "三庭"、"五眼"结构示意图

理想的比例是这五者长度相等，即从左太阳穴发际到右太阳穴发际之间的横向连线长度正好是五只眼睛的长度，并且均匀分布。

"三庭五眼"是人的脸长与脸宽以及颜面器官布局的标准比例，如不符合这个比例，就会与理想脸形产生距离，那么，在化妆时就要运用一定的技巧进行调整和弥补。

通过自我形象分析，我们便可以了解自己容貌上的优点与不足，虽然人的相貌在很大程度上依赖于遗传，但是后天的努力、科学的保养及恰到好处的修饰却有举足轻重的作用。

**2. 化妆的原则**

（1）美化原则

每一个化妆的人都希望化妆能使自己变得更美丽，这是无疑的，但事实上，这些人以为把各种色彩涂抹在脸的相应部位就自然美了，这是错误的。我们看到许多幼儿园的孩子被阿姨化妆化得脸上一团红、眼睛一团黑，变得又凶又老气，孩子的天真可爱荡然无存，这样的化妆不是美了，而是丑了。因此，美化的原则是从效果来说的。要使化妆达到美的效果，必须了解自己的脸的各部位特点，孰优孰劣要心中有数；还要清楚怎样化妆和矫正才能扬长避短，变丑陋为俏丽，使容貌更迷人。这些，要在把握脸部个性特征和正确的审美观的指导下进行。

（2）自然原则

自然是化妆的生命，它能使化妆后的脸看起来真实而生动，不是一张呆板生硬的面具。化妆失去了自然的效果，那就是假，假的东西就无生命力和美了。自然的化妆要依赖正确的化妆技巧、合适的化妆品；要一丝不苟，井井有条；要讲究过渡、体现层次；要点面到位、浓淡相宜。总之，要使化妆说其有，看似无，就像被化妆的人确确实实长了这样一张美丽的面容，像真的一样。化妆时不讲艺术技法手段，胡来一气，敷衍了事，片面追求速度，都有可能使妆面失真。

（3）协调原则

① 妆面协调，是指化妆部位色彩搭配、浓淡协调，所化的妆针对脸部个性特点，整体设计协调。

② 全身协调，是指脸部化妆还必须注意与发型、服装、饰物协调，如穿大红色的衣服或配了大红色的饰物时，口红可以采用大红色的，力求取得完美的整体效果。

③ 身份协调，是指礼仪人员化妆时要考虑到自己的职业特点和身份，采用不同的化妆

手段和化妆品。作为职业人士,应注意化妆后体现端庄稳重的气质;作为专门从事各种关系建立和协调的从业人员出头露面的机会多,与有身份、有地位、有权力人打交道频繁,要表现出一定的人际吸引魅力,化妆就不能太艳俗或太单调,而应浓淡相宜,青春妖媚,适合人们共同的爱美之心。

④ 场合协调,是指化妆要与所去的场合气氛要求一致。日常办公,妆可以化淡一些;出入宴会、舞会场合,妆可以化浓一些,尤其是舞会,妆可以靓丽一些;参加追悼会,素衣淡妆,忌使用鲜艳的红色化妆。不同的场合不同的化妆,相得益彰,不仅会使化妆者内心保持平衡,也会使周围的人心理融洽。

**3. 化妆的技巧**

靳羽西说:"世界上没有难看的女人,只有不懂如何把自己打扮得体的女人。"世界上没有一个人是十全十美的"标准"人。假如你时时都在懊悔自己的脸形或者五官不标准,那大可不必,因为即使自己存在不符合标准的部分,同样可以用化妆的技巧来改善,体现出自己的个性美。扬长避短、遮掩缺陷是非常重要的技巧。下面介绍几种常见的脸形应如何化妆。

（1）圆脸形

圆脸形一般脸形偏平,化妆应加强面部立体塑造,在涂粉底时,可用偏深的粉底涂面部两侧,在额头、鼻梁、下巴处涂明亮色。鼻侧影略向眉头部位揉擦,以抬高鼻根,使鼻型挺拔。眉毛作上挑圆弧形描眉。眼影不宜用浅亮色,深色眼影可以使面部凹凸加强。

（2）方脸形

方脸形棱角分明,化妆底色不宜太浅,色彩沉着的底色加上红褐色的腮红,会使方脸有结实感,眉形可以是略粗的呈角度弧形,又细又弯的眉会与方脸的轮廓形成较明显的对比。眼影与唇影的颜色可以鲜明一些,用强调五官来减弱方脸轮廓。

（3）长脸形

长脸形缺乏生气,化妆可以选择较浅的自然型粉底。胭脂用淡红色,从颧骨的中心往耳朵方向推抹呈扇形。在下巴、额头上也略施暖色调阴影色。眉毛修饰呈向脸部横向发展的平弧状缓和曲线。睫毛膏染外眼睫毛。总之,化妆上采用的线条与色彩,都应以横向引导来造成视觉错觉,以便使长脸形有所改观。

（4）小脸形

小脸形给人感觉比较可爱,化妆用浅色粉底可使脸部面积显得宽阔。腮红可选用浅桃红、淡红。眉毛、眼睛、嘴唇的颜色可适当明丽,线条的描画清晰,使修饰过的五官显得眉清目秀。

（5）大脸形

大脸形缺乏灵气,显得呆板。化妆可选用比自己原来肤色偏深一些的粉底作为底色,因深色比浅色有收缩感,面部的两侧可以涂一些能与底色衔接的阴影色。额头、鼻梁、下巴涂上明亮色,但也需要与底色自然衔接。这样,首先形成脸部大的起伏,再用鼻侧影使脸部唯一的纵长结构更具立体感,鼻侧影的颜色比肤色略深,并应和眼影色融合。眼睛作重点刻画,加上眉毛与嘴唇的衬托,使五官明艳清晰,以此来减弱脸庞轮廓线的印象。

**4. 化妆的步骤**

化妆时要认真掌握化妆的方法。化妆大体上应分为打粉底、画眼线、施眼影、描眉形、上腮红、涂唇彩、喷香水等步骤。每个步骤均有一定方法，必须认真遵守，讲求化妆的方法。化妆的步骤如表 1-3 所示。

表 1-3　化妆的操作程序与要求

| 步　骤 | 目　的 | 操作要点 | 注意事项 |
|---|---|---|---|
| 1. 打粉底 | 调整面部肤色，使之柔和美丽 | ① 选择粉底霜；<br>② 用海绵取适量粉底，涂抹细致均匀 | ① 粉底霜与肤色反差不宜过大；<br>② 切记在脖颈部打粉底，以免面部与颈部"泾渭分明" |
| 2. 画眼线 | 使眼神生动有神，并且更富有光泽 | ① 笔法先粗后细，由浓而淡；<br>② 上眼线从内眼角向外眼角画；<br>③ 下眼线从外眼角向内眼角画 | ① 一气呵成，生动而不呆板；<br>② 上下眼线不可在外眼角处交会 |
| 3. 施眼影 | 强化面部立体感，使双眼明亮传神 | ① 选择与个人肤色适合的眼影；<br>② 由浅而深，施出眼影的层次感 | ① 眼影色彩不宜过分鲜艳；<br>② 工作妆应选用浅咖啡色眼影 |
| 4. 描眉形 | 突出或改善个人眉形以烘托容貌 | ① 修眉，拔除杂而无序的眉毛；<br>② 逐根眉毛描眉形 | ① 使眉形具有立体感；<br>② 注意两头淡、中间浓，上边浅、下边深 |
| 5. 上腮红 | 使面颊更加红润，轮廓更加优美，显示健康活力 | ① 选择适宜的腮红；<br>② 延展晕染腮红；<br>③ 扑粉定妆 | ① 注意腮红与唇膏或眼影属于同一色系；<br>② 注意腮红与面部肤色过渡自然 |
| 6. 涂唇彩 | 改变不理想的唇形，使双唇更加娇媚 | ① 以唇线笔描好唇线；<br>② 涂好唇膏；<br>③ 用纸巾吸去多余的唇膏 | ① 先涂上唇，后涂下唇，从左右两侧沿唇部轮廓向中间涂；<br>② 涂完后检查一下牙齿上有无唇膏的痕迹 |
| 7. 喷香水 | 掩盖不雅体味，使之清香怡人 | ① 选择适宜的香水类型；<br>② 喷涂于腕部、耳后、颌下、膝后等适当之处 | ① 香水切勿使用过量；<br>② 香水气味应淡雅清新 |

（资料来源：舒泊阳. 现代旅游礼仪与沟通艺术. 天津：南开大学出版社，2009）

**5. 化妆特别注意事项**

（1）女士要注意颈部皮肤的护理

女士不要忽视颈部皮肤的护理，颈部皮肤与脸部的皮肤差不多，所以你不必去买专门的营养霜，可以使用用于脸上的护肤品，使用方法和程序跟面部护理一样，只不过在春天、秋天和冬天，脖子上因为有衣服和围巾等的遮掩，护肤用品使用次数不必太频繁，可以在每天早晨或晚上使用一次，夏天因为脖子皮肤裸露在外较多，出外晒太阳时，应与脸部皮肤一样，使用防晒霜，每天两次爽肤和使用营养霜。女士把自己的颈部护理得与自己的脸一样年轻，就更加完美了。

（2）注意化妆的基本礼节

化妆不但要掌握一定的方法，还要掌握化妆的礼节：化妆的浓淡视时间而定，白天工作场合化淡妆，夜晚化浓妆、淡妆都适宜；不能在公共场所里化妆，在众目睽睽之下化妆是非常失礼的。如有必要化妆或修饰的化妆,要在卧室或化妆间里去做。工作时间不能化妆,否则易被他人当作不务正业的人。不允许在同事面前化妆,否则会引起误会;不要非议他人的化妆。由于民族、肤色和文化修养的差异,每个人的化妆不可能都是一样的;不要借用他人的化妆品,这样做既不卫生又不礼貌。

值得注意的是青年女性不宜过多使用化妆品,平时只使用一些适合自己皮肤的护肤霜就可以了。特别是正值发育期的女孩子,更不要多用化妆品,因为这时她们的机体新陈代谢旺盛,皮肤毛孔很容易被堵塞,从而有可能引发皮肤病。至于唇膏,旨在护肤,一般多在冬季使用,以防嘴唇开裂。

### 6. 男士的"化妆"

以上化妆主要针对女士而言,其实男士也应注意面容之美,除了具有宗教信仰与风俗习惯者之外,男性不宜蓄留胡须,因为在交际场合"美髯公"并不美,它显得不清洁,还对交往对象不尊重,因此男性最好每天坚持剃一次胡须,绝对不可以胡子拉碴地上班或会面。如果有必要蓄须的话,也要考虑工作是否允许,并且要经常修剪,保持卫生,不管是留络腮胡还是小胡子,整洁大方最重要。

此外还要注意经常检查和修剪"鼻毛",在人际交往中,偶尔有一两根鼻毛黑乎乎地"外出",是很容易破坏他人对自己的看法的;吸烟的男子要注意吸烟后嚼口香糖等能去除烟味;有"汗脚"的男士应注意保持鞋袜清洁,鞋最好两双以上,换着穿。

男士的形象与其精神面貌有很大关系,如果外表各方面都处于最佳状态,但目中无人,神态不振,这个人的形象也就谈不上好。所以,男士在精神面貌上要保持对生活的乐观和追求,少些抑郁忧愁,多些爽朗欢笑。

**思考与训练**

1. 仪容修饰对职业人员形象的塑造有何重要意义?

2. 作为女士,请用5分钟时间给自己化一个漂亮的工作妆。请实际操作,如果结果不令你满意,要继续实践,反复练习,直到取得满意效果为止。

3. 作为男士如何保持仪容整洁?请每天早晨上班前对着镜子检查一下,在个人卫生方面还有哪些地方需要改进?要坚持一丝不苟。

4. 坚持在刷牙、洗脸、洗头时,采用正确的方法,养成良好的卫生习惯。

5. 请结合自身的体会阐述良好的生活习惯与皮肤护理的关系。

6. 与同学交流一下自己对头发、面部、手、脚等进行清洁和保养的心得。

7. 皮肤护理训练。分小组操作,每组针对一种皮肤类型进行护理,每组中一位同学重点操作,其他同学辅助操作。事先准备好洗脸盆、毛巾、清洁纸巾、洗面奶等物品。

8. 发型选择训练。若干学员分别上台展示自己的发型,并说明其理由。其他学员予以点评并提出具体的发型建议,评选出三种最佳发型。

9. 案例分析

#### 一道道奇特的风景线

阿美和阿娟是一所美容学校的学生,初学化妆,对化妆非常感兴趣,走在大街上,总爱观察别人的妆容,因此发现了一道道奇特的风景线。

一位中年妇女没有做其他化妆,只涂了嘴唇,而且是那种很红很艳的唇膏,整张脸只突出了一张嘴。一位女士的妆容看起来真的很漂亮,只可惜脸上精彩纷呈,脖子却粗糙马虎,在脸庞轮廓上有明显的分界线,像戴了面具一样。再看,还有的女士用粗的黑色眼线将眼睛轮廓包围起来,像个"大括号",看上去那么的生硬、不自然。一位很漂亮的女士,身穿蓝色调的时装,却涂着橘红色的唇膏……

(资料来源:国英.公共关系与现代礼仪案例.北京:机械工业出版社,2004)

思考与讨论:

(1)请帮助阿美和阿娟分析一下,针对以上几种情形,自己化妆时应注意哪些问题?

(2)本案例对你有何启示?

## 美中不足

一天,黄先生与两位好友小聚,来到某知名酒店。接待他们的是一位五官清秀的服务员,接待服务工作做得很好,可是她面无血色,显得无精打采。黄先生一看到她就觉得心情欠佳,仔细留意才发现,这位服务员没有化工作淡妆,在餐厅昏黄的灯光下显得病态十足。上菜时,黄先生又突然看到传菜员涂的指甲油缺了一块,他的第一个反应就是"不知是不是掉到我的菜里了"。但为了不惊扰其他客人用餐,黄先生没有将他的怀疑说出来。用餐结束后,黄先生唤柜台内服务员结账,而服务员却一直对着反光玻璃墙面修饰自己的妆容,丝毫没注意到客人的需要。自此以后,黄先生再也没有去过这家酒店。

(资料来源:http://www.canyin168.com/glyy/yg/ygpx/fwal/200707/7350_15.html,2007-07-12)

思考与讨论:

(1)请指出案例中服务员在仪容上存在的问题。

(2)本案例对你有哪些启示?

# 任务 2

# 服饰礼仪

### 📖 学习目标

- 能够正确、规范地穿着西装、西服套裙等正装；
- 着装讲究色彩搭配与和谐之道；
- 按照礼仪规范的要求佩戴各类饰物。

### 📈 情境导入

**坏了大事的着装**

郑伟是一家大型国有企业的总经理。有一次,他获悉有一家著名的德国企业的董事长正在本市进行访问,并有寻求合作伙伴的意向。他于是想尽办法,请有关部门为双方牵线搭桥。让郑总经理欣喜若狂的是,对方也有兴趣同他的企业进行合作,而且希望尽快与他见面。到了双方会面的那一天,郑总经理对自己的形象刻意地进行一番修饰,他根据自己对时尚的理解,上穿夹克衫,下穿牛仔裤,头戴棒球帽,足蹬旅游鞋。无疑,他希望自己能给对方留下精明强干、时尚新潮的印象。然而事与愿违,郑总经理自我感觉良好的这一身时髦的"行头",却偏偏坏了他的大事。

(资料来源：http://zhidao.baidu.com/question/296063433.html,2011-08-04)

**问题**：职业人士究竟应该怎样着装?

### ⚒ 实训设计

根据惯例,在交往中,每个人都必须时时刻刻注意维护自己的形象,特别是要注意自己在正式场合留给初次见面的"外国友人"的第一形象。郑总经理与德方同行的第一次见面属国际交往中的正式场合,应穿西服或传统中山服,以示对德方的尊敬。但他没有这样做,正如他的德方同行所认为的：此人着装随意,个人形象不合常规,给人的感觉是过于前卫,尚欠沉稳,与之合作之事当再作他议。由此可见,服饰是要分场合、讲礼仪的,这对职业人员是十分重要的。

"先看罗衣后看人",对职业人员来说,掌握一定的服饰技巧非常必要。得体的服饰不仅使职业人员更有精气神,体现出对生活和工作的乐观态度、良好修养和独特品位,还能体现出职业人员所在公司或团队的企业精神和文化。服饰整齐的职业人员永远会给顾客以规范、严谨、积极、干练的印象,这是赢得顾客信任的首要因素。

为了完成本项任务的学习,建议在班级举行一次"职业人员服饰展示会",具体操作如下。

**职业人员服饰展示会**

实训目标:根据服饰选配的相关要求与规范,使自己的着装符合营销礼仪要求,展示良好的形象。

实训学时:2学时。

实训地点:实训室。

实训准备:男士、女士的正装以及各类饰物等。

实训方法:将学生分成小组,每组5～6人,每组设计职业交际场合的服饰穿戴与搭配。每组学生进行角色扮演,演示服饰的穿戴与搭配,用数码摄像机记录整个过程,然后投影回放,学生自我评价,找出不合规范之处。授课教师总结点评学生存在的个性问题和共性问题。最后,全班评选出"最佳表现组"。

# 一、着装的基本要求

**1. 着装个性协调**

所谓穿着的协调,是指一个人的穿着要与他的年龄、体形、职业和所处的场合等吻合,表现出一种和谐,这种和谐能给人以美感。具体包括以下几方面。

(1)穿着要和年龄相协调

在穿着上要注意你的年龄,与年龄相协调,不管青年人还是老年人,都有权利打扮自己,但是在打扮时要注意,不同年龄的人有不同的穿着要求。年轻人应穿着鲜艳、活泼、随意一些,这样可以充分体现出青年人的朝气和蓬勃向上的青春之美。而中、老年人的着装则要注意庄重、雅致、整洁,体现出成熟和稳重,透出那种年轻人所没有的成熟美。因此,无论你是青年、中年,还是老年,只要你的穿着与年龄相协调,那么都会使你显出独特的美来。

(2)穿着要与体形相协调

关于人体美的标准,古今中外众说纷纭。有关专家综合我国人口的健美标准,提出两性不同的体形标准。女性的标准体形是:骨骼匀称、适度。具体表现为:站立时头颈、躯干和脚的纵轴在同一垂直线上。肩稍宽,四肢比例以及头、颈、胸的比例。以肚脐为界,上下身的比例符合"黄金分割"的1.618∶1,也可用近乎8∶5来表示。若身高160厘米,则其较为理想的体重是50～55公斤,肩宽是36～38厘米,胸围是84～86厘米,腰围是60～62厘米,臀围是86～88厘米。男性的标准体形应基本遵循两臂侧平举等于身高的原则,若身高167～

170厘米,则其较为理想的体重是68～70公斤,胸围是95～98厘米,腰围是75～78厘米,颈围是30～40厘米,上臂围是32～33厘米,大腿围是55～56厘米,小腿围是37～38厘米。

然而,在现实生活中,并非每个人的体形都十分理想,人们或多或少地存在着形体上的不完美或欠缺,或高或矮,或胖或瘦。若能根据自己的体形挑选合适的服装,扬长避短,则能实现服装美和人体美的和谐、统一。

一般来说,身材较高的人,上衣应适当加长,配以低圆领或宽大而蓬松的袖子,宽大的裙子、衬衣,这样能给人以"矮"的感觉,衣服颜色上最好选择深色、单色或柔和的颜色;身材较矮的人,不宜穿大花图案或宽格条纹的服装,最好选择浅色的套装,上衣应稍短一些,使腿比上身突出,服装款式以简单直线为宜,上下颜色应保持一致;体型较胖的人应选择小花纹、直条纹的衣料,最好是冷色调,以达到显"瘦"的效果,在款式上,胖人要力求简洁,中腰略收,后背扎一中缝为好,不宜采用关门领,以V形领为最佳;体型较瘦的人应选择色彩鲜明、大花图案以及方格、横格的衣料,给人以宽阔、健壮的视觉效果,在款式上,瘦人应当选择尺寸宽大、上下分割花纹、有变化的、较复杂的、质地不太软的衣服,切忌穿紧身衣裤,也不要穿深色的衣服。另外,肤色较深的人穿浅色服装,会获得健美的色彩效果;肤色较白的人穿深色服装,更能显出皮肤的细洁柔嫩。

(3)穿着要和职业相协调

穿着除了要和身材、体形协调之外,还要与你的职业相协调。这一点非常重要,不同的职业有不同的穿着要求。例如,教师、干部一般要穿着得庄重一些,不要打扮妖艳,衣着款式也不要过于怪异,这样可以给人留下一个良好的印象;医生穿着要力求显得稳重和富有经验,一般不宜穿着过于时髦给人以轻浮的感觉,这样不利于对病人进行治疗;青少年学生穿着要朴实、大方、整洁,不要过于成人化;而演员、艺术家则可以根据他们的职业特点,穿着得时尚一些。

(4)穿着要和环境相协调

穿着还要与你所处的环境相协调。上班的办公室是一个很严肃的地方,因此在穿着上就应整齐、庄重一些。外出旅游,穿着应以轻装为宜,力求宽松、舒适,方便运动。平日居家,可以穿着随便一些,但如有客人来访,应请客人稍坐,自己立即穿着整齐,如果只穿内衣内裤来接待客人,那就显得失礼了。除此之外,在一些较为特殊的场合,还有一些专门的穿着要求。例如,在喜庆场合不宜穿得太素雅、古板;庄重的场合不能穿得太宽松、随便;悲伤场合不能穿得太鲜艳,等等。对于这些穿着要求,我们在下面还要作具体的介绍。

**2. 色彩搭配合理**

色彩是服装留给人们记忆最深的印象之一,而且在很大程度上也是服装穿着成败的关键所在。色彩对他人的刺激最快速、最强烈、最深刻,所以被称为"服装之第一可视物"。

一般来讲,不同色彩的服饰在不同的场合所产生的效果是不同的,为此,我们需要对色彩的象征性有一定的了解。

黑色:象征神秘、悲哀、静寂、死亡,或者刚强、坚定、冷峻;

白色:象征纯洁、明亮、朴素、神圣、高雅、恬淡,或者空虚、无望;

黄色:象征炽热、光明、庄严、明丽、希望、高贵、权威;

大红:象征活力、热烈、激情、奔放、喜庆、福禄、爱情、革命;

粉红:象征柔和、温馨、温情;

紫色：象征谦和、平静、沉稳、亲切；

绿色：象征生命、新鲜、青春、新生、自然、朝气；

浅蓝：象征纯洁、清爽、文静、梦幻；

深蓝：象征自信、沉静、平静、深邃；

灰色：是中间色，象征中立、和气、文雅。

　　人们穿着服装时，在色彩的选择上既要考虑个性、爱好、季节，又要兼顾他人的观感和所处的场合。所以明代卫泳在《缘饰》中说春服宜清，夏服宜爽，秋服宜雅，冬服宜艳；见客宜重装；远行宜淡服；花下宜素服；对雪宜丽服。古人对服饰的讲究的确值得我们借鉴。

　　对一般人而言，在服装的色彩上要想获得成功，最重要的是掌握色彩的特性、色彩的搭配以及正装色彩的选择这三个方面。

　　（1）色彩的特性

　　色彩具有冷暖、轻重、缩扩等特性。

　　色彩的冷暖。使人产生温暖、热烈、兴奋之感的色彩为暖色，如红色、黄色；使人有寒冷、抑制、平静之感的色彩为冷色，如蓝色、黑色、绿色。

　　色彩的轻重。色彩明暗变化程度，被称为明度。不同明度的色彩往往给人以轻重不同的感觉。色彩越浅，明度越强，它使人有上升之感、轻感。色彩越深，明度越弱，它使人有下垂之感、重感。人们平日的着装，通常讲究上浅下深。

　　色彩的缩扩。色彩的波长不同给人收缩或扩张的感觉有所不同。一般来讲，冷色、深色属收缩色；暖色、浅色则为扩张色。运用到服装上，前者使人苗条，后者使人丰满，二者皆可使人在形体方面避短扬长，运用不当则会在形体上出丑露怯。

　　（2）色彩的搭配

　　色彩的搭配主要有统一法、对比法、呼应法。

　　统一法。即配色时尽量采用同一色系之中各种明度不同的色彩，按照深浅不同的程度搭配，以便创造出和谐感。例如穿西服按照统一法可以选择这样搭配，如果采用灰色色系，可以由外向内逐渐变浅，深灰色西服—浅灰底花纹的领带—白色衬衫。这种方法适用于工作场合或庄重的社交场合的着装配色。

　　对比法。即在配色时运用冷色、深色，明暗两种特性相反的色彩进行组合的方法。它可以使着装在色彩上反差强烈，静中求动，突出个性。但有一点要注意，运用对比法时忌讳上下1/2对比，否则给人以拦腰一刀的感觉，要找到黄金分割点即身高的1/3点上（即穿衬衣从上往下第四、第五个扣子之间），这样才有美感。

　　呼应法。即在配色时，在某些相关部位刻意采用同一色彩，以便使其遥相呼应，产生美感。例如在社交场合穿西服的男士讲究"三一律"。所谓"三一律"，就是男士在正式场合时应使公文包、腰带、皮鞋的色彩相同，即为此法的运用。

　　（3）正装色彩的选择

　　非正式场合所穿的便装，色彩上要求不高，往往可以听任自便，而正式场合穿的服装，其色彩却要多加注意。总体上要求正装色彩应当以少为宜，最好将其控制在三种色彩之内。这样有助于保持正装保守的总体风格，显得简洁、和谐。正装若超过三种色彩则给人以繁杂、低俗之感。正装色彩，一般应为单色、深色并且无图案。最标准的正装色彩是蓝色、灰色、棕色、黑色。衬衣的色彩最佳为白色,皮鞋、袜子、公文包的色彩宜为深色(黑色最为常见)。

此外肤色也关系到着装的色彩,浅黄色皮肤者,也就是我们所说的皮肤白净的人,对颜色的选择性不那么强,穿什么颜色的衣服都合适,尤其是穿不加配色的黑色衣裤,则会显得更加动人。暗黄或浅褐色皮肤,也就是皮肤较黑的人,要尽量避免穿深色服装,特别是深褐色、黑紫色的服装。一般来说,这类肤色的人选择红色、黄色的服装比较合适。肤色呈病黄或苍白的人,最好不要穿紫红色的服装,以免使其脸色呈现出黄绿色,加重病态感;皮肤黑中透红的人,则应避免穿红、浅绿等颜色的服装,而应穿浅黄、白等颜色的服装。

**3. 注意交际场合**

所谓穿着要注意场合,是说要根据不同场合来进行着装。英国女王伊丽莎白二世访问中国时,走出机舱门第一个亮相,穿的是正黄色西服套裙,戴正黄色帽子。这位女王本人喜欢红色和天蓝色,很少穿黄色衣服。但在中国,几千年的历史上黄色是皇帝的专用色。女王来中国访问穿正黄色,既表示尊重中国的传统习俗,又显示了她作为一国君主的高贵身份。

(1)正式场合

正式场合是指商务谈判、重要的商务会议、求职面试等正规、严肃的场合。男士在正式场合通常穿严肃的西服套装(上下装面料相同、颜色相同)。纯黑色西服在西方通常用于婚礼、葬礼及其他极为隆重的场合,而正式的商务场合最常使用的西服套装颜色为深蓝色和深灰色,深蓝色或深灰色西装搭配白衬衫是商务场合男士的必备服装。女士在正式的商务场合当中,穿与男士西装相对应的女士西服套裙(上衣领子与男士西装领子相似)。

(2)半正式场合

半正式场合是指无重大活动、无重要严肃事务的商务场合(需要注意的是,有些着装要求非常严格的公司只有周末才允许穿半职业装)。在半正式场合,男士不用系领带,可以选择不太正式的西服上衣,如亲切感更强的咖啡色西服,以及其他权威感较弱的明快的颜色。面料可以选择更随意、更舒适的粗花呢等。上装和长裤采用不一样的面料和不一样的颜色,看上去更加轻松。

搭配的时候要注意颜色与面料的平衡感。男士半职业装可以搭配高品质的针织衫以及时尚感、休闲感较强的衬衫,衬衫的领型可有较多的变化。长裤的面料和颜色可以更加自然随意。需要注意的是,长裤的款式还是以西裤款式为主,不可出现宽松裤、萝卜裤、牛仔裤等休闲时尚裤型。女士的半职业装款式变化与组合非常丰富,可以将正装的西服套裙与套裤分开来穿,搭配经典款式的连衣裙、针织衫、短裙、衬衫。各个款式的细节处理可以更加富有创意,颜色可以更加明亮丰富,但仍然要保持躯干线条的清晰、干练。

(3)休闲场合

所谓"休闲",是指"停止工作或学习,处于闲暇轻松状态"。在这种休闲状态下,服装应当舒适、轻松、愉快,因此在款式上,男士和女士都采用宽松的款式,如夹克衫、T恤衫、棉质休闲裤、牛仔装等。服装颜色可以选择鲜艳新奇的色彩。女士连衣裙、短裙或衬衫的款式细节、图案和色彩都可以更大胆、更丰富。

(4)商务酒会场合

西方男士在特殊场合的礼服分为晨礼服、晚礼服等,但近年来有逐渐简化的趋势。国内一般公司的小型商务酒会、聚会,男士穿深色西装即可,但是领带的图案和颜色都需要更加华丽一些。女士的服装尽量以小礼服风格的款式为主,但不宜过于暴露肌肤,领、袖、肩既不可过于裸露又不可过于严实,千万不要过于隆重、夸张,裙长在膝盖上下比较妥当。布料可以选用丝缎、纱等,也可用无领无袖单色连衣裙搭配亮丽的首饰、富有质感的毛皮围巾、丝巾等增强闪光点和华丽感。酒会穿的鞋可以选有丝缎面料、露趾的晚装鞋,提包换成小巧一些的晚装包。

（5）晚宴场合

国际商务场合隆重的晚宴需要穿晚礼服。晚礼服是晚上 20:00 以后穿用的正式礼服,是礼服中档次最高、最具特色、最能充分展示个性的礼服样式。女士的晚礼服常与披肩、外套、斗篷等相搭配,与华美的装饰手套等共同构成整体装束效果。西方传统晚礼服款式强调女性窈窕的腰肢,夸张臀部以下裙子的重量感,肩、胸、臂的充分展露为华丽的首饰留下表现空间。面料通常选用闪光缎、丝光面料,充分展现华丽、高贵感。多配高跟细襻的凉鞋或修饰性强、与礼服相宜的高跟鞋。中国女性的身材和西方女性有所不同,因此可以选用面料华丽、制作精美的旗袍式晚礼服,同样能够产生惊艳的效果。男士参加晚宴的时候可以根据自身的喜好选择正式晚礼服或黑色西装,但一定注意细节处理要恰到好处。

（6）运动场合

职业人员会经常参加公司组织的体育比赛或观看体育比赛,参加此类活动应当穿运动装。运动装与休闲装都具有宽松、舒适的特点,但是运动装比休闲装更加适宜人体运动。不同的体育比赛有不同的运动装款式,参加活动之前应当准备好相应的服装。

（7）家居场合

下班回家之后通常应当换上家居服。家居服也有晨衣、睡衣等诸多款式,但其一致的特点是非常舒适、宽松、随意。因此,需要提醒职业人员注意的是,假如有客人来访,只要不是非常熟悉的人,就一定要换上休闲服或半职业装会见客人。即使是在家里,穿着睡衣之类的家居服见同事或客户也是非常不礼貌的。有些家居服的款式是会客时穿的,但也只适用于很熟的私人朋友或邻居等。最后要提醒大家的是,家居服绝不可以穿到自家大门以外,哪怕只是去楼下小卖店买瓶酱油,穿着睡衣也是非常失礼的。

**4. 着装档次匹配**

职业人员在穿衣时也应考虑档次,着装的档次应与自己所卖产品的档次相匹配。如果销售的是"宝马"车,不穿一身质地优良的服装,是无法与那些"富翁"打交道的。但如果你是销售保险,穿着一身上万元的档次过高的西装的话,会让客户主观地认为你卖的产品是昂贵的。但这并不是说,你卖的产品价格相对低廉,就可以穿劣质的着装来表明产品价格低廉,着装是职业人员精神面貌的体现,其着装具有烘托产品品质的目的,这对实现营销目标是具有重要意义的。

通常可以把所有的产品分成高档奢侈品和一般商品两类。从客户心理的角度来看,高档奢侈品的客户希望自己花大价钱买的东西在方方面面都可以彰显一种地位、一种档次。因此,作为职业人员,最好像欧洲的绅士一样,穿着上乘面料的西服,优雅地为他们提供服务。如果只是一般商品,就大可不必穿得那么高档,亲切的笑容才是客户所需要的。穿一身看起来很整洁的西服就可以了。如果销售一些价格低廉的商品,有品牌标志的工作服或一身具有亲和力的普通衣服则是最佳的选择。

# 二、职业装穿着

**1. 男士西装的穿着**

西装是男士最常见的办公服，也是现代交际中男子最得体的着装。国外很多机构，包括一些大企业，规定工作人员不能穿西装短裤、运动服上班，要求男士必须穿西服打领带。为了塑造良好的个人形象，男性职业人员必须学会穿西装。

（1）男士西装的选择

① 选择合适的款式。西装的款式可分为英国、美国、欧洲三大流派。尽管西装在款式上有流派之分，但是各流派之间差异并不很大，只是在后开衩的部位、扣是单排还是双排、领子的宽窄等方面有所不同。不过，在胸围、腰围的胖瘦，肩的宽窄上还是有所变化的。因此，我们在选择西装时，要充分考虑到自己的身高、体形，如身材较胖的人最好不要选择瘦型短西装；身材较矮者也最好不要穿上衣较长、肩较宽的双排扣西装。

② 选择合适的面料和颜色。西装的面料要挺括一些。作正式礼服用的西装可采用深色，如黑色、深蓝、深灰等颜色的全毛面料制作。日常穿的西装颜色可以有所变化，面料也可以不必讲究，但必须熨烫挺括。如果穿着皱巴巴的西装，是会损坏自己的交际形象的。

③ 选择合适的衬衣。穿着西装时一定要穿带领的衬衣，衬衫领子应根据脖子的长短来选择，脖子较短的人不宜选用宽领衬衫；相反，脖子较长的人也不宜选用窄领衬衫。花衬衣配单色的西装效果比较好，单色的衬衣配条纹或带格西装比较合适；方格衬衣不应配条纹西装，条纹衬衣也不要配方格西装。衬衫袖子的长度以长出西装袖口 2 厘米左右为标准。

④ 选择合适的领带。在交际场合穿西装必须要打领带，领带是西装的灵魂，在西装的穿着中起着画龙点睛的作用。领带的颜色、花纹和款式要与所穿的西装相协调。领带的面料以真丝为最优。在领带颜色的选择上，杂色西装应配单色领带，而单色西装则应配花纹领带；驼色西装应配金茶色领带，褐色西装则需配黑色领带等。

（2）男士西装的穿着

① 穿好衬衣。穿西装必须要穿长袖衬衣，衬衣最好不要过旧，领头一定要硬扎、挺括，外露的部分一定要平整干净。衬衣下摆要掖在裤子里，领子不要翻在西装外，衬衣袖子要长于西装袖子。衬衫袖口要扣上。

② 注意内衣不可过多。穿西装切忌穿过多内衣。衬衣内除了背心之外，最好不要再穿其他内衣，如果确实需要穿内衣的话，内衣的领圈和袖口也一定不要露出来。如果天气较冷，衬衣外面还可以穿上一件毛衣或毛背心，但毛衣一定要紧身，不要过于宽松，以免穿上显得过于臃肿，影响穿西装的效果。

③ 打好领带。在比较正式的社交场合，穿西装应系好领带。领带常可体现一个人的心理特征，如系短领带，领带结头宽大，则表明此人自信心极强；相反，领带的结头打得过紧过小，则表明此人较自卑。因此领带应打得宽松得体。领带的长度要适当，以达到皮带扣处为宜。如果穿毛衣或毛背心，应将领带下部放在毛衣领口内。系领带时，衬衣的第一个纽扣要

扣好,如果佩戴领带夹,一般应在衬衣的第四、第五个纽扣之间。在喜庆宴会场合,应该选用色彩鲜艳亮丽的领带;在庄严肃穆的场合,应该选用深色或者黑色的领带。领带的打法主要有以下几种。

平结。平结为男士最多选用的领结打法之一,几乎适用于各种材质的领带。要诀:领结下方所形成的凹洞需让两边均匀且对称。如图 2-1 所示(http://www.yqrc.com/show_news.asp?id＝90800,2006-04-26)。

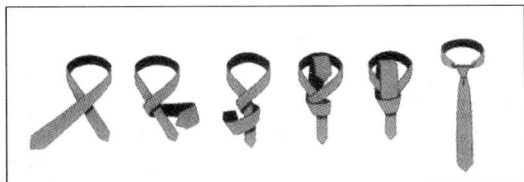

图 2-1 平结(Plain Kont)

交叉结。这是对于单色素雅质料且较薄领带适合选用的领结。对于喜欢展现流行感的男士不妨多加使用。如图 2-2 所示(http://www.yqrc.com/show_news.asp?id＝90800,2006-04-26)。

图 2-2 交叉结(Cross Kont)

温莎结。温莎结适用于宽领衬衫,该领结应多往横向发展,应避免材质过厚的领带,领结也勿打得过大。如图 2-3 所示(http://www.yqrc.com/show_news.asp?id＝90800,2006-04-26)。

图 2-3 温莎结(Windsor Kont)

④ 鞋袜整齐。穿西装一定要穿皮鞋,而不能穿布鞋或旅游鞋。皮鞋的颜色要与西装相配套。皮鞋还应擦亮,不要蒙满灰尘。穿皮鞋还要配上合适的袜子,袜子的颜色要比西装稍深一些。使它在皮鞋与西装之间显示一种过渡。

⑤ 扣好扣子。西装上衣可以敞开穿,但双排扣西装上衣一般不要敞开穿。在扣西装扣子时,如果穿的是两个扣子的西装,不要把两个扣子都扣上,一般只扣上面一个。如果是三个扣子只扣中间一个。

此外,还要注意西装前襟外侧口袋都是装饰用的,除左上方的口袋可以根据需要置放折叠考究的西装手帕外,别的口袋不应放任何东西,以保证西装的"笔挺"。钱夹、名片、钥匙等物品应放入西装前襟两边内侧的口袋里。西装裤兜内不宜放沉东西,不要鼓鼓囊囊。

标准的男士西装穿着如图 2-4 所示(http://male.ruilitang.com)。

图 2-4 标准的男士西装穿着

**2. 女士套裙的穿着**

(1)选择合适的套裙

① 面料:最好是纯天然质地,又是质量上乘的面料。上衣、裙子及背心等应选用同一种面料。在外观上,套裙所用的面料,讲究的是匀称、平整、滑润、光洁,不仅要有弹性、手感好,而且应当不起皱、不起毛、不起球。

② 色彩:应当以冷色调为主,借以体现出着装者的典雅、端庄与稳重。一套套裙的全部色彩不要超过两种,不然就会显得杂乱无章。

③ 图案:按照常规,商界女士在正式场合穿着的套裙,可以不带任何图案。

④ 点缀:不宜添加过多的点缀。一般而言,以贴布、绣花、花边、金线、彩条、亮片、珍珠、皮革等加点缀或装饰的套裙都不适宜商界女士穿着。

⑤ 尺寸:上衣不宜过长,下裙不宜过短。裙子下摆恰好达小腿最丰满处,乃是最为标准、最为理想的裙长。紧身式上衣显得较为正统,松身式上衣则看起来更加时髦一些。

⑥ 造型:H形上衣较为宽松,裙子多为简式;X形上衣多为紧身式,裙子大多为喇叭式;A形上衣为紧身式,裙子则为宽松式;Y形上衣为松身式,裙子多为紧身式,并以筒式为主。

⑦ 款式:套裙款式的变化主要体现在上衣和裙子方面。上衣的变化主要体现在衣领方面,除常见的平驳领、驳领、"一"字领、圆状领之外,青果领、披肩领、燕翼领等并不罕见。裙子的式样常见的有西装裙、一步裙、筒式裙等,款式端庄、线条优美;百褶裙、旗袍裙、"A"字裙等,飘逸洒脱、高雅漂亮。

(2)选择和套裙配套的衬衫

与套裙配套穿着的衬衫,有不少的讲究。从面料上讲,主要要求轻薄而柔软,比如真丝、麻纱、府绸、罗布、涤棉等,都可以用作其面料。从色彩上讲,则要求雅致而端庄,不失女性的妩媚。除了作为"基本型"的白色外,其他各式各样的色彩,包括流行在内,只要不是过于鲜艳,并且与所穿的套裙的色彩不相互排斥,均可用作衬衫的色彩。不过,还是以单色为最佳之选。同时,还要注意,应使衬衫的色彩与所穿的套裙的色彩互相般配,要么外深内浅,要么外浅内深,形成两者的深浅对比。

(3)选择和套裙配套的内衣

一套内衣往往由胸罩、内裤以及腹带、吊袜带、连体衣等构成。它们应当柔软贴身,并且起着支撑和烘托女性线条的作用。有鉴于此,选择内衣时,最关键的是要使之大小适当。

内衣所用的面料,以纯棉、真丝等面料为佳。它们的色彩可以是常规的白色、肉色,也可以是粉色、红色、紫色、棕色、蓝色、黑色。不过,一套内衣最好同为一色,而且其各个组成部分亦为单色。就图案而论,着装者完全可以根据个人爱好加以选择。

内衣的具体款式甚多。在进行选择时,特别应当关注的是,穿上内衣之后,不应当使它的轮廓一目了然地在套裙之外展现出来。

（4）选择合适的鞋袜

选择鞋袜时,首先要注意其面料。女士所穿的与套裙配套的鞋子,宜为皮鞋,并且以牛皮鞋为上品。同时所穿的袜子,则可以是尼龙丝袜或羊毛袜。

鞋袜的色彩则有许多特殊的要求。与套裙配套的皮鞋,以黑色最为正统。此外,与套裙色彩一致的皮鞋亦可选择。但是鲜红、明黄、艳绿、浅紫的鞋子,则最好莫穿。穿套裙时所穿的袜子,可有肉色、黑色、浅灰、浅棕等几种常规选择,只是它们宜为单色。多色袜、彩色袜,以及白色、红色、蓝色、绿色、紫色等色彩的袜子,都是不适宜的。

鞋袜在与套裙搭配穿着时,要注意其款式。与套裙配套的鞋子,宜为高跟、半高跟的船式皮鞋或盖式皮鞋。系带式皮鞋、"丁"字式皮鞋、皮靴、皮凉鞋等,都不宜采用。高筒袜与连裤袜,则是与套裙的标准搭配。中筒袜、低筒袜,绝对不宜与套裙同时穿着。

（5）女性着装两忌

一忌入座撩裙。有些女性有在公共场合撩起裙子才坐下的习惯(应稍稍归拢一下而不是撩起),这样会有失体面。

二忌公共场所随意脱鞋。在办公室、会议室、公共汽车等地方,一些女性随意脱鞋松脚,有的跷着腿,一只脚上不经意地吊着鞋子,有的还把吊着的鞋子晃来晃去,这些不雅的姿态,会给人一种轻浮、懒散的印象。

标准的女士套裙穿着如图 2-5 所示。

图 2-5  标准的女士套裙穿着

**3. 制服的穿着**

制服是标志一个人从事何种职业的服装,是绝对统一的规范服饰。各行业从业人员也有符合自身职业特点的制服。在服务工作中,穿着实用美观、大方醒目的制服不仅是对宾客的尊重,而且便于宾客辨认,会使穿着者有一种自豪感、责任感、归属感和可信度,是敬业、乐业在服饰上的具体体现。制服的穿着要注意以下几方面。

（1）穿戴整齐

制服必须合身。不漏扣,不掉扣;领带、领结与衬衫领口的吻合要紧凑且不系歪;不挽袖卷裤;有的岗位还要戴好手套和帽子。

（2）清洁挺括

要做到衣裤无油渍、污垢、异味,领口与袖口尤其要保持干净;衣裤保持挺括,不起皱,穿前熨烫平整,穿后挂好,做到上衣平整,裤线笔直,线条自然流畅。

（3）铭牌规范

铭牌,即标有员工姓名、工号和职别的小牌,应佩戴规范,一般佩戴在左胸的正上方(也有挂在胸前的铭牌),佩戴时要注意在一条直线上,不能歪斜。

# 三、饰物佩戴

## 1. 饰物的种类

（1）服饰

这里的"服饰"是指服装上的装饰。服饰种类繁多,主要包括刺绣、系带、金属装饰品、珠宝等。不同时期、不同民族、不同国家的服饰既相似又不同。例如,我国唐代袍衫的纹样一般以暗花为多,武则天当朝后规定,在不同职别官员的袍服上,绣上各种不同的禽兽纹样,以区别等级;又如,我国少数民族中的白族,妇女的头饰上有一缕长长的穗,随着妇女年龄的增长或已婚否,这缕长穗慢慢地被剪短,直至完全没有。再如,我国布依族已婚妇女要用竹皮或笋壳与青布做成"假壳"戴在头上,向后横翘尺余。

（2）挂件

项链、玉佩、包挂等都属于挂件。在众多品种的挂件中,最流行和被人们广泛佩戴的是用贵金属、玉石、玛瑙、水晶、象牙、木雕、石雕等材料制成的各种人们心目中的吉祥物挂件。例如,保佑平安、祈祷发财、保佑健康的吉祥物。挂件制品在制作原料、工艺及饰物造型上,男女有别。除项链外,其余挂件一般不用贵金属材料制作。

（3）佩件

戒指、耳环、手镯、臂镯、丝巾扣等都属于佩件。传说戒指源于 3000 年前的古埃及,戒指是环形的,它没有开始,也没有结束,象征着爱情的浪漫与永恒。佩件一般用贵金属和珠宝制成。现代社会出现了很多能取代贵金属和珠宝的人造贵金属和人造珠宝材质,用这些材料制作出的戒指、耳环、手镯、臂镯、丝巾扣等也同样非常漂亮,光彩照人。

（4）手袋

手袋,特别是女士用的小型手袋是女士出席各种社交活动的重要饰物。手袋的面料很多,可用皮革、金属、塑料、串珠、刺绣等材料制成。

（5）帽子

帽子是现代女士的主要饰物。无论是质料、色彩还是款式,都是多种多样的。

（6）腰带及眼镜

腰带及眼镜是男女皆用的最常见的饰物,属于应用及装饰为一体的饰物。特别是眼镜,随着现代人装饰意识和审美情趣的变化,眼镜已成为一种修饰脸部的饰物了。

（7）发饰

我国历代衣冠服饰制中对"冠"（即发饰）都有严格规定。在奴隶制度和封建制度时期,发饰是用来区分等级的一种饰品。例如,商代对冠巾、发簪等发饰的佩戴就有明确的要求。不同民族、不同地区的发饰在样式、佩戴方式等方面是有区别的,在某种意义上说发饰具有民族和区域特性。例如,傣族、白族等一些民族的妇女是已婚还是未婚,可通过其发型及发饰来判别。随着社会的发展,发饰等级制度已经消亡;随着民族之间、地区之间交往的日益紧密,不同民族、不同地区的发饰在逐步融合,使现代发饰呈现出了丰富、多彩、繁荣的局面。

**2. 饰物佩戴的原则**

（1）符合身份

俗话说:做什么要有做什么的样。如果你在做着售货员的工作,却用饰物把自己打扮得珠光宝气,你自己认为合适吗?所以,佩戴饰物时,一定要使之符合自己的身份。

（2）搭配得宜

穿着工作装的最好饰物是金银饰物,一般不戴珠宝饰物。而且饰物最好能与服装搭配和谐,从颜色、样式、整体效果上,都应该仔细协调,尽量让其浑然天成。另外,男士应该审慎选择饰物,尽量不要赶时髦。比如戴着耳环就不太适合。

（3）以少为好

有些人总是爱显示自己的优越性,好像自己佩戴了什么,就比别人高一等一样,于是将身上能戴上饰物的地方全部武装起来。其实这样完全是大可不必。即使你有这样的心态,也不一定非要在数量上与他人一决高下,品质不是更能显示出气质吗?何必非要把自己打扮成一个珠宝推销员一样。一般而言,正确的佩戴原则,以一般不超过两种为限,另外,同样的品种也不能超过两个。

**3. 常见饰物的佩戴**

各类饰物的佩戴有具体的要求,在社交中应该区别对待,使饰物发挥出其自身特有的作用。

（1）丝巾

丝巾是女士的钟爱。确实,不管什么场合,利用飘逸柔媚的丝巾稍作点缀,一下就能让你的穿着更有味道。挑选丝巾的重点是丝巾的颜色、图案、质地和垂坠感。可以用丝巾调节脸部气息,如红色系可映得面颊红润;或是突出整体打扮,如衣深巾浅、衣冷色巾暖色、衣素巾艳。但佩戴丝巾要注意:如果脸色偏黄,不宜选用深红、绿、蓝、黄色丝巾;脸色偏黑,不宜选用白色、有鲜艳大红图案的丝巾。丝巾不要放到洗衣机里洗,也不要用力搓揉和拧干,只要放入稀释的清洁剂中浸泡一两分钟,轻轻拧出多余水分再晾干就行了。

（2）围巾、帽子、手套

围巾的花色品种很多,与帽子一样,起御寒保暖和美观的作用。巧妙地选戴围巾,效果远远超过不断地更新衣服。围巾的面料有纯毛、纯棉、人造毛织物、真丝绸、涤丝绸等。围巾的色彩及图案也名目繁多。男士一般应选用纯毛、人造毛织物制作的围巾,色彩应选用灰色、棕色、深酱色或海军蓝，不能选用丝绸类的围巾。女士对围巾的选择范围极大，可选用丝绸类及色彩多样的三角巾、长巾及方巾等。除可用来围在脖子上取暖外，还可以将围巾扎在头发上、围在腰上做装饰品。如果配上丝巾扣，围巾围、戴变化就更多了。对女士来说，不论怎样选戴围巾，都要与年龄、身份和环境相协调，与所穿衣服的面料、款式、颜色及使用者的肤色相配。围巾一般在春、冬季节使用得比较多。它的搭配要和衣服、季节协调。厚重的衣服可以搭配轻柔的围巾，但轻柔的衣服却绝不能搭配厚重的围巾。围巾和大衣一般都适合室外或部分公共场所穿着，到了房间里面就要及时摘掉，不然会让人感到压抑。

帽子是由头巾演变来的。在当代生活中，帽子不仅有御寒遮阳的作用，还具有装饰功能。在男女衣着中，帽子也占据着举足轻重的地位。戴帽子时，一定要注意帽子的式样、颜色与自身装束、年龄、工作、脸形、肤色相和谐。一般来说，圆脸适合戴宽边顶高的帽子，窄脸适合戴窄边的帽子。女士的帽子，种类繁多，不同季节造型和花色不同。例如，在冬天，女士可戴手工制的绒线帽；地位较高的女士可选择小呢帽；年轻姑娘可选择小运动帽。戴帽子的方法也很多，例如，帽子戴得端端正正显得很正派，稍往前倾一些显得很时髦。另外，戴眼镜的女士不适宜戴有花饰的帽子；身材矮小者，应戴顶稍高的帽子。戴帽子应注意的一般礼仪是：戴法要规范，该正的不能歪，该偏前的不能偏后；男性在社交场合可以采用脱帽方式向对方表示致意；在庄重和悲伤的场合，除军人行注目礼外，其余的人应一律脱帽。

在西方的传统服饰中，手套曾经是必不可少的配饰。现在，不管在哪儿，手套除了御寒以外，无非就是为了保持手臂的清洁和防止太阳暴晒了。和别人握手，不管冬夏，都要摘掉手套；女士握手，有时不用摘掉手套显得更加礼貌；进屋以后，一般要马上摘下手套；吃饭的时候，手套必须摘下。

（3）腰带

腰带更重要的是装饰作用。男士的腰带一般比较单一，质地大多是皮革的，没有太多的装饰。穿西服时，都要扎腰带；而其他的服装（如运动、休闲服装）可以不扎。夏季只穿衬衫并把衬衫掖到裤子里去的时候，也要系上腰带。女士的腰带很丰富，质地有皮革的、编织物的、其他纺织品的，纯装饰性的更多；款式也多种多样。女士使用腰带要注意这样几个问题：一是和服装的协调搭配，包括款式和颜色，比如穿西服套裙一般选择皮革或纺织的、花样较少的腰带，以便和服装的端庄风格搭配，要是穿着轻柔织物裙装时，腰带的选择余地大一些；暗色的服装不要配用浅色的腰带，除非出于修正形体的需要。二是要和体形搭配，比如个子过于瘦高，可以用较显眼的腰带，形成横线，分割一下，增加横向宽度；如果上身长下身短，可以适当提高腰带到比较合适的上下身比例线上，造成比较好的视觉效果；如果身体过于矮胖，就要避免使用大的、花样多的腰带扣（结），也不要用宽腰带。三是要和社交场合协调。职业场合不要用装饰太多的腰带，而要显得干净利落一些；参加晚宴、舞会时，腰带可以花哨些。

无论男女，扎腰带一定要注意：出门前看看你的腰带扎得是否合适，腰带有没有"异常"，在公共场合或别人面前动腰带是不合适的；在进餐的时候，更不要当众松紧腰带，这样既不礼貌，也不雅观；如果必要，可以起身到洗手间去整理。经常注意检查自己的腰带是不是有损坏，以提早替换，避免发生"意外"。

（4）皮包

皮包具有使用及装饰作用，在现代服饰中起着画龙点睛的作用。皮包的种类千变万化，有肩挂式、手提式、手拿式及双肩背式等。在选购时要考虑它的适用范围。正式场合应选用质地较好、做工精细、外观华丽，体积不宜大，横长形的皮包；平时上班和日常外出使用的皮包不必太华丽，以实用性和耐用性为主；使用皮包要考虑其颜色与季节和着装是否协调。皮包与使用人的体形也有很大关系，例如，体形小巧的人不能选用太大的皮包；体形矮胖的人不要选用太秀气的皮包；瘦高的人虽有较大的选择余地，但也不能选用太大或太小的皮包。在参加公务活动时应携带公文包。

（5）丝袜

丝袜，在服装整体搭配中起着举足轻重的作用。在国外，正式场合中如果女性不穿丝袜，就如同不穿内衣一样十分不雅。丝袜不仅能保护腿、足部的皮肤，掩盖皮肤上的瑕疵，还能与衣服相搭配，使女性更添魅力。

在工作场合穿着裙装及皮鞋时，一定要穿丝袜，而且必须是连裤丝袜。这样可以避免丝袜因质量问题掉落，也不会将袜口露在外面。有的人因为怕热而穿中长袜或短丝袜是不职业的做法。而平时在穿连衣裙及凉鞋时，就不要再穿丝袜了。因为凉鞋本来就是为了凉快的，再穿袜子就显得多此一举了。不过现在有一种前后包脚的凉鞋，是属于较为正式的款式，就必须穿袜子了。穿凉鞋时，要注意脚趾和脚后跟的洁净，不要把黑乎乎的指甲缝和老茧丛生的脚后跟露在外面，平时应注意保养。

丝袜的选穿不能敷衍了事，但要根据自身特点和着装风格做到合理选穿，亦不是件容易的事，你最好知道选穿袜子的窍门，以下是一些供你参考的经验：对于日常忙于上班的职业女性，不妨选一些净色的丝袜，只要记住深色服装配深色丝袜，浅色服装配浅色丝袜这一基本方法就可以了。丝袜和鞋的颜色一定要相衬，而且丝袜的颜色应略浅于皮鞋的颜色（白皮鞋除外）。颜色或款式很出位的袜子对腿型要求很高，对自己腿型没有自信的女孩不可轻易尝试。品质良好的裤袜要比长筒丝袜令你更有安全感，能够避免袜头松落。白丝袜很容易令人看上去又胖又矮，应该避免。上班族更不要穿着彩色丝袜，它会令人感到轻浮，缺乏稳重之感。参加盛会穿晚装时，配一双背部起骨的丝袜使高雅大方的格调分外突出。但穿此类丝袜时，切记注意别将背骨线扭歪，否则极其失仪。

（6）鞋

在美国纽约华尔街有一句话："永远不要相信穿着脏皮鞋和破皮鞋的人。"可是，现在仍然有职业人员借口整天跑来跑去，而穿着一双又脏又破的鞋。职业人员应该记住，成功从脚下开始。皮鞋不一定要"老人头"，但是一定要擦干净，而且确信是完好的。

（7）戒指

在西方，戒指是无声的语言。一般来说，将戒指戴左手各手指上有不同含义：在食指上表示未婚或求婚；戴在中指上表示正在热恋中；戴在无名指上，表示已订婚或结婚；戴在小指上则表明"我是独身者"。右手戴戒指纯粹是一种装饰，没什么特别的意义。中国人也戴戒指，但一定不能乱戴。一般情况下，一只手上只戴一枚戒指，戴两枚或两枚以上的戒指是不适宜的。参加较正规的外事活动，最好佩戴古典式样的戒指。

（8）项链

项链的粗细应与脖子的粗细成正比，与脖子的长短成反比。从长度上分，项链可分为四种：短项链约40cm，适合搭配低领上衣；中长项链约50cm，可广泛使用；长项链约60cm，适合在社交场合使用；特长项链约70cm，适合用于隆重的社交场合。

（9）耳饰

耳饰有耳环、耳链、耳钉、耳坠等款式，仅限女性所用，并且讲究成对使用，也就是说每只耳朵上均佩戴一只。工作场合，不要一只耳朵上戴多只耳环。另外，佩戴耳环应兼顾脸形，不要选择和脸形相似形状的耳环，使脸形的短处被强调夸大。耳饰中的耳钉小巧而含蓄。

（10）手镯

有雕塑感的木质阔手镯带有中性色彩，金属宽手镯就显得很酷。而另一种风格的宽手镯——用人造宝石镶上图案，必将制造出一种目不暇接的华丽氛围。它主要强调手腕和手臂的美丽。可以只戴一只，通常应戴在左手。也可以同时戴两只，一只手戴一个；或都戴在左手。

（11）手链

男女都可以佩戴手链，但一只手上只能戴一条，而且应戴在左手上。它可以和手镯同时佩戴。在一些国家，佩戴手链、手镯的数量、位置，可以表示婚姻状况。手链不要和手表同时戴在一只手上。

（12）手表

在社交场合，佩戴手表，通常意味着时间观念强、作风严谨。在正规的社交场合，手表往往被看做首饰。它也是一个人地位、身份、财富状况的体现。所以男士的手表，往往引人注目。在正式场合佩戴的手表，在造型上要庄重、保守，避免怪异、新潮，尤其是尊者、年长者更要注意。一般正圆形、正方形、长方形、椭圆形和菱形手表适用范围极广，也适合在正式场合佩戴，而那些新奇、花哨的手表造型，仅适合少女和儿童。而且适合选择单色或双色手表，色彩要清晰、高雅。黑色的手表最理想。除数字、商标、厂名、品牌外，手表没必要再出现其他无意义的图案。像广告表、卡通表等不宜出现在工作人员的手腕上。另外，在交际场合，特别是和别人交谈时，不要有意无意地看表。否则对方会认为你对交谈心不在焉、不耐烦，想结束谈话。

（13）胸花

胸花是为女性特别设计的，专门用于装饰女性的胸、肩、腰、头、领口等部位。胸花有鲜花和人造花两种。相比之下，鲜花佩戴起来更显高雅，但不能持久。选择胸花时，一定要考虑服装的类型、颜色、面料，要考虑所出席的社交活动的层次，要考虑自身的体形和脸形条件。例如，个子矮小的女士适合小一点的胸花，佩戴时部位可稍高一些；个子高大的女士可选择大一点的胸花，佩戴时位置可低一些。胸花要注意别的部位，穿西服应别在左侧领上，穿无领上衣时应别在左侧胸前。发型偏左时胸针应当居右，发行偏右时胸针应当偏左，其高度应从上往下数第一、第二粒纽扣之间。

（14）领针

领针专门用来别在西式上装左侧领上。男女都可以用。佩戴时戴一只就行了，而且不要和胸针、纪念章、奖章、企业徽记等同时使用。在正式场合，不要佩戴有广告作用的别针，不要将它别在右侧衣领、帽子、书包、围巾、裙摆、腰带等不恰当的位置。

（15）发饰

常见的发饰主要有头花、发带、发箍、发卡等。通常，头花和色彩鲜艳、图案花哨的发带、发箍、发卡，都不要在上班时佩戴。

此外，脚链、鼻环、脐环、指甲环、脚戒指等。它们多是标榜前卫、张扬个性的选择，我们建议慎重佩戴,尤其在严肃的场合不要佩戴。

### 思考与训练

1. 作为男性职业人员请每天出门前对照以下"男士仪容仪表自我检测"仔细审视自己,看看自己哪些方面需要改进,以养成良好的习惯。

#### 男士仪容仪表自我检测

发型款式大方,不怪异,头发干净整洁,长短适宜。无浓重气味,无头屑,无过多的发胶、发乳。

鬓角及胡须已剃净,鼻毛不外露。

脸部清洁滋润。

衬衣领口整洁,纽扣已扣好。

耳部清洁干净,耳毛不外露。

领带平整、端正。

衣、裤袋口平整伏贴。衬衣袖口清洁,长短适宜。

手部清洁,指甲干净整洁。

衣服上没有脱落的头发和头皮屑。

裤子熨烫平整,裤缝折痕清晰。裤腿长及鞋面。拉链已拉好。

鞋底与鞋面都很干净,鞋跟无破损,鞋面已擦亮。

2. 作为女性职业人员,请每天出门前对照以下"女士仪容仪表自我检测"仔细审视自己,看看自己哪些方面需要改进,以养成良好的习惯。

#### 女士仪容仪表自我检测

头发保持干净整洁,有自然光泽,不要过多使用发胶;发型大方、高雅、得体、干练,前发以不要遮眼、遮脸为好。

化淡妆:眼亮、粉薄、眉轻、唇浅红。

服饰端庄:不太薄、不太透、不太露。

领口干净,脖子修长,衬衣领口不过于复杂和花哨。

饰品不过于夸张和突出,款式精致,材质优良,耳环小巧、项链精细,走动时安静无声。

公司标志佩戴在要求的位置,私人饰品不与之争夺别人的注意力。

衣袋中只放小而薄的物品,衣装轮廓不走样。

指甲精心修理过,不太长、不太怪、不太艳。

裙子长短、松紧适宜。拉链拉好,裙缝位正。

衣裤或裙子以及上衣的表面无明显的内衣轮廓痕迹。

鞋洁净,款式大方简洁,没有过多装饰与色彩,鞋跟不太高、不太尖。

衣服上没有脱落的头发和头皮屑。

丝袜无勾丝、无破洞、无修补痕迹,包里有一双备用丝袜。

3. 请根据周围同学的脸形、形体和个性特点,给他(她)在服饰运用上提些合理化的建议。

4. 请根据衣服款式以及衬衣颜色搭配合适的领带,并练习领带的不同打法。

5. 有一位著名女企业家,年龄36岁,身高165厘米,体重55公斤,请你为这位女企业家提供着装建议。

6. 如果你所在的学院将举行首届校园形象礼仪大赛,请为自己进行个人形象整体设计。

7. 案例分析

## 衣着助成功

美国商人希尔清楚地认识到,在商业社会中,一般人是根据一个人的衣着来判断对方的实力的,因此,他首先去拜访裁缝。靠着往日的信用,希尔定做了三套昂贵的西服,共花费275美元,而当时他的口袋里仅有不到1美元的零钱。然后他又买了一整套最好的衬衫、领带及内衣裤,而这时他的债务已经达到675美元。每天早上他都会身穿一套全新的衣服,在同一时间里同一位出版商"邂逅"相遇,希尔每天都和他打招呼,并偶尔聊上一两分钟。

这种例行性会面大约进行了一星期之后,出版商开始主动与希尔搭话,并说:"你看来混得相当不错。"接着出版商便想知道希尔从事哪一行业。因为希尔身上的衣着表现出来的这种极有成就的气质,再加上每天一套不同的新衣服,已引起了出版商极大的好奇心,这正是希尔盼望发生的事情。于是希尔很轻松地告诉出版商:"我正在筹备一份新杂志,打算在近期内争取出版,杂志的名称为《希尔的黄金定律》。"出版商说:"我是从事杂志印刷和发行的。也许我也可以帮你的忙。"这正是希尔等候的那一刻,而当他购买这些新衣服时,他心中已想到了这一刻。这位出版商邀请希尔到他的俱乐部,和他共进午餐,在咖啡和香烟尚未送上桌前,已说服了希尔答应和他签合约,由他负责印刷和发行希尔的杂志。发行《希尔的黄金定律》这本杂志所需要的资金至少在3万美元以上,而其中的每一分钱都是从漂亮衣服所创造的"幌子"上筹集来的。因此我们要学会运用服饰这一武器来"武装"自己,获得成功。

(资料来源:http://www.ceen1886.com/nanshixiuxianpixie/20111029/4057.html,2011-11-08)

**思考与讨论:**

(1) 在职业场合衣着具有怎样的作用?

(2) 本案例对你有何启示?

## 你代表不了公司

一个炎热的下午,一位销售钢材的专业推销员走进了一家制造公司的总经理办公室。这个推销员身上穿着一件有泥点的衬衫和一条皱巴巴的裤子。他嘴角叼着雪茄,含糊不清地说:"早上好,先生,我代表森筑钢铁公司。"

"你也早上好!你代表什么?"这位总经理问,"你代表森筑公司,听着,年轻人,我认识森筑公司的高层领导,你不能代表他们——你的形象和外貌代表不了他们。"

(资料来源:宋洪洁.每天学点销售学大全集.上海:立信会计出版社,2011)

**思考与讨论:**

(1) 为什么说这位年轻人代表不了森筑公司?

(2) 本案例对你有何启示?

### 银行职员如何着装

英国阿比银行实行了全周休闲服制度。开始时,人们感到突然地解放了,再也不用每日熨衬衣、打领带、擦皮鞋了,职员们开始穿着自己舒适的衣服上班。一天,当实在找不出得体的搭配,印度职员纳师就穿着黑色牛仔裤来上班了。

部门经理把他叫到办公室:"我们公司虽然实行休闲服制度,但并不意味着什么都可以穿到公司。前几天,你穿着民族特色的衬衣,考虑到你的民族文化,我没有干涉。但是,牛仔裤是不利于我们公司形象的服装,公司明文规定不能穿牛仔裤上班。请不要让我再看到你穿着它上班。"纳师听从了经理的告诫,从此把牛仔裤留到了周末。

几天之后,纳师穿着短袖保罗 T 恤衫上班,他又被叫到了经理室:"我希望你在着装上注意,T 恤衫和露出肌肤的衣服不符合我们公司的穿衣原则,请你不要再穿着它上班了。"纳师百般不解地抱怨道:"什么才是真正的休闲服?休闲服不是为了解放我们的压力,让我们自由地选择吗?现在,休闲服制度带给我这么多的'不允许',让我并不休闲!这么多禁忌,我真不知道还会触犯哪条规定!穿西服的日子远比现在的所谓休闲服的日子好过得多。现在,每天晚上,我不得不为第二天的穿着而伤脑筋。"

(资料来源:英格丽·张.你的形象价值百万.北京:中国青年出版社,2005)

**思考与讨论:**

(1)员工的着装对企业有怎样的影响?

(2)本案例对你有何启示?

### 小芳的戒指

小芳毕业后到一家公司做文秘工作不久,一次在接待客户时,领导让她照顾一位华侨女士。临别时,华侨对小芳的热情和周到的服务非常满意,留下名片,并认真地说:"谢谢!欢迎你到我公司来做客,请代我向你的先生问好。"小芳愣住了,因为她根本没有男朋友,何谈"先生"呢?可是,那位华侨女士也没有错,她之所以这么说,是因为看见小芳的左手无名指上戴有一枚戒指。

(资料来源:http://home.51.com/maxjqcj,2008-02-09)

**思考与讨论:**

(1)从小芳这里我们应该吸取什么经验教训?

(2)佩戴戒指等饰物有哪些具体要求?

# 仪态礼仪

## 学习目标

- 在工作中,能够以正确优美的站姿、坐姿、走姿、蹲姿、鞠躬塑造出良好的交际形象;
- 在交际时,能够正确遵循眼神、微笑、手势等礼仪规范要求,展现出大方自然的个性形象;
- 在工作中,能够杜绝各种不良的行为举止。

## 情境导入

### 金先生失礼

风景秀丽的某海滨城市的朝阳大街,高耸着一座宏伟楼房,楼顶上"远东贸易公司"六个大字格外醒目。某照明器材厂的业务员金先生按原计划,手拿企业新设计的照明器材样品,兴冲冲地登上六楼,脸上的汗珠未及时擦一下,便直接走进了业务部张经理的办公室,正在处理业务的张经理被吓了一跳。"对不起,这是我们企业设计的新产品,请您过目。"金先生说。张经理停下手中的工作,接过金先生递过的照明器,随口赞道:"好漂亮啊!"并请金先生坐下,倒上一杯茶递给他,然后拿起照明器仔细研究起来。金先生看到张经理对新产品如此感兴趣,如释重负,便往沙发上一靠,跷起二郎腿,一边吸烟一边悠闲地环视着张经理的办公室。当张经理问他电源开关为什么装在这个位置时,金先生习惯性地用手搔了搔头皮。好多年了,别人一问他问题,他就会不自觉地用手去搔头皮。虽然金先生作了较详尽的解释,张经理还是有点半信半疑。谈到价格时,张经理强调:"这个价格比我们预算高出较多,能否再降低一些?"金先生回答:"我们经理说了,这是最低价格,一分也不能降了。"张经理沉默了半天没有开口。金先生却有点沉不住气,不由自主地拉松领带,眼睛盯着张经理,张经理皱了皱眉,"这种照明器的性能先进在什么地方?"金先生又搔了搔头皮,反反复复地说:"造型新、寿命长、节电。"张经理托词离开了办公室,只剩下金先生一个人。金先生等了一会儿,感到无聊,便非常随便地抄起办公桌上的电话,同一个朋友闲谈起来。这时,门被推开,进来的却不是张经理,而是办公室秘书。

(资料来源:刘克芹.社交礼仪.北京:经济科学出版社,2010)

**问题**:金先生的失礼之处有哪些?你能全部列举出来吗?

仪态,是指人的身体姿态和风度。姿态是身体所表现的样子,风度则是内在气质的外在表现。人的一举手、一投足、一弯腰乃至一颦一笑,并非偶然的、随意的,这些行为举止自成体系,像有声语言那样具有一定的规律,并具有传情达意的功能。人们可以通过自己的仪态向他人传递个人的学识与修养,并能够以其交流思想、表达感情。英国哲学家培根说:"在美的方面,相貌的美高于色泽的美,而秀雅合适的动作又高于相貌的美。"在社交中,仪态是极其重要、有效的交际工具,它用一种无声的语言向人们展示出一个人的道德品质、人品学识、文化品位等方面的素质和能力,用优良的仪态礼仪表情达意,往往比语言更让人感到真实、生动。所以,我们在营销工作中必须举止优雅,做到仪态美。

本"情境导入"中的职业人员金先生在职业交际过程中,使客户不满,严重损害了公司形象和产品形象,原因就在于他没有做到仪态美,表现出了许多失礼之处。

为了完成本项任务的学习,建议在班级举行一次"职场交际情景模拟演示活动",具体操作如下。

### 职场交际情景模拟演示活动

实训目标:掌握营销交际仪态礼仪规范,开展各类营销交际活动,体现出优雅的举止,展现出职业人员良好的职业形象。

实训学时:2学时。

实训地点:实训室。

实训准备:场景设计方案。

实训方法:同学分组,每个小组5~6人,设计各种情景(例如:求职面试、营销接待、营销拜访等场景)展示基本的仪态礼仪;每组同学根据设计的情景进行角色扮演,展示基本的站姿、坐姿、走姿、蹲姿、表情、手势等仪态,用摄像机记录展示的全过程;根据录像,找出不规范的地方,同学可进行相互评价;最后由授课老师进行总结评价,全班同学评选出"最佳表现组"。

# 一、体　态

## 1. 站姿

俗话说:"站如松",站姿是人类的一种象征,男子的站姿如"劲松"之美,具有男子汉刚毅英武、稳重有力的阳刚之美;女子的站姿如"静松"之美,具有女性轻盈典雅、亭亭玉立的阴柔之美。正确的站姿是自信心的表现,会给人留下美好的印象。

(1)标准的站姿

标准的站姿,从正面看,全身笔直,精神饱满,两眼正视(而不是斜视),两肩平齐,两臂自然下垂,两脚跟并拢,两脚尖张开60°,身体中心落于两腿正中;从侧面看,两眼平视,下颌微收,挺胸收腹,腰背挺直,手中指贴裤缝,整个身体庄重挺拔。

站姿的要领是:一要平,即头平正、双肩平、两眼平视。二要直,即腰直、腿直,后脑勺、背、臀、脚后跟呈一条直线。三要高,即重心上拔,看起来显得高。

标准的站姿如图3-1所示。

(2)不同场合的站姿

在升国旗、奏国歌、接受奖品、接受接见、致悼词等庄严的仪式场合,应采取严格的标准站姿,而且神情要严肃。

在发表演说、新闻发言、作报告宣传时,为了减少身体对腿的压力,减轻由于较长时间站立双腿的疲倦,可以用双手支撑在讲台上,两腿轮流放松。

主持文艺活动、联欢会时,可以将双腿并得很拢站立,女士甚至站成"丁"字步。让站立姿势更加优美。站"丁"字步时,上体前倾,腰背挺直,臀微翘,双腿叠合,玉立于众人间,富于女性魅力。"丁"字步站姿如图3-2所示。

图3-1　标准的站姿

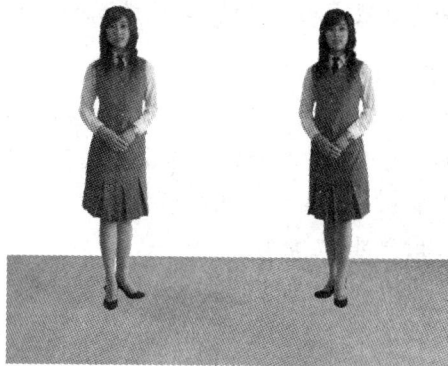

图3-2　"丁"字步站姿

门迎、侍应人员往往站的时间很长,双腿可以平分站立,形成分腿站姿,双腿分开不宜超过肩宽。双手可以交叉或前握垂放于腹前;也可以背后交叉,右手放到左手的掌心上,但要注意收腹。分腿站姿如图3-3所示。

图3-3　分腿站姿

礼仪小姐的站立,要比门迎、侍应更趋于艺术化,一般可采取立正的姿势或"丁"字步。如双手端执物品时,上手臂应靠近身体两侧,但不必夹紧,下颌微收,面含微笑,给人以优美亲切的感觉。

(3)不良的站姿

① 身躯歪斜。古人对站姿曾经提出过"立如松"的基本要求,它说明站立姿势以身躯直正为美,在站立时,若是身躯出现明显的歪斜,将直接破坏人体的线条美,而且还会给人颓废消沉、萎靡不振、自由放纵的直观感受。

② 弯腰驼背。这是身躯歪斜的一种特殊表现。除腰部弯曲、背部弓起之外,它大都会伴有颈部弯缩、胸部凹陷、腹部挺出、臀部撅起等其他不雅体态。凡此种种,都会显得一个人健康欠佳、无精打采。

③ 趴伏倚靠。在工作岗位上,要确保自己"站有站相",站立时,随随便便地趴在一个地方,伏在某处左顾右盼,倚着墙壁、货架而立,靠在台桌边,或者前趴后靠,自由散漫,都是极不雅观的。

④ 腿位不雅,即双腿大叉。应切记:自己双腿在站立时分开的幅度,在一般情况下越小越好。在可能之时,双腿并拢最好,即使是分开,也要注意不可使两腿之间的距离超过本人的肩宽。另外,双腿扭在一起、双腿弯曲等姿势也应避免。

⑤ 脚位欠妥。在正常情况下,双脚站立时应呈现出"V"字式、"Y"字式("丁"字形)、平行式等脚位。如果采用"人"字式、蹬踏式和独脚式,则是不允许的。所谓"人"字形脚位,指的是站立时两脚脚尖靠在一起,而脚后跟却大幅度地分开,这一脚位又叫"内八字"。所谓蹬踏式脚位,是指站立时为了舒服,在一只脚站在地上的同时,将另一只脚踩在鞋帮上,或踏在椅面上,或蹬在窗台上,或跨在桌面上等。独脚式即把一脚抬起,只一只脚落地。

⑥ 手位失当。站立时不当的手位主要有:一是将手插在衣服的口袋内;二是将双手抱在胸前;三是将两手抱在脑后;四是将双手支于某处;五是将两手托住下巴;六是手持私人物品。

⑦ 半坐半立。在工作岗位上,必须严守岗位规范,该站就站,该坐就坐,绝对不允许在需要站立时,为了贪图安逸而擅自采取半坐半立之姿。当一个人半坐半立时,既不像站,也不像坐,只能让别人觉得过分的随便且缺乏教养。

⑧ 全身乱动。站立乃是一种相对静止的体态,因此不宜在站立时频繁地变动体位,甚至浑身不住地上下乱动。手臂挥来挥去,身躯扭曲,腿脚抖来抖去,都会使站姿变得十分难看。

⑨ 摆弄物件。站立时,不要下意识地做些小动作,如摆弄打火机、香烟盒,玩弄衣带、发辫,咬手指甲等,这些动作不但显得拘谨,给人以缺乏自信和教养的感觉,也有失仪表的庄重。

**2. 坐姿**

俗话说:"坐如钟",坐姿是人际交往中人们采用最多的一种姿势,它是一种静态姿势。优雅的坐姿给人一种端庄、稳重、威严的美。

(1)标准的坐姿

落座时,要坚持尊者为先的原则入座,不要争抢。通常侧身走近坐椅,从椅子的左侧就座,如果背对坐椅,要首先站好,全身保持站立的标准姿态,右腿后退一点,用小腿确定椅子的位置,上身正直,目视前方就座。用小腿落座时声音要轻,动作要缓。落座过程中,腰、腿肌肉要稍有紧张感。女士着裙装落座时,要事先从后向前双手拢裙,不可落座后整理衣裙。

坐立时,上身正直而稍向前倾,头、肩平正,腰部内收,通常只坐椅子的1/2到2/3处,两臂贴身下垂,两手可以搭放在椅子扶手上,无扶手时,女士右手搭在左手上,放于腹部或者轻放于双腿之上;男士双手掌心向下,自然放于膝盖上。男士膝盖可以自然分开,但不可超过肩宽;女士膝盖不可以分开。女士要注意使膝盖与脚尖的距离尽量拉远,以使小腿部分看起来显得修长些,只有脚背用力挺直时,脚尖与膝盖的距离才最远,在视觉上产生延伸的效果,会使小腿部分看起来修长,腿部线条优美。当与他人进行交谈时,要注意不能只是转头,而应将整个上身朝向对方,以视对其重视和尊敬。

离座时要先以语言或动作向周围的人示意,方可站起,突然一跃而起会使周围的人受到惊扰;同落座时一样要注意按次序进行,尊者为先;起身时不要弄出响声,站好后才可离开,同样要从左侧离座。

人在坐着时,由臀部支撑上身,减少了两腿的承受力。由于身体重心下降,上身适当放松,可减轻心脏的负担。因此坐姿是一种可以维持较长时间的姿势。它既是一种主要的白昼休息姿势,也是一般的工作、劳动、学习姿势,还是社交、娱乐的常见姿势。正因为这个缘故,坐姿要求端正、大方、舒展。

标准的坐姿如图3-4所示。

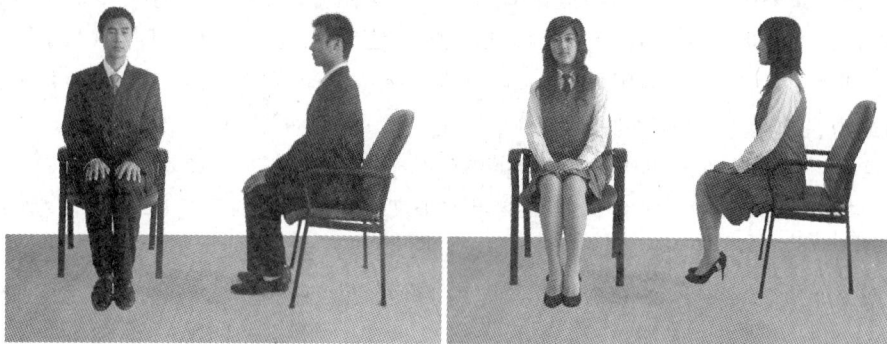

图 3-4  标准的坐姿

在标准坐姿的基础上,女士两脚保持小"丁"字步,显得优雅大方、得体自然,如图3-5所示。男士可以采用分膝式坐姿。要领是:两膝左右分开,但不超过肩宽,小腿与地面垂直,两脚脚尖朝向正前方,两手自然放于大腿上,如图3-6所示。

(2)不同场合的坐姿

谈判、会谈时,场合一般比较严肃,适合正襟危坐,但不要过于僵硬。要求上体正直,端坐于椅子中部,注意不要使全身的重量只落于臀部,双手放在桌上、腿上均可。双脚为标准坐姿的摆放。

倾听他人教导、指示、传授、指点时,对方是长者、尊者、贵客,坐姿除了要端正外,还应坐在坐椅、沙发的前半部或边缘,身体稍向前倾,表现出一种谦虚、迎合、重视对方的态度。

在比较轻松、随便的非正式场合,可以坐得轻松、自然一些。全身肌肉可适当放松,可不时变换坐姿,以做休息。

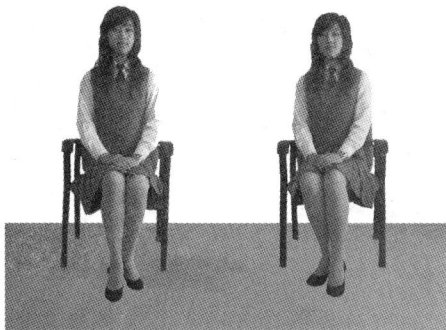

图 3-5　女士小"丁"字步坐姿

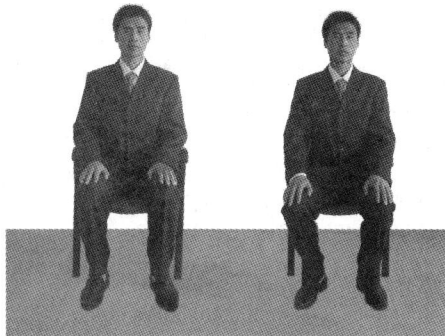

图 3-6　男士分膝式坐姿

（3）不雅的坐姿

不雅的坐姿主要包括不雅的腿姿和不安分的脚姿两个方面。

① 不雅的腿姿。主要有：双腿叉开过大。面对外人时，双腿如果叉开过大，不论是大腿还是小腿叉开，都极其不雅。架腿方式欠妥。将一条小腿架在另一条大腿上，在两者之间还留出大大的空隙，成为所谓的"跷二郎腿"或架"4"字形腿，甚至将腿搁在桌上，就显得更放肆了。双腿过分伸张。坐下后，将双腿直挺挺地伸向前方，这样不仅可能会妨碍他人，而且也有碍观瞻。因此，身前若无桌子，双腿尽量不要伸到外面来。腿部抖动摇晃。力求放松，坐下后抖动摇晃双腿。

② 不安分的脚姿。坐下后脚后跟接触地面，而且将脚尖翘起来，脚尖指向别人，使鞋底在别人眼前"一览无余"。另外，以脚蹬踏其他物体，以及自脱鞋袜，都是不文明的。

**3. 走姿**

俗话说："行如风"，这说的是走姿，走姿始终处于动态之中，体现了人类的运动之美和精神风貌。男士的走姿要刚健有力、豪迈稳重，有阳刚之气；女士的走姿要轻盈自如、含蓄飘逸，有窈窕之美。

（1）标准的走姿

有人编了走路的动作口诀，体现了走姿的要领：双眼平视臂放松，以胸领动肩轴摆，提髋提膝小腿迈，跟落掌接趾推送。

标准的走姿为：上身基本保持站立的标准姿势，挺胸收腹，腰背笔直；两臂以身体为中心，前后自然摆动。前摆约 35°，后摆约 15°，手掌朝向体内；起步时身子稍向前倾，中心落前脚掌，膝盖伸直；脚尖向正前方伸出，行走时双脚踩在一条线缘上。

正确的行走，上体的稳定与下肢的频繁规律运动形成对比和谐、干净利落、鲜明均匀的脚步，形成节奏感，前后、左右行走动作的平衡对称，都会呈现行走时的形式美。

男子走路两步之间的距离要大于自己的一个脚长，女子穿裙装走路时要小于自己的一个脚长。正常的情况下步速要自然舒缓，显得成熟自信，男子行走的速度标准为每分钟步速108～110步，女子每分钟步速 118～120 步为宜。

走姿主要分为三种：①前行式走姿。身体保持起立挺拔，行进中若与人问候时，要同时伴随头部和上身的左右转动，微笑点头致意。禁止只转动头部，用眼睛斜视他人的举止。②后退式走姿。当与他人告别时，扭头就走是不礼貌的。应该是先后退两三步，再转身离去。退步时不能轻擦地面,不高抬小腿,后退的步幅要小些,两腿之间距离不能太大,要先转身再转头。③侧行式走姿,当引导他人前行或在较窄的走廊、楼道与他人相遇时,要采用侧行式走姿。引导时要走在来宾的左侧,身体稍向右转体,左肩稍前,右肩稍后,身体朝向来宾,保持两步左右的距离。介绍环境时要辅以手势,这样可以观察来宾的意愿,及时提供满意的服务。

(2)服务中不同场合的走姿

在具体的实践工作中,服务行业从业人员的走姿在不同情况下,有着不同的要求和规范,需要特别给予关注。

① 迎面相遇。在行进过程中,当客人从对面走来,服务行业从业人员应放慢步伐,在离客人大约2m处,目视客人,面带微笑,轻轻点头致意,并且伴随"您好"等礼貌问候语言。在与客人擦肩而过时,员工的头和上身应同时转动并向客人问候,不能斜视他人。在路面较窄的地方,或是在楼道上与客人相遇,应面向客人,让客人先行,而不是将后背转向客人。

② 陪同引导。在服务工作中,陪同指的是陪伴客人一同行进。引导指的是在行进中引领客人,为客人带路。服务工作者在进行陪同引导时,要注意:与客人同行时,应遵循"以右为尊"的原则,服务行业从业人员应处在左侧。若双方单行行进时,则服务行业从业人员应居于客人左前方1m左右的位置。当客人不熟悉行进方向时,不应让其走在外侧;在陪同引导客人的时候,服务行业从业人员的行进速度需尽量配合客人的步幅,如果太快或太慢,都会显得我行我素;在引导过程中,要注意对客人进行危机提醒。比如,在引导客人转弯的时候,熟悉地形的接待人员知道在转弯处有一根柱子,就要提前对客人进行危机提醒;如果拐弯处有斜坡,就要提前对客人说"请您注意,拐弯处有个斜坡"。对客人进行危机提醒,让其高高兴兴地进来,平平安安地离开,这是每一位服务行业从业人员的职责。应采取正确的体位。请对方开始行进时,应面向对方,稍许欠身。在行进中与对方交谈或向客人提问时,应使头部、上身转向对方。

③ 上下楼梯。作为服务行业从业人员,尤其是在饭店工作的员工一定要走指定的楼梯通道,而且要减少在楼梯上的停留时间。在上下楼梯时,应坚持"右上右下"原则,以方便对面上下楼梯的人。另外还要注意礼让客人,如上下楼梯时,出于礼貌,可以请对方先行。在陪同引导中,如果是一位男士和一位女士同行,则应上楼梯时男士行在后,下楼梯时男士行在前。如果是服务行业从业人员和客人,则应为服务行业从业人员上楼梯时行在后,下楼梯时行在前。

④ 走廊行走。在走廊行走,服务行业从业人员应在客人的左斜前方,距离两三步远,配合步调。若左侧是走廊的内侧,应让客人走在内侧。

⑤ 进出电梯。引导客人乘坐电梯时,服务行业从业人员先进入电梯,等客人进入后关闭电梯门,到达时,接待人员按"开"的按钮,让客人先走出电梯。进出电梯时,大都要侧身而行,免得碰撞、踩踏别人。进入电梯后,应尽量站在里边。人多的话,最好面向内侧,或与他人侧身相向。出电梯前要做好准备,提前换到电梯门口。

⑥ 出入房间。进入或者离开房间要注意:一是进入客人房间一定要先敲门或按铃,向客人通报。二是用手来开门,不要用肘部顶、用膝盖拱、用臀部撞、用脚尖踢、用脚跟蹬等不正确的开门方法。特别提醒注意开启会客室大门的方法。会客室的门分为内开和外开,在打开内开的门时不要急着把手放开,这样会令后面的宾客受伤;如果要开外开的门,就更要

注意安全,一旦没有控制好门,很容易伤及客人的后脑勺。所以,开外开门时,千万要用身体抵住门板,并做一个请的动作,当客人进去之后再随后将门轻轻地扣住,这是在维护客人的安全。三是当与客人一同出入房间时,要替对方开门,坚持后进门、后出门,请客人先进门、先出门。

⑦ 变向行走。服务行业从业人员在行进中有时需要变换自己的方向,这包括:一是后退。扭头就走是失礼的,可采用先面向客人后退至少两三步,方才转体离去的做法。后退时步幅宜小,脚宜轻擦地面。转体时,应身先头后。若先转头或头与身同时转向,均为不妥。二是侧行。与他人狭路相逢时,应两肩一前一后,胸部转向对方,而不应背向对方,以示礼貌。三是前行转身。在向前行进中转身而行,分向右转和向左转两种情况。在前行中向右转身,应以左脚掌为轴心,左右脚落地时,向右转体 90°同时迈出右脚。向左转身与此正好相反。

(3) 工作中行进姿态的风度要求

① 行进中,要有意避开人多的地方行走,切忌在人群中乱冲乱撞,甚至碰撞到客人的身体,这是极其失礼的。

② 在行进中,特别是在人多路窄的地方,对客人更应该礼让三分,让客人先行,而不应抢道先行;若有急事,则应该向对方声明,并道歉。

③ 服务行业从业人员行走时脚步要轻。首先,行进时落脚不要过分用力;其次,上班不要穿带有金属鞋跟或钉有金属鞋掌的鞋子;最后,上班时所穿的鞋子一定要合脚,否则走动时会发出“啪嗒、啪嗒”的噪声。

④ 服务行业从业人员在走路时一定要显得稳重大方,保持自己的风度,控制好自己的情绪,更要避免上蹿下跳,甚至是连蹦带跳的失态状况。如有急事要办,可以在行进中适当加快步伐。除非遇上紧急情况,最好不要在工作的时候跑动,尤其是不要当着客人的面突如其来地狂奔而去。那样通常会令其他人感到莫名其妙,产生猜测,甚至还有可能造成过度紧张的气氛。

⑤ 在道路狭窄的地方,服务行业从业人员务必要注意避免悠然自得地缓步而行,甚至走走停停,而且应注意避免多人并排而行。在路上一旦发现自己阻碍了他人,务必让开,请对方先行。

(4) 穿职业装的走姿

① 穿西装的走姿要求。西服以直线为主,应当走出穿着者挺拔、优雅的风度。穿西装时,后背保持平正,两脚立直,走姿的步幅可略大些,手臂放松伸直摆动,手势简洁大方。行走时男士不要晃动,女士不要左右摆髋。

② 西服套裙走姿要求。西服套裙多以半长筒裙与西装上衣搭配,所以着装时应该尽量表现出这套职业装的干练、洒脱的风格特点。这套服装要求步履轻盈、敏捷、活泼,步幅不宜过大,可用稍快的步速节奏来调和,以使走姿活泼灵巧。

③ 穿旗袍的走姿要求。旗袍作为东方晚礼服的杰出代表,在世人眼里拥有着经久不衰的美丽。所以,很多服务行业通常将其作为迎宾、引位或者中式宴会厅的职业服装。着这款服装,最重要的是要表现出东方女性温柔、含蓄的柔美风韵,以及身体的曲线美。所以穿中式旗袍要求身体挺拔,胸微含,下颌微收。塌腰撅臀是着旗袍的大忌。旗袍必须搭配高跟或中跟皮鞋才能走出这款服装的韵味。行走时,走交叉步直线,步幅适中,步子要稳,双手自然

摆动，髋部可随着身体重心的转移，稍加摆动，但上身绝不可跟着晃动。总之，穿旗袍应尽力表现出一种柔和、妩媚、含蓄、典雅的东方女性美。

④ 穿高跟鞋走姿要求。女士在正式场合经常穿着黑色高跟鞋，行走时要保持身体平衡。具体做法是：直膝立腰、收腹收臀、挺胸抬头。为避免膝关节前屈导致臀部向后撅的不雅姿态，行走时一定要把踝关节、膝关节、髋关节挺直，只有这样才能保持挺拔向上的形体。行走时步幅不宜过大，每一步要走实、走稳，这样步姿才会有弹性并富有美感。

**4. 蹲姿**

俗话说"蹲要雅"，蹲姿是人的身体在低处取物、拾物、整理物品、整理鞋袜时所呈现的姿势，它是人体静态美与动态美的综合。蹲姿要动作美观、姿势优雅。

（1）标准的蹲姿

标准的蹲姿有如下要求：首先要讲究方位，当需要捡拾低处或地面物品的时候，可走到其物品的左侧；当面对他人下蹲时，要侧身相向；当需要整理鞋袜或于低处整理物品时可面朝前方，两脚一前一后，一般情况是左脚在前，右脚在后，目视物品，直腰下蹲。直腰下蹲后，方可弯腰捡低处或地面的物品，及整理鞋袜或低处工作。取物或工作完毕后，先直起腰部，使头部、上身、腰部在一条直线上，再稳稳站起。

（2）蹲姿的种类

蹲姿的种类主要有高低式、单膝点地式和交叉式三种。

① 高低式。这是常用的一种蹲姿，基本特征是双膝一高一低。此蹲姿男士、女士均适用。要领是：下蹲后，左脚在前，右脚在后；左脚完全着地，小腿基本垂直地面；右脚要脚掌着地，脚跟提起；右膝要低于左膝，右膝内侧可靠于左上腿的内侧，形成左膝高、右膝低的姿态。臀部向下，基本上以右腿支撑身体。女士应注意紧靠双腿，男士两腿之间可有适当的距离。如图 3-7 所示。

② 单膝点地式。这种蹲姿，适用于男士，其特征是双腿一蹲一跪。它是一种非正式的蹲姿，多用于下蹲时间较长或为了用力方便时采用。下蹲后，右膝点地，臀部坐在其脚跟之上，以其脚尖着地。另一条腿全脚掌着地，小腿垂直于地面。双膝同时向外，双腿尽力靠拢。如图 3-8 所示。

图 3-7　高低式蹲姿　　　　　　　　　　图 3-8　单膝点地式蹲姿

③ 交叉式。这种蹲姿优美典雅，其基本特征是双腿交叉在一起，此蹲姿适用于女士。要领是：下蹲后，左脚在前，右脚在后，左小腿垂直于地面，全脚着地。左腿在上，右腿在下，二者交叉重叠，右膝从后下方伸向左前侧，右脚跟抬起，脚掌着地，两腿前后靠近，全力支撑

身体。上身略向前倾,臀部朝下。如图 3-9 所示。

图 3-9　交叉式蹲姿

# 二、表　情

面部是最有效的表情器官,人的面部表情主要表现为眼、眉、嘴、鼻、面部肌肉的变化。这里我们主要介绍一下眼神和微笑。

**1. 眼神**

生活中,我们曾被许多眼神所打动。我们不会忘记摄影家解海龙拍摄的照片——《希望工程——大眼睛》中小姑娘苏明娟那渴求读书的眼神。俗话说"眼睛是心灵的窗户",它是人体传递信息最有效的器官,而且能表达最细微、最精妙的差异,显示出人类最明显、最准确的交际信号。据研究,在人的视觉、听觉、味觉、嗅觉和触觉感受中,唯独视觉感受最为敏感,人由视觉感受的信息占总信息的 83%。人的七情六欲都能从眼睛这个神秘的器官内显现出来。

眼神礼仪的构成,一般涉及时间、角度、部位、方式等几个方面[1]。

(1) 时间

在人际交往中,尤其是与熟人相处时,注视对方时间的长短十分重要。在交谈中,听的一方通常应多注视说的一方。

① 表示友好。对对方表示友好,则注视对方的时间应占全部相处时间的 1/3 左右。

② 表示重视。对对方表示关注,比如听报告、请教问题时,则注视对方的时间应占全部相处时间的 2/3 左右。

③ 表示轻视。注视对方的时间不到全部相处时间的 1/3,意味着对其瞧不起或没有兴趣。

④ 表示敌意。注视对方的时间超过了全部相处时间的 2/3 以上,往往表示可能对对方抱有敌意,或是为了寻衅滋事。

---

① 李霞,胡红霞,甘琛. 秘书礼仪实务. 杭州:浙江大学出版社,2012

⑤ 表示兴趣。注视对方的时间长于全部相处时间的 2/3 以上,还有另一种情况,即对对方本人产生了兴趣。

（2）角度

在注视他人时,目光的角度,即其发出的方向,是事关与交往对象亲疏远近的问题。注视他人的常规角度有:

① 平视,即视线呈水平状态,它也叫正视。一般用于在普通场合与身份、地位平等之人进行交往。

② 侧视,它是一种平视的特殊情况,即在交往对象一侧,面向对方,平视着对方。它的关键在于面向对方,否则即为斜视对方,那是很失礼的。

③ 仰视,即主动居于低处,抬眼向上注视他人。它表示着尊重、敬畏之意,适用于面对尊长之时。

④ 俯视,即抬眼向下注视他人,一般用于身居高处之时。它可对晚辈表示宽容、怜爱,也可对他人表示轻慢、歧视。

（3）部位

在人际交往中目光所及之处,就是注视的部位。注视他人的部位不同,不仅说明自己的态度不同,也说明双方关系有所不同。

在一般情况下,与他人相处时,不宜注视其头顶、大腿、脚部与手部,或是"目中无人"。对异性而言,通常不应注视其肩部以下,尤其是不应注视其胸部、裆部、腿部。允许注视的常规部位有:

① 双眼。注视对方双眼,表示自己聚精会神,一心一意,重视对方,但时间不宜太久,它也叫关注型注视。

② 额头。注视对方额头,表示严肃、认真、公事公办。它叫做公务型注视,适用于极为正规的公务活动。

③ 眼部至唇部。注视这一区域,是社交场合面对交往对象时所用的常规方法,它因此也叫社交型注视。

④ 眼部至胸部。这一区域表示亲近、友善。多用于关系密切的男女间,故称亲密型注视。

⑤ 眼部至腿部。它适用于注视相距较远的熟人,亦表示亲近、友善,故称远亲密型注视,但不适用于关系普通的异性。

⑥ 任意部位。对他人身上的某一部位随意一瞥,可表示注意,也可表示敌意。它叫做随意型注视,多用于在公共场合注视陌生之人,但最好慎用。通常,它也叫瞥视。

（4）方式

注视他人,在社交场合可以有多种方式的选择。其中,最常见的有:

① 直视。即直接注视交往对象,它表示认真、尊重,适用于各种情况。若直视他人双眼,即称为对视。对视表示自己大方、坦诚,或是关注对方。

② 凝视。它是直视的一种特殊情况,即全神贯注地进行注视。它多用以表示专注、恭敬。

③ 盯视。即目不转睛,长时间地凝视他人的某一部位。它表示出神或挑衅,故不宜多用。

④ 虚视。它是相对于凝视而言的一种直视,其特点是目光不聚集于某处,眼神不集中。它多表示胆怯、疑虑、走神、疲乏,或是失意、无聊。

⑤ 扫视。即视线移来移去,注视时上下左右反复打量。它表示好奇、吃惊。亦不可多用,对异性尤其应忌用。

⑥ 睨视。又叫睥视,即斜着眼睛注视。它多表示怀疑、轻视,一般应当忌用。与初识之人交谈时,尤其应当忌用。

⑦ 眯视。即眯着眼睛注视。它表示惊奇、看不清楚,模样不大好看,故也不宜采用。

⑧ 环视。即有节奏地注视着不同的人或事物。它表示认真、重视。适用于同时与多人打交道,表示自己"一视同仁"。

⑨ 他视。即与某人交谈时不注视对方,反而望着别处。它表示胆怯、害羞、心虚、反感、心不在焉,是不宜采用的一种眼神。

⑩ 无视。即在人际交往中闭上双眼不看对方。它又叫闭视,表示疲惫、反感、生气、无聊或者没有兴趣。它给人的感觉往往是不大友好,甚至会被理解为厌烦、拒绝。

**2. 微笑**

著名画家达·芬奇的杰作《蒙娜丽莎》是欧洲文艺复兴时期最出色的肖像作品之一,画中女士的微笑给人以美的享受,使人们充满对真、善、美的渴望,至今让人回味无穷。微笑是人际交往中最美丽的语言,是公共关系和商务礼仪中的亮点。保持一个微笑的表情、谦和的面孔,是表示自己真诚、守礼的重要途径。微笑是有自信心的表现,是对自己的魅力和能力抱积极态度的表现。微笑可以表现出温馨、亲切的表情,能有效地缩短双方的距离,给对方留下美好的心理感受,从而形成融洽的交往氛围。面对不同的场合、不同的情况,如果能用微笑来接纳对方,可以反映出你良好的修养和挚诚的胸怀。

微笑能够成就爱的循环。没有亲和力的微笑,无疑是重大的遗憾,甚至会给工作带来不便。那么,身在职场通过什么样的训练,才能获得微笑这一有效沟通的法宝和人际关系的磁石呢?心理专家告诉你如下步骤①。

第一步,放松面部肌肉,然后使嘴角微微向上翘起,让嘴唇略呈弧形。最后,在不牵动鼻子、不发出笑声、不露出牙齿,尤其是不露出牙龈的前提下,轻轻一笑。

第二步,闭上眼睛,调动感情,并发挥想象力,或回忆美好的过去或展望美好的未来,使微笑源自内心,有感而发。

第三步,对着镜子练习,使眉、眼、面部肌肉、口型在笑时和谐统一。

第四步,当众练习。按照要求当众练习,使微笑规范、自然、大方,克服羞涩和胆怯的心理,也可以请观众评议后再对不足进行纠正。

当职业人员掌握了微笑的方法后,还要注意正确地微笑,具体要做到以下几点。

(1)把握微笑的时机

在与对方交谈中,最好的微笑时机是在与对方目光接触的瞬间展现微笑,这样能够促进心灵的友好互动。

(2)把握微笑的层次变化

微笑有很多层次,有浅浅一笑、眼中含笑,也有哈哈大笑。在整个交谈过程中,微笑要有

---

① 毕文杰.你的职场礼仪价值百万.北京:中国画报出版社,2012

收有放,在不同时候使用不同的笑。如果一直保持同一层次的笑,表情会显得僵硬、呆板,被对方认为是傻笑。

(3) 注意微笑维持的时间长度

微笑的最佳时间长度以不超过 3 秒钟为宜,时间过长会给人假笑或不礼貌的感觉,过短则会给人皮笑肉不笑的感觉。

(4) 根据场合而定

微笑的表情很有讲究,不同的场合适合不同深度的微笑,不同的笑,也可以显示不同的思想态度和感情色彩,产生不同的影响。在与别人交谈中,放声大笑或傻笑,都是非常失礼的,工作中要把握好微笑的尺度,更能显示你的内在修养。

(5) 避免"习惯性微笑"带来的伤害

微笑的好处数不胜数,但由于职业性质和职场礼仪的要求,一些职业人士要在白天的大多数时间都面带微笑,这使得他们养成了面对外人的一种"习惯性微笑表情"。这种表情并不能消除工作、生活等各方面带给他们的压力、烦恼、忧愁。这些"微笑"的患者,"微笑"过后是更深刻的孤独和寂寞,他们的行为具有表演性质,与他们的情感体验缺乏内在的一致,而难以表现其"真我"的一面,因为表面的微笑反而会加重他们内心的痛苦。

解决"习惯性微笑"的方法在于及时地释放过大的压力。方式是多种多样的,如和家人一起外出度假,就可以很好地舒缓长期工作所累积的压力,再者要积极地调节自己的身心状态,比如现在健身场所流行的瑜伽和普拉提健身操就是一种很好的缓解压力的方式,职场人士可以去试一下,相信效果一定很好。

(6) 微笑要自然

有人指出,中国的礼仪习惯是笑不露齿,也有很多礼仪培训教材提出,微笑要露出 6~8 颗牙。其实微笑是一种个性化的表情,不应该以技术化、标准化的形式加以规定,对微笑要求表现得整齐划一是不符合礼仪之美的。职业人士进行微笑训练,不是尝试露出几颗牙,嘴角上提到几度位置,眼睛变化成哪种形状,而是要发现自己最美的每一个瞬间,展现出独特的气质,自信、勇敢、自然、真诚地去微笑。微笑的美在于文雅、适度、亲切自然。微笑要诚恳和发自内心,做到"诚于中而形于外",只有调整好自己的心态才能够表现出表里如一的微笑,切不可故作笑颜,假意奉承。在生活中用善良、包容的心对待他人,用敬业奉献的热情对待工作,微笑就是自然甜美的。

(7) 微笑要协调

笑是人们的眉、眼、鼻、口、齿以及面部肌肉所进行的协调动作。"发自内心的微笑,会自然调动人的五官:眼睛略眯起、有神,眉毛上扬并稍弯,鼻翼张开,脸肌收拢,嘴角上翘。做到眼到、眉到、鼻到、肌到、嘴到,才会亲切可人、打动人心。"在微笑训练的方法中有一种方法就是要将眼睛以下的部分挡住,练习微笑,要求从眼中看出笑的表情。这就是所谓的"眼中含笑"。这种训练方法的目的就在于:微笑时要调动多部位器官协调动作,形成微笑的表情。微笑一般要注意四个结合。

① 口眼结合,要口到、眼到、神色到,笑眼传神,微笑才能扣人心弦。

② 笑与神、情、气质相结合。这里讲的"神",就是要笑得有情入神,笑出自己的神情、神色、神态,做到情绪饱满、神采奕奕;"情",就是要笑出感情,笑得亲切、甜美,反映美好的心灵;"气质",就是要笑出谦逊、稳重、大方、得体的良好气质。

③ 笑与语言相结合。语言和微笑都是传播信息的重要符号,只有注意微笑与美好语言相结合,声情并茂,相得益彰,微笑方能发挥出它应有的特殊功能。

④ 笑与仪表、举止相结合。以笑助姿、以笑促姿,形成完整、统一、和谐的美。尽管微笑有其独特的魅力和作用,但若不是发自内心的真诚的微笑,那将是对微笑的亵渎。有礼貌的微笑应是自然坦诚的,是内心真实情感的表露,而强颜欢笑、假意奉承的"微笑"则可能演变为"皮笑肉不笑"、"苦笑"。如拉起嘴角一端微笑,使人感到虚伪;吸着鼻子冷笑,使人感到阴沉;捂着嘴笑,给人以不自然之感。这些都是失礼之举。

# 三、手 势

手是人体上最富灵性的器官,如果说"眼睛是心灵的窗户",那么手就是心灵的触角,是人的第二双眼睛。手势在传递信息、表达意图和情感方面发挥着重要作用。手的"词汇"量是十分丰富的。据语言专家统计,表示手势的动词有近 200 个。如招手致意、挥手告别、握手示好、摆手回绝、合手祈祷、拍手称快、拱手答谢(相让)、抚手示爱、指手示怒、颤手示怕、捧手示敬、举手赞同、垂手听命等。可见,丰富的手势语在人们交往间是不可缺少的。

在职业交往中,手势有着不可低估的作用,生动形象的有声语言再配合准确、精彩的手势动作,必然能使交往更富有感染力、说服力和影响力。职业交往中常见的手势及其礼仪规范见表 3-1。

表 3-1　常见手势及其礼仪规范

| 常见手势 | 礼 仪 规 范 |
|---|---|
| 横摆式 | 迎接来宾做"请进"、"请"的手势,动作要领是:右手从腹前抬起向右横摆到身体的右前方。腕关节要低于肘关节。站成右丁字步,或双腿并拢,左手自然下垂或背在后面。头部和上身向伸出手的一侧稍微倾斜,目视宾客,面带微笑,表现出对宾客的尊重、欢迎 |
| 直臂式 | 需要给宾客指方向或做"请往前走"的手势,动作要领是:将右手由前抬到与肩同高的位置,前臂伸直,用手指向来宾要去的方向。一般男士使用这个动作较多。指引方向时不可用一个手指指出,显得不礼貌 |
| 斜臂式 | 请来宾入座做"请坐"的手势,动作要领是:一只手由前抬起,从上向下摆动到距身体45°处,手臂向下形成一斜线 |
| 曲臂式 | 一只手拿东西,同时又要做出"请"或指示方向时的手势,动作要领是:以右手为例,从身体的右侧前方,由下向上抬起,至上臂离开身体45°的高度时,以肘关节为轴,手臂由体侧向体前的左侧摆动,距离身体20cm处停住;掌心向上,手指尖指向左方,头部随客人由右转向左方,面带微笑 |
| 双臂横摆式 | 举行重大庆典活动,接待较多来宾做"诸位请"或指示方向的手势,动作要领是:将双手由前抬起到腹部再向两侧摆到身体的侧前方,指向前进方向一侧的手臂应抬高一些、伸直一些,另一手臂稍低一些、曲一些。这是面向来宾时的动作要领,若是站在来宾的侧面,则两手从体前抬起,同时向一侧摆动,两臂之间保持一定距离。运用手势时还要注意与眼神、步伐、礼节相配合,才能使宾客感觉到这是一种"感情投入"的热诚服务 |

(资料来源:李国辉.生客卖礼貌,熟客卖热情:一本书学会销售礼仪.北京:机械工业出版社,2012)

# 四、举　止

　　一个人的举止端庄、行为文明、动作规范，是良好素养的表现，它能帮助个人树立美好形象，也能为组织赢得美誉，反之，则会损害组织形象。《人民日报》有过这样一则报道：中国长江医疗机械厂经过艰难的谈判，即将与美国客商约瑟先生签订"输液管"生产线的合同。然而在参观车间时，厂长陋习难改，在地上吐了一口痰，约瑟看后一言不发，掉头就走，只留给厂长一封信："我十分钦佩您的才智和精明，但您吐痰的一幕使我彻夜难眠。一个厂长的卫生习惯可以反映一个工厂的管理素质。况且我们合作的产品是用来治病的，人命关天。请原谅我的不辞而别，否则上帝都会惩罚我的。"一口痰毁了一单合同，可见，日常举止是优美仪态的一个重要组成部分，端庄的举止、文明的行为体现在日常生活中的方方面面，营销工作中也对人们的举止有一定的约束。例如，以下不受欢迎的坏习惯和不良举止就应在职业活动中努力戒除。

### 1. 冒冒失失的行为

　　行为冒失的人，往往是"目中无人"，以自我为中心，不考虑自己的行为是否会对他人造成影响。行为冒失的人的行为特征是手脚太"快"，动作太"硬"，幅度太"大"。有些人是手脚冒失，例如，在庄重肃穆的场合，冒失的人往往会蹿来蹿去；展览会上的展品他会随便去摸；进别人的房间时，往往忘了敲门；由于手脚冒失经常将物品损坏。有些人是语言冒失。他们常常说话不看对象、不分场合、不讲分寸，结果常常闹出笑话或得罪人。例如，初次相识，冒失的人便会对对方提出一些不恰当的问题或要求；连别人是否结了婚都没闹清楚，便贸然问人家的孩子是男孩还是女孩；一不小心言语就伤害了别人的自尊心等。有人认为这是性格粗犷、豪爽仗义，其实，这些冒冒失失的行为举止，正表现出其在礼仪方面的修养很不成熟。

### 2. 公共场合大声说话

　　在公共交通工具上、餐厅里、剧院、电梯等地方，经常可以看到一些人大声交谈，即使是一些很隐私的问题，他们也旁若无人地进行大声的交流。这必将影响周围人的心情、思绪，有时甚至让听到者感到难堪。所以，在公共场合，应注意控制自己说话的音量，以免干扰别人。如果可以找到一个不影响他人的区域，最好到这样的区域去谈话。

### 3. 随便吐痰，乱扔垃圾

　　吐痰是最容易直接传播细菌的途径，随地吐痰是非常没有礼貌而且绝对影响环境、影响我们的身体健康的行为。如果你要吐痰，应该把痰吐在纸巾上，丢进垃圾箱，或去洗手间吐痰，但不要忘记清理痰迹和洗手。随手扔垃圾也是应当受到谴责的不文明的举止之一。

### 4. 当众搔痒

　　搔痒的举止很不文雅，但瘙痒的原因很多，在出现这些情况时，要按所处场合来灵活掌握。如果处在极严肃的场合，应稍加忍耐；如果实在是忍无可忍，则只有离席到较为隐蔽的地方去挠一下,然后赶紧回来。一般来说在公共场合不得用手抓挠身体的任何部位,因为你不管怎么注意,抓挠的动作都是不雅的。

**5. 当众嚼口香糖和剔牙**

有些人必须当众嚼口香糖以保持口腔卫生,那么,应当注意在别人面前的形象。咀嚼的时候闭上嘴,不能发出声音。并把嚼过的口香糖用纸包起来,扔到垃圾箱。

宴会上,谁也免不了有剔牙的小动作,既然这小动作不能避免,就得注意剔牙时不要露出牙齿,而且不要把碎屑乱吐一番,最好用左手掩嘴,头略向侧偏,吐出碎屑时用纸巾接住。

**6. 当众挖鼻孔、掏耳朵**

有些人用小指当众挖鼻孔或用钥匙、牙签、发夹等当众掏耳朵,这是一个很不好的习惯。尤其是在餐厅或茶坊,别人正在进餐或饮茶,这种不雅的小动作往往令旁观者感到非常恶心。

**7. 当众挠头皮**

有些头皮屑多的人,因为头皮发痒往往在公众场合忍不住挠起头来,顿时头皮屑飞扬四散,令旁人大感不快。特别是在那种庄重的场合,这样是很难得到别人谅解的。

**8. 在公共场合抖腿**

有些人坐着时会有意无意地抖动双腿,或者让跷起的腿像钟摆似的来回晃动,而且自我感觉良好,以为无伤大雅。其实这会令人觉得很不舒服。记住,这不是文明的表现,也不是优雅的行为。

**9. 当众打哈欠**

在交际场合,打哈欠给对方的感觉是:你对他不感兴趣,表现出很不耐烦了。因此,如果你控制不住要打哈欠,一定要马上用手盖住你的嘴,跟着说:"对不起。"

**10. 体内发出各种声响**

生活经验告诉我们,任何人,对发自别人体内的声响都不欢迎,诸如咳嗽、喷嚏、打嗝、响腹、放屁等。总之,大庭广众之下一定要注意克服。

**11. 公共场合吃零食**

公共场合吃零食,既不雅观也不卫生,为了维护自身的美好形象,在人来人往的公共场合,最好不要吃零食。

**12. 在大庭广众之下行为不稳妥**

在大庭广众之下要保持行为举止的稳重大方。例如:不要趴在或坐在桌子上;不要在他人面前躺在沙发上;遇到急事时,要沉住气,不要慌张奔跑,表现出慌不择路的样子。这些不稳妥的举止都会影响自身的交际形象。

**13. 频频看表**

在与人交谈时,如果无其他重要约会,最好少看自己的手表。这样的小动作会使对方认为你还有什么重要的事情,不会使谈话继续下去;同时,你的这种小动作可能引起对方的误会,认为你没有耐心再谈下去。如果你确实有事在身的话,不妨婉转地告诉对方改日再谈,并表示歉意。

此外,参加正式活动前吃带有刺激性气味的食品、公共场合对别人评头品足等也是必须克服的不良行为。

# 五、风　度

　　风度是社交活动中给人印象深刻的内在潜质的综合反映,风度不单是人的一种性格特征的表现,还是一种内在涵养的表现。风度是一个人的姿态举止、言谈、作风等表现出来的美。这种美既是一种外在美,又是一个人内心美的自然流露,也就是内在美和外在美的和谐统一。所以屈原说:"纷吾既有此内美兮,又重之以修能。"

　　看过《周恩来外交风云》的人不会忘记,在日内瓦会议上,在万隆会议上,周恩来以其卓越才智和个人魅力,为和平解决印度支那问题,促进亚非会议作出了历史性的贡献。他在举手投足间,都展现出一个彬彬有礼、温文尔雅、和蔼可亲的东方美男子形象。1954 年,当周恩来代表中国出现在日内瓦会议上,他的风采,他的气质,他的落落大方、不卑不亢的外交才干令所有人为之惊叹、为之折服,令西方国家对新中国的总理刮目相看。在万隆会议上,周恩来又以其风度与个人魅力从会前需要"老前辈"介绍而变为会后公认的"外交明星"。他所倡导"和平共处五项原则"、"求同存异"的方针,也产生了深远的影响,被广泛承认为处理国与国之间关系的基本准则。

　　周恩来那优雅的、充满独特魅力的翩翩风度,迷倒了多少不同国度、不同民族甚至不同信仰的人,令多少人为之惊叹与折服!

　　周恩来的一次东南亚之行中,在告别前举行的记者招待会上,周恩来彬彬有礼地回答每一位记者的提问。会场上,所有的记者即使不能得到满意的答复,也无法挑剔周恩来的风度。在记者招待会即将结束前,一个外国姑娘向周总理问道:"周恩来先生,能不能问您一个私人问题?"

　　周恩来很坦诚地点头,微笑着说:"可以。"

　　"您已经 60 多岁了,为什么仍然神采奕奕、记忆非凡,显得这样年轻、英俊?"

　　场内顿时响起友善的笑声和议论声,看得出中国人很多都认为自己的总理配有长生不老药。

　　当时,这位素有"东方第一美男子"之称的周恩来总理声音洪亮地回答道"因为我是按照东方人的生活习惯生活,所以我至今很健康"时,场内顿时掌声如潮! 多少年来,东方人从来都是贫穷、落后、愚昧、病夫的代名词,而如今,有了受人尊敬的周恩来成为东方人的代表,顷刻间,不分国家、不分政见、不分肤色,只要是东方人都感到了荣幸与骄傲!

　　因此,我们既要重视妆容、服饰与姿态的美,更要看重内在的修养,何况外在仪表本身就渗透着个人内在的内容。要想在社交场合风度翩翩,应从根本做起。

**1. 风度的培养是人内在气质的展现**

　　气质不佳者,难有好的风度。内在气质的优化是靠平时修炼、陶冶而成。因而它会不经意地显露出风度。《世说新语》记载:曹操个子较矮,一次匈奴来使,应由曹操接见,可是曹操怕使者见自己矮而被看不起，于是请大臣崔琰冒充自己，曹操则持刀扮成卫士站在崔琰的旁边观察使者。崔琰"眉目疏朗，须长四尺，甚有威重"。接见后，曹操派人去探听使者的反应，使者说："魏王雅望非常，然床头提刀者，此乃英雄也。"曹操具有高度的政治、军事、文化素养，养成了封建时代的政治家特有的气质，因此他的风度并不因他身材矮小而受到影响，也不因他扮成地位低下的卫士而被掩盖。

### 2. 风度的培养离不开良好的德、才、学、识

良好的文化素养、脱俗的思想境界、渊博的学识、精深独到的思辨能力是构成风度美的重要内在因素。宽宏的气度与气量是自古以来的君子之风，知识丰富且善于辞令，时而妙语连珠，时而幽默风趣，这些风度也可通过语言举止、服饰和作风等转换为外在的形式。如毛泽东有运筹帷幄的政治家风度；周恩来有才思敏捷、风姿潇洒的外交家风度；鲁迅有"横眉冷对"的铮铮铁骨；宋庆龄则留下端庄自然的慈母风度等，高尚的道德修养与高超的学识造就了卓然的风度。

### 3. 风度的培养应注意经常的训练

培养风度要先对自己的气质、性格、经历、知识和文化程度，乃至身材、面容等条件有个自知之明。既不能听之任之，对自己毫无要求，以"本色"、"自然"自夸；也不能乞求过高，操之过急，以至矫揉造作、生硬别扭，或东施效颦、欲美反丑。而应审度自己，科学地进行自我设计，持久地实践、训练，自然能水到渠成。例如根据自身特点坚持训练站姿、坐姿、走姿、言谈举止的技能，在各种场合、环境下都能运用自如，心理从容自信，风度也随之而来。正如一位艺术家所言："只有你自己才能识别自己的长处和魅力。它们也许是你的低回浅笑，也许是你的开怀畅谈，也许是你的亲切和蔼。它可能是你对生活乐趣的领悟，也可能是你的沉静安详。不管你那特有的吸引力是什么，它都会因为魅力的基础因素而得到加强。"

# 六、界　域

从生物学的角度看，每一个生命都有自己的领空，人们叫它"生物圈"。一旦异物侵入这个范围，就会使其感到不安并处于防备状态。美国心理学家罗伯特·索默经过观察与实验认为，人人都具有一个把自己圈住的心理上的个体空间，它像生物的"安全圈"一样，是属于个人的空间。一般情况下每个人都不想侵犯他人空间，也不愿意他人侵犯自己的空间。双方关系越亲密，人际距离就越短。

美国人类学家和心理学家霍尔将人类的交往空间划分为四种区域，这就是所谓社交中的界域语。

第一，亲密距离（0～45cm），又称亲密空间。其语义为亲切、热烈，只有关系亲密的人才可能进入这一空间。如：夫妻、父母、子女、恋人、亲友等。亲密距离又可分为两个区间，其中（0～15cm）亲密状态距离，常用于爱情关系，亲友、父母、子女之间的关系；16～45cm为亲密疏远状态，身体虽不相接触，但可以用手相互触摸。

第二,个人距离(46～120cm),其语义为"亲切、友好",其语言特点是语气和语调亲切、温和,谈话内容常为无拘束的、坦诚的。比如个人私事,在社交场合往往适合于简要会晤、促膝谈心或握手。这是个人在远距离接触所保持的距离,不能直接进行身体接触。个人距离的接近状态为46～75cm,可与亲友亲切握手,友好交谈;个人距离的疏远状态为76～120cm,在交际场所任何朋友、熟人都可自由进入这一区间。

第三,社交空间(120～360cm),其语义为"严肃、庄重"。这个距离已超出了亲友和熟人的范畴,是一种理解性的社交关系距离。社交距离的接近状态为120～210cm,其语言特点为声音高低一般、措辞温和,它适合于社交活动和办公环境中处理业务等;社交距离的疏远状态为210～360cm,其语言特点为声音较高、措辞客气。它使用于比较正式、庄重、严肃的社交活动,如谈判、会见客人等。

第四,公共距离(360cm以上),这是人们在较大的公共场所保持的距离,其语义为"自由、开放"。它适用于大型报告会、演讲会、迎接旅客等场合。其语言特点为声音洪亮、措辞规范,讲究风格。

在现代职业交际中要讲究如下界域礼仪规范。

**1. 注重文化差异**

界域行为是有文化差异的。这里我们要引入一个近体度的概念,近体度指交往双方保持空间位置的接近程度,他表示双方对个人和社会空间的理解。据笔者观察,农村人比城里人的近体度要小。比如两个陌生人交谈,城里人大约相距70cm,而农村人相距大约40cm。西方国家比中国要大,教室里的坐椅摆放就是证明。我们的坐椅是两个一排,所以有一首流行歌曲叫做《同桌的你》。而西方却没有同桌。都是一个一个独立摆放的,他们不喜欢两个人离得很近。还有像儿童一出生就有自己的卧室、自己的床等客观因素,都让他们形成了近体度比较大的习惯,在东方国家,日本的近体度比较大,其次是中国,再次是韩国。美国界域学专家霍尔比较了西方和阿拉伯文化,他指出:"在西方,人这个词的意思和在皮肤之内的这个具体的人是一码事,在北欧,人的皮肤,甚至是衣服都会是不可侵犯的……可是阿拉伯人的人和身体往往可以分开,人存在于身体内部的一个什么地方。不过自我并未完全藏住,很容易被人侮辱。"

大部分阿拉伯人没有在公共场合被侵犯的观念,他们认为:公共的就是公共的。所以如果某甲站在一个街角处,而某乙也看到了这块地方,某乙就有权利把某甲挤到一边去。阿拉伯人不觉得碰撞别人有什么不对,他们的社交距离是美国的1/3。

南美人、地中海人、东欧人的近体度也比较小。他们可能只相距45cm站着,静静地谈话,美国人正常的交往距离是1.5m,在南美等地的人看来,是冷冰冰的疏远的距离。

德国人的界域观念比较强。许多德国人认为,一个人在屋子里看到了外边的人,就是侵扰了别人。对这些德国人来说,不一定要进到一所房子里面才算侵犯,就是对别人看上一眼,不管那个人站得多么远,都算是侵犯。德国人很在乎门的作用。他们的门又厚又坚实,而且总是关着的。他们认为,让门开着是粗心,乱糟糟的,而关上门就保持了房间的完整,提供了人与人之间的保护界限,同样不少德国人认为,把家具搬来搬去,尤其是两个人说话时把椅子挪近些,也是对个人空间的侵犯。比如,有一位移居美国的德国报纸编辑对美国人随意调整家具的习惯深恶痛绝。他把客人坐的椅子,用带子拴在他认为距离合适的地方,不让客人挪动。在德国,家具都是又笨又重的,就像是有意要对付那些不懂德国规矩的人似的。

英国人的界域观念也比较强。他们习惯于保留一个很大的身体缓冲带。即使是同很亲密的人谈话,也想站得远于90cm。英国人想自己一个人待着的时候,电话铃响了,他们都不会去接。在英国打电话常常没有人接听,除非是事先约好了的急事或谈买卖的事,没有什么事打电话被认为是粗鲁和没有教养。如果想同别人联络,又不想亲自去,最好是写信或发电报,而不要打电话。

总之,近体度比较大的有德、英、美、奥、日等地区,近体度比较小的是阿拉伯、南美、非洲、东欧、中欧等地区。当我们同外国朋友交谈时,我们要有近体度意识。不能用我们习惯的距离同对方交谈。如果无从了解对方的习惯,我们可以观察试探:如果对方向前靠,说明距离应该再近一些;向后退表示需要远些;不动时说明合适。

**2. 选择空间形式**

空间是物质存在的形式,也是人类存在的形式。每一个人都需要占据一定的空间。在人际交往中,人们彼此间的位置也会构成各种不同的形式。交际的目的不同、场合不同,所采用的形式也就不同,据观察研究,我们把这种形式大致分为四种:封闭式、开放式、相向式、平行式。

(1)封闭式

封闭式是个体或群体独处时所采取的形式,表示不愿受到他人的干扰。一个学生在校园里看书,他会背对着有人走动的地方,面朝湖水、花草、树林等。两人密谈则都向内侧身。三人密谈,两人则两端向里侧身,把中间的人围在圈里,形成关闭。三人以上一般是面朝里围成一个圆圈。如,球赛暂停时,教练员面授机宜。

(2)开放式

开放式是指交际双方大约形成90°的位置。开放的意思有两个:一个是与封闭相对,允许别人加入;另一个是指交谈者的心理开放即双方的自我开放区域较大,这种形式比较适用于感情的交流或长时间交谈,会客、门诊多采用这种形式,开放式使双方不易产生沟通障碍,交流效果较好。有些家庭的客厅里习惯把沙发摆在一条线上,主客坐在一条线上交谈,最容易疲劳,起码脖子一会儿就扭酸了,思想感情上的交流自然也会受到一些影响。因此,在条件允许的情况下,客厅的沙发应摆成开放式的。

(3)相向式

相向式是指面对面的形式,表示竞争的意思,谈判时多选择相向式同对方隔桌相望就座,桌子自然成为防护屏障,造成竞争气氛,使双方更加坚定自己的立场观点,一般用于处理公事,如法庭、比赛下达命令,如果领导要同下级谈事时,他就不会坐在办公桌后面,而要变化一下形式。所以,领导的办公室除了写字台以外,还要安放沙发、茶几,就是用来供领导选择的,如果领导要用非正式的方法来对待来访者,他就会离开办公桌,同客人一道坐在茶几旁的沙发上交谈。如果谈话是极为正式的,他就会仍旧坐在办公桌后面。

(4)平行式

平行式是指肩并肩的形式,表示合作关系。一般是指地位相等、目的相同的人使用。如夫妻、好友逛马路,同台演出朗诵、小合唱。电视节目中的两位主持人,或四五位被邀请来的嘉宾也多采用这种形式。

### 3. 讲究界域礼貌

讲究界域礼貌对赢得公众、广结善缘有重要意义。那么,讲究界域礼貌要从哪些方面做起呢?李杰群在其主编的《非言语交际概论》(北京大学出版社,2002)中有精彩论述,现录于此,供读者参考。

(1) 保持距离

距离产生美感,在与人交谈的时候,要注重远近适当,太远了使人感到傲慢、架子大;太近了,又显得不够重视。

在行进中不但要保持距离,而且要适当地变换,比如不要以 2m 左右的距离尾随在陌生人的后面,以免引起误会,骑自行车或开车时,不要和前面的车靠得太近,不要强行超车。

看到别人围成一个圈形成封闭式的交谈,就要绕开行走,不要从中穿越。公园的长椅上,如果已经有人坐上,就不要再去挤座位。

(2) 变换体位

体位是指身体所处的位置,根据交际的目的和场合,我们还要经常改变自己身体所处的位置。如,从前往后、从左到右、由坐而站等。

① 移动位置。这是我们向对方表示诚意的界域行为。如,我国对外国国家元首的迎送仪式中就有这方面的规定:"国宾抵达北京首都机场(车站)时,陪同团团长等赴机场(车站)迎接并陪同来访国宾乘车前往宾馆下榻……国宾离京回国,我国出面接待的领导人到宾馆话别,由陪同团团长前往机场(车站)送行。"对一般的来访者也是如此:对应邀前来访问的来访者,无论是官方人士、专业代表团、民间团体、知名人士,在他们抵离时,均安排相应身份的人前往机场(车站、码头)迎送。

美国学者莫里斯把这种移动称为"不变的展示"。他说:"客人前来和主人去接的距离也是一种不变。不变越大,表示诚意越高。国家元首去机场迎接重要客人,兄弟驾车去机场迎接外国来的姊妹。这种移位的举动,是主人所能表现的最大的不变。由于各种不同层次相对缩减,要看主人的距离而定,因此,有的去当地车站,有的候在门前,有的等门铃响了再去。有的干脆就在他自己的房内等候,让仆人或小孩去开门……分别时,不变的展示再度重演。"

移位可以表示尊重,也可表示妥协或服从。比如当你开汽车或骑自行车违章被交通警察拦住时,就应马上下车,赶快主动撤到指定地点。然后在警察接近车子之前走近警察,因为警察离他的岗位越远,不信任和敌意就会越强烈。总之,主动迅速地向警察靠近,表示出对他的服从态度,可以避免相应的处罚。

② 改变高度。这是变换体位的另一种方式。比如降低身高,表示对对方的尊重,能获得好感。朱利叶斯·法斯特介绍说,我认识一个青年,他足有六英尺高,在做买卖时,他极其走运,原因是他感化合伙人的本事。观察了一些他的成功的买卖动作后,我发现,他随时随地只要可能就偏向弯腰。或者半坐下来,以便让合伙人得到统治权,感到优越。

降低身高要看场合,有的时候降低了,反而不尊敬了。比如晚辈在一起聊天,长辈到场,晚辈需站起来,如果仍旧保持低位,或坐,或躺,那么就说明他对来者的蔑视。莫里斯是这样分析原因的:"弯身表示服从动作,主要作用是要使行礼的人感到不便和不舒服,让居高位的人舒舒服服地坐着,不会因为降低高度就丧失他的威严。"从历史的发展变化来看,古代的皇位设于高处,君主坐在那里当然要比站在下面的臣子还要高。现在不设高位了,大家在一张桌子旁议事,地位低者站立的习惯却仍旧保留下来,或用于高位者到场的一种礼节性动作。

总之,无论是横向的移动,还是纵向的升降,我们都应根据不同的交际目的,以及当时的情景,随时变换我们的界域行为。一个坐下后就不知起来的人,会给人留下傲慢至少是懒惰的印象,进而影响交际的顺利进行。

(3)尊重他人的领域权

① 不乱动他人物品。主人不在场时,不要私自动用其领域内的物品。未经许可,一般不要翻动亲友,甚至是子女的抽屉、书包、信件等,因为这种揭人隐私的行为会伤害对方的自尊。

② 不随意进入他人领域。在进入他人领域之前,一定要征得同意,经过允许,比如到朋友家做客,进门先按铃或敲门,经主人允许后方可进入。不经主人邀请,或没有获得主人同意,不得要求参观主人卧室。即使是较熟悉的朋友,也不要去触动他的个人物品和室内陈设,对家庭成员也应尊重。在公众场合,要尽量避免侵犯他人的空间。有一些人往往不注重自己的界域行为,在无意之中,伤害了他人,也损害了自己的形象。比如在公共汽车上,横着站,两手抓两边的把手,使别人无法通过。坐着时跷起二郎腿,让路过的人给他擦皮鞋。在剧场里,或扒在前面的背椅上,或把脚蹬在前排的坐椅上。

③ 不污染他人的界域。空气污染,比如当众抽烟,冲着人打喷嚏,张着嘴出气,在餐桌上端起碗来用嘴吹等。国家之间比如核电站泄漏事件,都属于污染别人的界域,因为别人的身体虽然没有被侵入,但是空气被污染了。

噪声污染,比如音乐会时,手机、呼机响声此起彼伏,在北京国际音乐节上,把指挥大师都气坏了,停下来,以示抗议。如在楼道里大声喧哗,影响邻居们休息,记得侯宝林大师有这样一个段子。

有一小伙,下了夜班,上楼的脚步特别重,吵得楼下的老先生神经衰弱,每天夜里都要等小伙子噔噔噔噔上楼,开门,脱下皮鞋"嘡嘡"两声一摔之后,才能心跳渐趋正常,再慢慢入睡。有一天,老先生给小伙子提了个建议,小伙子满口答应,下班后,他已经忘记了这事,又噔噔噔噔上楼。进门之后,脱了一只鞋往地上一摔之后,突然想起来,于是第二只鞋就轻轻地放在了地上,第二天,他问老人:"昨天睡得好点吗?"

老人说:"我昨天一夜都没有睡!"

"怎么了?"

"我等你那第二只鞋呢!心一直悬着!"

可见,讲究界域礼貌,不污染他人的界域是非常重要的。

此外,在空间距离的处理上还应注意交往对象生熟、性别、性格等方面的差异。俗话说"疏则远,亲则近",空间距离与交际对象陌生还是熟悉是有一定关系的。交往的双方,互相认识,又是亲朋好友,可以近些,以至拍肩碰肘、抚摸、拥抱、依偎等都没有什么不好,有时反而能促进关系的密切。相反,交往双方是初次见面,要做上述举动,会引起对方的不快和反感。

交往对象的性别不同,交往时空间距离也是有明显区别的。心理学家做实验发现:男子挤在一间小屋里,容易引起相互的怀疑,甚至发生斗争;女子在这种环境中,更友善、更亲密,更容易找到共鸣。如果给一个女子换一个大些的房间,她们会感到孤单。正由于男女间的这种心理差别,男子与男子交谈的距离不宜太近,近则会有不和谐之感,女子与女子交谈的距离不宜太远,远则会有不投机之嫌。

在交往中对不同性格的人,在空间距离上应有不同的区别。与内向型的人交往,空间距离可稍远些,因为距离太近,性格内向的人会感到不自在;与性格外向的人交往,距离可近些。若与性格外向的人相聚,可老远打招呼,以表示热情;与内向型的人相遇,倘老远打招呼,不一定会得到回应,往往是用微笑或点头来代替回答。

**思考与训练**

1. 请每天拿出 10～20 分钟时间练习站、立、行、蹲、鞠躬等姿态。

2. 你对自己的仪态满意吗?请观察一下你周围人士的站姿、坐姿、走姿等方面存在什么问题?提醒自己避免出现这些问题。

3. 你的眼神是否充满了自信和活力?怎样才能使眼神充满自信和活力?

4. 观察一下日常生活中各个微笑的脸,说说"微笑的脸"有哪些特征?

5. 今天你微笑了吗?试着每天清晨起床后,在对着镜子整理仪容的同时,把甜美愉快的笑容留在脸上。

6. 请制定一份班级举止文明公约。

7. 如何才能培养出良好的风度?

8. 如何根据交际的不同目的和场合选择界域形式?

9. 列举生活中不礼貌的界域行为,并分析原因。

10. 案例分析

### 温总理的人格魅力

2007 年夏季达沃斯论坛在美丽的滨城大连举行,参会的企业家大约有 50 人,以国外的企业家居多,大都是花旗银行、可口可乐、英特尔等全球顶级企业的董事长、首席执行官等;国内的企业家有十几个人,也都是中远、伊利等国内顶尖企业的一把手。国务院总理温家宝亲自会见了与会的部分国内外重要企业家。

会见时,温理和世界经济论坛主席施瓦布先生两人并排坐在前面,面对着企业家,企业家们则分成四五排坐在下面。会见由施瓦布先生主持,温总理是唯一的贵宾。我有幸坐在了第一排中间的位置,和温总理几乎是面对面,距离只有 2m 左右,可以近距离地观察到总理。从会见中的三个细节我深刻感受到了温总理作为一个大国总理的风范。

温总理入场时,参加接见的企业家全体起立,热烈鼓掌欢迎。总理入座前,稍微弯了一下腰,向企业家们行礼后才坐下来。虽然这只是非常细微的一个动作,但让我感到很惊讶,企业家们起立鼓掌欢迎共和国总理是理所当然的事,总理的还礼充分展现了一个大国总理的礼仪风范。

会见中,每一次施瓦布先生发言,温总理都要向左半侧身(施瓦布先生并排坐在温总理的左边),全神贯注、面带微笑地注视着他,他是在用这种方式表示对施瓦布先生的尊重。本来贵为共和国的总理,他完全可以稳坐不动,但正是这个细节体现了温总理待人非常亲和。

会见结束后,温总理往外走,走到一半时,邻近通道的一个外国企业家突然起身,拦住了

职业礼仪教程

温总理,向他提了一个关于中国经济政策的问题。在这种情况下,一般人都会直接走过去,或者客套一下马上离开。但温总理谦和地停了下来,面带微笑地和他交谈了两三分钟之久,丝毫没有介意这个企业家失礼的提问。当这个企业家还要提另外一个问题的时候,温总理才非常礼貌地对他说:"实在对不起,我还要参加大会发言,等以后有时间再讨论。"本来国外的这位企业家拦住总理提问就有失外交礼节,但温总理却为不能充分回答他的问题而道了声"对不起"。

会见时间虽然很短暂,但这些点滴细节都鲜明地体现了温总理的礼貌、亲和和对他人的尊重,让我领略到了一个大国总理的风范,也更加深了我对温总理的敬重。

（资料来源:王健林.大国总理的风范.http://bj.house.sina.com.cn/news/2007-09-10/0946212569.html,2007-09-10)

**思考与讨论:**

(1) 从哪些方面让我们感受到了温总理的人格魅力?

(2) 本案例对你有哪些启示?

## 面试的表现

一次,有位老师带着三位毕业生同时去应聘一家酒店总台接待职位,面试前老师怕学生面试时紧张,同人事部经理商量让三位同学一起面试。三位同学进入人事部经理的办公室时,经理上前请三位同学入座。当经理回到办公桌前,抬头一看欲言又止,只见两位同学坐在沙发上,一个架起二郎腿而且两腿不停地抖动,另一个身子松懈地斜靠在沙发一角,两手攥握手指咯咯作响,只有一位同学端坐在椅子上等候面试,人事部经理起身非常客气地对两位坐在沙发上的同学说:"对不起,你们的面试已经结束了,请退出。"两位同学四目相对,不知何故,面试怎么还没问,就结束了呢?

（资料来源:http://wenwen.soso.com/z/q64796231.htm）

**思考与讨论:**

(1) 面试怎么还没问,就结束了呢?请分析其中的原因。

(2) 本案例对你有哪些启示?

## 用微笑沟通心灵

今年28岁的孟昆玉是北京西城区和平门岗的一位普通交警,凡是从这个十字路口经过的人,几乎第一感觉都是他的微笑。他的微笑不仅是他的一张"名片",而且成为他工作中与司机有效沟通的"秘密武器"。孟昆玉参加工作8年来,每天都把笑容挂在脸上,用微笑化解矛盾,赢得理解,建立了非常和谐的警民关系,工作8年没有一起投诉,他不仅获得了"微笑北京交警之星"、"百姓心中好交警"、"首都五一劳动奖章"等荣誉称号,而且还被广大网友盛赞为"京城最帅交警"。

警察,在人们心目当中,一般都是很严肃的。而孟昆玉,一个年轻的"80后"交警,何以有这样好的心态,能保持8年如一日的微笑呢?孟昆玉说:"从参加工作以来,我的口头语就是'您好'。无论是路面上还是在单位见到同志,我觉得一个微笑,一个'您好',就能够拉近人和人之间的距离,如果你给司机一个微笑、一个敬礼、一个'您好',就有了沟通的基础。"

是啊,微笑是人类最美的表情,是人们心灵沟通的钥匙。当一个人对你微笑的时候,你能感觉到他心中的暖意,感受到他对你的善意和友好。反之,一个人若总是紧绷着脸,冷若冰霜,就会让人退避三舍,不愿接近。让我们都像孟昆玉一样,用微笑去沟通心灵,让文明成为一种行动,让我们居住的这座城市因你我更加绚烂!

（资料来源：侯爱兵,profile. blog. sina. com. cn/u/1511388290）

**思考与讨论:**

（1）结合自身感受谈谈微笑的作用。

（2）本案例对你有哪些启示?

# 入职履职礼仪

礼尚往来，往而不来，非礼也，来而不往亦非礼也。

——《礼记》

尊重上级是一种天职；尊重同事是一种本分；尊重下级是一种美德；尊重客户是一种常识；尊重所有人是一种教养。

——未来之舟

任务 4　求职礼仪
任务 5　工作礼仪
任务 6　交际礼仪
任务 7　商务礼仪
任务 8　涉外礼仪

生活中最重要的是礼貌，它比最高的智慧、比一切学识都重要。

——[俄]赫尔岑

在人与人的交往中，礼仪越周到越保险。

——[英]托·卡莱尔

政府中的目标和活动的多样化比起公共关系实践的其他任何领域来说都要丰富得多。

——[美]斯科特·卡特里普

# 求职礼仪

## 学习目标

- 做好求职面试的各项准备;
- 根据自身实际设计出引起用人单位关注的简历;
- 面试符合礼仪规范,拥有职业化的举止;
- 在面试中得体地与面试官沟通交流,展现良好的职业形象。

## 情境导入

### 职 场 跋 涉

1996 年的夏天,我的手心攥着打工 4 年的积蓄加上从数家亲戚朋友那里东拼西借的 8 万元钱,开了一家小小的快递公司。千万别以为是特快专递,那得有强大得多的资金实力和不一般的邮政背景。我的公司,不过是替人送牛奶、送报纸、送广告、送水、换煤气罐一类而已。

公司的规模很小,总共才十五六个人,每个人都不同程度地承担了送货的任务,包括我自己在内,每天晚上下班回家和早晨上班,都会顺路送一部分货品。销售商往往把我们的利润压得最低,因为工作简单、可替代性强,这也是没有办法的事。所以,我不得不普遍采用二手单车,不得不拼命压低工人的工资。

即便如此,公司开业半年多,也仅仅是勉强持平而已。好在业务总算慢慢增长着,我也打算再招几个人,更年轻力壮些的,可以多做些活,效率也高得多。

1997 年春节过后不久,一个叫唐明的中专生前来面试,长得白白净净,还戴着一副书生气十足的眼镜,怎么看也不像个踩单车送货的。

"我们这里最好的工人,每天也只能跑 300 多个客户,一个月也才 600 多元钱,而且无论多么恶劣的天气,你都得把定额部分完成。你可要想清楚了,不要硬着头皮上了,到时落下一身病,我可承担不起。"我不无怀疑地看着眼前的这个年轻人,想着赶紧把他打发走。

"我可以不要底薪,全部按件计酬。即使做得不好,您也不会有任何损失。给我一个机会吧,一个月就行!如果一个月下来业绩太差,我马上就走。"唐明态度非常诚恳地说。

也许是他恳请的眼神打动了我,我破例留下了他,就像他说的一样,反正也没什么损失。

第一个月,唐明的业绩比我想象的略好一些,平均一天可以跑200个左右的客户。于是,他被留下了。

第二个月,他的业绩已经是全公司最好的,平均每天可以跑500个客户,当然收入也是全公司最高。我简直不敢相信。看他细细的胳膊、细细的腿,一副手无缚鸡之力的书生样,凭着一辆破旧不堪的单车,又是如何跑下如此骄人的业绩?

"告诉我,你究竟是怎么做的?"我把唐明叫到办公室。

"其实很简单。我把所有属于我的和我的团队的客户按居住地划成好几个片区,然后对路线运用运筹学理论进行规划,就可以大大提高效率。然后,我每天抽出一定的时间拜访客户,他们中的许多人都和我成了朋友,当然也就会向他们的邻居推销我们公司的产品,于是,我的客户一天比一天多,而且越来越集中,当然业绩也就成倍地上升了。"

我再一次看着面前的这个中专生,还是一副书生气十足的样子,但他眼神中的有些东西却是我不熟悉的。

"你是学什么的?"我突然想起了这个问题,因为只是送货,之前我从来没有考虑过工人的学历。

"会计。"

"会计?"我一愣,他是学会计的? 那怎么会找一份送货的工作?

大约他也看出了我的疑惑,于是微笑着解释道:"现在学会计的越来越多,连大专生找一份工作都艰难,更何况我们中专生呢? 我找了两个月的工作,也没有哪家公司愿意让一个中专生做会计,还是要感谢你收留了我。其实有一碗饭吃已是幸运,也无所谓专业对口啦!"

后来,唐明成了公司的会计,并且给了我很多有效的建议,公司规模越来越大,渐渐地有了第一家加盟店,然后是第二家、第三家……

在开了第十家加盟店之后,唐明通过自考拿到了本科毕业证书,离开公司去了一家更大的民营企业。我没有阻拦他,因为不想让私人的感情阻碍了他美好的前程。

（资料来源：黄大庆.尊重一个人的含义.读者,2002(19)）

问题：

(1) 求职的心态是非常重要的,本案例对你有何启示?

(2) 在职场中应当怎样拼搏? 唐明的成功得益于哪些方面?

## 实训设计

现代社会对每个人提出了种种挑战的同时,也提供了各种各样难得的机遇,如何在竞争激烈的人才市场中,力挫群雄,一举应聘成功,是每个职业人员必须面对的问题。

企业在招聘各类人员的过程中除了重视文凭以外,更加重视对人才综合素质的考察,在求职时,仅靠专业知识和热情是不够的,掌握一些礼仪惯例和技巧十分必要。知书达理之人,总会有更多的机遇,谦谦君子总会给人留下美好的印象,而这些都是获得成功的第一步。所以,作为一个求职者,首先就要在求职过程中注重求职礼仪,注意自己的行为举止,表现出自己的良好专业知识和修养。

为了完成本项任务的学习,建议在班级举行一次"模拟招聘会",具体操作如下。

## 模拟招聘会

实训目标:锻炼学生自我推销能力,积累应聘经验,掌握应聘礼仪,增强自信心,全面认识自我。

实训学时:2学时。

实训地点:实训室。

实训准备:模拟招聘企业情况、需求岗位、面试问题、面试桌椅等。

实训方法:

(1) 选3~4名学生担任某企业面试考官,其他同学担任求职者。

(2) 面试考官先介绍单位及岗位需求情况,然后求职者依次进行1分钟自我介绍,面试考官提问,求职者回答问题。

(3) 最后教师总结、点评。

# 一、求职的准备

### 1. 心理准备

无论是刚从学校毕业的新人,还是等待谋求新职的人,都必须面临求职面试这一关。每一个求职的人,都希望在面试时留给主考官一个好印象,从而增大录取的可能性。所以,事先了解面试时的一些必要的礼节,是非常重要的。可以说,这是求职者迈向成功的第一步。中国有句古话:"知己知彼,百战不殆。"面试就如同一场试探性的战斗,战斗的双方就是面试单位的主考官和参加面试的你自己。

(1) 要研究主考官

应聘者要"研究主考官",这里所说的"研究"是要试想一下主考官会从哪些方面来考察、评价面试者。综合起来,有以下几个方面:主考官可能会先评价一个应聘者的衣着、外表、仪态和行为举止;主考官会对应聘者的专业知识、口才、谈话技巧做整体的考核;主考官可能会从面谈中来了解应聘者的性格和人际关系,并从谈话过程中了解应聘者的情绪状况以及人格成熟的程度;主考官会在面试时,观察应聘者对工作的热情程度和责任心,了解应聘者的人生理想、抱负和上进心。

(2) 要研究自己

① 认识自己,了解自己的长处、兴趣、人生目标、就业倾向等。许多学校都会为毕业生就业求职开设一些辅导,帮助毕业生分析个人的专业和志向,作为毕业生的你,可以充分利用这个渠道,为求职预先做好准备。

② 听取家人和有社会经验的亲友的意见和建议,修正个人的志愿,也是很有必要的。

③ 搜集招聘公司的相关资料,了解该公司目前的经营状况、企业文化、未来的发展等情

况,这项工作可以使你更能把握现有情况,增强面试时的信心。

④ 事前的演练可以帮你发现问题,放松紧张的精神。

⑤ 参加面试一定要抱着谨慎的态度,不浪费每一次机会,并把每一次面试当作重要的经验积累起来,千万不要有随便或侥幸的心理。人与人的作用是相互的,你若是郑重其事,对方也自然会重视你。

⑥ 了解并演练一下必要的面试礼仪。在平时,你可能是一个非常自由、无拘无束的人,对任何繁文缛节都不屑一顾,但在面试之前,你多少要了解一些面试的礼仪,它对你争取那个职位有很大帮助。在面试之前演练一下你并不熟悉的礼仪,会让你在面试中表现得轻松自如。

⑦ 准备一套适合面试的服装。对于一个大学毕业生来说,毕业工作意味着社会角色的转变,求职是参加工作的第一步,你的穿着一定要符合你的新社会角色。对男士来讲,拥有一套合身、穿着舒服但不用很昂贵的西装是非常必要的;对女士来讲,暂时把时装收起来,身着职业套装会平添几分成熟和风韵。

**2. 材料准备**

在双向选择过程中,大部分用人单位安排面试的依据是有关反映毕业生情况的书面材料,通过这些书面材料来判断和评价毕业生的学习成绩、工作潜力。毕业生要成功地向用人单位推销自己,拟订具有说服力和吸引力的求职面试材料是成功的第一步。

面试材料包括毕业生就业推荐表、简历、自荐信、成绩单及各式证书(获奖证书,英语、计算机等各类技能等级证书)、已发表的文章、论文、取得的成果等。

1) 毕业生就业推荐表

毕业生就业推荐表是反映毕业生综合情况并附有学校书面意见的推荐表。其主要内容一般包括:毕业生基本资料、照片、学历、社会工作、获奖情况、科研情况、个人兴趣特长等,一般还应附有教务部门出具的成绩单。其中,该表的综合评定及推荐意见部分是由最了解毕业生全面情况的辅导员填写,并且是以组织负责的形式向用人单位推荐,具有较大的权威性和可靠性。所以,大部分用人单位历来把该表作为接收毕业生的主要依据。毕业生必须用正式的毕业推荐表签订就业协议。

2) 简历

简历主要是针对应聘的工作,将相关经验、业绩、能力、性格等简要地列举出来,以达到推荐自己的目的。由于毕业生就业推荐表栏目和篇幅限制,多数毕业生更希望有一份个性突出、设计精美、能给用人单位留下深刻印象的简历。

(1) 简历的设计原则。真实、简明、无错是简历设计的三个原则。真实原则就是指简历从内容上讲必须真实,比如选了什么课,就写什么课;如果没有选,就不要写。兼职工作更是如此,做了什么,就写什么,不要做了一,却写了三或四。因为在面试时,你的简历就是面试官的靶子,他会就简历上的任何问题提出疑问。如果你学了或做了,你就能答上来,否则你和考官都会很尴尬,你在其眼里的信誉也就没有了,这是很不利的。讲真话,不要言过其实,相信自己的判断力是十分重要的。如果你没有参加任何兼职工作,你可以不写,因为主考官知道你是刚刚毕业的学生,而学生的本职工作就是学习。或许你就是重点地学习了本专业,没有顾上其他;或许你在学习本专业的同时选择了第二专业或辅修专业;或许你虽然没有在校外兼职,但在校内、系或班里做了大量实践工作。总之,你会有自己的选择,也会珍惜自己的选择,并为自己的选择骄傲。这样你就没有必要为没有兼职工作而苦恼或凭空捏造。请记住,主考官都是从学生过来的,他们会尊重你的选择。

简历,最好简单明了。这是简明原则的又一重要原则。如果简历内容过多,又缺乏层次感,会给人以琐碎的感觉。必要信息如姓名、性别、出生年月、联系电话和地址等一定要写上。相比之下,身高、体重、血型、父母甚至兄弟姐妹做什么工作并不是非常重要的,这些内容纯属辅助信息,可要可不要,至少不应占据重要位置。可以将自己认为重要的信息全部浓缩到第一页上,然后把认为次要的信息,诸如每学期成绩单、获奖证书复印件等信息都当作附件。这样的简历主考官只看一页就清楚了,主次分明,非常有效,主考官如果感兴趣,可以继续看附件里的文件。

无错原则是指简历应该没有错误,尽可能在寄出简历之前,一个字一个字地检查一遍,标点符号也不能落下。否则会被认为是一个粗心的人,在激烈的竞争中就可能被淘汰。

(2)简历的内容。简历并没有固定格式,对于社会经历较少的大学毕业生,一般包括个人基本资料、学历、社会工作及课外活动、兴趣爱好等,其内容大体包括以下几方面。

① 个人基本材料。主要指姓名、性别、出生年月、家庭住址、政治面貌、身高、视力等,一般写在简历最前面。

② 学历。用人单位主要通过学历情况了解应聘者的智力及专业能力水平,一般应写在前面。习惯上书写学历的顺序是按时间的先后,但实际上用人单位更重视现在的学历,最好从现在开始往回写,写到中学即可。学习成绩优秀、获得奖学金或其他荣誉称号是学习生活中的闪光点,可一一列出,以加重分量。

③ 生产实习、科研成果和毕业论文及发表的文章。这些材料能够反映你的工作经验,展示你的专业能力和学术水平,将是简历中一个有力的参考内容。

④ 社会工作。近几年来,越来越多的用人单位渴望招聘到具有一定应变能力、能够从事各种不同性质工作的大学毕业生。学生干部和具备一定实际工作能力、管理能力的毕业生颇受青睐。对于大学生来说,积极参加社会实践活动是应聘时相当重要的。

⑤ 勤工助学经历。即使勤工助学的经历与应聘职业无直接关系,但是勤工助学能够显示你的意志,并给人留下能吃苦、勤奋、负责、积极的好印象。

⑥ 特长、兴趣爱好与性格。是指你拥有的技能,特别是指中文写作、外语及计算机能力。兴趣爱好与性格特点能够展示你的品德、修养、社交能力及团队精神,它与工作性质关系密切,所以,用词要贴切。

⑦ 联系方式。联系地址、电话、邮政编码千万不要忘记写,以免用人单位因联系不到你而失去择业机会。

在按要求完成上述简历的基础上,也可给自己的简历设计一个精美、醒目、悦人的封面。

3)自荐信

自荐信即求职信,它的基本内容应该包括以下几个方面。①写明用人信息的来源及自己所希望从事的工作岗位,否则,用人单位将无法答复。②愿望动机。这是自荐信的核心内容,说明自己要求竞争所期望的职业的理由和今后的目标。③所学专业与特长。将大学所学的重要专业课程写入,但不要面面俱到,以免使主要的专业课程"淹没"在文字之中。对自己熟悉的、有兴趣的,特别是与期望单位所需人才职业关系密切的,可多写一些。

④兴趣和特长，要写得具体真实。⑤最后应提醒用人单位留意你附带的简历，请求给予同意等。

信函求职在毕业生求职过程中，是最常用的、最主要的方式。求职信由开头、正文、结尾和落款四部分组成。在开头，要有正确的称呼和格式，在第一行顶格书写，如"尊敬的人事处负责同志"、"尊敬的张教授"等，加一句问候语"您好"以示尊敬和礼貌。正文部分主要是个人基本情况即个人所具备的条件。求职信的核心部分要从专业知识、社会实践能力、专业技能、性格特长等方面使用人单位确信，他们所需要的正是你所能胜任的。结尾部分可提醒用人单位回复，并且给予用人单位更为肯定的确认："您给我一个机会，我会带给您无数个惊喜！"结束语后面，要写表示敬意的话，如"此致"、"敬礼"。落款部分署名并附日期。如果有附件，可在信的左下角注明。

求职信的信封、信纸最好选用署有本学校的信封、信纸，忌讳选用带有外单位名字的信封、信纸，字迹要清晰工整。如果写一手漂亮的书法，最好手写，因为更多的人相信"字如其人"。如果字写得不好看，就不如用计算机打出来，篇幅要适中，不宜过长，1000 字左右较为合适。求职信是个人与单位的第一次接触。所以，文笔要流畅，可以有鲜明的个人风格，但不可过高地评价自己，也不可过于谦虚，要给用人单位留下较为深刻的印象。最后，要留下自己的联系方式。

在毕业生就业推荐表、简历和自荐信后，还应附有成绩单及各式证书、已发表的文章复印件、论文说明、成果证明等。如果本专业是比较特殊的话，还应附一份本专业介绍。

以下是一个求职信范例，供读者参考。

## 自 荐 信

尊敬的经理先生：

您好！几天前，我从贵公司网站中了解到贵公司招聘两名产品推销员的消息，很愿意一试，故冒昧地给您写信。

我所学的专业是市场营销，今年 7 月将从××学院毕业。去年暑假我曾为贵公司做过一个月的商品促销工作。在此期间，贵公司产品的良好质量和优越性给我留下深刻的印象。由于我促销得力，受到有关人士好评。我希望能到贵公司工作，以自己微薄之力为公司扩大销售效劳。

我是专科生，自知自己的学识水平与贵公司的要求相差甚远，但本人相貌端庄，身体健康，能吃苦，爱好广泛，谦虚好学，乐于助人，有良好的环境适应能力和人际交往能力，这都是一名优秀推销员不可少的基本素质。我家庭出身贫寒，为人朴实、正直，在小学、中学、大学多次获奖，多次被评为优秀团员、三好学生、优秀学生干部。本人学习成绩优良，外语和计算机操作能力较强（附上我在校期间的成绩记录及获奖情况，请参阅）。

以上这些都表达了我真诚希望成为贵公司一员的愿望。如贵公司能给我一次锻炼学习的机会，请拨电话×××××××或来函预约面谈时间，我自会准时拜见。

此致

敬礼！

自荐人：×××

××××年××月××日

**3. 方法准备**

求职面试的基本方法主要有电话自荐、考试录用、网上应聘等,在各种方法之中也有很多应试技巧,掌握下面一些方法和技巧,会有助于你求职面试取得成功。

（1）电话自荐

通过电话推荐自己,是常用的一种求职方式,如何充分地利用电话接通后的短暂时间,用最简洁明了的语言清楚地表达自己,能否给对方留下一个深刻清晰的印象,是同学们十分关心的问题。

打电话之前,一定要做好充分的准备工作。在谈话内容上,首先,要了解用人单位的有关情况,尽量做到心中有数;其次,要对自己有一个客观、公正的认识;最后,要根据用人单位的需求情况,结合自己的特长,列出一份简单的提纲,讲究条理并重点突出地介绍自己,力争给受话人留下深刻印象。另外还要调整好自己的心态,做好充分的心理准备,努力控制好说话的语音、语调、语速,在短暂的时间里,展现自己积极向上、有理有节的个人良好品质。

电话接通后应有礼貌地询问:"请问这是某单位人事处吗?"在得到对方单位的肯定答复后,应作简短的自我介绍,并说明来电意图。求职者一定要言简意赅,并着力表现自身特长与所求职位相互吻合。

（2）考试录用

笔试是常用的考核方法,一般限于对专业技术要求很强、对录用人员素质要求很高的单位,如一些涉外部门或技术要求高的专业公司等。

参加笔试前,应了解笔试的大体内容。一般而言,用人单位的笔试包括以下几个方面的内容:一是对于知识面的考核,包括基础知识和专业知识;二是智力测试,主要测试受聘者的记忆力、分析观察力、综合归纳能力、思维反应能力;三是技能检测,主要是对其处理实际问题的速度与质量的测试,检验其对知识和智力运用的程序和能力。参加笔试要按要求准时到场,不能迟到。卷面要整洁、字迹工整,给阅卷老师留下良好的印象。考试过程中,绝对不能作弊或搞小动作,对于这一点,用人单位是尤其看重的。

（3）网上应聘

网上求职,首先要准备一份既简洁又能吸引用人单位的求职信和简历。求职信的内容包括:求职目标——明确你所向往的职位;个人特点的小结——吸引人来阅读你的简历;表决心——简单有力地显示信心。

在准备求职信时还要注意控制篇幅,要让人事经理无须使用屏幕的流动条就能读完;直接在篇内编辑,排版要工整;要做到既体现个人特点又不过分吹嘘。对于网上求职来讲,简历的准备相对比较简单,在"中华英才网"等人才网站上都提供标准的简历样本。需要注意的是,学历和工作经历要按时间顺序倒着填,也就是把最近的工作经历和学历写在最前面,以便招聘方了解你目前的状况。在填写工作经历时,很多求职者只是简单地列出工作单位和职位,没有详细描述工作的具体内容,而招聘方恰恰就是根据你做过什么来评估你的实际工作能力的。除非应聘美工职位,否则不要使用花哨的装饰或字体。

在网上填简历,要严格按照招聘方的要求填写,要求网上填写的就不要寄打印的简历;要求用中文填写的就不要用英文填写;有固定区域填写的就不要另加附件。发送简历是网上求职关键的一步,如果是自己在网上通过 E-mail 发简历,就应该以"应聘某某职位"作为邮件标题,把求职信作为邮件的正文,再把简历直接复制到邮件正文中,这样既方便对方阅读,又杜绝了附件带计算机病毒的可能性。如果通过人才网站求职,可以直接把填好的简历发送给招聘单位,网站的在线招聘管理系统还能把个人简历以数据库的方式存储起来,根据求职者的要求,供招聘单位检索和筛选。

# 二、面试的礼仪

面试时首先遇到的问题就是究竟何时到达面谈地点较为恰当。是准时抵达还是提前到达?若是早到又应以几分钟为宜?在等待的时间中应该注意什么?由于目前的交通状况不甚良好,令人无法预计准确的车程时间,所以最好提早出门,比原定时间早 5～10 分钟到达面谈地点,所谓"赶早不赶晚"。早到可先熟悉这家公司附近的环境并整理仪容。但如果早到 10 分钟以上,千万别在接待区走来走去,因为这样会打扰公司上班的职员,有损他人对自己的第一印象,对后面的面试一点好处也没有。所以,此时可向别人询问盥洗室在哪儿,在那里可再一次检查自己的服装仪容。轮到自己上场面试时,需掌握以下要点。

**1. 学会自我介绍**

求职者自我介绍的根本目的,是使面试考官对自己有个初步的、大概的了解,并且尽可能留下好的印象以便使面试能够深入进行下去,最终赢得面试的成功。求职面试的自我介绍必须讲究技巧,成功的自我介绍往往会给面试考官留下深刻的印象,那样求职就成功了一半。在人的思想意识中,往往存在这样的误区,认为最了解自己的人一定是自己,把介绍自己当成是一件很容易的事。其实不然,说人易,说己难。在求职面试中,介绍自己是最难的部分,要成功地进行自我介绍,要从以下四个方面着手。

(1)礼貌地问候

在进行自我介绍之前,求职者先要跟面试主考官打个招呼、道声谢,这是最起码的礼貌。比如:"经理,您好,谢谢您给我这个机会,现在,我向您作个简单的自我介绍……。"介绍完毕以后,要注意向面试主考官致谢,并且还要向在场的其他面试人员致谢。

(2)主题要鲜明

求职面试中的自我介绍一般包括以下基本要素:姓名、年龄、籍贯、学历、学业情况、性格、特长、爱好、工作能力和工作经验等。在自我介绍时,不必面面俱全,而要主题鲜明、直截了当,切入正题,不拖泥带水,对于材料的组织要合理,做到详略得当、重点突出。一般来说应按招聘方的要求来组织介绍材料,围绕中心说话。假如招聘单位对应聘的人的工作能力和工作经验很重视,那么,求职者就得从自己的工作能力及经验出发作详细的叙述,而且整个介绍都是以这个重点为中心。下面是某家工艺品总公司招聘业务员的一则对话。

面试考官:我公司主要是经营有地方特色或民族特色的工艺品,如北京的景泰蓝、景德镇的陶瓷和湖州的抽纱等。这次招聘的对象主要是能开拓海内外业务的湖州抽纱的业务员。现在,请你介绍一下自己的情况。

求职者：我叫李伟，今年24岁，是湖州市人，今年毕业于湖州市商业学校，读市场营销专业。我一直生活在湖州，小时候就经常帮妈妈和奶奶做抽纱活，对于传统的抽纱工艺可以说是比较了解的。在商校学习的两年中，我掌握了营销方面的专业知识，这是我将来搞好业务的资本。我的口才较好，曾参加省属中专学校的求职口才竞赛，获得了二等奖，并且还具备一定的英语口语能力。我这个人的特点是头脑灵活、反应快，平时喜欢看报纸，对国内外的经济发展动态很感兴趣，喜欢从事具有挑战性的工作。

（资料来源：http://xinfeiku.com/txt/4/4103/938221.shtm）

应聘的求职者一般应从最高学历讲起，只要面试考官不问，完全没有必要谈及小学、中学甚至是大学。谈所学的专业、课程时，不必说明成绩。谈求职的经历，不要漫无边际、东拉西扯，最好在1~3分钟之内完成自我介绍，要简洁、明快、干脆、有力。

（3）让事实说话

在面试时，有的人为了能给面试考官留下深刻的印象，往往喜欢对自己进行过多的夸张，动辄就"我的业务水平是很高的"、"我的成绩是全年级最好的"，其实，这样反倒会给面试考官留下不好的印象。现在的用人单位往往更注重应聘者的真本事。"事实胜于雄辩"，虽然面试的时间很有限，不可能完全展示出求职者的才能，但是，求职者可以通过实际的事例来证明自己的能力，把自己的才华展示给面试考官。

例如，某大学中文系学生小刘，毕业后到报社应聘记者，面对着上百个新闻专业出身的应聘者，可以说小刘并没有什么优势。但小刘对此早有准备，他对面试考官介绍自己时是这样说的："我叫刘大明，山西人，毕业于××大学中文系。虽然我不是新闻专业的，但我对记者这个行业十分感兴趣。在大学期间我是学校校报的记者。4年间，我进行了多次较为重大的校内外采访，积累了一定的采访经验，再加上我的中文功底，我相信我可以胜任贵报的工作。这是我在大学期间发表过的报道稿，请各位编辑领导批评指正。"面试考官们看过小刘的报道材料后，觉得眼光独到、语言深刻，都很满意。结果小刘击败了众多的竞争者，不久就收到了录用通知。

（4）给自己留条退路

面试中的自我介绍既要坦诚，又要有所保留；既要介绍自己的能力，也不要把自己搞成事事皆能，使自己进退维谷。在自我介绍中，求职者要尽可能客观地展示自己的实力，但同时应尽可能地避免使用保证式或绝对式的语言，如："我非常熟悉这项业务，我保证让部门改变面貌！"这些话往往没有具体内容，反倒会引起面试考官的反感，如果遇到较为平和、内敛的面试考官，也许不会为难你，但是如果遇到个性较强的面试考官进行追问时，求职者会因无法回答而张口结舌、尴尬万分。

有这样一个例子：小赵去面试一家国际旅行社的导游。他自我介绍说："我这个人喜欢旅游，熟悉各处的名胜古迹，全国的风景名胜几乎都去过。"面试考官很感兴趣，就问："那你去过云南大理吗？"因为面试考官就是大理人，对自己的家乡再熟悉不过了。可惜小赵根本就没去过大理，心想若说没去过这么有名的地方，刚才的话不就成了吹牛了吗？于是硬着头皮说："去过。"面试考官又问："你住的是哪家宾馆？"小张再也回答不上来，只好说："那时我是住在一个朋友家的。"面试考官又问："你的这位朋友在大理的什么地方啊？"小赵这下没词儿了，东拉西扯答非所问，结果自然是可想而知的。

### 2．掌握面试中问与答的技巧

在求职面试的过程中，如何与面试考官进行良性的双向沟通，是求职者能否求职成功的重要保证。因此，在面试过程中，要注意以答为基础、以问为辅助的沟通技巧。尽管不同的公司面试的程序和模式有所不同，面试考官的风格各异，但是有些问题是面试考官们比较喜欢问的。应聘者一定要对这些问题有所准备，知己知彼才能百战不殆。那么面试考官喜欢问哪些问题，又有哪些回答的技巧呢？一般来说，招聘方提出的问题可分为两类：一类是规定性提问，也就是招聘方事先准备好的，对每一位招聘者都要发问的问题；另一类是自由性提问，即招聘方随意穿插的问题，这些问题往往是千变万化、涵盖广泛。招聘方可以从应聘者不经意的对答中发现其闪光点或缺点。无论是哪类问题，应聘者在回答时都应当掌握以下基本技巧。

（1）不要遗漏表现自己才能的重要资料。

（2）保持高度敏锐和技巧灵活的思维状态。

（3）回答既要表现自己的个性气质，又要表现出对招聘方的尊重与服从。

（4）认真倾听对方的提问，并注意对方的反应，以便及时调整自己不恰当的回答。

（5）避免提到"倒霉"、"晦气"、"不幸"、"疾病"之类可能招致对方忌讳的字眼。

表 4-1 是企业招聘面试问话提纲，供参考。

表 4-1　面试问话提纲

| 面试项目 | 评价要点 | 提问要点 |
|---|---|---|
| 仪表与风度 | 体格外貌，穿着举止<br>礼节风度，精神状态 | |
| 工作动机与愿望 | 对现在职位的更换与求职原因，对未来的追求与目标，本公司所提供的岗位或工作条件能否满足其工作的需要和期望 | （1）谈谈你现在的工作情况，包括待遇、工作性质、工作满意程度。<br>（2）你为什么要选择本公司？<br>（3）你在工作中追求什么？个人有什么打算？<br>（4）你想怎样实现你的期望和目标？ |
| 工作经验 | 从事所聘职位的工作经验丰富程度，职位的升迁状况和变化情况，从其所述工作经历中判断其工作责任心、组织领导能力、创新意识 | （1）毕业后的第一个职业是什么？<br>（2）在这家企业里，你担任什么职位？<br>（3）你在这家企业做出了哪些值得你骄傲的成绩？<br>（4）你在主管部门中，遇到过什么困难？你是如何处理的？<br>（5）请你谈谈职务的升迁和工资变化情况。 |
| 经营意识 | 判断应聘者是否具有商业意识、竞争意识及是否具备基本的商业知识 | （1）应聘者是否具有应聘岗位所需要的专业知识和专业技能，或者相关的工作经验。<br>（2）通过经营小案例来判断其是否有这方面的观念和意识。<br>（3）询问一些营销术语和有关专业的问题。 |

| 面试项目 | 评价要点 | 提问要点 |
|---|---|---|
| 精力、活力、兴趣、爱好 | 应聘者是否精力充沛、充满活力,兴趣和爱好是否符合应聘岗位的要求 | (1) 喜欢什么样的运动?<br>(2) 你怎样安排你的休息日和节假日?<br>(3) 你经常参加什么样的交际活动? |
| 思维能力、分析力、语言表达能力 | 对主考人员所提问题能否说理透彻、分析全面、条理清晰,是否能合理地说出自己的意见和观点,用流利的言语表达出来 | (1) 你如何面对成功和失败?<br>(2) 如果让你筹建一个新的部门,你将从何入手? |
| 工作态度 | 工作态度如何,谈吐是否自然流畅,是否诚实,是否热爱工作、奋发向上 | (1) 你曾经工作的公司要求严格吗?在工作中看到别人违反制度和规定,你是怎么做的?<br>(2) 你处理各类问题时经常向领导汇报吗?<br>(3) 你在领导与被领导之间喜欢哪种关系? |
| 其他 | 应聘者是否能发现自己的优缺点,同时在遇到批评、挫折以及工作中的压力时,能否克服,理智对待 | (1) 你认为你的优势在哪?<br>(2) 你准备如何改正自己的缺点?<br>(3) 为何要到本公司来?<br>(4) 你适合哪些工作?<br>(5) 你与同事间相处得如何?<br>(6) 你喜欢和哪些人交往? |

(资料来源:赵云龙.电话营销学.北京:中国经济出版社,2003)

**3. 得体的服饰打扮**

求职面谈是一种正式场合,求职者的服饰穿戴关系到招聘人员对其的第一印象,因而应当认真对待。一般来说,求职者的服饰要同自己的身材、身份、年龄等相符合,做到大方得体、整洁明快。在着装时,一要关注细节,比如衣服不必太贵,但要烫得平整,色彩要协调,扣子要扣对,皮鞋要擦亮,不要佩戴款式夸张的首饰。二要注意求职者的装扮需与希望的职业身份相协调,比如你面试的职业是教师、会计、工程师等,打扮就不能过分时髦,而应该选择庄重、素雅的着装,以显示出稳重文雅的职业特性。另外,所选的服装不一定要最漂亮的,而是要选能衬托你内在气质的、穿着舒服的,这样就不会因为服饰而产生潜意识的拘束和不自然。头发要梳理整齐、干净,头饰不宜过多。男士的胡须一般都要求刮净,女士可着淡妆。总之,在求职交际中,求职者要力求把内心的美和外表修饰的美都展现出来。

**4. 拥有职业化的举止**

一家医疗机构为了选拔护士长进行了一次面试。一位应试者在笔试中是佼佼者,但在面试过程中,她不但拍桌子,脚不断地敲打地板,身体还时不时地扭动。她认为自己很有希望,但结果却落选了。她为什么会落选呢?原因就是她缺乏职业化的举止。许多面试者往往只注重衣着和话语,而忽略了胜过有声语言的形体语言。职业化的举止,包括站姿、坐姿、走姿、手势和眼神等方面。

(1)站姿

站姿给人的印象非常重要。可人们往往认为其简单而忽略它的重要性。站立应当身体挺直、舒展、收腹,眼睛平视前方,手臂自然下垂。这样的站姿给人一种端正、庄重、稳定、朝气蓬勃的感觉。如果站立时歪头、扭腰、斜伸着腿,会给人留下轻浮、没有教养的印象。

任务 4 求职礼仪

（2）坐姿

进入面试房间之后应等主考官示意坐下才可就座。如果有指定座位，则坐在指定的位子；但如觉得座位不舒适或光线正好直射，可以对主考官说："有较强光线直接照射我的眼睛，令我感觉不舒服，如果主考官不介意，我是否可换个位置？"若无指定位置时，可以选择主考官对面的位子坐定，如此方便与主考官面对面交谈。

面试时的坐姿，不要贪图舒服。许多人养成了瘫坐的习惯，在面试中一下子就表现出来了。正确的坐姿从入座开始，入座的动作要轻而缓，不要随意拖拉椅子，身体不要前后左右晃动，背部要与椅背平行，沉着安静地坐下。落座后，上身要保持直立状态，既不前倾，也不后仰。双手自然下垂，肩部放松，五指并拢。男女的坐姿还有一定的区别：男士可以微分双脚，这样给人以自信、豁达的感觉，双手可以随意放置；女士一般要并拢双膝，或者小腿交叉端坐，这样，给人端庄、矜持的感觉，双手一般要放在膝盖上。

以下这些"坐"法是应该避免的：拖拉椅子，发出很大的声音；一屁股坐在椅子上；坐在椅子上，耷拉着肩膀，含胸驼背，给人萎靡不振的感觉；半躺半坐，男的跷着二郎腿，女的双膝分开、叉开腿等，给人放肆和缺乏教养的感觉；坐在椅子上，脚或者腿自觉不自觉地颤动或晃动。

（3）走姿

走姿是在站姿的基础上展示人的动态美的极好方式。对于求职面谈而言，展现走姿主要是指从进入面谈室到入座或站定和面谈结束后离开房间的两个过程。求职者要注意，步入面谈室前先轻轻敲门，听见"请进"后，再轻轻推开门，并主动向屋内的人打招呼，然后神态自然、步履稳健、面带微笑地走进房间。面谈结束后，不管自己对于面谈的预感是怎样的，步履仍然应该自信从容，到门口时再轻轻把门带一下，切记不可失去常态，慌慌张张地快步走出，也不能漫不经心、一步三晃地走出去，这样可能会使招聘人员对你的整个面谈失去好感。

面试时重要的是自信，这种自信也是通过面试者的走姿表现出来的。自信的走姿应该是：身体重心稍微前倾，挺胸收腹，上身保持正直，双手自然前后摆动，脚步要轻而稳，两眼平视前方。步伐要稳健，步履自然，有节奏感。

（4）手势

面试者在运用手势时要注意紧密配合有声语言，做到协调一致"该出手时就出手"，不要"想出不敢出"，反倒给人胆小拘谨之感。手势还要大方自然、幅度适中。手势过大让人觉得性格不稳定，无节制地挥手或无规律地乱摆都会让人觉得说话者轻浮或狂妄；过小显得呆板，缺少风度。

一些下意识的举动，如揉眼睛、玩手指、双手交叉在胸前、拉耳掰手、扯衣挠发，甚至腿无意识地抖动等，这些都可能反映出求职者内心的不安、慌张、窘迫，会分散人的注意力，给面试考官留下不好的印象。所以，上述情形一定要在面试中加以杜绝。

（5）眼神

在求职面谈中，求职者要敢于和善于同招聘人员进行视线接触，这既是一种礼貌，又能帮助维持一种联系，使谈话在频频的视线接触中持续下去。一般情况下，视线接触的范围是双眼与嘴部之间的三角形区域，这样既保持了接触又避免了因直直地盯着而引起对方的不快。正确地运用眼神目视对方，体现了你的礼貌，说明你对话题有兴趣而且不怕挑战。有的求职者总习惯于低着头看地板，几乎不看招聘方，或者左顾右盼，还有的总是窥探招聘人员的桌子、稿纸或笔记本,这些行为会传递出求职者性格不稳定、不诚实、怯懦、缺乏自信心等信息,很不利于面谈。

此外,面试者在面试时还要注意微笑,这显得亲切自然,是充满自信心的又一表现。

总之,"此时无声胜有声"。面试者要用无声的、职业化的举止,向招聘考官表明"我是最适合的人选"。

（6）消除过度紧张的情绪

面试时心态平和,自然放松,不要过度紧张。如果出现过度紧张的情况,以下方法可以帮助消除,不妨一试。[1]

① 面试前可翻阅一本轻松活泼、有趣的杂志书籍。这时阅读书刊可以转移注意力,调整情绪,克服面试时的怯场心理,避免等待时紧张、焦虑情绪的产生。

② 面试过程中注意控制谈话节奏。进入试场致礼落座后,若感到紧张先不要急于讲话,而应集中精力听完提问,再从容应答。一般来说人们精神紧张的时候讲话速度会不自觉地加快,讲话速度过快,既不利于对方听清讲话内容,又会给人一种慌张的感觉。讲话速度过快,还往往容易出错,甚至张口结舌,进而强化自己的紧张情绪,导致思维混乱。当然,讲话速度过慢,缺乏激情,气氛沉闷,也会使人生厌。为了避免这一点,一般开始谈话时可以有意识地放慢讲话速度,等自己进入状态后再适当增强语气和加快语速。这样,既可以缓解自己的紧张情绪,又可以扭转面试的沉闷气氛。

③ 回答问题时,目光可以对准提问者的额头。有的人在回答问题时眼睛不知道往哪儿看。经验证明,魂不守舍、目光不定的人,使人感到不诚实;眼睛下垂的人,给人一种缺乏自信的印象;两眼直盯着提问者,会被误解为向他挑战,给人以桀骜不驯的感觉。如果面试时把目光集中在对方的额头上,既可以给对方以诚恳、自信的印象,也可以鼓起自己的勇气,消除自己的紧张情绪。

### 5. 面试后的礼仪

许多大学生求职者只留意面试时的工作,而忽略了面试后的礼仪。实际上,面试结束并不意味着求职过程的完结,求职者不应该翘首以待聘用通知的到来,还有三件事情要做。[2]

（1）诚心诚意地感谢主考官

面试结束并不意味着求职过程的结束,为了加深招聘人员对你的印象,增大求职成功的可能性,对想抓住每个工作机会的人来说,面试后的两三天内,最好给主考官打个电话或写封信表示感谢。

① 打电话。打电话表示感谢可以在面试后的一两天之内进行。电话感谢要简短,最好不要超过3分钟,电话里不要询问面试结果。因为这个电话仅仅是为了表现你的礼貌和让对方加深对你的印象而已。打电话的时候,要考虑在什么时间打电话"合适"。

② 写面试感谢信。主考官对面试人的记忆是短暂的,感谢信是你最后的机会,它能使你显得与其他求职者有所不同。面试感谢信包括电子邮件和书面感谢信。

如果平时是通过电子邮件的途径和公司联系的,那么在面试结束后,发一封电子感谢信,是既方便又得体的方式。但大多的情况下还是写书面感谢信,特别是在面试的公司非常

---

[1] http://www.sucaitianxia.com/Article/mianshi/200706/156_4.html
[2] 周裕新.公关礼仪艺术.上海:同济大学出版社,2004

传统的情况下,更应如此。书面感谢信最好用白色的 A4 纸,字的颜色要求是黑色,内容要简洁,最好不要超过一页纸,在书写方式上有手写和打字两种。打印出来的感谢信较为标准化,表示你熟悉商业环境和运作模式,但有时难免给人留下千篇一律的印象。如果想与众不同,或是想对某位给予你特别帮助的主考官表示感谢,手写则是最好的方式,这个前提是你的字写得要比较正规而好辨认。

感谢信必须是写给某个具体负责人的,你应该知道他的姓名,不可以写什么"负责人"、"部门负责人"等之类的模糊收件人。

感谢信的开头应提及你的姓名及简单情况,以及面试的时间,并对主考官表示感谢;中间部分要重申你对该公司、该职位的兴趣,或增加一些对求职成功有用的新内容,结尾可以表示你对能得到这份工作的迫切心情,以及为公司的发展壮大作贡献的决心。

(2)耐心细致地打电话询问

面试结束之后的两星期左右,如果还没有得到任何回音,就给负责招聘的人打个电话,询问一下面试结果。打电话询问面试结果有两个礼仪细节必须要注意:什么时候问?怎么问?

① 什么时间打电话。从礼仪角度来说,打电话最得体的时间应该是对方方便的时间。那么什么是方便的时间?以下时间之外的时间,都可以认为是方便的时间:工作繁忙时间、休息时间、用餐时间、生理疲倦时间。因为询问面试结果是公事,所以当然是在正常工作日的时间段内打这个电话。

工作繁忙时间。一般是周一上午和周五下午,因为这两个时间段很多单位都有开例会的习惯。即使不开例会,因为周一早上是新的一周的开始,往往还处于适应期,而且还有工作上的事宜需要安排;而周五下午又要面临着周末,所以从心理上自然会"排斥"给他添麻烦的事情。还有就是每天刚上班的一个小时和下班前的一个小时,因为这个时间段内不是忙着安排一天的工作就是没法再集中精力处理公事。

休息时间。一般是指工作日的中午一小时左右的时间、其他私人时间,特别是节假日时间。

用餐时间。在用餐的时间,给人打电话是不礼貌的,而且往往在这个时间打电话会找不到人,当然影响打电话的效果了。

生理疲倦时间。这个时间段一般都是每天下班前的一小时左右,中午下班前的半小时左右。

② 怎么问。电话里同样的一句话,问候方式不同,虽不至于有不同的结果,最起码也会给人不同的印象:或有礼貌,或显唐突。所以在通话的过程中,自始至终都要尊重自己的通话对象,待人以礼,表现得有礼、有节。一定按照标准的接打电话礼仪规范进行。

如果知道自己没被录用,就应请教一下原因,此时你的情绪要非常稳定,可以说:"对不起,我想请教一下我没有被录用的原因,我好再努力。"谦虚有可能赢得对方的同情,同时给你下一次的面试机会。需要说明的是,打电话询问面试结果,最多打三次电话询问也就可以了。因为即使再研究,经过前后三个电话询问的周期,再复杂的研究程序也早该最后确定了,而且三次的电话询问,也会对你有足够的印象了,如果想聘用你就会直接告诉你或及时和你联系了。再多的电话,反而会适得其反,甚至会给人"骚扰"、"无聊"的感觉。感谢信也是如此。

（3）心平气和地接收录取通知

作为一个求职者,在经过数日的奔波、N 次的面试之后,终于"修成了正果"得到了被录用的消息。这时,你可能会庆幸自己数月的辛苦和努力没有白费,甚至还会欣喜若狂、大筵宾朋、一醉方休。先别急!虽然成功在望,但还有几个问题需要解决。

① 聘你的公司是你的第几选择。确实,把握机会是个极重要的原则,不能三心二意,顾虑太多。不过,这件事不妨再稍加思考:录用你的公司,是你的第几选择?你在求职的过程中,或许投过很多份简历,面试过 N 次。在艰难的求职过程中,往往被你首选的公司屡次拒绝使你十分丧气。于是在亲戚朋友的劝解下,或许使得择业标准一降再降,甚至见到相关的招聘就投简历、面试。但是,这份职业真的适合你吗?符合你的职业规划吗?这是一件非常值得思考的事情。否则,或许你将走更多的弯路,甚至做一辈子你并不喜欢的工作,更不用说你能在工作上有所成就了。

② 录取的条件和面试时相符吗?录取的条件中包括很多内容,比如职务、薪资、报到日期等。现在有一些机构在招聘的时候同时招聘很多岗位,在部分岗位已经满额的情况下,会善意地安排他们认为比较不错的求职者从事其他岗位的工作。问题是,或许对方安排的岗位并不是你的专业特长或你并不喜欢,而且,岗位的不同,薪资待遇等方面也会有所不同。

如果录取的条件和面试时的不一样,就要考虑你所追求的究竟是名分上的不同,还是实质上的差异,或是兴趣上的差异。如果与你的追求或期望值有一定差距,就值得考虑了。面试的时候,大部分人会谈到薪酬,比如说不低于多少。通知被录用的时候,如果所提到的薪资和面试的时候谈得差不多,固然最好,但有了差异时,特别是差异较大的时候就要考虑了。

③ 接收之后全面了解用人单位。收到你所满意的公司的录用通知是一件喜事,值得好好放松一下、庆祝一番。但同时还有一件事情要求你能认真地面对:了解公司、了解工作。在正式报到之前,先对所要服务的公司有所了解,这样在开展工作的时候就会顺畅很多。了解公司的方法很多,包括在面试时带回的公司简介、刊物,或企业形象方面的资料、企业网站等,有条件或可能的话进行实地全面考察最好。这样会使你对公司的整体情况和营运有所掌握,会对你的新工作、新环境带来很大帮助。

当然,除以上三点外,还有就是一定要确认好你去报到的具体时间、地点和联系人。在这些细节方面更要特别留意。

**思考与训练**

1. 如果用人单位通知你明天去面试,你需要做哪些准备?

2. 针对两个不同单位的招聘广告,给自己写两份侧重点不同的简历。

3. 关于面试的基本程序你都清楚了吗?找个机会,将面试过程中的这些礼仪悉数演习一遍吧。

4. 观看电影《当幸福来敲门》(又名:寻找快乐的故事(港)/追求快乐/幸福追击)然后回答问题。

剧情简介:克里斯·加纳(威尔·史密斯(Will Smith)饰)用尽全部积蓄买下了高科技治疗仪,到处向医院推销,可是价格高昂,接受的人不多。就算他多努力都无法提供一个良好的生活环境给妻儿,妻子最终选择离开家。从此他带着儿子克里斯托夫相依为命。克里斯好不容易争取到一个股票投资公司实习的机会,没有报酬,成功机会只有百分之五,他仍努力奋斗,儿子是他的力量。他看尽白眼,与儿子躲在地铁站里的公共厕所里,住在教堂的收容所里……他坚信,幸福明天就会来临……

问题:

(1) 请对影片主人公成功求职的面试技巧进行分析。

(2) 电影《当幸福来敲门》对你有哪些启示?

5. 案例分析

**面试得来的经验**

用人单位在招聘人员时,除了对学历、年龄、性别有专门规定外,还对应聘者的工作经验做了相应的要求。我在刚刚毕业时对此很不屑,工作经验不就是工作中获得的实践知识吗?课本上枯燥、烦琐、复杂的理论知识都难不倒我,那些所谓的实践知识又会有多难掌握呢?但一次普通的面试却改变了我的看法。

2000 年 5 月,我前往一家有名的咨询公司应聘,从招聘信息上我们得知,该公司的主要业务是为本市和外埠企业联系代理商和经销商,并提供办公场所搜寻、公司注册、办公事务代理和会务组织等服务。这家合资公司面向社会招收业务人员时,对应聘者的实际工作经验没作专门规定。我在大学学的是企业管理,条件与公司的各项要求相符,就顺利通过了初试,对接下来的面试我也很有信心。

按照面试单上的地址,我提前来到了公司所在的富华大厦。大厦门口,两名精干的保安站在那里,立在他们前面的不锈钢牌上写着醒目大字:来客请登记。我问其中的一位保安:"1616 房间怎么走?"保安抓起了电话,过了一会儿告诉我:"对不起,1616 房间没人。""不可能吧?"我赶忙解释:"今天是 A 咨询公司面试的日子,我这儿有他们的面试通知。"

那位保安看后又拨了几次电话,然后告诉我:"对不起,1616 没人,我不能让你上去,这是大厦内部的规定。""我真的是来面试的,公司面试单上写的就是今天。"

"那我再帮你试试看。"时间一秒一秒地过去,我心里虽然着急,却也只有耐心等待,同时祈祷那该死的电话能够接通。

9 点 10 分,已经超过约定时间 10 分钟了,保安又一次礼貌地告诉我电话没通。不可能,难道是我记错了?我再次翻开面试单,用磁卡电话拨通了那个印得不起眼的电话号码……电话那头终于传来了久违的声音,对方请我速上 16 楼 1616 房,因为内线电话有误,他们还应我的要求告知了保安。

等我忐忑不安地推开经理室的门,已远远超过了面试的时间。"年轻人,你迟到了 15 分钟。"

"但我真的很想加入你的公司,我相信我能够胜任相应的工作。"

"很好,我公司就需要有韧劲的业务人员,为达到目的,百折不回。刚才保安接不通电话,实际上就是我们面试的一部分,以考验你的应变能力,你完成得不错。不过面试还没有结束,我公司准备购置一批计算机,请你到大厦旁边的计算机市场了解一下最新的计算机行情。"

一刻钟后,我将从计算机市场要来的几份价目表交给了经理。"这是零售价,如果批发15 台,价格是多少呢?"又过了一刻钟,等我把从销售商那里问到的计算机批发价格告诉经理后,他又问我:计算机的 UPS 电源怎么卖?另外,打印机、电脑桌有没有优惠?

"那我再去计算机市场了解一下。"看到我疲于应付的样子,经理叫住了我,并让秘书递给我一杯茶。"你在面试的第一阶段做得不错,有闯劲,能够突破常规,遇事多想一步。但从后面完成市场调查的任务来看,还显稚嫩。"

"我们做业务必须有良好的观察和思考能力,想法要多、要深,能够快人一步。业务人员不仅要善于动手,还要善于动脑,如果不能做到这点,就不可能为客户提供有效的信息与咨询服务,为采购商提供质优、价廉、物美的产品,反而会造成人力、物力、财力的浪费。"求职以失败告终,但我将那次宝贵的经验记在日记本上:工作中要注意锻炼自己的领悟力和洞察力,独立思考、多谋善断,凡事比别人多想几步,才能真正取得成功。

在以后的工作中,我及时调整了自己的思维方式,努力提高自己的应变能力和处理问题的水平。我告诫自己:不要一味地苦干蛮干,只埋头拉车而不抬头看路,否则就是原地踏步,明天重复昨天和今天的错误。最近一次同学聚会上,我把同样的话告诉了大家。这时的我,已是一个国际知名品牌的地区代理商了。

(资料来源:雪火.面试得来的经验.公关世界,2004(11))

**思考与讨论:**

(1) 请仔细阅读这一案例,然后谈谈你的感受。

(2) 你认为企业招聘时最看中求职者的什么素质?

## 糟糕的应聘者

以下是某企业人力资源经理对求职者的忠告。

面试从你接到电话通知的那一刻就已经开始了。也许是等待就业的心情比较迫切吧,我在通知有资格参加下一轮面试的面试者时,一般从电话另一头听到的都是一些浮躁的声音,这里摘了一点我们的对话,供大家参考。

"喂!"

"喂,您好,请问是×××先生吗?"

"你是谁啊?"(当时,我的心里已经不高兴了,但是不会表露出来)

"我是××公司的,请问您参加了我们公司的招聘吗?"

"哪个公司?"(肯定是撒大网了)

"我们把您的面试时间安排在了明天的×××,地点在×××。"

"我记一下,你们是什么公司?"(噢,我的天)……

这样我就会把我的看法写在他(她)的简历上,供明天面试的时候参考,影响可想而知!

(资料来源:李扬.http://tieba.baidu.com/f?kz=564626502)

**思考与讨论:**

(1) 应该怎样接通你参加面试的电话?

(2) 你认为面试是从什么时候开始的?为什么?

## 诚实赢得好职位

某大公司招聘总经理助理,由总经理亲自面试。应聘者小张来到总经理办公室。总经理一见到小张就说:"咱们好像在一次研讨会上见过,我还读过你发表的文章,很赞赏你所提出的关于拓展市场的观点。"小张一愣,知道总经理认错人了。但转念一想,既然总经理对那人那么有好感,不如将错就错,对我肯定有好处。于是就接着总经理的话说:"对,对。我对那次研讨会也记忆犹新,我提出的观点能对贵公司有帮助,我感到很高兴。"

第二个来应聘的是小高,总经理对他说了同样的话。小高想:真是天助我也,他认错人了。于是说:"我对您也非常敬佩,您在那次研讨会上是最受关注的对象。"

第三个来应聘的是小孙。总经理再次说了同样的话。但小孙一听就站起来说:"总经理先生,对不起,您认错人了。我从来没有参加过那样的研讨会,也没提出过拓展市场的观点。"总经理一听就笑了,说:"小伙子,请坐下。我要招聘的就是你这样的人。你被录用了。"

(资料来源:刘凌霜,http://www.ishengsheng.com/qzmsjq/duice/200811/453.html)

**思考与讨论:**

(1) 小孙为什么会应聘成功?

(2) 求职为什么还要遵循做人诚实的基本道理?

# 工作礼仪

## 学习目标

- 掌握与上司、同事、下级交往的礼仪规范;
- 明确办公室的工作礼仪;
- 掌握职场新人沟通的礼仪。

## 情境导入

### 初入职场的吴萌

吴萌大学毕业后进了一家外贸公司做文案,工作强度不大,但是初入职场的她感觉到在工作交往中,无论是上司还是同事,对她都不是很友好。吴萌喜欢把办公桌上摆得满满当当,还把自己心爱的大大的加菲猫玩具摆在桌上,而且天性直爽的她无论什么情况都直言不讳。有一次她见到秘书林大姐的计算机中有一张小孩的照片,就吃惊地对林姐说:"哎呀,这么难看的孩子照片,林姐怎么还保存着呀?"林姐顿时沉下脸来,强忍住怒火说:"那是我孩子!"从那之后林姐再没给吴萌好脸色。有一天,吴萌终于忍受不住,向好朋友诉说心中的不快。

(资料来源:陈光宜.现代实用社交礼仪.北京:清华大学出版社,2009)

**问题**:假如你是她的好朋友,你会给她提出哪些意见来改善她的工作交往状况呢?

## 实训设计

人人都希望自己有一个愉快的工作环境,愉快的工作环境会有助于事业的成功。美国著名成功学大师卡耐基曾说过:"一个人事业上的成功=15%的专业技术+85%的人际关系和处世技巧。"可见,现代人在工作中掌握良好的交往艺术是多么重要。吴萌的失误之处在于她不懂得办公室的一些礼仪规范,同时也不懂得工作中与上司、同事之间的交往艺术。

这里拟通过模拟吴萌与同事或上司交往的片段来完成本任务的学习,具体操作如下。

**工作相处模拟训练**

实训目标：掌握工作中与上司交往、与同事等相处的礼仪。

实训学时：2 学时。

实训地点：实训室。

实训方法：

（1）让学生分成若干小组，每组 4 人。

（2）每人负责搜集关于办公室内一般礼仪规范，与上司、同事、下级的交往艺术。

（3）模拟办公室场景，在吴萌与上司或同事之间的交往中任选一个话题，编一个短剧，剧中吴萌要能正确处理人际关系。

（4）老师进行点评。

# 一、工作相处礼仪

## 1. 与上司交往的艺术

在一个工作单位里，最重要的人际关系非与上级的交往莫属，因为他可以提拔你也可能处分你。为了自己的事业有良好的发展空间，员工一定要学会与上级交往的艺术。

（1）日常交际礼仪

员工在日常工作中，见到上司要主动打招呼。如果距离较远，不方便呼叫，可注视之，目光相遇，点头示意即可。近距离时，则用礼貌用语问候上司，如："王经理，您好。"进上司办公室时，应先敲门，通报姓名，得到上司允许方可入内。与上司在一起时，言谈举止都要表现出应有的尊重和礼节。比如上司与你在谈话时，如果你是坐着的，而上司是站着的，你就应该站起来，请上司就座，而不应该毫不在乎地坐在那里。

（2）工作方面礼仪

工作中与上司的交往礼仪主要表现在汇报工作与执行工作上。在汇报工作时要注意自己的仪态，汇报时，表情应该自然，彬彬有礼，语速、音量都要适中，要让领导轻松而又清楚地听到你的汇报内容，汇报的语气中要充分表现出对上司的尊重。在上司发表意见时，不要插嘴，不要显得不屑一顾。

在听领导布置工作时，一定要专心致志，不能目无领导。当工作无法完成时，或出现比较棘手的任务时，要及时通报，并说明缘由。工作中做错了事，要学会自我检讨，不要找借口，推卸责任。

（3）与上司沟通技巧

首先，要忠于上司。上司总是希望下级与自己一条心。如果他发现自己的下属和自己不是一条心，甚至有背叛之心或者是"墙头草，随风倒"的话，他就会对这个人产生强烈的反感，也会想办法让这个人从自己的身边消失。下级对上级的忠诚主要体现在能够出色地完成上级交给的任务。上级最信得过的下级是爱岗敬业、忠于职守、勤勤恳恳的下级，所以，作为一个下级，要乐于"鞠躬尽瘁，死而后已"，要尽职尽责、积极主动、出色地做好本职工作，不可故作姿态,光说不练。要以自己的精明实干和出色的工作能力奠定和上司交往的基础。

其次,要虚心接受上司批评,巧妙指出上司错误。谁都可能出错,面对上司的批评,一定要调整好心态,应虚心接受上司的批评。要有一定的组织观念,上司并非是在找你的茬,他是在履行他的职责。要尊重上级的意见,上级的意见与自己的想法不一样时,如果他的意见没有失误,应按上级的安排去做,如果上级的意见确实不妥,也不要当面顶撞,这样会让他下不了台。这时应该巧妙地指正上级。例如,在上司情绪平稳时,找一个单独相处的机会,提出自己不同的想法。如果在讨论问题时,对于上司的意见你有更好的建议,可以先引述、认同上司的某些观点,然后再发表自己的看法,不要全盘否定上司的意见。

最后,要注意不要到处表现自己。在上司面前下级应尽量摆低姿态,要表现得谦虚、朴实。正如一位西方教授所说,人们最迫切的愿望就是希望自己受到重视,尊重上司,就会给他带来成就感。越是表面谦虚的人越是聪明且工作认真的人,如果你表现得大智若愚,使对方陶醉在优越感中,你就已经赢得了上司的青睐。同时,不要忘记赞扬的作用,人的本性都是喜欢听赞扬而不是批评的话,身为一个上司更是希望从别人的赞扬中得到对自己工作的肯定。赞扬不代表阿谀奉承、溜须拍马,真心的赞扬是对他人的一种尊重和肯定。它不但可以满足他人的自尊心,还能赢得上司的好感与信任。还要记住当自己在工作中建立了功劳,不要到处去宣扬,以免让上司感到你是个居功自傲的人。遇到棘手的问题时,也要谦虚请教顶头上司,不要越级去见别的上司。

**2. 与同事交往的艺术**

在一天的工作中,人们大部分时间是和同事在一起的。同事之间相处得如何,直接关系到自己的工作、事业的进步和发展。同事之间关系融洽、和谐,人们就会感到心情愉快,有利于工作的顺利进行。而同事之间既存在合作又有竞争的特点,使得同事关系微妙复杂,学会同事间的交往艺术,对自己的工作和生活都有很大帮助。

（1）互相尊重

孟子有云:"爱人者,人恒爱之;敬人者,人恒敬之。"要处理好复杂的同事关系,必须要懂得尊重他人。尊重同事,就要尊重同事的隐私。隐私是关系到个人名誉的问题。背后议论人的隐私,会损害其名誉,可能造成同事间关系的紧张。当同事在写东西、阅读书信时,或打电话时,应避开,做到目不斜视、耳不旁听。尊重同事,还在于不轻易翻动同事的东西。如果要找同事的东西,要请同事代找,如果他本人不在,要先征得同事的意见。

（2）真诚待人,互相帮助

办公室是一个小社会,也是一个小集体。同事间要真诚相待,相互帮助、相互理解、相互宽容。这样的集体,才能成为一个团结战斗的集体,才能成为一个有凝聚力、使人心情舒畅的大家庭。同事有困难时,应主动询问,伸出援助之手,给他以人力、物力的帮助;当某位同事受挫时,应给予诚恳的安慰,要热情地鼓励他,帮助他走出困境;当同事间发生误会时,要有度量,应主动道歉,说明情况,征得对方的谅解这样会增进双方的感情,使关系更加融洽。对同事的错误和误解要能容纳,"宰相肚里能撑船",不可小肚鸡肠、耿耿于怀。

（3）经济往来要一清二楚

同事之间可能有相互借钱、借物、馈赠礼品或请客吃饭的往来,但不能大意忘记。每一项都要清楚明白,即使是小款项也应记在备忘录上,以提醒自己及时归还。向同事借东西如不能及时归还,应每隔一段时间向对方说明一下情况。总之,同事间的物质经济往来要弄得清楚明白,无论是有意或无意地占人便宜都会令对方感到不快,也会影响同事之间的关系。

（4）透明竞争,权责分明

同事之间既有合作也避免不了竞争。与同事共处应遵守尊重、配合的原则,明确权责,尽量施展自己的才华,绝不轻率地侵犯同事的业务领域。应在透明、公平竞争中,各自施展自己的才华并求得发展。不要过分表现自己,免得落得孤芳自赏的名声,最后只是孤家寡人一个。但是也不可组建自己的小团伙,制造流言飞语中伤某位竞争对手。同时做事要尽力而为,量力而行,踏踏实实做好自己的本职工作,不让别人有诋毁自己的机会,努力创造更多与同事沟通的机会,增进同事间的感情,消除彼此间的隔膜,在合作中良性竞争。

（5）言谈要得体

与同事交谈时,一定要注意语言要有分寸、要得体。工作场合中要保持高昂的情绪,即使遇到挫折、饱受委屈、得不到上级的信任时,与同事交谈也不要牢骚满腹、怨气冲天。不要把痛苦的经历当作谈资一谈再谈,这样会让人退避三舍。谈论自己和别人时,不要滔滔不绝,要观察对方的反应来决定谈话应不应该继续进行。在工作场合中,不要说悄悄话,耳语就像噪声,影响人们的工作情绪,也会引起同事的反感。在与同事相处中,不要得理不饶人。有些人总喜欢嘴巴上占便宜,争上风。他们喜欢争辩,有理要争,没理就更要争三分,这样会使同事们感到烦闷,不利于同事之间的交往。要知道,一个好的倾听者,就是一个好的谈话者。善于倾听别人,能表现出自己对对方的关心与尊重,使对方获得满足感,从而愿意与自己交流。同事之间,善于倾听的人能拥有最多的朋友。

**3. 与下级交往艺术**

孔子认为"君使臣以礼",领导对下属应以礼相待。礼贤下士在中国已经存在了近两千年,像中国古代的点将台、拜将台,都是礼遇下属的体现。作为领导者,应该以礼对待员工,积极与员工进行有效的沟通。

（1）待人要公平、公正

《孙子兵法》中所言:"上下同欲者胜。"只有上下同心,企业才会有发展。要做到这一点,领导者必须尽力做到公平、公正。因此,上级应该坚持客观、公正地对待下级,不要受情绪的影响。要学会做一个好的倾听者,站在下属的角度去考虑问题。身为领导者,要能听出下属的弦外之音、言外之意,对于下属的情绪和处境要多加理解,抛开自己的情绪。

作为领导,待人不能受偏见的影响,应该平等待人。有些人对某人向来印象不好,无论那个人有多么好都会视而不见、听而不闻。领导者不应该被各种各样的偏见蒙蔽了心灵。同时,身为领导者也不应该太偏激独断,能够听取别人意见才会与员工建立融洽的关系。

"经营之神"松下幸之助就是一位善于倾听、待人公正的企业家。他经常问他的下属,"说说看你对这件事是如何考虑的。""如果是你干的话,你会怎么办?"他一有时间就到工厂里转转,以便于听取工人的意见和建议。

（2）尊重理解下属

一个成功的领导者应该尊重和理解他的下属,为工作营造一个良好的氛围。上级要尊重下属的人格,尊重他们的意见和建议,让每个人都感受到自己是团队的一员。当下属的工作没有按预定目标完成时,要学会换位思考,理解他们的难处,不能把责任都推到他们头上。领导者要有宽容人的度量,在与下属沟通时,不可分亲疏远近,也不能因顾及面子而冷落了才智之士奋发向上的心,还要以开阔的心胸容纳别人,原谅别人的过错。一个好的上司,要在尊重理解员工之时,宽以待人,也要严于律己。遇事先从自己身上找原因,这样才能博得下属的爱戴和敬重。

（3）拿捏好批评和表扬

表扬和批评相结合是人类自古以来形成的一种管理方法。对于领导者,批评和表扬下属是激励他们继续努力工作必不可少的手段。但是生活中却常能听到对员工大呼小叫、颐指气使的领导和抱怨的员工,这就说明批评和表扬需要一定的技巧,才会达到好的效果。

① 批评的技巧。批评是需要理由的。而很多领导会不知不觉地把批评下属当作是发泄情绪或证明自己权威的一种手段。一个优秀的领导者,应该在工作中建立明确的奖惩制度,并且贯彻落实,奖罚有度,才能树立自己的威信。

批评下属时可以先表扬后批评。因为想让别人顺从地听取批评的意见不是一件容易的事。所以在进行批评时,可以先从正面肯定开始,这样才不会被看成是在搞个人针对,会让人更好接受。同时,可以提出一些好的建议和忠告来帮助他们改进自己的工作。

批评下属的时候要就事论事。在对员工进行批评的时候,要尽量避免使用一些会使问题扩大化的词语,注意就事论事。例如,男性主管不可以对女职员说:"你们女人就是这样。"

批评下属的时候也要选对场合。一般情况下,不要在众人面前批评员工,这样虽然会起到杀一儆百的作用,但会伤害到被批评者的自尊,同时对领导者的形象和涵养也会有不好的影响。尤其值得注意的是,不能当着某部门员工的面批评此部门的领导,这样会让这个受批评的领导尴尬,也会给他以后的工作带来不好的影响。

批评的态度要宽容。批评是帮助员工发现自己的缺点并加以改正和完善的一种手段,而不是彻底毁灭一个人的自信心。所以领导者在批评下属的时候,语气要温和,不能大动干戈,咄咄逼人。

② 表扬的技巧。有时,领导的一句"你这个主意很好"或"你很有想法",就会使员工精神百倍,自信心增加。可见,表扬是提高领导人魅力和领导力的有力工具。当员工工作成绩提高时,作为上司,应不吝表扬。不过,表扬也要找好时机,如果毫无缘由的表扬,就会让人觉得那是在奉承,也不要在事隔很久之后才想到表扬对方,这样会使下属有被忽略的感觉,此外,表扬也要选择场合。比如,在众人面前表扬下属时,一定要明确客观,否则被表扬人会遭受众人的反感和嫉妒。

**4. 与异性交往艺术**

（1）异性交往中女性的礼仪修养

女性在工作中首先要注意自己的个人形象。职业女性发型应以保守为佳,妆容以淡妆为好。办公室女性着装应该庄重、大方,能够体现职业女性的专业素质。同时职业女性还要注意自己的举止应该是端庄、自然、优雅。不要风风火火、慌慌张张,也不要扭捏作态、装腔作势。

女职员在工作中要注意时间效率。尤其在打电话时,最好少打5分钟以上时间的电话,因为女性在表述事件时,往往不够概括,交代事宜重复啰唆,这会使人怀疑她的工作能力。

女性要公私分明。在工作时间内应专心致志地办理公务,不要在工作时间处理私事,要不断提高自身的素质,培养事业心和责任感。

女性在与异性同事交往时得到男性的照顾是很自然的事情。但是要保持清醒的头脑,弄清楚男性是出于礼貌还是另有其他目的,再根据情况恰当处理。

（2）异性交往中男性的礼仪修养

男性在工作交往中,不必过分追求外表的光鲜,给人以稳重干净的感觉就可以。男性要讲信誉,说话算数,一言九鼎,俗话说"大丈夫一言既出,驷马难追"。男性只有言出必果,工作认真,办事负责,对女性谦虚和气、有礼貌才能取得女性的信任。

在与异性交往中,男性要有度量,从大处着眼,目光远大,胸怀大志,不计较是非小事,宽厚待人,这样才能获得女性的赞赏。

（3）异性交往的礼仪原则

首先要坦然交往。工作中男女同事完全可以堂堂正正地交往。有些人在与异性交往时表现得过分矜持、紧张或扭扭捏捏,这是一种不自信的表现,更是对别人的一种伤害,因为这会让对方觉得受冷落、拘谨。现代社会,尤其是女性应摈弃封建社会的陈规陋习,坦然、大方、开朗地与男性同事交往。因为生理原因,男性在工作的有些方面会比女性有优势,与男性同事关系相处好,可以在工作中获得一些帮助。其次要注意分寸。"男女授受不亲"的时代虽然已成历史,但是办公室中,异性之间的交往无论国内国外,还是有一定的度的,这就是说要注意一定的分寸。异性在工作交往中要保持一定的距离。彼此说话要注意分寸场合,不能含有挑逗性的语言,以免引起误会。女性在男性面前的动作也要有所注意,不能在男性面前梳理头发、抚摸自己的皮肤,不能过度地扭动自己的臀部和腰肢,以免发出错误的信号。异性同事之间最好不要过多倾诉婚姻上的不如意。女性与异性上司的交往中也应注意分寸。要保持适当的距离,这既是对上司的尊重,也是异性交往中必须要做到的。女性在工作之余,不能参与到上司的私生活中,以免陷入工作之外的纷争。保持适当的距离、出色完成本职工作,才是打动上司的最佳途径,也是保住自己工作岗位最得体的方法。

# 二、办公室礼仪

办公室礼仪最能体现一个人是否具备良好的素质和个人修养,因为办公室是日常工作的地方,同事们在这里朝夕相处,很多礼仪需要我们去注意,良好的礼仪不仅能树立个人和组织的良好形象,也会关系到一个人的个人前程和事业发展。

**1. 办公室内的一般礼仪规范**

（1）不要随便打电话

有些公司规定办公时间不要随便接听私人电话,一般在外国公司里用公司电话长时间地经常性地打私人电话是不允许的。私人电话顾名思义只能私人听。但在办公室里打,则难免会被人听到。即使公司允许用公用电话谈私事,也应该尽量收敛一些,不要在电话里与自己的家人、孩子、恋人等说个没完,这样让人感觉不舒服,有损于你的敬业形象。有的办公室里人很多,要是听到有人在打私人电话,最好是佯装没有听见。

（2）要守时

上班时间要按时报到,遵守午餐、上班、下班时间,不迟到、早退,否则会给公司领导留下一个懒散、没有时间观念的印象。另外，要严格遵守上班时间，一般不能在上班时间随便出去办私事。国外一个著名企业老板，针对商务白领归纳出13条戒律，其中一条就是没有守时的习惯，经常迟到早退。

（3）不诿过

如果有些小的事情办错了，当上司询问起来时，如果这事与自己有关，即使别的同事都有一些责任，你也可以直接替大家解释或道歉，如果是自己做错了事，更要勇于承担责任，绝不可以诿过于别人。

（4）主动帮助别人

当看到同事有需要帮忙的事情，一定要热心地帮助解决。在任何一个工作单位里，热心助人的人是有好人缘的。

（5）不要随便打扰别人

当你已经将手头的活儿干完时，一定不要打扰别人，不要与没有干完活的人交谈，这样做是不礼貌的。

（6）爱惜办公室公共用品

办公室的公用物品是大家在办公室的时候用的，不要随便把它拿回家去，也不要浪费公用物品。

（7）中午午睡关好门

许多人有中午午睡的习惯，略休息一下，午睡要关好门。如果你有急事必须进出门时，记住每次进出门后必须带上门。不要怕有关门声而将门半开或虚掩着，这样不礼貌，因为关好门能给午睡者安全感，其心里更踏实。关门声的吵扰相对可以忍受。

**2. 办公室的环境礼仪**

当人们走进办公区的情绪是积极的、稳定的，就会很快进入工作角色，不仅工作效率高，而且质量好；反之，情绪低落，则工作效率低，质量差。如果在办公区内，体现出整洁、明亮、舒适的工作环境，使员工产生积极的情绪就会充满活力，工作卓有成效。

随着现代化进程的加快，人们的办公硬件水平逐渐提高，办公环境也在不断改善，人们的工作效率也应该相应地提高。

（1）办公室桌面环境

办公室的桌椅及其他办公设施，都需要保持干净、整洁、井井有条。正如鲁迅先生所说，"几案精严见性情"，心理状态的好坏，必然在几案或其他方面体现出来。

从办公桌的状态可以看到当事人的状态，会整理自己桌面的人，做起事来肯定也是干净爽快。他们为了更有效地完成工作，桌面上只摆放目前正在进行的工作文件；在休息前应做好下一项工作的准备；因为用餐或去洗手间暂时离开座位时，应将文件覆盖起来；下班后的桌面上只能摆放计算机，而文件或是资料应该收放在抽屉或文件柜中。

随着办公室改革的推进，有的公司已废弃掉了个人的专用办公桌，而是用共享的大型办公桌，为了下一个使用者，对共享的办公桌应更加爱惜。

（2）办公室心理环境

"硬件"环境的加强仅仅是提高工作效率的一个方面，而更为重要的往往是"软件"条件，即办公室工作人员的综合素质、心理素质。这个观点正在被越来越多的白领们所接受。

在日常工作中，人际关系是否融洽非常重要。互相之间报以微笑，体现友好、热情与温暖,就会和谐相处。工作人员在言谈举止、衣着打扮、表情动作的流露中,都可以体现是否拥有健康的心理素质。

总之,办公室内的软件建设是需要在心理卫生方面下一番工夫的。因为"精神污染"从某种意义上说要比大气、水质、噪声的污染更为严重。它会涣散人们工作的积极性,乃至影响工作效率、工作质量。为此,在办公室内需要不断提高心理卫生水平。应从以下几个方面努力。

学会选择适当的心理调节方式,使工作人员不被"精神污染"。领导应主动关心员工,了解员工的情绪周期变化规律,根据工作情况,采取放"情绪假"的办法。工作之余多组织一些文娱体育活动,既丰富了文化生活,又宣泄了不良情绪。有条件的可以建立员工心理档案,并定期组织"心理检查",这样可以防微杜渐,避免严重心理问题的产生。经常组织一些"健心活动"。使工作人员能够经常保持积极向上、稳定的情绪,掌握协调与控制情绪的技巧与方式。

### 3. 办公室里谈话的注意事项

（1）一般不要谈薪金等问题

在美国、日本等国家一般最忌讳谈论薪金问题,不论是你问别人的薪水,还是别人问你,都会让人难以回答。因为在很多公司里,每一个人的工作不一样,得到的报酬也不一样。如果你说出你的薪水比别人高时,容易引起一些麻烦事。

（2）不要谈私人问题

不要谈论你的私人问题,也不要在办公室讨论你遇到的不好的事情和现在的不好心情,因为这会影响别人的情绪,或者引起别人对你不好的看法,不要将自己的私人生活全部暴露在同事的面前,保留一点神秘感对你是有好处的,让人认为你是一个有魅力的人,一个能处理好自己生活的人,因为一个连自己的生活都处理不好的人是没有可能将公司的重任担当起来的。如果不注意,不但会影响你的形象,也会影响你的前途。

（3）不要评论别人

在办公室里最忌讳的是谈论别人的是是非非,中国有句古话:当面少说好话,背后莫议人非。当有人在评论别人时,你不要插嘴,也不要充当谣言的传播者。

（4）在谈论自己和别人时注意别人的反应

在谈论自己和别人时不要滔滔不绝,而要观察别人的反应来决定谈话是不是继续进行。因为当别人对你所谈论的话题不感兴趣时,就应该转向别的话题。否则,这样的谈话,就会成为大家的负担,而不是一种快乐。

### 4. 在别人办公室的礼仪

（1）提前预约,准时赴约

即使是在同一个办公楼里办公,在见面之前,也一定要提前预约,而且要准时赴约,如果见面的是比你的职位更高的同事,那就更不能迟到了。如果约好在某人的办公室会面,而那人不在屋里,一般你就不宜再进去。如果没有等候室的话,可在门外等候。进他的办公室之前先敲门,以便让他知道你来了,即使门开着也要这样做,等他示意后,再进屋。如果对方正在打电话,在门外等一会儿或过一会儿再来。

（2）尊重同事的办公室规则和办公设备

我们所谈到的有关客人拜访的规则同样适用于你的同事：在别人的办公室里，要等人示意后才能入座。如果有电话打断了你们的谈话，应该通过手势示意是否回避。不要把文件、茶杯等随意放在桌子上，那是他人的领地，而应先征得同意。比如说，"我把茶杯放这儿行吗？"同样，需主人同意后才能挪动椅子，并在离开前放回原处。

如果确实需要使用某人的办公室或设备，应事先征得同意。如果主人同意了，给了你这项特权，也不可滥用。不要乱翻动文件，不要偷看桌上的文件。如果需用什么东西，应及时完璧归赵，并向主人致谢。如果用坏别人的办公工具，应该向人家说明，并征求是否需代为修理或买一个新的。

（3）及时离开，不影响工作

在到别人办公室拜访时，无论是否达到拜访的目的，都不要停留过久，到了该走的时间就要离开，因为停留过久会影响被拜访人的工作。

# 三、职场新人沟通礼仪

这里所说的"新人"是指刚刚参加工作或者新进一个单位的人。良好的沟通是一切工作得以顺利开展的基础。现代企业在招聘员工时，几乎无一例外地将"善于沟通"作为必不可少的条件之一。大多数老板宁愿招一个专业技术平平、但沟通能力出色的员工，也不愿要一个整日独来独往、我行我素的所谓英才。能否与同事、上司及客户顺畅地沟通，越来越成为企业招聘时注重的核心技能。因此，来到一个新的工作环境，能否尽快融入团队、争取同事认可，对于每一个新进人员，特别是刚刚走上工作岗位的年轻人来说，就显得极为重要。

据调查，在初涉职场三年左右的都市白领中，很多人都反映与单位的"前辈"相处存在问题，从工作思路到生活细节，分歧无处不在。其实，职场新、老人之间的矛盾，最根本的问题还是沟通不畅。

**1. 职场新人沟通的原则**

（1）摆正心态

职场新人要充分意识到自己是团队中的后来者，也是资历最浅的新手，所有的领导和同事都是自己在职场上的前辈。在这种情况下，新人在表达自己的想法时，应该尽量采用低调、迂回的方式。特别是当自己的观点与其他同事有冲突时，要充分考虑对方的权威性，充分尊重他人的意见。同时，表达自己的观点时也不要过于强调自我，应该更多地站在对方的立场考虑问题。

（2）顺应风格

不同的企业文化、不同的管理制度、不同的业务部门，沟通风格都会有所不同。一家欧美的 IT 公司跟一家生产重型机械的日本企业员工的沟通风格肯定大相径庭，人力资源部门的沟通方式与工程现场的沟通方式也会不同。新人要注意观察团队中同事间的沟通风格，注意留心大家表达观点的方式。假如大家都是开诚布公，自己也不妨有话直说，倘若大家都喜欢含蓄委婉，自己也要注意一下说话的方式。总之，要尽量采取大家习惯和认可的方式，避免特立独行，招来非议。

（3）及时沟通

不管性格内向还是外向，是否喜欢与他人分享，在工作中，时常注意沟通总比不沟通要好得多。虽然不同文化的公司在沟通上的风格可能有所不同，但性格外向、善于与他人交流的员工总是更受欢迎。新人要利用一切机会与领导、同事交流，在合适的时机说出自己的观点和想法。

**2. 职场新人沟通的误区**

沟通是把双刃剑，对象选择欠妥、表达方式有误、时机场合失当，都会影响一个人的沟通的效果。新人在沟通中常见的误区有：

（1）把"不会"当成拒绝的理由

当领导安排工作时，某些新人会面带愁容，以"不会"或者"不了解情况"作为推辞。也许确实是不会或不了解工作所需的背景情况，但这不能成为拒绝的理由。不会或者不了解情况，就应该主动向领导和同事们请教。

（2）仅凭个人"想当然"来处理问题

有些新人因为性格比较内向，与同事不熟，或是碍于面子，在工作中遇到难以解决的问题或是不明白领导下达的指令时，不是去找领导或同事商量，而是仅凭自己个人的主观意愿来处理，最后出现问题时往往以"我以为……"、"我觉得……"为自己开脱责任。

（3）迫不及待地表现自己

刚刚参加工作的新人，总是迫不及待地想把自己的创新想法说出来，希望得到大家的认可，正所谓"初生牛犊不怕虎"。实际上，一个人的想法可能存在疏漏或不切实际之处，应主动征求并虚心接受同事的意见或建议。

**3. 职场新人沟通应注意的事项**

（1）多听少说

首先，初来乍到，一切都是陌生的，只有多观察、多思考、少说话，才是尽快了解和适应新的工作环境的明智之举。其次，礼貌周全。对待身份、职位清楚的同事，可用"姓＋职务"的方式称呼，如"张经理"、"王主任"等；对待暂时还不甚熟悉的同事，可一律尊称为"老师"，因为一个人只有学会了谦虚，在需要帮助的时候才会容易得到别人的支持。最后，中道而行。在新的工作环境中，必须学会与同事保持一定距离，凡事采取中道而行、适可而止的办法，公平地对待每一个同事。对于喜欢"拉帮结派"、搞小团体的人，要敬而远之，远离是非。

（2）尊重老员工

老员工由于资格老、贡献大、经验丰富、忠诚度高，在职工中常常拥有较高的声望，因而是新进人员不得不重视的一个群体。在与老员工沟通过程中，首先，要有积极主动的态度，遇事多虚心请教；其次，要以礼相待，尽量使用"您"或"您老"等敬词，以及"请"、"麻烦"、"谢谢"等礼貌用语；最后，要充分尊重对方的意见或建议，即使双方存在分歧，也要把敬意和肯定放在前面，用谦虚、委婉的方式表明自己的观点。

**思考与训练**

1. 作为一名高职生你为了将来更好地适应社会,胜任未来的工作岗位,一定有一些兼职经历,请你把自己兼职经历中体会到的一些工作中与上级、下级和同事之间沟通的经验总结出来,在课堂上与同学们分享一下。

2. 从老师与学生、同事、领导的沟通中体会:①领导如何与下属沟通? ②同事之间如何沟通? ③下属如何与上级沟通?

3. 设想自己实习或大学毕业来到一个新的工作环境,面对初次见面的领导和同事,应该说的话和说话的技巧。

4. 怎么理解"与同事相处,要多琢磨事,少琢磨人"?

5. 办公室的天地虽小,可这天地之间方寸皆讲礼仪,你知道办公室礼仪都包括哪些方面吗? 假如你要去一个办公室实习,你该做哪些准备?

6. 在职场你认为哪些礼仪是我们需要特别关注的?

7. 以下是初入职场的礼仪小细节,请在职场中遵照执行。

- 早晨进办公室时主动向同事问早,下班回家时与同事互相道别;
- 接电话时一定要说"您好",挂电话时也要多说几声"谢谢"、"再见"、"非常感谢"之类的话;
- 经常在电话机旁放一些小纸片和笔,以方便记录留言;
- 转接电话时应当使用文明用语;
- 说话的声音不要过大,语气要坚决并且速度应比平时说话快,这样可以体现你的干练和办事效率;
- 请求帮助时要向对方表达谢意,无论是上级、下级、秘书还是办公室的后勤人员;
- 需要打扰别人先说声对不起;
- 不议论任何人的隐私;
- 进出电梯时为需要帮助的人按住电梯门;
- 在同事需要帮助的时候伸出援助之手;
- 在开会或同事聚集的场合,不对任何不同意见做出轻蔑的举止;
- 与来访者握手时做到大方得体、不卑不亢;
- 与别人交换名片,双手送出以示恭敬;
- 不在办公室里脱鞋或者将脚伸到桌上;
- 将手机及BP机的声音调低或振动,以免影响别人;
- 打电话时尽量放低声音,如果是私人电话,尽量减少通话时间;
- 不翻动其他同事桌上的文件资料,甚至计算机、传真机上与自己无关的任何资料;
- 有任何资料需要移交给别人,一定要贴上小纸条,写清时间、内容、签名并且不忘谢谢;
- 将自己办公桌整理得干干净净,不可将废纸乱丢一地;
- 尽量不要在办公室里化妆、涂指甲,也不要穿过分性感的衣服;
- 在办公室里见到同事或是来访者不忘微笑;

任务5 工作礼仪

- 不在办公室里制造流言飞语或传播小道消息；
- 尽量不在办公室里与同事发生财务纠纷。

(资料来源：新新.初入职场必学的礼仪.劳动保障世界,2009(05))

8. 案例分析

## 一石三鸟

吴涛是某外贸公司的业务员,他的顶头上司李经理是一位年轻气盛的人,经常当面斥责吴涛,弄得吴涛好几次在同事面前很尴尬。为了缓和这种不协调的上下级关系,吴涛借周末之机,邀请李经理与自己共进晚餐。美味佳肴下肚后,吴涛开始对李经理说出肺腑之言："你经常对我加以指责,弄得我常常在同事面前下不了台,又生气、又难堪,好几次想反驳你,但又怕影响你的领导形象。其实有话好好说可能效果会更好,也能体现你作为领导的涵养与风度呀。"李经理听了这番话很感动,也从另一个侧面反映了自己的工作作风问题。从那以后,吴涛再没听到李经理的斥责声,而且还受到了李经理的重用。

(资料来源：吕维霞,刘彦波.现代商务礼仪.北京：对外经济贸易大学出版社,2003)

**思考与讨论：**

(1) 请分析一下吴涛与上级的沟通艺术。

(2) 他投的"一石"都打中了哪"三鸟"？

(3) 分析一下李经理对待下属存在的问题。

## 同事之交如回声

一个小男孩受到母亲的批评,而对母亲产生一时的怨恨。然后,他跑到山谷,大喊道："我恨你,我恨你,我恨你!"这时山谷里传来回音："我恨你,我恨你,我恨你!"这个小孩有点吃惊,他跑回家告诉他母亲山谷里有一个坏小孩说他恨自己。母亲把他带回山谷,并要他喊："我爱你,我爱你,我爱你!"这个小孩照做了,而这次他发现,有一个好孩子在山谷里喊："我爱你,我爱你,我爱你!"声音悦耳,让人高兴。

同事之间的交往就像是回声,你付出什么就会得到什么。

(资料来源：http://www.chddh.com/wenzi/html/11205.html)

**思考与讨论：**

(1) 请考虑一下同事间交往都要注意哪些方面？

(2) 怎样才能做一个受同事欢迎的人？

职业礼仪教程

# 交际礼仪

## 学习目标

- 在交际中能够得体地称呼对方；
- 得体地进行自我介绍、他人介绍，更好地与人相识；
- 熟练运用标准的握手、鞠躬等见面礼节；
- 能够设计富有特色的名片，在交际中能够规范地使用名片；
- 能够恰当地选择礼品，互赠礼品；
- 正确地运用鲜花表达情意；
- 礼貌地使用电话（手机）进行沟通交流；
- 礼貌地使用传真、电子邮件、发帖聊天等沟通手段；
- 能够撰写商业信函；
- 使用柬帖符合礼仪规范要求。

## 情境导入

### 见　面

　　小李今年大学刚毕业，在大华公司总经理办公室做秘书工作。一天，公司王总经理派他到机场去接广州明光公司销售部的吴丽晶经理。小李准时来到机场，在出口处吴经理见到小李手中的字牌，走到小李面前说：“你好！你是小李吧，我是吴丽晶！”小李连忙用不太标准的普通话说：“是的是的，我是小李，您好！您就是广州过来的狐狸精（吴丽晶）吧？我是王总派来接您的。我是东方大学行政管理专业毕业的研究生，现在是王总的秘书。”一边说一边伸手准备与吴经理握手。面对小李这样的称呼、这样的自我介绍、这样的握手方式，吴经理会是什么感觉呢？

（资料来源：吴蕴慧，徐静.现代礼仪实务.上海：上海交通大学出版社，2008）

　　**问题：**日常交往应注意哪些礼仪？

在工作中,与客户等首次见面时人们往往非常重视"第一印象",在心理学上也成为"首因效应"。在初次见面的短短几分钟,一个人的衣着打扮,言行举止等会给人留下非常深刻的印象。因此,在商务会见中除了整洁的仪容仪表,优雅的仪态,还应该十分重视见面的礼仪规范,因为这不仅体现出一名职业人员的综合素质,而且还是一家企业的管理水平和员工素质的集中体现。在上面的案例中,握手时,满手灰尘是对客户的不尊重。单手递接名片、名片放在裤兜里、单手指引、跷起二郎腿、入座时双腿不停地颤抖等都是无礼的表现。作为一名合格的职业人员必须掌握常见的见面礼节,如称呼、介绍、握手、递接名片等的礼仪。

为完成本项任务的学习,建议在班上进行"见面场景模拟训练"活动,具体操作如下。

**见面场景模拟训练**

实训目标:熟练、规范地运用见面的各种礼节进行交际。

实训学时:1课时。

实训地点:实训室。

实训准备:见面场景、名片若干张。

实训方法:3~5人一个小组,每组设计一个见面场景,将称呼、介绍、握手等见面礼,问候、递接名片等交际礼仪,连贯地演示下来,学生对各组的表演进行评价,最后教师总结。表演之前,每组应就设计的场景和成员的角色进行说明。

# 一、见 面

## 1. 称呼

在社会交往中,交际双方见面时,如何称呼对方,这直接关系到双方之间的亲疏、了解程度、尊重与否及个人修养等。一个得体的称呼,会令彼此如坐春风,为以后的交往打下良好的基础,否则,不恰当或错误的称呼,可能会令对方心里不悦,影响到彼此的关系乃至交际的成功。

如著名传记作家叶永烈在着手写陈伯达传记时,必须采访陈伯达,采访时究竟怎样称呼陈伯达,叶永烈颇费了一番心思。采访的前一天晚上,叶永烈辗转反侧,明天见到了陈伯达到底该叫他什么呢?叫他陈伯达同志,不合适,因为陈伯达是在监狱服刑的犯人;叫他老陈,也不行,因为陈伯达已经是八十四岁的老人了,而自己才四十八岁,究竟应怎样称呼他呢?突然叶永烈灵机一动,称呼他陈老,这是再恰当不过的称呼了。果然,第二天采访时,叶永烈一声"陈老"的亲切得体的称呼,令陈伯达听了感动万分,眼里充满了泪花。由此可见,一个得体的称呼真可谓交际的"敲门砖"啊!

（1）称呼姓名

一般的同事、同学关系，平辈的朋友、熟人，均可彼此之间以姓名相称。例如，"王小平"、"赵大亮"、"刘军"。长辈对晚辈也可以如此称呼，但晚辈对长辈却不可这样做。为了表示亲切，可以在被称呼者的姓名前分别加上"老"、"大"、"小"字相称，而免称其名。例如，对年长于己者，可称"老张"、"大李"；对年幼于己者，可称"小吴"、"小周"。但这种称呼多在职业人士间常见，不适合在校学生。对同性的朋友、熟人，若关系极为亲密，可以不称其姓，而直呼其名，如"春光"、"俊杰"。对于异性一般则不可这样做。因为若如此，那不是其家人，就是其配偶了。

（2）称呼职务

在工作中，以交往对象的职务相称，以示身份有别、敬意有加，这是一种最常见的称呼方法。具体做法上可以仅称呼职务，如"局长"、"经理"、"主任"等；可以在职务前加上姓氏，例如"王总经理"、"李市长"、"张主任"等；还可以在职务之前加上姓名，这仅适用于极其正式的场合。例如"×××主席"、"×××省长"、"×××书记"等。

（3）称呼职称

对于有职称者，尤其是有高级、中级职称者，可以在工作中直接以其职称相称。可以只称职称，例如"教授"、"研究员"、"工程师"等；可以在职称前加上姓氏。例如"张教授"、"王研究员"、"刘工程师"，当然有时可以简化，如将"刘工程师"简化为"刘工"，但使用简称应以不发生误会、歧义为限；可以在职称前加上姓名，它适用于十分正式的场合，例如"王久川教授"、"周蕾主任医师"、"孙小刚主任编辑"等。

（4）称呼学衔

在工作中，以学衔作为称呼，可增加被称呼者的权威性，有助于增强现场的学术氛围。可以在学衔前加上姓氏，例如"张博士"；可以在学衔前加上姓名，如"张明博士"。一般对学士、硕士不称呼学衔。

（5）称呼职业

称呼职业，即直接以被称呼者的职业作为称呼。例如将教员称为"老师"，将教练员称为"教练"或"指导"，将专业辩护人员称为"律师"，将财务人员称为"会计"，将医生称为"大夫"或"医生"，等等。一般情况下在此类称呼前，均可加上姓氏或姓名。

（6）称呼亲属

亲属，即本人直接或间接拥有血缘关系者。在日常生活中，对亲属的称呼业已约定俗成，人所共知。面对外人，对亲属可根据不同情况采取谦称或敬称。对本人的亲属应采用谦称。称辈分或年龄高于自己的亲属，可以在其称呼前加"家"字，如"家父"、"家叔"。称辈分或年龄低于自己的亲属，可在其称呼前加"舍"字，如"舍弟"、"舍侄"。称自己的子女，则可在其称呼前加"小"，如"小儿"、"小女"、"小婿"。对他人的亲属，应采用敬称。对其长辈，宜在称呼前加"尊"字，如"尊母"、"尊兄"。对其平辈或晚辈，宜在称呼之前加"贤"字，如"贤妹"、"贤侄"。若在其亲属的称呼前加"令"字，一般可不分辈分与长幼，如"令堂"、"令爱"、"令郎"。

（7）涉外称呼

在涉外交往中，一般对男子称先生，对女子称夫人、女士或小姐。已婚女子称夫人，未婚女子称小姐。对婚姻状况不明的女子称"小姐"或"女士"。在西方国家，凡是举行宗教结婚仪式的人,都习惯在无名指上戴一枚戒指,男子戴在左手,女子戴在右手。所以对外宾的称呼可以据此而定。以上是根据性别和婚姻状况来称呼,使用起来具有普遍性。

**2. 打招呼**

打招呼又叫见面致意,是指与相识的人见面时,表示问候,沟通感情的一种方式,它体现了我们对他人的尊重。

(1)问候的次序

一对一问候。通常是"位低者先问候",即身份较低者或年轻者首先问候身份较高者或年长者。

一对多问候。可以笼统地加以问候,如"大家好";也可逐个加以问候。当一个人逐一问候多人时,既可以由"尊"而"卑"、由"长"而"幼"地依次而行,也可以由"近"而"远"依次而行。

(2)问候的态度

主动。向他人问候时,要积极、主动。同样当别人问候自己时,要立即予以回应,不要摆出一副高不可攀的样子。

热情。向他人问候时,要表现得热情、友好、真诚。毫无表情的、拉长苦瓜脸的、表情冷漠的问候不如不问候。

大方。向他人问候时,必须表现得大方。矫揉造作、神态夸张、扭扭捏捏,反而会给人以虚情假意的坏印象。

专注。问候的时候,要面含笑意,与对方有正面的视觉交流,做到眼到、口到、意到。不要在问候的时候,目光游离、东张西望,让对方不知所措。

(3)问候的语言

问候语,顾名思义,是一种表示问候的礼貌专门用语,其格式比较固定,通用性较强。从问候的语言上看可分为直接式问候和间接式问候。

直接式问候。直接以问好作为问候的主要内容。见面时最简单的问候语就是"你好"、"大家好",或根据早晚时间说"早上好"、"晚上好"等,它适用于职业交往场合,尤其是宾主双方初次见面等正式的交际场合。

间接式问候。以某些约定俗语成的问候语,或者在当时条件下可以引起的话题,主要适用于非正式、熟人之间的交往。如熟人相见,可以按平时的称谓招呼一下"老王"、"小李"、"丽丽"等,或者"最近好吗?"、"忙什么呢?"等,来替代直接式的问好。这类问候从形式上看是由一问一答组成的,但从问话人的一方来说,实际上并非要从对方那里获取某种信息,主要是表达一种关注、友好的态度。要注意的是,这样的招呼是我们民族独特的招呼用语,在国际交往中不宜使用。

同辈之间用点头代替语言问候也不失为一种友好的表示。

**3. 介绍**

介绍是社交活动最常见、也是最重要的礼节之一,它是初次见面的陌生的双方开始交往的起点。介绍在人与人之间起桥梁与沟通作用,几句话就可以缩短人与人之间的距离,为进一步交往开个好头。

(1)介绍的基本规则

为他人做介绍时必须遵守"尊者优先了解情况"的规则,在为他人做介绍前,先要确定双

方地位的尊卑,然后先介绍位卑者,后介绍尊者。具体如下:

① 先将男士介绍给女士。例如,介绍王先生与李小姐认识,介绍人应当引导王先生到李小姐面前,然后说:"李小姐,我来给你介绍一下,这位是王先生。"注意在介绍的过程中,被介绍者的名字总是后提。

② 先将年轻者介绍给年长者。把年轻者引见给年长者,以示对前辈、长者的尊敬。如:"王教授,让我来介绍一下,这位是我的同学张明。"、"张阿姨,这是我的表妹王丽。"、"刘伯伯,我请您认识一下我的表弟李强。"在介绍中应注意有时虽然男士年龄较大,但仍然是将男士介绍给女士。

③ 先将未婚女子介绍给已婚女子。如:"张太太,让我来介绍一下,这位是李小姐。"注意当被介绍者无法辨别其是已婚还是未婚时,则不存在先介绍谁的问题,可随意介绍,如:"张女士,我可以把我的女朋友李小姐介绍给你吗?"

④ 先将职位低的介绍给职位高的。在实业界或公司中,在商务场合要先将职位低的介绍给职位高的。如:"王总,这位是××公司的总经理助理刘女士。"注意这里我们先提到的是王总经理,这是因为我们把王总经理的职位看作高于刘女士,尽管王总经理是一位男士,仍不先介绍他。

⑤ 先将家庭成员介绍给对方。在向别人介绍自己的家庭成员时,应谦虚地说出对方的名字。这不仅是出于礼貌,而且对介绍自己的家庭成员也比较方便。如:"张先生,我想请你认识一下我的女儿晓芳。"、"张先生,请允许我介绍一下我的妻子。"

⑥ 集体介绍时的顺序。在被介绍者双方地位、身份大致相似,或者难以确定时,应当使人数较少的一方礼让人数较多的一方,一个人礼让多数人,先介绍人数较少的一方或个人,后介绍人数较多的一方或多数人。

若被介绍者在地位、身份之间存在明显差异,特别是当这些差异表现为年龄、性别、婚否、师生以及职务有别时,则地位、身份为尊的一方即使人数较少,甚至仅为一人,仍然应被置于尊贵的位置,最后加以介绍,而先介绍另一方人员。

若需要介绍的一方人数不止一人,可采取笼统的方法进行介绍,例如可以说:"这是我的家人"、"他们都是我的同事",等等。但最好还是要对其一一进行介绍。进行此种介绍时,可比照他人介绍的位次尊卑顺序进行介绍。

若被介绍双方皆不止一人,则可依照礼仪规范,先介绍位卑的一方,后介绍位尊的一方。在介绍各方人员时,均须由尊到卑,依次进行。

(2)自我介绍

在不同场合,遇见对方不认识自己,而自己又有意与其认识,当场没有他人从中介绍时,往往需要自我介绍。

① 自我介绍的方式。根据不同场合、环境的需要。自我介绍的方式有以下五种。

应酬式。这种自我介绍方式最简单,往往只包括姓名一项即可。如:"您好!我叫王敏。"应酬式的自我介绍适合于一些公共场合和一般性的社交场合,如途中邂逅、宴会现场、舞会、通电话时等。它的对象,主要是一般接触的交往人士。

工作式。工作式的自我介绍的内容,包括本人姓名、供职的单位及部门、担任的职务或从事的具体工作三项,又叫工作式自我介绍内容的三要素,通常缺一不可。姓名,应当一口报出,不可有姓无名,或有名无姓;单位即供职的单位及部门,如可能最好全部报出。具体工作部门有时也可以暂不报出；职务即担任的职务或从事的具体工作，有职务最好报出职务，职务较低或者无职务，则可报出目前所从事的具体工作。

交流式。交流式的自我介绍，也叫社交式自我介绍或沟通式自我介绍，是一种刻意寻求与交往对象进一步交流与沟通，希望对方认识自己、了解自己、与自己建立联系的自我介绍。适用于社交活动中，大体包括本人的姓名、工作、籍贯、学历、兴趣以及与交往对象的某些熟人的关系等。如："我的名字叫王红，是××公司副总裁。6年前，我和您先生是同事。"

礼仪式。礼仪式的自我介绍是一种表示对交往对象友好、敬意的自我介绍。适用于讲座、报告演出、庆典、仪式等正规的场合。内容包括姓名、单位、职务等。自我介绍时，还应多加入一些适当的谦辞敬语，以示自己尊敬交往对象。如："女士们、先生们，大家好！我叫任仿，是××公司的总经理。值此之际，谨代表本公司热烈欢迎各位来宾莅临指导，谢谢大家的支持。"

问答式。针对对方提出的问题做出自己的回答。这种方式适用于应试、应聘和公务交往。在普通性交际应酬场合，它也时有所见。如对方问："这位小姐贵姓？""免贵姓周，周恩来的周。"

② 自我介绍的时机。因业务关系需要相互认识，进行接洽时可自我介绍。

当遇到一位你知晓或久仰的人士，他不认识你，你可自我介绍："×××（称呼），您好！我是××××（单位）的×××（姓名），久仰大名，很荣幸与您相识。"

第一次登门造访，事先打电话约见，在电话里应自我介绍。

参加一个较多人的聚会，主人不可能一一介绍，与会者可以与同席或身边的人互相自我介绍。自我介绍前应有一句引言，以使对方不感到突然，如："我们认识一下吧。我叫×××，在×××公司公关部工作。"

在出差、旅行途中，与他人不期而遇，并且有必要与之建立临时接触时，可适当自我介绍，等等。

初次前往他人住所、办公室，进行登门拜访时要自我介绍。

应聘求职时需首先做自我介绍，等等。

③ 自我介绍的要求。自我介绍时，要及时、清楚地报出自己的姓名和身份。大方自然地进行自我介绍，可以先面带微笑，温和地看着对方说声："您好！"以引起对方的注意，然后报出自己的姓名身份，并简要表明结识对方的愿望或缘由。进行自我介绍一定要力求简洁，尽可能地节省时间，介绍总共以半分钟为佳。

进行自我介绍，态度务必自然、友善、亲切、随和。要充满信心和勇气，敢于正视对方的双眼，显得胸有成竹。介绍时语气要自然、语速要正常，语音要清晰，这对自我介绍的成功十分有好处。

进行自我介绍时所表述的各项内容，一定要实事求是，真实可信。没有必要过分谦虚，一味贬低自己去讨好别人，但也不可自吹自擂，夸大其词，在自我介绍时掺水分，会得不偿失。

④ 他人进行自我介绍的礼仪。引发对方做自我介绍时应避免直话相问，缺乏礼貌，如："你叫什么名字？"而应该尽量客气一些，用词更敬重些："请问尊姓大名"、"您贵姓"、"不知怎么称呼您"、"您是……"等。

他人做自我介绍时要仔细聆听，记住对方的姓名、职业等。如果没有听清楚，不妨在个别问题上仔细再问一遍,这比他人做过自我介绍,而你还是不明情况的好。

等一个人做了自我介绍后,另一个人也做相应的回报,做自我介绍,这才是礼貌的。

(3) 他人介绍

① 他人做介绍的方法。在交往中,在为他人作介绍时,由于实际需要的不同,介绍时所采取的方式也会有所不同。常见的介绍方法有以下几种。

一般式,也称标准式,以介绍双方的姓名、单位、职务等为主。这种介绍方式适合于正式场合。如,"请允许我来为两位引见一下。这位是××公司主任王超先生,这位是××集团副总裁刘明先生。"

引见式。介绍者所要做的是将被介绍者双方引到一起即可,适用于普通场合。如:"两位互相认识一下。大家其实都在同一个单位工作,只是平时没机会认识。那我先失陪了。"

简单式。只介绍双方姓名一项,甚至只提到双方姓氏,适用一般的社交场合。如:"我来为大家介绍一下,这位是钱总,这位是徐总。希望大家合作愉快。"

附加式,也可以叫强调式,用于强调其中一位被介绍者与介绍者之间的特殊关系,以期引起另一位被介绍者的重视。如:"大家好!这位是××公司的营销部主任李斌先生。这是小儿王伟,请各位多多关照。"

推荐式。介绍者经过精心准备再将某人举荐给某人,介绍时通常会对前者的优点加以重点介绍。通常,适用于比较正规的场合。如:"这位是唐刚先生,这位是某公司的孙鹏总经理。唐刚刚从国外留学回来,他是经济学博士,管理学专家。孙总,我想您一定有兴趣和他聊一聊。"

礼仪式。这是一种最为正规的他人介绍方法,适用于正式场合。介绍语气、表达称呼上都更为规范和谦恭。如:"张女士,您好!请允许我把××公司的总经理周晓东先生介绍给您。周先生,这位是××集团的生产部经理张玲女士。"

② 他人介绍的时机。他人介绍即社交中的第三者介绍。在他人介绍中,为他人做介绍的人一般有社交活动中的东道主、社交场合中的长者、家庭中聚会的女主人、公务交往活动中的公关人员(礼宾人员、文秘人员、接待人员)等。他人介绍的时机包括:在家中接待彼此不相识的客人;在办公地点,接待彼此不相识的来访者;与家人外出,路遇家人不相识的同事或朋友;陪同亲友,前去拜会亲友不相识者;本人的接待对象遇见了其不相识的人士,而对方又跟自己打了招呼;陪同上司、长者、来宾时,遇见了其不相识者,而对方又跟自己打了招呼;打算推介某人加入某一交际圈;收到为他人做介绍的邀请。

③ 他人介绍的注意事项。在为他人做介绍时,介绍者对介绍的内容应当字斟句酌,慎之又慎。为他人做介绍时的手势如图 6-1 所示。

在正式场合,内容以双方的姓名、单位、职务等为主。如:"我来给两位介绍一下。这位是 A 公司的公关部主任王芳女士,这位是 B 公司的总经理刘洋先生。"

在一般的社交场合,其内容往往只有双方姓名一项,甚至可以只提到双方姓氏为止。接下来,则由被介绍者见机行事。如:"我来介绍一下,这位是老张,

图 6-1 他人介绍时的手势

这位是小李，你们认识一下吧。"

在比较正规的场合，介绍者有备而来，有意将某人举荐给某人，因此在内容方面，通常会对前者的优点加以重点介绍。如，"这位是李明先生，这位是我们公司的于楠总经理。李先生是一位管理方面的专业人士，他还是北大的 MBA。于总我想您一定很想认识他吧！"

在进行他人介绍时，介绍者与被介绍者都要注意自己的表达、态度与反应。介绍者为被介绍者介绍之前，不仅要尽量征求一下被介绍双方的意见，而且在开始介绍时还应再打一下招呼，切勿上去开口即讲，显得突如其来，让被介绍者措手不及。

被介绍者在介绍者询问自己是否有意认识某人时，一般不应加以拒绝或扭扭捏捏，而应欣然表示接受。实在不愿意时，则应说明缘由。

当介绍者走上前来，开始为被介绍者进行介绍时，被介绍的双方应起身站立，面含微笑，大大方方地注视介绍者或者对方，神态庄重、专注。

当介绍者介绍完毕后，被介绍双方应依照合乎礼仪的顺序进行握手，并且问候对方。此时的常用语有："你好"、"很高兴认识你"、"久仰大名"、"认识你非常荣幸"、"幸会，幸会"，等等。必要时还可做进一步的自我介绍。

介绍时要注意实事求是，掌握分寸，不能胡吹乱捧。介绍姓名时，一定要口齿清楚，发音准确。把易混的字咬准，如"王"和"黄"、"刘"和"牛"等；对同音字、近音字必要时要加以解释，如"张"和"章"、"邹"和"周"、"徐"和"许"等。

**4. 握手**

相传在刀耕火种的年代，人们经常持有石头或棍棒等武器，陌生者相遇，双方为了表示没有敌意，便放下手中的武器，并伸出手掌，让对方抚摩掌心。久而久之，这种习惯便逐渐演变为今日的握手礼节。当今，握手已成为世界上最为普遍的一种礼节，其应用的范围远远超过了鞠躬、拥抱、接吻等。因此，在日常交际中，我们必须注意握手的基本礼节。

（1）握手的次序

根据礼仪规范，握手时双方伸手的先后次序，一般应当遵守"尊者先伸手"的原则，应由尊者首先伸出手来，位卑者只能在此后予以响应，而绝不可贸然抢先伸手，不然就是违反礼仪的举动。其基本规则如下：

① 男女之间握手。男女之间握手，男士要等女士先伸出手后才握手。如果女士不伸手或无握手之意，男士向对方点头致意或微微鞠躬致意。男女初次见面，女方可以不和男士握手，只是点头致意即可。男女握手时，男士要脱帽和脱右手手套，如果偶遇匆匆忙忙来不及脱，要道歉。女士除非对长辈，一般可不必脱手套。

② 宾客之间握手。宾客之间握手，主人有向客人先伸出手的义务。在宴会、宾馆或机场接待宾客，当客人抵达时，不论对方是男士还是女士，女主人都应该主动先伸出手。男士因是主人，尽管对方是女宾，也可先伸出手，以表示对客人的热情欢迎。而在客人告辞时，则应由客人首先伸出手来与主人相握，在此表示的是"再见"之意。

③ 长幼之间握手。长幼之间握手，年幼的一般要等年长的先伸手。和长辈及年长的人握手，不论男女，都要起立趋前握手，并要脱下手套，以示尊敬。

④ 上下级之间握手。上下级之间握手，下级要等上级先伸出手。但涉及主宾关系时，可不考虑上下级关系，做主人的应先伸手。

⑤ 一个人与多人握手。若是一个人需要与多人握手，则握手时亦应讲究先后次序，由

尊而卑,即先年长者后年幼者,先长辈而晚辈,先老师后学生,先女士后男士,先已婚者后未婚者,先上级后下级,先职位、身份高者后职位、身份低者。

值得注意的是,在公务场合,握手时伸手的先后次序主要取决于职位、身份。而在社交、休闲场合,它则主要取决于年龄、性别、婚否。

（2）握手的方式

握手的标准方式,是行礼时行至距握手对象约1米处,双腿立正,上身略向前倾,伸出右手,四指并拢,拇指张开与对方相握。握手时的手势如图6-2所示。握手时应用力适度,上下稍许晃动三四次,随后松开手来,恢复原状。如图6-3所示。具体地应注意如下几点。

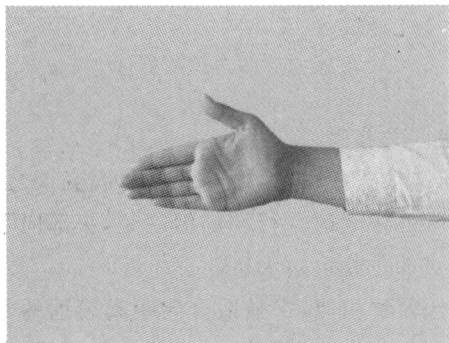

图 6-2　握手时的手势

图 6-3　握手

① 神态。与人握手时神态应专注、热情、友好、自然。在通常情况下,与人握手时,应面含微笑,目视对方双眼,并且口道问候。在握手时切勿显得自己三心二意,敷衍了事,漫不经心,傲慢冷淡。如果在此时迟迟不握他人早已伸出的手,或是一边握手,一边东张西望,目中无人,甚至忙于跟其他人打招呼,都是极不应该的。

② 力度。握手时用力应适度,不轻不重,恰到好处。如果手指轻轻一碰,刚刚触及就离开,或是懒懒地慢慢地相握,缺少应有的力度,会给人勉强应付、不得已而为之之感。一般来说,手握得紧是表示热情,男人之间可以握得较紧,甚至另一只手也加上,包括对方的手大幅度上下摆动,或者在手相握时,左手又握住对方胳膊肘、小臂,甚至肩膀,以表示热烈。但是注意既不能握得太使劲,使人感到疼痛,也不能显得过于柔弱,不像个男子汉。对女性或陌生人,轻握是很不礼貌的,尤其是男性与女性握手应热情、大方、用力适度。

③ 时间。通常是握紧后打过招呼即松开。但如亲密朋友意外相遇,敬慕已久而初次见面,至爱亲朋依依惜别,衷心感谢难以表达等场合,握手时间就长一点,甚至紧握不放,话语不休。在公共场合,如列队迎接外宾,握手的时间一般较短。握手的时间应根据与对方的亲密程度而定。

（3）握手的禁忌

在人际交往中,握手虽然司空见惯,看似寻常,但是由于它可被用来传递多种信息,因此在行握手礼时应努力做到合乎规范,并且注意下述几点。

不要用左手与他人握手,尤其是在与阿拉伯人、印度人打交道时要牢记此点,因为在他们看来左手是不洁的。

不要在握手时争先恐后,而应当遵守秩序,依次而行。特别要记住,与基督教信徒交往时,要避免两人握手时与另外两人相握的手形成交叉状,这类似十字架,在基督教信徒眼中是很不吉利的。

不要戴着手套握手,在社交场合女士的晚礼服手套除外。

不要在握手时戴着墨镜,只有患有眼疾或眼部有缺陷者才能例外。

不要在握手时将另外一只手插在衣袋里。

不要在握手时另外一只手依旧拿着香烟、报刊、公文包、行李等东西而不肯放下。

不要在握手时面无表情,不置一词,好似根本无视对方的存在,而纯粹是为了应付。

不要在握手时长篇大论,点头哈腰,滥用热情,显得过分客套,让对方不自在,不舒服。

不要在握手时把对方的手拉过来、推过去,或者上下左右抖个没完。

不要在与人握手之后,立即揩拭自己的手掌,好像与对方握一下手就会使自己受到感染似的。

(4)常见的其他见面礼

在国内外交往中,除握手之外,以下见面礼也颇为常见。

① 点头礼。点头礼适用于路遇熟人,在会场、剧院、歌厅、舞厅等不宜与人交谈之处,在同一场合碰上已多次见面者,遇上多人又无法一一问候之时。行礼的做法是,头部向下轻轻一点,同时面带笑容,不宜反复点头不止,也不必点头的幅度过大。

② 举手礼。行举手礼的场合与行点头礼场合大致相似,它最适合向距离较远的熟人打招呼。其做法是右臂向前方伸直,右手掌心向着对方,其他四指并齐、拇指分开,轻轻向左右摆动一两下。不要将手上下摆动,也不要在手摆动时用手背朝向对方。

③ 脱帽礼。戴着帽子的人,在进入他人居所,路遇熟人,与人交谈、握手或行其他见面礼时,进入娱乐场所,升挂国旗,演奏国歌等一些情况下,应自觉主动地摘下自己的帽子,并置于适当之处,这就是所谓脱帽礼。女士在社交场合可以不脱帽子。

④ 注目礼。具体做法是,起身立正,抬头挺胸,双手自然下垂或贴放于身体两侧,笑容庄重严肃,双目正视被行礼对象,或随之缓缓移动。一般在升国旗时、游行检阅、剪彩揭幕、开业挂牌等情况下,使用注目礼。

⑤ 拱手礼。拱手礼是我国民间传统的会面礼,今天在过年时举行团拜活动,向长辈祝寿,向友人恭喜结婚、生子、晋升、乔迁,向亲朋好友表示感谢,以及与海外华人初次见面时表示久仰大名等场合适用。行礼时应起身站立,上身挺直,两臂前伸,双手在胸前高举抱拳,自上而下,或者自内向外,有节奏地晃动两三下。

⑥ 鞠躬礼。鞠躬礼在日本、韩国、朝鲜等国十分普遍。目前在我国主要适用于向他人表示感谢、领奖或讲演之后、演员谢幕、举行婚礼或参加追悼活动。行礼时应脱帽立正,双目凝视受礼者,然后上身弯腰前倾。男士双手应贴放于身体两侧裤线处,女士的双手则应下垂搭放于腹前,如图 6-4 所示。下弯的幅度越大,所表示的敬重程度就越大。

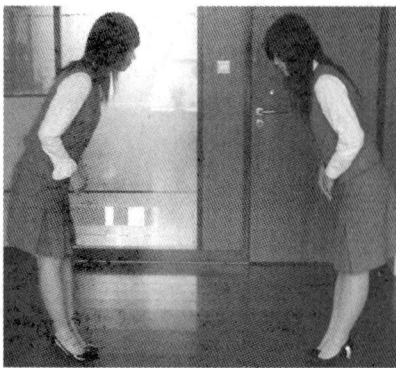

图 6-4　鞠躬时的体态

⑦ 合十礼。在东南亚、南亚信奉佛教的地区以及我国傣族聚居区,合十礼最为普遍。行合十礼时双掌十指在胸前相对合,五个手指并拢向上,掌尖和鼻尖基本持平,手掌向外侧倾斜,双腿立直站立,上身微

欠低头,可以口颂祝词或问候对方,亦可面带微笑,但不准手舞足蹈,反复点头。一般而论,行此礼时,合十的双手举得越高,越体现出对对方的尊重,但原则上不可高于额头。

⑧ 拥抱礼。在西方,特别是在欧美国家,拥抱礼是十分常见的见面礼与道别礼。在人们表示慰问、祝贺、欣喜时,拥抱礼也十分常用。正规的拥抱礼,讲究两人正面面对站立,各自举起右臂,将右手搭在对方左肩后面;左臂下垂,左手扶住对方右腰后侧。首先各向对方左侧拥抱,然后各向对方右侧拥抱,最后再一次各向对方左侧拥抱,一共拥抱 3 次。在普通场合行礼,不必如此讲究,次数也不必要求如此严格。

⑨ 亲吻礼。亲吻礼,也是西方国家常用的见面礼。有时它会与拥抱礼同时使用。行礼时,通常忌讳发出亲吻的声音,而且不应将唾液弄到对方脸上。在行礼时,双方关系不同,亲吻的部位也有所不同。长辈吻晚辈,应当吻额头;晚辈吻长辈,应当吻下颌或吻面颊;同辈之间,通常应当贴面颊,异性应当吻面颊。接吻,即吻嘴唇,仅限于夫妻与恋人之间,而不宜滥用,不宜当众进行。

⑩ 吻手礼。吻手礼,主要流行于欧美国家。它的做法是,男士行至已婚妇女面前,首先垂手立正致意,然后以右手或双手捧起女士的右手,俯首以自己微闭的嘴唇,去象征性地轻吻一下其手背或是手指。行吻手礼的地点,应在室内为佳。吻手礼的受礼者,只能是妇女,而且应是已婚妇女。

**5. 名片**

名片是现代社会中必不可少的社交工具。两人初次见面,先互通姓名,再奉上名片。单位、姓名、职务、电话等历历在目,既回答了一些对方心中想问而有时又不便贸然出口的问题,又使相互之间的距离一下子接近了许多,在交往中,熟悉和掌握名片的有关礼仪是十分重要的。

(1)名片的制作

名片一般为 10 厘米长,6 厘米宽的白色卡片。我们经常使用的规格略小,长 9 厘米,宽 5.5 厘米。值得说明的是,如无特殊需要,不应将名片制作过大,甚至有意搞折叠式,免得给人以标新立异、虚张声势之感。

印制名片,最好选用纸张,并以耐折、耐磨、美观、大方的白卡纸、再生纸、合成纸、布纹纸、麻点纸、香片纸为佳。至于高贵典雅、纸质挺括的钢骨纸、皮纹纸,则可量力而行,酌情选用。必要时,还可覆膜。

印制名片的纸张,宜选庄重朴素的白色、米色、淡蓝色、淡黄色、淡灰色,并且以一张名片一色为好。

很多企业认为名片是宣传组织的一个极好的媒体,若所有工作人员,特别是业务员的名片设计得风格一致,个性鲜明,将会给人一种统一的视觉印象,而这种个性很大程度表现在名片的内容设计上。

一般的,名片上应该印上工作单位、姓名、身份、地址、邮政编码等。工作单位一般印在名片的上方,社会职务紧接工作单位排列下来;姓名印在名片中央,右旁印有职务、职称;名片的下方为地址、邮政编码、电话号码、传真、E-mail 地址等,如图 6-5 所示。

名片的背面,一般都印上相应的英文,作为对外交往时用。但也有些名片在背面印上企业、公司的简介、经营范围、产品及服务范围以方便客户和作为宣传。

很多企业有标准的员工名片格式,有的要加印公司的标识、甚至企业经营理念,并且规

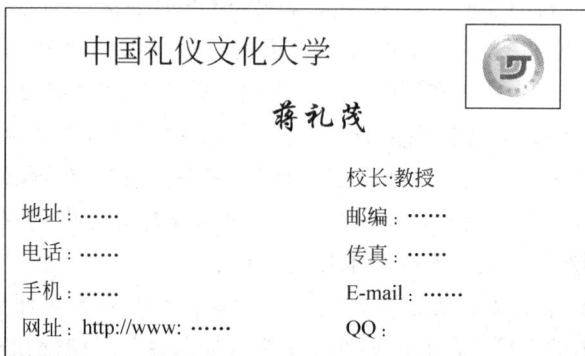

中国礼仪文化大学

*蒋礼茂*

校长·教授

地址：······            邮编：······

电话：······            传真：······

手机：······            E-mail：······

网址：http://www：······    QQ：

图 6-5　名片范例

定名片统一规格、格式等。

（2）名片的用途

对现代人来讲，名片是一种物有所值的实用型交际工具，其用途是多方面的。

① 介绍自身。名片最主要的用途是介绍自身。会客交友，取出一张名片，自我的基本情况跃然纸上，让他人一目了然。它在介绍中的好处是简明扼要，介绍方便。在当着一两个人私人口头自我介绍时，总是很简短，几乎就是姓名、单位。有时候职务都不便开口说出，因为介绍自己的一官半职总有自我炫耀之嫌，当身兼数职时更不好一一启齿，但有了名片，一切都写得清清楚楚，不用为难和啰唆，他人就能较多地了解你。

② 维持联系。名片犹如"袖珍通讯录"，利用它所提供的资料，即可与名片的提供者保持联系。正因为有了名片上所提供的各种联络方式，人们的"常来常往"才变得更加现实和方便。

③ 显示个性。通过名片展示个性，获得他人对自我多方面和多层次的了解。可以在名片上印上代表自己个性的爱好和特点，如"酷爱足球，性喜笔耕，嗜辣如命，钟情绿色，崇尚真诚"，这样的名片很快就让别人读懂了自己，也赢得了友善。也有的人在名片上印上自己的座右铭或喜爱的格言及与对方相识的真诚的话语等，如"一握你的手，永远是朋友"、"不握你的手，照样是朋友"这样的名片很容易给对方留下好感，加深交往。

④ 拜会他人。初次前往他人居所或工作单位进行拜会时，可将本人名片交由对方门卫、秘书或家人，转交给被拜访者，以便对方确认"来系何人"，并决定见与不见。这种做法比较正规，可以避免冒昧造访。

此外，名片在交往中有多种用途，如馈赠附名、代替请柬、喜庆告友、祝贺升迁等。

（3）名片的交换

要使名片在人际交往中正常地发挥作用，还须在交换名片时做得得法。遇到以下几种情况时需与对方交换名片：一是希望认识对方时；二是被介绍给对方时；三是对方提议交换名片时；四是对方向自己索要名片时；五是初次登门拜访对方时；六是通知对方自己的变更情况时；七是打算获得对方的名片时。

① 递交名片。名片的持有者在递交名片时动作要洒脱、大方，态度从容、自然，表情要亲切、谦恭。应当事先将名片放在身上易于掏出的位置，取出名片便先郑重地握在手里，然后再在适当的时机得体地交给对方。

递交名片的姿势是，要双手递过去，以示尊重对方。将名片放置手掌中，用拇指夹住名片，其余四指托住名片反面，名片的文字要正向对方，以便对方观看（见图 6-6），若对方是外宾，则最好将名片上印有对方认得的文字的那一面面对对方，同时讲些"请多联系"、"请多关照"、"我们认识一下吧"、"有事可以找我"之类友好客气的话。

递交名片的时间，应当根据具体情况而定。如果名片持有者与人事先有约，一般可在告辞时再递上名片。如果双方只是偶然相遇，则可在相互问候，得知对方有与你交往的意向时，再递交名片。

与多人交换名片时，要注意讲究先后次序，或由近而远，或由尊而卑。一定要依次进行，切勿采取"跳跃式"。

② 接受名片。接受他人名片时，应恭恭敬敬，双手捧接，并道感谢。接受名片者应当首先认真地看看名片上所显示的内容，必要时可以从

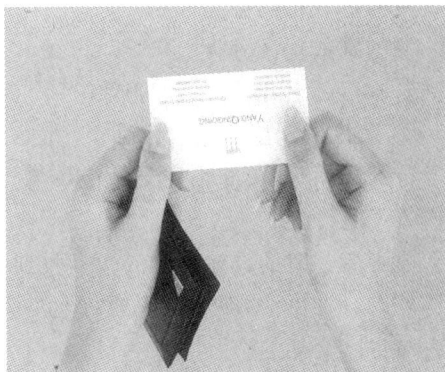

图 6-6　握名片

上到下，从正面到反面重复看一遍，必要时可把名片上的姓名、职务（较重要或较高的职务）读出声来，如"您就是张总啊！"以表示对赠送名片者的尊重，同时也加深了对名片的印象。然后把名片细心地放进名片夹或笔记本、工作证里夹好。

在别人给了名片后，如有不认识或读不准的字要虚心请教。请教他人的姓名，丝毫不会降低你的身份，反而会使人觉得你是一个对待事情很认真的人，增加对你的信任。

接受名片时应避免以下几种行为：马马虎虎地用眼睛瞄一下，然后顺手不经意地塞进衣袋；随意往裤子口袋一塞、往桌上一扔；名片上压东西、滴到了菜汤油渍；离开时把名片忘在桌子上。名片是一个人人格的象征，这些行为是对其人格的不尊重，这样都会使人感到不快。

当然在收到了别人的名片后，也要记住给别人自己的名片，因为只收别人的名片，而不拿出自己的名片，是无礼拒绝的意思。

此外，还要注意索取名片的礼仪。

如果没有必要最好不要强索他人名片。若索取他人名片，则不宜直言相告，而应委婉表达此层意思，可向对方提议交换名片、主动递上本人的名片；询问对方："今后如何向您请教？"（向尊长者索要名片时多用此法）；"以后怎么与您联系？"（向平辈或晚辈索要名片时多用此法）。

反过来，当他人向自己索取名片时，自己不想给对方时，不宜直截了当，也应以委婉方式表达此意。可以说："对不起，我忘带名片了。"或说："抱歉，我的名片用完了。"

（4）名片的存放

① 名片的放置。在参加交际活动之前，要提前准备好名片，并进行必要的检查。随身所带的名片最好放在专用的名片夹里，也可放在上衣口袋里。不要把名片放在裤袋、裙兜、提包、钱包等里，那样既不正式，又显得杂乱无章。在自己的公文包以及办公桌抽屉里，也应经常备有名片，以便随时使用。在交际场合，如感到要用名片，则应将其预备好，不要在使用时再去瞎翻乱找。

参加交际活动后，应立即对所收到的他人名片加以整理收藏，以便今后利用方便。不要

将它随意夹在书刊、材料,压在玻璃板底下,或是扔在抽屉里面。存放名片的方法大体有四种,它们还可以交叉使用。

按姓名的外文字母或汉语拼音字母顺序分类。

按姓名的汉字笔画的多少分类。

按专业或部门分类。

按国别或地区分类。

若收藏的名片甚多,还可以编一个索引,那么用起来就更方便了。

② 名片的利用。随着人际交往的不断深入,还可在收藏的他人名片上随手记下可供本人参考的资料,使其充当社交的记事簿。在收藏的他人名片上可记的有利于人际交往的资料有以下几种。

收到名片时的具体情况。包括收到名片的地点、时间,以及是否与对方亲自交换,等等。在国外有一种做法,即把名片的右上角向下折,然后再使其恢复原状,它表示该名片是对方亲自与自己交换的。

交换名片者个人的资料。例如性别、年龄、籍贯、学历、专长、嗜好,等等。这既可备忘,也可充作资料。

交换名片者在交换名片后变化的情况,例如单位、部门的变化,职业的变动调任,职务、学衔的升降,联络方式的改变,等等。

### 6. 馈赠

中华民族素来重交情,古代就有"礼尚往来"之说。亲友和商务伙伴之间的正当馈赠是礼仪的体现,感情的物化。在正常的交际活动中,用以增进友情的合理、适度的赠礼与受礼是必要的。

(1) 馈赠礼品的标准

① 情感性。馈赠礼品要重视其情感意义。礼品作为友好的象征物,其意义并不在礼品本身,而在于通过礼品所传达的友好情意,这是馈赠礼品的基本思想,所谓"千里送鹅毛,礼轻情义重"情义是无价的,情义是无法用金钱来衡量的。"烽火连三月,家书抵万金"同样说明"情"的价值,丝毫也不夸张。著名作家萧乾当年访问一位美籍华人朋友,特意捎去几颗生枣核。他深深知道,朋友身在异国他乡,年纪越大,思乡越切。送去几颗故乡故土的生枣核,让它在异国他乡生根、开花、结果。果然那位美籍朋友一见到那几颗生枣核,勾起了缕缕乡情,他把枣核托在手掌,仿佛它比珍珠玛瑙还贵重。因此选择礼品时,勿忘一个"情"字,应挑选价廉物美、具有一定纪念意义,或具有某些艺术价值,或为受礼人所喜爱的小艺术品,如纪念品、书籍、画册等。

选择礼品的价值要"得体"。并非是价值越昂贵的礼品所表达送礼者的情意越深厚。送礼要与受礼者的经济状况相适合,中国人历来有"礼尚往来"的习俗,若受礼者的经济能力有限,当接到一份过于贵重的礼品时,其心理负担一定会大于受礼时的喜悦,尤其当你有求于对方的时候,昂贵的厚礼会让人有以礼代贿的嫌疑,不但加重了对方接受这份礼品的心理压力,也失去了平衡交流的意义。

② 独创性。送人礼品,与做其他许多事情一样,是最忌讳"老生常谈"、"千人一面"的。选择礼品,应当精心构思,匠心独运,富于创意,力求使之新、奇、特,这就是礼品的独创性。赠送具有独创性的礼品给人,往往可以令其耳目一新,既兴奋又感动,因为这等于是"特别的

爱献给特别的你"。真是这样的话,赠送者在对方心目中往往也会因此"升值"。

③ 时尚性。赠送礼品应折射时代风尚。当今人们追求生活的高尚品位,什么样的礼品够档次,多半取决于礼品是否符合时代风尚。改革开放以来,随着人们生活水准的提高和思想观念的转变,人们相互馈赠的礼品也发生了质的变化和飞跃,从经济实用的物质型礼品向高雅、新潮的精神型礼品转化。"精神礼品"受青睐已成为当今人际交往中的一道亮丽的风景线。它包括:智力型,如报纸、杂志、图书、各种教学录音带、电脑软件等;娱乐型,如唱片、激光影碟、体育比赛门票、晚会展览会入场券等;祝贺型,如鲜花、节日贺卡、各种礼仪电报等。

④ 适俗性。挑选礼品时,特别要在为交往不深或外地区人士和外国人挑选礼品时,应当有意识地使赠品与对方所在地的风俗习惯一致,在任何情况下,都要坚决避免把对方认为属于伤风败俗的物品作为礼品相赠,这样才表明尊重交往对象。如在我国大部分地区,老年人忌讳发音为"终"的钟,恋人们反感于发音为"散"的伞,阿拉伯地区严禁饮酒,在西方药品不宜送人。因此在涉外交往中,要根据不同国家、地区的习惯与个人的爱好做些必要的选择,赠礼问俗是我们不能忽视的,这也是一个重要标准。1972 年,尼克松总统准备访华,急于寻求能代表国家的礼物。美国保业姆公司闻讯后,趁此良机,向尼克松总统献上公司生产的一尊精致的天鹅群瓷器珍品,因为瓷器的英文 china,也具有"中国"的意思,尼克松一见,大喜过望,于是把这尊具有双重意义而且具有很高艺术价值的瓷器珍品带到了中国。

（2）馈赠礼品的礼仪

① 精心包装。送给他人礼品,尤其是在正式场合赠送于人的礼品,在相赠之前,一般都应当认真进行包装。可用专门的纸张包裹礼品或把礼品放入特制的盒子、瓶子里等。礼品包装就像穿了一件外衣,这样才能显得正式、高档,而且还会使受赠者感到自己备受重视。

② 表现大方。现场赠送礼品时,要神态大方自然,举止大方,表现适当。千万不要像做了"亏心事",小里小气,手足无措。一般在与对方会面之后,将礼品赠送给对方,届时应起身站立,走近受赠者,双手将礼品递给对方。礼品通常应当递到对方手中,不宜放下后由对方自取。如礼品过大,可由他人帮助递交,但赠送者本人最好还是要参与其事,并援之以手。若同时向多人赠送礼品,最好先长辈后晚辈、先女士后男士、先上级后下级,按照次序,依次有条不紊地进行。

③ 认真说明。当面亲自赠送礼品时要辅以适当的、认真的说明。一是可以说明因何送礼,如若是生日礼物,可说"祝你生日快乐";二是说明自己的态度,送礼时不要自我贬低,说什么"没有准备,临时才买来的"、"没有什么好东西,凑合着用吧",而应当实事求是地说明自己的态度,比如"这是我为你精心挑选的"、"相信你一定会喜欢"等;三是说明礼品的寓意,在送礼时,介绍礼品的寓意,多讲几句吉祥话,是必不可少的;四是说明礼品的用途,对较为新颖的礼品可以说明礼品的用途、用法。

（3）接受馈赠的礼仪

① 受礼坦然。一般情况下,对于对方真心赠送的礼物不能拒收,因此没完没了地说"受之有愧"、"我不能收下这样贵重的礼物"这类话是多余的,有时还会使人产生不愉快的感觉。即使礼物不称你心,也不能表露在脸上。接受礼物时要用双手,并说上几句感谢的话语。千万不要虚情假意,推推躲躲,反复推辞,硬逼对方留下自用;或是心口不一,嘴上说"不要,不要",手却早早伸了过去。

② 当面拆封。如果条件许可,在接受他人相赠的礼品后,应当尽可能地当着对方的面,

将礼品包装当场拆封。这种做法在国际社会是非常普遍的。在启封时,动作要井然有序,舒缓得当,不要乱扯、乱撕。拆封后还不要忘记用适当的动作和语言,显示自己对礼品的欣赏之意,如将他人所送鲜花捧在身前闻闻花香,然后再插入花瓶,并置放在醒目之处。

③ 拒礼有方。有时候,出于种种原因,不能接受他人相赠的礼品。在拒绝时,要讲究方式、方法,处处依礼而行,要给对方留有退路,使其有台阶可下,切忌令人难堪。可以使用委婉的、不失礼貌的语言,向赠送者暗示自己难以接受对方的好意,如当对方向自己赠送一部手机时,可以告知:"我已经有一部了。"可以直截了当向赠送者说明自己之所以难以接受礼品的原因。在公务交往中,拒绝礼品时此法最为适用,如拒绝他人所赠的大额贵重礼品时,可以说:"依照有关规定,你送我的这件东西,必须登记上缴。"

(4)赠花的礼仪

鲜花是美好、吉祥、友谊和幸福的象征。我国早在汉代就有"折柳送别话依依"的诗句,可见在当时已有交际赠花之习俗。当今社交中无论是欢迎、送别、婚寿庆祝,还是节庆、开业、慰问、吊唁及国际交往中,人们经常赠之以鲜花,言志明心。但由于各地风俗习惯不同,花的含义也不同,送花时必须注意得体,要做到以下几点。

① 了解"花卉语"。当我们用花为媒来传递友谊时,要注意运用正确的"花卉语",以免出现尴尬。以下是常见的花卉的寓意。

| | |
|---|---|
| 荷花——纯洁、淡泊和无邪 | 常春藤——结婚、白头偕老 |
| 月季——幸福、光荣 | 水仙——尊敬、自尊 |
| 红玫瑰——爱情 | 牡丹——拘谨、害羞 |
| 白菊——真实 | 牵牛花——爱情 |
| 百合——圣洁、幸福、百年好合 | 紫丁香——初恋 |
| 野百合——幸福即将来临 | 野丁香——谦逊、美好 |
| 红罂粟——安慰、慰藉 | 黄郁金香——爱的绝望 |
| 红蔷薇——求爱、爱情 | 红郁金香——宣布爱恋 |
| 杜鹃——节制、盼望 | 蓝色郁金香——诚实 |
| 康乃馨——健康长寿 | 樱花——心灵的美 |
| 红茶花——天生丽质 | 并蒂莲——夫妻恩爱 |
| 山茶花——美好的品德 | 万年青——长寿、友谊长存 |
| 勿忘草——永志不忘、真挚和贞操 | 红豆——相思 |
| 剑兰——步步高升 | 兰花——热情 |
| 松柏——坚强 | 仙人掌——热心 |
| 橄榄枝——和平 | 竹子——正直、虚心 |
| 梅花——刚毅、坚贞不屈 | 美人蕉——坚实 |
| 文竹——祝贺长寿 | …… |

在不同的国家和地区,同一种花也许会有不同的寓意,如在一些国家,菊花和康乃馨被认为是厄运的象征。垂柳在美国表示"悲哀",但在法国,柳则是"仁勇"的象征。实际上,同一种类型的花卉,因其不同的颜色,也有不同甚至截然相反的意思。如红色的郁金香是"爱的表示",蓝色的郁金香象征"诚实",而黄色的郁金香则象征"无望的恋爱"。因此,要恰当运用好"花卉语"。

② 不同场合的赠花。向恋人赠玫瑰花的花语是"我真心爱你";蔷薇花象征"我向你求爱,小天使";桂花表示"我挚意爱你",这类花卉赠之恋人,可收心有灵犀一点通之效。若将这类花卉赠之其他对象,则会交际不成,反而引火烧身。

婚礼赠花可以送一束美丽鲜艳的由红玫瑰、吉祥草、文竹等花组成的花束。红玫瑰象征爱情美好;吉祥草祝朋友吉祥如意、生活美满;文竹绿叶葱葱,祝朋友爱情地久天长。此外并蒂莲表示"恩爱如初,幸福长存",百合花象征"百年好合",它们及红色郁金香等花都是婚礼的理想花卉。

慰问病人,送一束黄月季,表示"早日康复",一束芝兰,象征"正气清运,贵体早康",或送一束松、柏、梅花,以鼓励他与病魔作斗争"坚贞不屈","胜利属于你"。

庆贺生日赠花,年轻一点的可送其火红的石榴花、鲜红的月季花、美丽的象牙花,祝其前程如火样红烈,青春如红花鲜艳等。对年老者,赠之以万年青、寿星草、龟背竹等,以示祝福老人健康长寿,快乐幸福。

③ 赠花的注意事项。正式场合,如组织开张、纪念、庆典等,大多可送花篮;迎宾、欢送、演出中送给演员,大多送花环、花束;宴请、招待会等送胸花;参加追悼会时送花圈以示哀悼。

送花一般不能送单一的白色花,因为会被人认为不吉利;送玫瑰花时应送单数,不要送双数,但12除外,不要将红玫瑰送给未成年的小姑娘,不要将浓香型的鲜花送给病人。

送一束花时最好用彩色透明纸将花包装好,再系一根与鲜花颜色相匹配的彩带,这样既便于携带,又使花显得更漂亮。

# 二、通 联

## 1. 电话礼仪

(1) 电话的语言要求

目前大部分电话能传输的信号是声音,但这一信号载体却包含着许多信息。说话人想做什么,要做什么,是高兴还是悲伤,还有对另一方的信任感,尊重感,彼此都可以清晰地得知。这些都取决于电话的语言与声调。因此,电话语言要求礼貌、简洁和明了,以准确地传递信息。

① 态度礼貌友善。当我们使用电话交谈时,不能简单地将对方视做一个"声音",而应看做是面对一个正在交谈的人。尤其是对办公人员来说,我们面对的是组织的一名公众,如果你们是初次交往,那么,这样一次电话接触便是你给公众的第一次"亮相",应十分慎重。因此,在使用电话时,多用肯定语,少用否定语,酌情使用模糊用语;多用些致歉语和请托语,少用些傲慢语、生硬语。礼貌的语言、柔和的声音,往往会给对方留下亲切之感。正如日本一位研究传播的权威所说:"不管是在公司还是在家庭里,凭这个人在电话里的讲话方式,就可以基本判断出其'教养'的水准。"

② 传递信息要简洁。电话用语要言简意赅,将自己所要讲的事用最简洁、明了的语言表达出来。因为通话的一方尽管有诸如紧张、失望而表情异常的体态语言,但通话的另一方不知道,他所能得到的判断只能是来自他听到的声音。在通话时最忌讳发话人吞吞吐吐,含糊

不清,东拉西扯,正确的做法是,问候完毕对方,即开宗明义,直言主题,少讲空话,不说废话。

③ 控制语速语调。通话时语调温和,语气、语速适中,这种有魅力的声音容易使对方产生愉悦感。如果说话过程语速太快,则对方会听不清楚,显得应付了事;太慢,则对方会不耐烦,显得懒散拖沓;语调太高,则对方听得刺耳,感到刚而不柔;太低,则对方会听得不清楚,感到有气无力。一般说话的语速、语调和平常的一样就行了,即使是长途电话,也无须大喊大叫,把受话器放在离嘴两三寸的地方,正对着它讲就行了。另外通电话时,周围有种种异样的声音,会使对方觉得自己未受尊重而变得恼怒,这时应向对方解释,以保证双方心情舒畅地传递信息。

(2)接电话

① 迅速、礼貌地接听电话。接电话首先应做到迅速接听,力争在铃响三次之前就拿起话筒,这是避免让打电话的人产生不良印象的一种礼貌。电话铃响过三遍后才做出反应,会使对方焦急不安或不愉快。正如日本著名社会心理学家铃木健二所说:"打电话本身就是一种业务。这种业务的最大特点是无时无刻不在体现每个人的特性。""在现代化大生产的公司里,职员的使命之一,是一听到电话铃声就立即去接。"接电话时,也应首先自报单位、姓名,然后确认对方,如:"您好!这是××公司营销部。"如果对方没有马上进入正题,可以主动请教:"请问您找哪位通话?"

② 仔细聆听并积极反馈。作为受话人,通话过程中,要仔细聆听对方的讲话,并及时作答,给对方以积极的反馈。通话中听不清楚或意思不明白时,要马上告诉对方。在电话中接到对方邀请或会议通知时,应热情致谢。

③ 规范地代转电话。如果对方请你代转电话,应弄明白对方是谁,要找什么人,以便与接电话人联系。此时,请告知对方"稍等片刻",并迅速找人。如果不放下话筒喊距离较远的人,可用手轻捂话筒或按保留按钮,然后再呼喊接话人。如果你因别的原因决定将电话转到别的部门,应客气地告知对方,你将电话转到处理此事的部门或适当的职员。如:"真对不起,这件事是由财务部处理,如果您愿意,我帮您转过去好吗?"

④ 认真做好电话记录。如果要接电话的人不在,应为其做好电话记录,记录完毕,最好向对方复述一遍,以免遗漏或记错。可利用电话记录卡片做好电话记录。电话记录卡片如图 6-7 所示。

给 _____

日期 _____　　　时间 _____

你不在办公室时　　　　　　　　　　　　　　　　　　先生
　　　_____公司的 _____　　　女士
　　　　　　　　　　　　　　　　　　　　　　　　　　小姐

电话 _____

○电话　　　　　　　　　○请打电话回去

○要求来访　　　　　　　○还会打电话来

○是否紧急　　　　　　　○回你的电话

留言 _____

图 6-7　电话记录卡片

⑤ 特殊情况的处理。电话铃响时,如果自己正在与客人交谈,应先向客人打招呼,然后再去接电话。如果发觉打来的电话不宜为外人所知,可以告诉对方:"我身边有客人,一会儿我再给您回电话。"不要抛下客人,在电话中谈个没完。这样身边的客人有被轻视的感觉。

不要在听电话时与旁人打招呼、说话或小声议论某些问题。如果通电话时,有人有急事来找你,应先对电话那端的人说声:"对不起。"如果为回答通话对方的提问,需向同事请教时,可说声:"请让我核实一下。"

如果使用录音电话,应事先把录音程序整理好,把一些细节考虑周到。不要先放一长段音乐,也不要把程序搞得太复杂,让对方莫名其妙、不知所措。

如果对方打错了电话,应当及时告知,不要讽刺挖苦,更不要表示出恼怒之意。如果来电人需要把电话打到别的部门,你可以说:"您要找的人在××部门,电话号码是×××××××。"

接电话的顺序、用语及注意事项如表 6-1 所示。

表 6-1  接听电话的顺序、用语及注意事项

| 顺　　序 | 基 本 用 语 | 注 意 事 项 |
| --- | --- | --- |
| 1. 拿起电话听筒并告知自己的姓名 | • "您好,平安保险××部××"(直线),"您好,××部×××热线"(内线)<br>• (上午 10 点以前)"早上好"<br>• (电话铃响 3 声以上才接时)"让您久等了,我是××部×××" | • 电话铃响 3 声之内接起<br>• 在电话机旁准备好记录用的纸笔<br>• 接电话时,不使用"喂"回答<br>• 音量适度,不要过高<br>• 告知对方自己的姓名 |
| 2. 确认对方 | • "×先生,您好!"<br>• "感谢您的关照"等 | • 必须对对方进行确认<br>• 如是客户来电,要对其表达感谢之意 |
| 3. 听取对方来电用意 | "是"、"好的"、"清楚"、"明白" | • 必要时应进行记录<br>• 谈话时不要离题 |
| 4. 进行确认 | "请您再重复一遍"、"那么明天在×××见,9 点钟",等等 | • 确认时间、地点、对象和事由<br>• 如是留言,必须记录下电话时间和留言人 |
| 5. 结束语 | "清楚了"、"请放心"、"我一定转达"、"谢谢"、"再见"等 | |
| 6. 放回电话听筒 | | 轻轻放下电话 |

(3) 打电话

① 选择适宜的通话时间。打电话的时间应尽量避开上午 7 时前、晚上 10 时以后的时间,还应避开晚饭时间。有午休习惯的人,也请不要用电话打扰他。电话交谈所持续的时间也不宜过长,事情说清楚了就可以了,一般以 3~5 分钟为宜。因为在办公室打电话,要照顾到其他电话的进、出,不可过久占线,更不可将办公室的电话或公用电话当作聊天的工具,这是惹人讨厌的行为。著名相声表演艺术家马季曾说过一段相声,名叫《打电话》,就是讽刺这种人的。

② 通话之前做好准备。通话之前应该核对对方公司或单位的电话号码、公司或单位的名称及接话人姓名。写出通话要点及询问要点,准备好在应答中使用的备忘纸和笔,以及必要的资料和文件。估计一下对方情况,决定通话时间。

③ 注意通话的礼节。接通电话后,应主动友好,自报一下家门和证实一下对方的身份。应先说明自己是谁,除非通话的对方与你很熟悉,否则就该同时报出你的公司及部门名称,然后再提一下对方的名称。打电话要坚持用"您好"开头、"请"字在中、"谢谢"收尾,态度温文尔雅。若你找的人不在,可以请接电话的人转告,如:"对不起,麻烦您转告×××……",然后将你所要转告的话告诉对方。最后别忘了向对方道一声谢,并且问清对方的姓名。切不可"咔嚓"一声就把电话挂了,这样做是不礼貌的,即使你不要求对方转告,你也应该说一声:"谢谢,打扰了。"打电话结束时,要道谢和说声再见,这是通话结束的信号,也是对对方的尊重。注意声音要愉快,听筒要轻放。一般说,应是打电话的人先搁下电话,接电话的人再放下电话。但是,假如是与上级、长辈、客户等通话,无论你是通话人还是发话人,都最好让对方先挂断。

④ 特殊情况的处理。这包括如下方面。

- 通话中如有人无意闯入,可以示意请此人坐下等候,或此人自觉退出等候。否则,你可向电话那端的人说声"对不起"后,简短和来人说两句话后(如可以说:"等我打完这个电话后再和你谈。")继续通电话。如果办公室有来客时电话铃响了,可以暂时不接。除非你一直在等这个电话。如属于这种情况,则应向来客说明情况。

- 如果需要留言请对方回电,就要请对方记下你的电话号码。这样对方回电就不必再去查电话号码簿,即使对方是熟人,双方经常通电话,也要告诉对方回电的号码,同时别忘了告诉对方回电的合适时间。如果对方是在外地,则最好说明自己将于何时再打电话,请其等候,不可以让对方花钱打长途电话找你。

- 如果要找的人不在,则应对代接你电话的人说:"谢谢,我过会儿再打。"或"如方便,麻烦您转告××。"或"请告诉他回来后给我来个电话,我的电话号码是××××××××。"切不可"咔嚓"一下就挂断电话。

- 如果出现线路中断,打电话的一方应负责重拨,接电话的一方应稍候片刻。重拨越早越好,接通后应先表示歉意,尽管这并非自己的过错,可以说:"对不起,刚才线路出了问题。"即使通话即将结束时出现线路中断,也要重拨,继续把话讲完。要是在一定时间内打电话的一方仍然未重拨,接电话的一方也可以拨过去,然后询问"刚才电话断了,不知您是否还有没讲完的事。"

拨打电话的顺序、用语及注意事项如表 6-2 所示。

表 6-2 拨打电话的顺序、用语及注意事项

| 顺　　序 | 基 本 用 语 | 注 意 事 项 |
|---|---|---|
| 1. 准备 |  | • 确认拨打电话对方的姓名、电话号码<br>• 准备好要讲的内容、说话的顺序和所需要的资料、文件等<br>• 明确通话所要达到的目的 |
| 2. 问候、告知自己的姓名 | "您好!我是五湖四海公司××部的×××。" | • 一定要报出自己的姓名<br>• 讲话时要有礼貌 |
| 3. 确认电话对象 | • "请问××部的×××先生在吗?"<br>• "麻烦您,我要找×××先生。" | • 必须确认接电话的是否为你要找的人<br>• 确认是你要找的人接的电话后,应重新问候 |

| 顺　　序 | 基　本　用　语 | 注　意　事　项 |
|---|---|---|
| 4. 电话内容 | "今天打电话是想向您咨询一下关于××的事……" | • 应先将想要说的结果告诉对方<br>• 如是比较复杂的事情,应提醒对方做记录<br>• 对时间、地点、数字等进行准确的传达<br>• 说完后可总结所说内容的要点 |
| 5. 结束语 | "谢谢"、"麻烦您了"、"那就拜托您了",等等 | 语气诚恳、态度和蔼 |
| 6. 放回电话听筒 | | 等对方放下电话后再轻轻挂掉电话 |

**2. 手机礼仪**

无论是在社交场所还是在工作场合,放肆地使用手机,已经成为礼仪的最大威胁之一,手机礼仪也越来越受到关注。在国外,如澳大利亚电信的各营业厅就采取了向顾客提供"手机礼节"宣传册的方式,宣传手机礼仪。在使用手机的时候应该注意以下礼仪。

(1) 置放到位

在一切公共场合,手机在没有使用时,都要放在合乎礼仪的常规位置。不要在并没使用的时候放在手里或是挂在上衣口袋外。放手机的常规位置有:一是随身携带的公文包里,这种位置最正规;二是上衣的内袋里;有时候,可以将手机暂放腰带上,也可以放在不起眼的地方,如手边、背后、手袋里,但不要放在桌子上,特别是不要对着对面正在聊天的客户。

(2) 注意场合

在会议中、和别人洽谈的时候,最好的方式还是把手机关掉,起码也要调到振动状态。这样既显示出对别人的尊重,又不会打断发言者的思路。而那种在会场上铃声不断,像是业务很忙,使大家的目光都转向他,这实际给人的印象只能是缺少教养。注意手机使用礼仪的人,不会在公共场合或座机电话接听中、开车中、飞机上、剧场里、图书馆和医院里接打手机,就是在公交车上大声地接打电话也是有失礼仪的。公共场合特别是楼梯、电梯、路口、人行道等地方,不可以旁若无人地使用手机,应该把自己的声音尽可能地压低一些,而绝不能大声说话,同时不要妨碍他人通行。在一些场合,比如在看电影时或在剧院打手机是极其不合适的,如果一定要回话,采用静音的方式发送手机短信是比较适合的。

(3) 考虑对方

给对方打手机时,尤其当知道对方是身居要职的忙人时,首先想到的是,这个时间他(她)方便接听吗?并且要有对方不方便接听的准备。在给对方打手机时,注意从听筒里听到的回音来鉴别对方所处的环境。如果很静,应想到对方在会议上,有时大的会场能感到一种空阔的回声;当听到噪音时对方就很可能在室外,开车时的隆隆声也是可以听出来的。有了初步的鉴别,对能否顺利通话就有了准备。但不论在什么情况下,是否通话还是由对方来定为好,所以"现在通话方便吗?"通常是拨打手机的第一句问话。其实,在没有事先约定和不熟悉对方的前提下,我们很难知道对方什么时候方便接听电话。所以,在有其他联络方式时,还是尽量不打对方手机好些。

在餐桌上,关掉手机或是把手机调到振动状态还是必要的。避免正吃到兴头上的时候,被一阵烦人的铃声打断。不要在别人能注视到你的时候查看短信。一边和别人说话,一边查看手机短信,对别人不尊重。当与朋友面对面聊天时,不要正对着朋友拨打手机,避免发射时高频的电流对他产生辐射,让对方心中不愉快。使用手机时必须牢记"安全至上",否则不但害人,还会害己。要注意不要在驾驶汽车时,使用手机电话,或是查看寻呼机内容,以防止发生车祸;不要在病房、油库等地方使用手机,免得它们所发出的信号有碍治疗,或引发火灾、爆炸;不要在飞机飞行期间启用手机,否则极可能使飞机"迷失方向",造成严重后果。

另外现在有不少人,特别是年轻人喜欢使用彩铃。有些彩铃很搞笑,或很怪异,与千篇一律的铃声比较起来,确实有独特之处。但是彩铃是给打电话的人听的,如果你需要经常用手机联系业务,最好不要用怪异或格调低下的彩铃,以免影响你的形象和公司的形象。

(4) 会发短信

手机短信已成为人们交际活动和待人处事的一种重要方式。其礼仪主要包括书写发送手机短信礼仪和接收手机短信礼仪。

① 书写发送手机短信礼仪包括:第一,内容要简单明了。大多数人在看短信时,都不太有耐心,而且也没有太多的时间,所以所要表达的内容,尽量要简单扼要、条理分明、避免长篇大论。有的手机因为内容容量大,一条短信可以写很长的内容,分段发出,但是电信运营商是根据规定的字数按条数收费的,你的字数多,就相当于几条短信。第二,语意要清楚。有的短信使用标点符号,有的不使用标点符号,但短信要语意清楚连贯,字句段落尽可能分明,以免对方产生误解或摸不着头脑。第三,检查文法和错别字。在短信发出前,最好自己从头到尾先检查一遍,看有没有文法错误、语意不通之处或是错别字。尤其是写给上司和重要客户的短信,更要特别注意。第四,短信拜年,记得署名。短信已经成为拜年和节日祝贺的一种非常重要的方式。尽管短信拜年有的说方便了,有的说人情疏远了,但短信确实越来越多了。短信拜年最好要自己动手写,更有针对性,也更亲切。在短信最后或前面要署名,要让对方知道是谁发的短信,否则就会出现既不是垃圾短信,又不知道是谁发的无名短信的情况。此外,还有一点需要注意;应该和通话文明一样重视短信的内容选择和编辑。因为你发的短信,意味着你赞同,至少不否认短信的内容,也同时反映了你的品位和水准。所以不要编辑或转发不健康的、格调不高的短信,特别是一些带有讽刺伟人、名人甚至是革命烈士的短信,更不应该转发。

② 接收手机短信礼仪包括:第一,接收短信及时回复。接到短信,如果有必要回复的,要及时回复短信,短信说不清的,可以回电询问。有些时候电话打不通,就发个短信简单告知一下。第二,及时删除不用短信。由于手机内存大小不同,短信容量不一,有的可以储存50条短信,有的可以存100条短信,但都是有限的,内存往往不够用,不删除旧有的短信,新的短信就无法接收进来,因此要及时删除不用的短信,保持手机短信容量有一定空余量,以免影响新短信的接收,甚至耽误大事。在春节、元旦等节日期间由于短信较多,尤其要注意。第三,重要短信及时移至收藏夹。手机短信收藏夹有储存重要短信功能,不易被误删,因此重要短信要及时移至收藏夹,妥善保存起来。如果收藏夹短信过多,也要及时清理,因为短信的接收容量是收信箱和收藏夹之和,收藏夹也在短信接收容量之中。第四,注意垃圾短信处理。手机短信多,牟利的人也随之钻空子,因此垃圾短信也就产生了。经常有手机短信通知中奖的,最好别上当,天上不会掉馅饼。行骗的、推销的、做广告的经常不期而至,防不胜防,只有及时删除。一些订制的短信,稍不注意也是垃圾短信,既收你的钱,又浪费你的精力,有时甚至破坏你的情绪,千万别上当,一旦上当,要及时取消不需要的订制业务。

### 3. 收发电子邮件礼仪

电子邮件即通常说的 E-mail。它是一种重要的通信方式,因其方便快捷、费用低廉,深受人们的喜爱,使用者越来越多,尤其是国际通信交流和大量信息交流更是优势明显。对待电子邮件,应像对待其他通联工具一样讲究礼仪。

（1）书写规范

虽然是电子邮件,但是写信的内容与格式应与平常书信一样,称呼、敬语不可少,签名则仅以打字代替即可。写电子邮件语言要简略、不要重复、不要闲聊,写完后要检查一下有无错误。因为发出去的邮件很可能被对方打印出来研读或是贴在公告牌上。写完后还要核定所用字体和字号大小,太小的字号不仅收件人读起来费力,也显得粗心和不够礼貌。写邮件时最好在主题栏写明主题,以便让收件人一看就知道来信的主旨。

（2）发送讲究

电子邮件的发送有如下讲究,最好不要将正文栏空白只发送附件,除非是因为各种原因出错后重发的邮件,否则不仅不礼貌,还容易被收件人当作垃圾邮件处理掉。重要的电子邮件可以发送两次,以确保能发送成功。发送完毕后,可通过电话等询问是否收到邮件,通知收件人及时阅读。应尽快回复来信,如果暂时没有时间,就先简短回复,告诉对方自己已经收到其邮件,有时间会详细说明。

（3）注意安全

电子邮件是计算机病毒重要的传染源和感染病毒的主要渠道。收发电子邮件都要注意远离计算机病毒。发送电子邮件时要注意尽可能不使邮件携带计算机病毒。因此如果没有反病毒软件适时监控,发送邮件前务必要用杀毒程序杀毒,以免不小心把有毒信件发给对方。要是没有把握不妨用贴文的方式代替附加文档。

接收电子邮件时的安全问题更为重要,来历不明的信件必须谨慎处理,若不确定则最好删除。目前一般计算机都安装有监控邮件病毒的反病毒软件,如金山毒霸的金山网镖、KV3000 的病毒王等进行适时监控。由于监控软件考虑安全性较多,因此,许多正常邮件也会给出可能有病毒的提醒,需要及时判断处理,有时宁可损失信息也要果断删除一些可能含有病毒的不明邮件,以免计算机感染病毒。对于没有正文仅有附件的不明邮件,除非与发件人熟悉或事先约定好了,原则上都不应该打开邮件,对正文中提示的邮件地址不熟悉一般不要轻易打开,因为这往往是陷阱,许多国际电话费骗子就把诱饵放在这里。在删除了怀疑的病毒邮件后,要及时清空邮件回收箱,否则,病毒会还在计算机硬盘中,没有从物理硬盘上将其删除掉。

此外,要注意定期及时清理邮件收件箱、发件箱、回收箱,空出有限的邮箱容量空间。及时将一些有用的电子邮件地址记下来并存入通讯簿也是很必要的。

### 4. 发帖、聊天礼仪

发帖是指在任何被允许发表自己言论的论坛、博客等网络提供的交流平台上,针对某一主题发表自己的观点、意见和看法;聊天是指与特定的网友在上述交流平台上进行互动式的沟通。利用互联网搭建的交流平台与人交往,重要的是必须考虑如何给自己带来愉快与如何避免给他人带来不愉快,同时要提高自我保护意识。一般来说,发帖、聊天要遵守下面的礼仪规范。

（1）记住你是在跟"人"打交道

互联网给来自不同地域的人们提供了一个共享、沟通的平台，这是高科技的优点，但往往也使人们觉得面对着的只是计算机屏幕，而忘了自己是在跟其他人打交道，很多人在上网时放松了自我道德约束，降低了自己的道德标准，允许自己的行为更加粗俗和无礼。为了构建一个融洽、和谐的网络交流平台，人人都应该做到：当着别人的面不会说的话在网上也不要说，发帖以前仔细斟酌用词和语气，不要故意挑衅和使用脏话，为自己塑造良好的网络形象。

（2）尊重别人的时间

打算在一个论坛上发表主题时，首先要看看该论坛是否开展过类似的讨论，有可能现成的答案随手可及。不要以自我为中心，随意提问，让别人为你寻找答案而消耗时间。

（3）自觉遵守论坛规则

同样是网站，不同的论坛有不同的规则，在这个论坛可以做的事情，也许到那个论坛就不能做。因此，先浏览一个论坛中的内容，熟悉该论坛的气氛然后再发帖子。注意不要全部用大写字母键入信息，这表示在大喊大叫，会触怒很多网络高手。

（4）树立共享知识的理念

网上交流时，当你提了一个有意思的问题而得到很多回答之后，应该写一份总结与大家分享，同时表明谢意。这是对那些未曾谋面的热心人必不可少的交代。

（5）提倡有风度的辩论

在网络上，人们有不同的观点、看法是正常现象，辩论甚至争论也是正常现象。辩论时要保持翩翩君子的风度，以理服人，以情感人。不要一遇不同观点就大动肝火，用过激的言辞对对方进行人身攻击。

（6）重视保护隐私权

不随意公开个人情报，比如个人的邮件地址、真实姓名、住宅地址、电话号码、手机号码等。对于他人的情报，应该更加注意，以免给人带来伤害。别人与你用电子邮件或私聊（QQ）的记录应该是隐私的一部分。假如你认识的某个人用笔名上网，未经过他同意就将其真名在论坛上公开，也是一种不道德的行为。

（7）以宽容之心对待网友

当看到别人写错字，用错词，问低级问题时，不要讽刺挖苦或严厉训斥，应该用平和、平等的语气指出来。如果你想进一步帮助他，最好用电子邮件或其他联系方式私下沟通，这样就能有效地维护网络新手的尊严。

（8）坚决杜绝有害行为

切忌以淫秽内容伤害他人，或表面文质彬彬的恶意攻击行为，或者导致他人的计算机和网络系统受损。蓄意的破坏者常常悄悄地进入他人的系统，或者发送死循环指令让他人的计算机当场死机。这些行为都是不道德的，甚至是非法的。

**5. 传真礼仪**

传真机是远程通信方面的重要工具，因其方便快捷，在现代商务活动中使用越来越多，可部分取代邮递业务。传真件也是一种被普遍认可的文书形式。起草传真时应做到简明扼要，文明有礼。由于传真机使用非常普及，因而有其独特的使用规则。

（1）规范操作

如有可能，在发传真之前，应先打电话通知对方，因为很多单位是大家共用一台传真机，如果不通知对方,信件就可能会落到别人的手里或因别人不知道是谁的信件而被丢入垃圾桶。

传真机有自动和手动两种方式。手动方式需接听传真电话的人给传真开始的信号,传送者在听到"嘀嘀"的长音后再开始传真文档。自动方式不需对方人工操作,在拨通传真电话后,在几声正常电话回音后,就会自动出现"嘀嘀"的长音,此后就可以开始传真文档。

不应用传真机传送太长的文件,由于传真机所用的纸张质量一般不高,印出的字迹可能不太清楚,要长久保存请将传真件复印。如果接收人需要原件备案,诸如一些需要主管人员亲笔签字的合同等资料,则应在传真后将原件用商业信函的方式寄出。

(2)明确信息

为了明确传真的有关信息,正式的传真必须有封面,封面页一般较为正式。有的企业使用"填空式"或封面专用纸。发急件时应在封面正面页注明,因为有的大企业定时分批发送公函和信笺,如不标明急件,就容易被耽误。其上注明传送者与接收者双方的公司名称、人员姓名、日期、总页数等,如此接收者可以一目了然。如果不是非常正式的,也必须认真表明传真页码,如果其中某一张传真不清楚或是未收到,则可以请对方再将此页传一次。可以使用本企业名称的公文纸,并注明时间与日期。一般应在第一页写明接收人姓名、电话号码以及所在部门名称;如果需要可写明发送人的姓名、传真号、电话号码及所在部门名称等。

(3)注意保密

未经事先许可,不应传送保密性强的文件或材料,因为公共传真机保密性不高,任何刚好经过传真机旁边的人,都可以轻易窥得传真纸上的内容,所以传真件不能确保完全保密,因此若是任何较私密的事,最好不用传真机传达,除非你想让事件变成"公开的秘密"。

(4)行文礼貌

书写传真件时,在语气和行文风格上,应做到清楚、简洁,且有礼貌。传真信件时必须用写信的礼仪,如称呼、敬语等均不可缺少,尤其是信尾签字不可忽略,这不仅是礼貌问题,而且只有签字才代表这封信函是发信者同意的。

**6. 商务信函礼仪**

现代社会,商务信函依然是商务通信的基础和重要内容之一,传真件、E-mail 等通信文件的书写依然要遵循和借鉴书信礼仪规范,书面商务信函仍然是普遍承认的具有法律效力的经济交往工具,因此,商务书信礼仪的地位仍然很重要。商务信函的礼仪规则如下。

(1)格式正确

商业信函应使用印有公司抬头的专用纸,质量应尽可能优良。这种纸张一般只能用于公司业务,不书写私人信件,以免收信人在阅读全文之前分不清来函的性质。所有信函的结构,大体都分三部分,即,开头、正文与结尾。开头是收信者和主题;正文用于说明和讨论问题的细节;结尾则说明发信人将采取何种行动或希望对方采取何种行动以及落款和日期。信函格式应美观大方。不可密密麻麻一大片,令人看而生厌,要留足页边。段落要有长有短,句型要参差有致。重点地方不妨加框,采用列表形式,或使用黑体字、斜体字,给人以美感。

(2)称谓得体

称谓也叫称呼语,信函的称呼语要准确,符合寄信人与收信人的特定关系,要正确表现收信人的身份、性别等。称呼语使用不当,可能会得罪人,也可能使收件人没兴趣往下看信件的具体内容。

要正确使用对方的姓名与头衔,这是一个重要的礼节问题。一般平时对对方称呼什么就写什么。在格式上,称呼语在信的第一行起首的位置单独成行,以示尊重。如果是自己尊敬的领导和长辈要写成"尊敬的××",写给非亲属的长辈、业务伙伴一般在姓氏、名字或姓名后加职务、学衔或职称,如张经理、卫国书记、赵志坚博士、王工程师等。中国人习惯称职务,欧美人一般愿意被称呼学衔,如果不知道对方的姓名和头衔,在发函前最好先打电话询问收信人的姓名与头衔。

一般称女性为"小姐"是可接受的称呼,公函上常用。如果对方喜欢被称作"夫人",那就称呼"夫人",如果弄不清称呼"夫人"还是"小姐"时,不妨统称"女士",不是万不得已不写"亲爱的先生/小姐"和"致有关人士"的称呼,这等于告诉对方,你连他是谁,是男是女都尚不清楚。如打听不到收信人的姓名,可以用职务等中性名称代替,比如称对方为经理、代表之类,并在前面加上其公司或部门的名称。如果从姓名上判断不出对方的性别,可称其全名,在前面加上"尊敬的"而略去"先生"、"小姐"等字样。

(3)内容得当

正文是商务书信的主体,即写信人要说的话,要交代的事情。正文一般从信的第二行前面空两格开始。书信尽管内容写法各不相同,但是都要表情达意,以具体准确为原则,要字迹工整、言之有物、语句通顺,还要措辞得体,根据收信人的特点和写信人与收信人的关系来进行措辞。应避免写错字或打字错误,这不仅不礼貌,还会给人粗心的印象。恰当驾驭语言文字能产生影响力,即使是书面联系也能对他人的感受和行动产生久远的影响,并能通过语言文字的魅力给对方留下好感。有时即使对方不同意你的意见或建议,也会对你流利的书法、通畅的文字和彬彬有礼的态度留下深刻的印象。

写信的目的是为了让人看懂,因此写信时应做到清晰易懂、开门见山、直截了当,以便收信人看过一遍就能完全领会你的意思。信写完后应仔细检查并阅读一遍,如果读起来感觉欠佳,那对方收到后阅读的效果也不会好,应重新进行修改。通信不像打电话或面对面交谈,你的文字和语句没有声调,对方看不见你的表情,听不见你的声音,弄不好就会产生误解。一些无伤大雅的幽默可以使信函更活泼、更亲切,但切记慎用,以防误用而无意中伤害他人,使人产生误解和不快。一般来说,信件还是以简明为宜,不要啰唆,尽可能不浪费他人的时间。

内容要丰富,但应尽量简练,避免重复,重复表述相同的意思容易引起混乱。用词也应尽可能简练。例如,"未解决的问题"可以写成"问题";"预先提出警告"可以简单地写成"警告",等等。为了少用词语,有时可列出所有要点,并在每行之前标以序号,既清楚又醒目。要多用常用词。词汇越丰富,用词就越准确。但不可使用只有在大词典中才能找到的生僻、晦涩的词,这样,对方会认为你在故弄玄虚,卖弄学问;也要避免使用对方不懂的行话。各行各业都有其独特的行话,非本行业的人极难明白其中真正含义;同样,一些文绉绉的老式用语,也以不用为宜,免得被人视为"老古董"。如"于兹附上"可写成"内附","望予俯允"可写成"请求","前举"可写成"上述","惠予通告"可写成"请告知",等等。

(4)语言规范

含有性别歧视或易产生歧义的词语不宜使用。要从收信人的角度突出说明:"他为什么要关心此事?"、"这事与他有什么关系?"以及"这对他有什么好处?"让读信人一开始就进

职业礼仪教程

入角色。要开门见山,把最重要的内容写在最前面,对收信人可能提出的问题应尽量先做回答。这样,即使收信人看了一半时中断阅读,也会了解书信的基本内容。书信中使用反面或否定的语言显得粗鲁,极易使人产生受责备的感觉,因此,要尽量使用正面、肯定的词语。用正面而有礼的表达方式可以增加亲切感,使人更容易接受。如有利、得益、慷慨、成功、务请、为您骄傲等都是正面词语,而失误、遗憾、软弱、疏忽、马虎、无能、错误等都是反面词语。比如,要求对方及时送来报告,写成"请按时将报表寄来",比"这份报表不可延误"来得婉转。还要正确使用过渡词语如"因此"、"所以"、"此外"、"例如"、"仍然"、"然而"、"其结果是"、"更有甚者"等,可使文字显得流畅,但不宜滥用,以免啰唆。注意使用正确的语法、拼写和标点,在这些方面出差错会给人以不好的印象,虽然这些都是小节,不能据此对一个人作出判断,但让人找出错误说明写稿人工作马虎,也显得对对方不够尊重。自己拿不准的地方不妨查查书本,市场上此类参考书很多。

此外,商务信函的语气要亲切、直接、自然,像面对面说话一样。

（5）结尾讲究

商务信函的结尾部分一般要有结束语、致敬语、署名或签名,以及日期。结束语如"特此函告"、"专此说明"等,致敬语如"此致敬礼"、"顺致发财"等,署名、签名可并用,也可签名单独用,函件一般还需要加盖公章。人们很重视亲笔签名,有人接到信后还要仔细辨认亲笔签名还是签章。

（6）仔细审校

使用计算机写信时最好打印出一份草稿以便审校,因为有些错误从荧屏上看不出来。如能有人代为审校,那就效果会更好。另外,审校时最好能大声念读,要是听起来不顺耳,则接信人阅读时肯定也不会满意。为避免出错,商务信函写好后最好先核查一遍再寄出。信件在寄出之前,在可能的情况下,最好"凉"上一两个钟头,或等到第二天上班或午饭以后再投递,以便能在冷静下来时再看一遍,看看还有没有不妥之处。比如用词是否得体？表达是否清楚？要设身处地地替接信人考虑。

**7. 柬帖礼仪**

（1）请柬

请柬是一种礼貌性的书面通知,在我国古代,人们每遇到重大事件,均以文字请友邀亲,用来表示敬意和隆重的就是所谓的请柬或柬帖。如今,人们举行宴会、酒会、茶话会、招待会、舞会、婚礼,以及各种专题性的活动,如博览会、订货会、展销会、联欢会、新闻发布会等,都用柬帖邀请各界宾朋。当然,邀请宾朋的方式很多,如打电话、写信等,但是柬帖这种方式比较正式、礼貌,显示了对所邀宾朋的重视和尊重,是一种比较流行且很受欢迎的社交方式。

请柬的形状、大小可根据各自喜好自行确定,没有统一标准。请柬最好自己设计、制作,极具纪念意义。其基本格式包括以下几个部分：①封面。颜色、图案可自行设计,封面上写明"请柬"二字；②称谓。与信函称谓基本相同；③正文内容。主要包括活动性质、规格、活动时间、地点及其他有关事项；④祝颂语。与信函的祝颂语基本相同,但较之于信函要简单些。最常用的祝颂语是"敬请光临"；⑤署名和日期,与信函相同。

请柬是一种比较正规、隆重的文书,是一种具有特殊意义的书信,常为应邀者当作纪念品收藏。因此,发请柬者一定要注意请柬的设计、制作,因为它代表着你对所邀者的真诚、重视,也体现着你自身的形象。请柬上的文字最好由发柬者自己书写。请柬一般应提前

4～10天寄出或亲自送达，以便受邀请者及早做出应邀与否的决定或准备。

（2）聘书

聘书是一个组织邀请有关人员担任某项职务，承担某项工作时所使用的柬帖。聘书结构上包括名称、正文、结尾、署名、日期几个要素。名称为"聘书"或"聘请书"，字体较大，印在封面以及内页正文上方。在封面的名称占整面的居中位置，文字一般竖排；在内页正文上方的名称，字号大于正文文字即可。正文语言简洁，应写上被聘人姓名、为何聘请，聘请为什么职务。有时也写上聘请期限或时间。除以书信形式出现的聘书外，一般不在开头写被聘者的姓名、称呼。被聘者的姓名和称呼往往在正文中写明。聘书的结尾，习惯写上"此聘"两字，有时不写。书信体的聘书结尾也可以写表敬意和祝愿的话。署名是在正文的右下方署上聘请单位的名称并加盖公章。最后在正文的右下方签发聘书的日期。

现在许多聘书，封面上的标题都烫金字，以示隆重。封面有缎面、布纹面、塑料面几种，颜色以红色为多，也有墨绿色的。

填发担负任务、担任某职务的聘书，事先应让被聘人知晓，也可以主动、友好地与被聘请人商量，使之有思想准备，达成一致意见。贸然行事，有时会使被聘人感到对他不尊重。

（3）贺卡

贺卡已经发展成为一个专门的通信门类，它被广泛运用于现代公关礼仪中，它使用方便而且外观精美。近年来，其使用风行南北，尤其是新年、圣诞节前，售卖、选买及寄发贺卡成为人们文化生活中交流感情的重要内容。

① 贺卡的形式和名称。贺卡多是双面折叠式的，印制精美，多为32开的，也有较小的贺卡，但较大幅的贺卡也越来越常见。贺卡越做越大，其实是受了"礼大情深"的观念影响，贺卡大了，不仅显得更精美、华贵、气派，也显得送卡人情真意切。

贺卡有横式和竖式之分，但常见的贺卡多是竖式的，且文字大都横排，除非是设计的需要才竖排。封面是贺卡的门面，设计精美，且文字多用烫金等手段修饰。但贺卡不像请柬，一般不印"贺卡"、"圣诞卡"、"情人卡"等名称，而是写上"新年快乐"、"圣诞快乐"等字样来表示种类，以之来喻示贺卡的名称。相对封面来说，里面比较素雅，一般很少有大红大紫。里面一般也有文字，通常是因不同种类而选择的祝贺文字、情言心语，并留有一定的空白，供寄卡人写上自己的亲笔祝词。封底常有两种形式，一种是与封面相连，一种是素色。

不同情形下所使用的贺卡，色调上有明显的区别，制作上也略有不同。比如配有电子音乐的生日贺卡，适合于孩子或青年人的贺卡，还有做成镂空立体的，一些贺卡还带有淡淡的清香。

② 贺卡使用礼仪。绝大部分贺卡都和时间有着密切关系，当我们使用贺卡时，记住准确的日期很有必要，新年、圣诞如此，生日、周年纪念日等更要十分在意。我们可以在台历、年历手册中把重要的日期和人名都填写好，并经常翻看，及时把贺卡寄出。

生日贺卡是祝福生日用的贺卡。每当亲朋好友过生日，寄上一张生日贺卡，往往可以维系亲情，增进友谊。音乐贺卡中，以生日贺卡居多，这种生日音乐卡在打开时放出优美的生日祝福音乐，有的还有与整个图案相协调的彩灯，可谓是形色辉映、声情并茂。

周年纪念贺卡也能表现出多方面的礼仪。这里说的周年，有订婚、结婚的周年，毕业、获得学位的周年以及其他值得纪念的日子。其中最突出的是结婚纪念日，这对于夫妻及其家庭都是个重要的日子，尤其是逢整数的日子。

新年贺卡和圣诞贺卡是最多见的贺卡。新年贺卡几乎是全世界都使用的贺卡。每逢新年来到，一张贺卡寄上我们对新的一年的祝福，会使人感到特别温馨，新年贺卡中镌印的文字不尽相同，这些文字往往是为适应不同的人而设置的。除新年之外，我们民族的传统节日——春节，也是寄贺卡表达情意的一个好时机。对于那些新年忘记或来不及寄贺卡的，春节时补上一张，既不失礼，也显得自然。圣诞卡原本也是新年贺卡的一种，在西方很流行，这些年在我国也时兴起来。它虽然与新年卡基本相同，但是祝福内容不同。

西方情人节有情人卡，这些年也逐渐在我国都市流行了起来，比起其他的卡，这种卡无论封面封底，都显得温情脉脉。由于这种卡的对象特殊，所以追求华丽、贵重。

③ 贺卡的选定礼仪。使用贺卡时，除了记住寄卡日期，适时寄出外，还要精心挑选贺卡亲自题词。贺卡虽小，却满含情意，要依据不同的对象选择不同的贺卡。比如给朋友的贺年卡，要温馨一些，给长辈或老师的要古朴一些。从贺卡的外观到印在上面的文字，都要精心挑选，否则会适得其反。另外，无论印制得多么精美、华贵的贺卡也不能完全表达情意。这时，我们应该在贺卡适当的地方写上几句祝福或心语，哪怕只是几个字，都会顿时提高其情感的含量。

# 三、交　　谈

## 1. 交谈的语言要求

语言作为人类的主要交际工具，是沟通不同个体心理的桥梁。说话的语言艺术包括以下几个方面。

（1）准确流畅

在交谈时如果词不达意、前言不搭后语，很容易被人误解，达不到交际的目的。因此在表达思想感情时，应做到口音标准、吐字清晰，说出的语句应符合规范，避免使用似是而非的语言。应去掉过多的口头语，以免语句割断；语句停顿要准确，思路要清晰，谈话要缓急有度，从而使交流活动畅通无阻。

语言准确流畅还表现在让人听懂，因此言谈时尽量不用书面语或专业术语，因为这样的谈吐让人感到太正规、受拘束或是理解困难。古时有一笑话说的是有一书生，突然被蝎子蜇了，便对其妻子喊道："贤妻，速燃银烛，你夫为虫所袭！"他的妻子没有听明白，书生更着急了："身如琵琶，尾似钢锥，叫声贤妻，打个亮来，看看是什么东西！"其妻仍然没有领会她的意思，书生疼痛难熬，不得不大声吼道："快点灯，我被蝎子蜇了！"真乃自作自受。

（2）清晰明了

口头传播的一大特点是传播速度快，稍纵即逝。据有关专家考证，口头语言留在人们记忆里的时间一般不超过七八秒钟，十秒钟以后，记忆就会逐渐模糊，直至残缺不全。这就要求人们在讲话时尽量使用明确精练、通俗易懂的语言，避免使用那些模棱两可、似是而非、晦涩难懂的语言。

说话要力求简单明了。生活中常有这样的情形,有的人不顾场合地点,说起话来口若悬河,滔滔不绝;有的人车轱辘话来回说,生怕别人不解其意,或是说话中插入一些不必要的交代,节外生枝,不着边际。结果,主干被枝蔓掩盖了。主要的信息被大量次要的信息淹没了,听者如坠入云里雾里,不知所云。

此外,应当特别注意同音异义字的使用,以免发生误会。在汉语中,容易引起歧义的词语并不少见。例如"全部(不)及格"、"治(致)癌物质"等。遇到这类容易引起误解的词语,说话人可以换一种表达方式,交代清楚,如"全都及格"、"导致癌症的物质"。这样对方就不会有疑问了。

（3）委婉表达

交谈是一种复杂的心理交往,人的微妙心理、自尊心往往在里面起重要的控制作用,触及它,就有可能产生不愉快。因此,对一些只可意会不可言传的事情、人们回避忌讳的事情、可能引起对方不愉快的事情,不能直接陈述,只能用委婉、含蓄、动听的话去说。常见的委婉说话方式有以下几种。

避免使用主观武断的词语,如"只有"、"一定"、"唯一"、"就要"等不带余地的词语,要尽量采用与人商量的口气。

先肯定后否定,学会使用"是的……但是……"这个句式。把批评的话语放在表扬之后,就显得委婉一些。

间接地提醒他人的错误或拒绝他人。

（4）掌握分寸

谈话要有放、有抑、有收,不过头,不嘲弄,把握"度";谈话时不要唱"独角戏",夸夸其谈,忘乎所以,不让别人有说话的机会;说话要察言观色,注意对方情绪,对方不爱听的话少讲,一时接受不了的话不急于讲。开玩笑要看对象、性格、心情、场合,一般来讲,不随便开女性、长辈、领导的玩笑,一般不与性格内向、多疑、敏感的人开玩笑,当对方情绪低落、心情不快时不开玩笑,在严肃的场合、用餐时不开玩笑。

（5）幽默风趣

交谈本身就是一个寻求一致的过程,在这个过程中常常会出现不和谐的地方而产生争论或分歧。这就需要交谈者随机应变,凭借机智抛开或消除障碍;幽默还可以化解尴尬局面或增强语言的感染力。它建立在说话者高尚的情趣、较深的涵养、丰富的想象、乐观的心境、对自我智慧和能力自信的基础上,它不是要小聪明或"卖嘴皮子",它应使语言表达既诙谐,又入情入理,应体现一定的修养和素质。

2008年"5·12"汶川大地震中,一名幸存者被俄罗斯救援队救出。记者采访问他:"对这次强烈的地震,您感觉如何?"幸存者想了半天说:"狗日的地震好凶噢!我被挖出来看到外国人,当时还以为被震到了国外去了呢!"面对灾难还能如此幽默,令人赞叹。

（6）声音优美

每个人的声音都是有感情的,也是有色彩的。而如何让自己的声音富有吸引力,展现出独特的个人魅力呢? 这也是一门艺术。

首先,要注意音调的高低变化。无变化的声音是单调的,如同催眠曲,令人进入精神凝滞状态,更达不到讲话的目的。因此,与人交谈时,我们应根据谈话内容的变化,适当调整音调的高低,给人抑扬顿挫的感受。

其次,要控制好音量。谈话时,音量的控制也非常重要。太大的声音会令人反感,以为你在那里装腔作势;音量太小会使人听不清楚,以为你怯懦。一般来说,应根据听者距离的远近来调节自己的音量,达到最适合的状态。

最后,要注意说话语速。说话时一直保持同一种语速会使人产生听觉上的疲劳,容易昏昏欲睡,打不起精神。因此,在与人交谈时,我们应该把握说话的语速,不要太快或太慢,应追求一种有快有慢的音乐感。在主要的语句上放慢速度作强调,在一般的内容上稍微加以变化。

**2. 使用礼貌用语**

交谈中使用礼貌用语,是人类文明的标志,也是全世界共同的心声。使用礼貌用语不仅会得到人们的尊重,提高自身的信誉和形象,而且还会对自己的事业起到良好的辅助作用。在我国,政府有关部门向市民普及文明礼貌用语,基本内容为十个字:"请"、"谢谢"、"你好"、"对不起"、"再见"。在实际的社会交往中,日常礼貌用语远不止这十个字。归结起来,主要有以下几种。

问候语:您早、早上好、晚上好、晚安、您好、早安、午安、晚安、多日不见您好吗?

请托语:请多关照、承蒙关照、拜托。

慰问语:辛苦了、受累了、麻烦您了。

赞赏语:太好了、真棒、美极了。

致歉语:对不起、实在抱歉、劳驾、真过意不去、不好意思、请原谅、谢谢您的提醒。

同情语:太忙了、不得了啦、这可怎么好。

挂念语:身体还好吗、怎么样、还好吧。

祝福语:托您的福、上帝保佑、你真福气。

理解语:只能如此、深有同感、所见略同。

迎送语:欢迎、欢迎光临、欢迎再次光临、再见。

祝贺语:祝你节日愉快、祝您生意兴隆、祝你演出成功。

征询语:你有什么事情?需要我帮你做什么?你还有别的事情吗?如果你不介意的话,我可以做吗?请你慢点讲。

应答语:没关系、不必客气、照顾不周的地方请多多指正、非常感谢、谢谢你的好意。

致谢语:谢谢、衷心感谢、实在太好了。

婉言推托语:很遗憾不能帮您的忙、承您的好意,但我还有许多工作呢。

**3. 慎重选择话题**

所谓话题,是指人们在交谈中所涉及的题目范围和谈资内容。换言之,话题是一些由相对集中的同类知识、信息构成的谈话资料及其相应的语体方式、表述语汇和语气风格的总和。在人际交往中,学会选择话题,就能使谈话有个良好的开端。

(1) 宜选的话题

在交际中,首先,应选既定的话题,即交谈双方业已约定,或者一方先期准备好的话题,如征求意见、传递信息、研究工作等。

其次,选择内容文明,格调高雅的话题,如文学、艺术、哲学、历史、地理、建筑等,这类话题适合各类交谈,但忌不懂装懂。

再次,选择轻松的话题,这类话题令人轻松愉快、身心放松,适用于非正式交谈,允许各抒己见,任意发挥。主要包括文艺演出、流行、时装、美容美发、体育比赛、电影电视、休闲娱乐、旅游观光、名胜古迹、风土人情、名人逸事、烹饪小吃、天气状况,等等。

第四,选择时尚的话题,即以此时此刻正在流行的事物作为谈论的中心,这类话题变化较快,不太好把握。

最后,选择话题时还要注意选择擅长的话题,尤其是交谈对象有研究、有兴趣的话题。比如,青年人对于足球、通俗歌曲、电影电视的话题较多关注,而老年人对于健身运动、饮食文化之类的话题较为熟悉;公职人员关注的多是时事政治、国家大事,而普通市民则更关注家庭生活、个人收入等;男人多关心事业、个人的专业,而妇女对家庭、物价、孩子、化妆、衣料、编织等更容易津津乐道。

在交谈时要注意交谈的话题有所忌讳。在交谈中,若双方是初交,则有关对方年龄、收入、婚恋、家庭、健康、经历这一类涉及个人隐私的话题,切勿加以谈论。

（2）扩大话题储备

由于人们的经历、职业、兴趣、学习状况不同,每个人所掌握的话题状况各不相同,都有一定的局限性,因此必须尽量扩大话题储备。为此,要有知识储备。对于掌握话题广度影响最大的是自身的学习状况和进取精神。一个人如果有理想、有追求,思想境界高,而且肯下工夫学习,爱读书看报,并关注社会现实生活,有较多的朋友,把看到、听到的东西,有意识地加以记忆和积累,就会变得学识渊博,时事政策、天文地理、政治外交、文艺体育、花鸟鱼虫、音乐美术几乎无所不知,由于视野开阔,谈资和知识面自然会比别人宽得多。

**4. 善于耐心倾听**

耐心地倾听别人的谈话,是尊重他人的具体表现。在人际交往中,认真、耐心、仔细地倾听他人的谈话,表现出对他人言谈极大的兴趣,使他人感到自身的价值得到了承认和尊重,这对增强谈话气氛,融洽相互关系有极大的帮助。美国学者赖斯·吉布林指出:"你能给他人的最高赞许之一就是细心听他讲话。你耐心地听就是在向他宣布:'你值得听。'这样,你可以提高他的自尊。"据社会学家兰金研究,在人际交往中,一个人说的时间应占全部社交时间的 30%,而听的时间占 50%。因为,能静听别人意见的人,必是一个富于思想、有缜密见地、有谦虚性格的人。学会倾听吧,因为它是获取信息的关键!

倾听是语言表达的前提,善于耐心倾听主要表现为以下几方面。

（1）表示得当

眼睛是心灵的窗户,在倾听时应该与说话人交流目光,让你的眼神和表情表示出你在专心听,你的态度是认真的,一定要聚精会神地注视对方,传递出你"很欣赏、有同感"的信息。但注意,不要自始至终死盯着对方的眼神。倾听时适当的发出"哦"、"嗯"等应答声,表示自己在很注意倾听,也进一步激起对方进一步讲话的兴趣。否则,对方会产生"唱独角戏"的感觉,并怀疑你是否心不在焉。即使你感到有点不耐烦,也不要急于插话或打断对方的话。要等到对方讲话有了停顿,告一段落的时候,再表明自己的想法。倾听时,认真专心的姿态并不等于一言不发,一声不响,更不是对他人的每一句话都随声附和,不说一个"不"字。人云亦云,从不表达自己的真实意见,会被视为毫无主见或者滑头的人。这样,他是不会敞开心扉,畅所欲言的,在专心倾听的同时,得体地向对方表示自己的观点和意见,不但不会得罪人,反而会受到对方的欢迎。交谈中,有相当一部分是没有绝对是非标准的,诚恳的表达自己的意见,对方不但会通情达理地予以接受,而且会进一步激发思考,拓展思路,使谈话处于波峰状态。

（2）抓住要领

当对方讲到要点的时候,表示赞同,点一点头实质是在发出一个信号,让对方知道你在赞许他。这时候他会有兴致地继续讲下去,有的人在听讲话的时候会轻微地摇头,尽管这个动作是无意的,但常常会引起对方的误解。使他们以为你并不以为然,或者认为他说的不对。对谈话中的要点,你可以要求对方谈得再详细一些,这说明你对交谈的话题很重视。需要有进一步的了解,引导他做更深入的工作和更进一步的阐述,便于你获取更多的信息。对谈话没有听清楚或没有听明白的时候,要等到对方讲完以后再询问,不要在中途随意打断对方的话头,否则对方会因为思路或兴致被中断而不悦。对方的话我们越听得明白,就越可能理解对方。每个人都有一定的思想感情,让别人不好理解。如果被别人所理解,对自己来说就是莫大的喜悦和幸福。

（3）适时发问

通过提问,暗示你的确对他的谈话感兴趣,同时启发对方引出你感兴趣的话题。交谈也有冷场的时候。沉默和尴尬往往使谈话不顺利,这时你可以寻找话题,及时发问。

**5. 讲究提问技巧**

交谈的基本形式是提问和回答,善于提问往往能更顺利地与对方接近、相识,加深了解,能解除疑点,获得信息,能启发对方思维,控制交谈言路的方向,打破交谈的僵局,使交谈活动得以顺畅地进行,因此提问在交谈中占主导地位,它往往是交际的起点。在交谈中要讲究提问技巧,问得其所,问到所需。

（1）看清对象

在交谈提问时一定要看清对象,"上什么山唱什么歌",见什么人发什么问。提问要因人而异,从对方的年龄、身份、职业、性格、知识水平以及不同的民族文化背景出发,选择不同的提问方式。如对几岁的小孩,用文言词语发问,无异于"对牛弹琴";反之,对高龄老人,就不宜问:"你几岁了?"而应问:"您高寿?"、"您高龄?"为职业人员熟知的"对男士不问薪水,对女士不问年龄"的提问禁忌都是这一原则的具体体现。

（2）瞄准时机

在交谈中,要善于掌握对方的心理脉搏,瞄准发问的时机。有些问题时机掌握得好,发问效果才佳。例如,美国推销员帕特为了推销一套空调设备,与某公司已周旋好几个月,但对方仍迟迟不作决定,当时正值春夏之交,在董事会上,帕特面对着对他的推销毫无兴趣的董事们心急如焚,全身冒汗。谁知他"热"中生智,向在场的董事们发出了一个祈使问句:"今天天气很热,请允许我脱去外衣好吗?"说罢,他边脱衣边用手帕不停地擦汗。这一言行神奇般地产生了"感应效应"——董事们一个个顿觉闷热难忍,纷纷脱去外衣,并一个接一个地掏出了手帕,自然而然地都认真考虑起购置空调机的问题来。帕特在此抓住时令与环境的特点巧妙设问,趁对方心理无防,击其要害,一"问"中的,终于化被动为主动,做成了一笔交易。一般说来,当对方很忙或正处理急事时,不宜提琐碎无聊的问题;当对方伤心或失意时,不宜提太复杂、太生硬,会引起对方不愉快的问题;当对方遇到困难或麻烦,需要单独冷静思考时,最好不要提任何问题。

（3）抓住关键

那些大而泛的问题，往往叫对方摸不着头脑，觉得回答起来无从下手，自然也就不可能回答好。相反，抓住关键，问题提得具体，反而可以引导对方的思路。如意大利著名女记者法拉奇采访邓小平时，提的第一个问题就是："天安门上保留下来的毛主席像，是否要永远保留下去？"这个问题很具体，然而包含着丰富的内容，这不单单是毛主席照片是否保留在天安门上的问题，而是涉及我们党和全国人民对毛泽东和毛泽东思想的评价问题，具有相当的分量。只有抓住关键进行提问，才能问得明白。

（4）精选类型

不是任何人一开始就愿意如实回答你所提出的问题，他往往借"无可奉告"、"我也不太清楚"等话来推托你的问题。所以，应准备多种提问方式，一种提问方式不行，要试着换另一种方式提问。提问大体可以分以下几种类型：①正面直问。开门见山，直接提出你想了解的问题。这是以求知和解疑为目的的。②两面提问。既问主要的，也问次要的；既问好的，也问坏的。这种提问是了解人的全貌和事物发展的全过程所必需的，可以帮助我们克服思想方法的主观片面性。职业人员在调查研究、寻求事件发生的原因时多用这种提问。③迂回侧问。若正面或反面都不好问，就从侧面或另一角度入手，迂回迭进，再回到正面主题上来。④假言设问。站在对方的立场上，提出一些假设，启发对方思考，诱使对方回答。⑤步步追问。随着对方的谈话，步步深入，打破砂锅问到底。

当然，想使对方愿意回答自己提出的问题，还要注意自身形象的塑造，着装得体，大方自然，称呼得当，给人以真诚感和可信任的印象，这样在"问者谦谦，言者谆谆"的心理氛围中极易沟通信息，创造和谐的关系。

### 思考与训练

1. 设想几种不同的社交场景，如何根据交往对象不同进行称呼。

2. 一位西装革履的男士进入一写字间，问前台秘书："这是四海公司吗？"前台秘书不理，这时候，有两位客户走过来，秘书说"刘哥、王姐，我们经理正等着你们呢……"

请问：在这个职业场景中，存在哪些礼仪问题？

3. 请分别用 1 句话、用 1 分钟时间、用 5 分钟时间介绍你自己。

4. 请就以下为他人介绍事例分别进行分析，看看各存在什么问题。

（1）这位是×××公司的人力资源部张经理，他可是实权派，路子宽，朋友多，需要帮忙可以找他。

（2）约翰·梅森·布朗是一位作家兼演说家。一次他应邀去参加一个会议，并进行演讲。演讲开始前，会议主持人将布朗先生介绍给观众，下面是主持人的介绍语：先生们，请注意了。今天晚上我给你们带来了不好的消息。我们本想要求伊塞卡·马克森来给我们讲话，但他来不了，病了。（下面嘘声）后来我们要求参议员布莱德里奇前来，可他太忙了。（嘘声）最后，我们试图请堪萨斯城的罗伊·格罗根博士，也没有成功。（嘘声）所以，结果我们请到了——约翰·梅森·布朗。（掌声）

（3）我给各位介绍一下，这小子是我的铁哥们儿，开小车的，我们管他叫"黑蛋"。

5. 小张和同学小李一同去听孙教授的礼仪讲座，小李对讲座非常感兴趣，想和孙教授进行深入交流。由于孙教授曾经给小张所在的班级上过课,认识小张,因此小李想向让小张在工作结束后把自己介绍给孙教授。

请问:如果你是小张你将怎样做介绍?请与同学分别扮演相关角色实际模拟演示一下。

6. 找几个伙伴练习握手的礼仪。

7. 在一次业务洽谈会上,小王遇到了一直想与之合作的某集团公司周总,他立即起身走到周总面前,伸出双手去握周总的手。

请问:小王的表现有什么不妥?与同学一起模拟演示一下正确的做法。

8. 五湖公司王经理约见一个重要的客户方经理。见面之后,客户就将名片递上。王经理看完名片就将名片放到了桌子上,两人继续谈事。过了一会儿,服务人员将咖啡端上桌,请两位经理慢用。王经理喝了一口,将咖啡杯子放在了名片上,自己没有感觉,客户方经理皱了皱眉头,没有说什么。

请问:王经理的失礼之处在哪里?接过对方的名片后应如何放置?

9. 张经理与王经理在一次洽谈会上见面,王经理主动递上了自己的名片,张经理急忙打开挎包,准备拿出自己的名片与之交换,可是一摸,首先发现一张健身卡,再一摸是一张名片,高兴地递给了对方。王经理接过来一看说:"孙总认识您很高兴!"噢,张经理这才发现刚才递上去的是别人的名片。张经理十分尴尬,继续在包里找着……

请问:张经理名片交换存在什么问题?应该如何避免?

10. 利用课后或者周末时间逛逛花店,面对绚丽多彩的鲜花,进一步熟悉花的语言。

11. 为什么说"从电话礼仪就可基本看出对方的教养如何"?

12. 欣赏相声表演艺术家马季的相声《打电话》,讨论打电话应该注意的礼节。

13. 小刘在几分钟之内连续几次接到同一个错打的电话,可是每一次对方都是什么也不说就把电话挂了。小刘非常恼火,他于是特意按照来电显示屏上的那个号码拨通电话,狠狠地把对方臭骂了一顿。你谈谈小刘做得对吗?

14. 请制定一份接打电话的礼仪守则。

15. 结合日常生活实际,说明人们在使用电话过程中经常出现的失礼行为以及纠正途径。

16. 给大家讲一个你亲身经历过(或者听说过)的有关手机短信的故事。

17. 使用电子邮件发送信息。在收件人一栏打上自己的电子信箱地址,给自己发一封公务的信件。然后作为信件接收方,感受以下信件格式、所用文字、语气是否恰当。

18. "人心隔肚皮",更何况是在虚拟世界。你可能是一位网络常客,你认为应该重视网络礼仪吗?

19. 有人给办公室打来电话,声称有紧急重要的事情向领导报告,请求领导亲自接电话。假如你是接电话的秘书,将如何处理此事?

20. 请根据交谈礼仪的要求与同学模拟一次交谈。

21. 以下交际用语请在与人交谈中注意使用,将会使你增色不少。

初次见面应说:幸会　　　　看望别人应说:拜访

等候别人应说:恭候　　　　请人勿送应用:留步

对方来信应称:惠书　　　　麻烦别人应说:打扰

请人帮忙应说：烦请      求给方便应说：借光

托人办事应说：拜托      请人指教应说：请教

他人指点应称：赐教      请人解答应用：请问

赞人见解应用：高见      归还原物应说：奉还

求人原谅应说：包涵      欢迎顾客应叫：光顾

老人年龄应叫：高寿      好久不见应说：久违

客人来到应用：光临      中途先走应说：失陪

与人分别应说：告辞      赠送作品应用：雅正

22. 以下是交际语言"八戒"，请对照自己以往交际的实际，检查一下是否说了废话、胡话、玄话、俏话、混话、空话、套话、俗话。对不好的地方要在今后坚决杜绝。

一戒连篇累牍，语无伦次，无的放矢，文不对题的废话。

二戒颠三倒四，七拼八凑，文理不通，是非混淆的胡话。

三戒荒诞怪论，子虚乌有，装腔作势，故作高深的玄话。

四戒滥用辞藻，自鸣得意，吟风弄月，华而不实的俏话。

五戒牵强附会，大言不惭，含糊其辞，模棱两可的混话。

六戒张冠李戴，不着边际，平淡乏味，冗词累赘的空话。

七戒言不及义，陈词滥调，千篇一律，人云亦云的套话。

八戒无中生有，低级趣味，风花雪月，斗鸡走狗的俗话。

23. 在人际交往中，语言文明是处理好人际关系的基本要求，语言文明应以真诚自然为最高准则，避免烦琐，在①宴请时客人到来；②舞会结束，舞伴要离开两种常见的情景下，请说明应分别以怎样的文明用语应对。

24. 讨论在交谈中遇到以下三种情况该如何处理。

（1）对方不知不觉将话题扯远了。

（2）对方心血来潮，忽然想到了他得意的事。

（3）对方故意转变话题，不愿意再谈原来的事。

25. 案例分析

### 修养是第一课

有一批应届毕业生22个人，实习时被导师带到北京的国家某部委实验室里参观。全体学生坐在会议室里等待部长的到来，这时有秘书给大家倒水，同学们表情木然地看着她忙活，其中一个还问了句："有绿茶吗？天太热了。"秘书回答说："抱歉，刚刚用完了。"林晖看着有点别扭，心里嘀咕："人家给你水还挑三拣四。"轮到他时，他轻声说："谢谢，大热天的，辛苦了。"秘书抬头看了他一眼，满含着惊奇，虽然这是很普通的客气话，却是她今天唯一听到的一句。

门开了，部长走进来和大家打招呼，不知怎么回事，静悄悄的，没有一个人回应。林晖左右看了看，犹犹豫豫地鼓了几下掌，同学们这才稀稀落落地跟着拍手，由于不齐，越发显得零乱起来。部长挥了挥手："欢迎同学们到这里来参观。平时这些事一般都是由办公室负责接待，因为我和你们的导师是老同学，非常要好，所以这次我亲自来给大家讲一些有关情况。我看同学们好像都没有带笔记本，这样吧，王秘书，请你去拿一些我们部里印的纪念手册，送给同学们作纪念。"接下来，更尴尬的事情发生了，大家都坐在那里，很随意地用一只手接过部长双手递过来的手册。部长脸色越来越难看，来到林晖面前时，已经快要没有耐心了。就在这时，林晖礼貌地站起来，身体微倾，双手握住手册，恭敬地说了一声："谢谢您！"部长闻听此言，不觉眼前一亮，伸手拍了拍林晖的肩膀："你叫什么名字？"林晖照实作答，部长微笑点头，回到自己的座位上。早已汗颜的导师看到此景，才微微松了一口气。

两个月后，毕业分配表上，林晖的去向栏里赫然写着国家某部委实验室。有几位颇感不满的同学找到导师："林晖的学习成绩最多算是中等，凭什么选他而没选我们？"导师看了看这几张尚显稚嫩的脸，笑道："是人家点名来要的。其实你们的机会是完全一样的，你们的成绩甚至比林晖还要好，但是除了学习之外，你们需要学的东西太多了，修养是第一课。"

（资料来源：朗月.别不小心打败了自己.青年文摘，2000(10)红版）

**思考与讨论：**

（1）拜访应注意哪些礼仪？

（2）为什么说"修养是第一课"？应该怎样提高自己的修养？

### 一个秘书的经历

王芳是在某公司工作多年的秘书，主要负责接待以及外线电话的转接。她现在已经是一名优秀的秘书了，可在她成长过程中也出现过许多大大小小的错误，现仅列举两个典型例子。

其一，王芳刚做秘书工作时，认为打电话不过是连3岁小孩都会做的简单事情，但发生的一件事情让她改变了这种观点。一次，总经理让她询问对方对合同中几个条款的看法。她没有认真研究这几个条款，也没有询问总经理的意见，马上拨通对方的电话。当对方提出几个方案时，她无法和对方进行任何交流，自然也无法达到侧面了解对方真实意图的目的。慌乱之中，她竟忘了做电话记录，整整半个小时的通话，在她脑中是一片空白。幸好她比较坦诚，如实向总经理做了汇报。总经理亲自打电话，表示歉意，这才如期签署合同。自从事情发生后，她专门准备了一个笔记本记录电话内容等，有关计算机文件也及时保存、备份。

其二，王芳每天负责处理大量的电子邮件，除了那些垃圾邮件，她将所有往来邮件都保留在电子信箱中。这样做确实也带来很多方便，即使出差也可以从信箱中查阅历史文件。但有一段时间，她连续七天没有收到任何邮件，给客户的邮件也没有一个回复。她用电话跟客户联系，客户说发出去的邮件全部退回。她赶紧请教有关计算机人员，这才发现这是由于邮箱空间爆满所致。

（资料来源：谢迅.商务礼仪.北京：对外经济贸易大学出版社，2007）

**思考与讨论：**

（1）打电话前应该思考哪些问题？

（2）使用电子邮件应注意什么？

### 老田鸡退二线

某局新任局长宴请退居二线的老局长。席间端上一盘油炸田鸡，老局长用筷子点点说："喂，老弟，青蛙是益虫，不能吃。"新局长不假思索，脱口而出："不要紧，都是老田鸡，已退居二线，不当事了。"老局长闻听此言顿时脸色大变，连问："你说什么？你刚才说什么？"新局长本想开个玩笑,不料说漏了嘴,触犯了老局长的自尊,顿觉尴尬万分。席上的友好气氛尽被破坏,幸亏秘书反应快,连忙接着说:"老局长,他说您已退居二线,吃田鸡不当什么事。"气氛才有点缓和。

(资料来源:http://www.liyi360.com/2009/11/27/ajgit.htm)

**思考与讨论:**

(1)"莫对失意人谈得意事"((清)治家格言),结合本案例谈谈你对这句话的理解。

(2)在交际中开玩笑应该注意什么?

# 商务礼仪

- 签字仪式、开业仪式、剪彩仪式等符合礼仪规范;
- 能够组织商务洽谈活动;
- 熟悉宴请的程序和规范,熟练、得体地遵守中、西宴会礼节;
- 商务旅行符合礼仪规范要求。

**情境导入**

### "请张市长下台剪彩!"

某公司举行新项目开工剪彩仪式,请来了张市长和当地各界名流嘉宾,请他们坐在主席台上。仪式开始时,主持人宣布:"请张市长下台剪彩!"却见张市长端坐没动,主持人很奇怪,重复了一遍:"请张市长下台剪彩!"张市长还是端坐没动,脸上还露出一丝恼怒。主持人又宣布了一遍:"请张市长剪彩!"张市长才很不情愿地勉强起来去剪彩。

这里的主持人虽然态度热情,但却犯了客人的禁忌——"下台"一词有歧义,实为极大的失礼。因此参与仪式活动的人员,除了仪容、仪表,在语言方面也应精心准备。

(资料来源:http://www.517edu.com/2010/1/18/bhfen.htm)

**问题**:如何才能成功地举办一次仪式活动?

**实训设计**

商务礼仪包括商务仪式礼仪、商务洽谈礼仪、商务宴请礼仪和商务旅行礼仪等方面。对组织而言这几类活动有着重要的作用,它有利于提高组织的知名度和美誉度,塑造组织形象;有利于鼓舞员工的士气,激发员工对本组织的热爱,培育组织员工的价值观念,增强组织的凝聚力;有利于传递组织的信息,使组织赢得更多的成功机会和合作伙伴;有利于沟通情感,传达意愿,增进友情。因此,当今社会,商务礼仪是职业礼仪的一项重要内容,也是组织成功的关键。

上述案例说明组织好一次商务活动绝非易事,如何有条不紊地做好各项相关工作是现代人必须面对而又必须做好的问题。

这里拟通过如下实训项目,完成本任务的学习。

**商务活动策划与实施**

实训目标:了解商务活动礼仪的基本知识和规范,遵循商务活动礼仪基本规范,成功地组织各类商务活动。

实训学时:2课时。

实训地点:实训室。

实训方法:

(1)将全班学生分成两组,每组各策划并组织实施一次商务活动。

(2)各组同学在充分讨论的基础上撰写出活动策划方案。

(3)各组同学分别组织实施该项活动。

(4)各组对本次活动进行总结。

(5)指导教师进行点评。

# 一、商务仪式礼仪

## 1. 签字仪式

签字仪式是组织与对方经过会谈、协商,形成了某项协议或协定,再互换正式文本的仪式。它是一种比较隆重的活动,礼仪规范也比较严格。

(1)草拟合同的礼仪

① 明确合同的种类

在实际工作中,职业人员所接触到的商务合同种类繁多。除了常见的有购销合同之外,还有借贷合同、租赁合同、写作合同、加工合同、仓保合同、保险合同、货运合同、责任合同等。

② 遵守合同的格式

从格式上讲,合同的写作有一定的规范。要求目的要明确,内容要具体,用词要准确、数据要精确、项目要完整、书面要整洁。

从具体的写法上来说,合同大体上有条款式和表格式两类。所谓条款式合同,指的是以条款形式出现的合同。所谓表格式合同,则是以表格的形式出现的合同。它们在写法上都有各自的规范,职业人员在实践中必须严格遵守,不可随意改动。一般来说,标的、费用和期限被称为合同内容的三大要素。在任何一项合同中,都应当三者齐全,缺一不可。如果从具体的条款撰写上来讲,则一项合同至少需要具备标的、数量或质量、价款或酬金、履约期限与地点及其方式、违约责任等五大基本内容。对于这些规范,职业人员必须自觉地遵照执行。

③ 拟订合同应注意的问题

在草拟合同时,除了在格式上要标准、规范之外,同时还必须注意四个方面的关键问题。

第一，草拟合同必须遵守法律。这甚至已经超出了礼仪的范畴，但也是一种更高层次、更具有震撼力的礼仪规范，是最高礼仪规范，如果连国家的法律都不遵守，那还有什么礼仪规范可言呢？所以这条看似简单且又容易被忽视的内容，其实是绝对不能够可有可无的。由此就要求参与商务签约活动的负责人必须增强自己的法制观念，必须熟悉商务签约所涉及的相关法律、法规、规章知识，必须要求参与草拟合同文本的工作人员应当熟悉相关法律、法规、规章知识，并逐条对照法律、法规、规章进行研判，力求使所拟条款完全合法。如果是草拟涉外商务合同的话，还必须要遵守国际法或相关国家的法律。

第二，草拟合同必须符合惯例。在遵守国家法律、法规、规章的基础上，还必须要遵守国内商务惯例，包括文本的行文格式、内容表述、抬头和落款等都必须符合惯例，否则会让对方产生歧义，严重时，可能无法接受该合同。从礼仪的角度看，不按惯例行文，也是不尊重对方或他方的表现。如果是涉外商务合同，还必须遵循国际法和国际惯例。

第三，草拟合同必须合乎常识。这些常识至少应包括商品知识、金融知识、运输知识、保险知识、商业知识、签署合同所涉及的法律方面的知识、公文知识、合同知识等等。需要注意的是，合同应力求简约明了，表述应当清晰流畅，以便于双方在达成共识的过程中不产生任何歧义。

第四，草拟合同必须顾及对手。也就是要顾及对手的感受，这是商务签约礼仪的基石，离开了这块基石，就没有礼仪规范可言。所谓要顾及对手的感受，最重要的就是要转变零和博弈的传统观念，合同双方，也就是竞争与合作的双方，一般应树立起双赢的思想，不要只考虑自身利益，在市场竞争日益激烈的今天，没有"双赢"的思想，将很难达成合同双方的意愿，进而也就无法达成签约的目标。因此，顾及对手利益，从某种意义上说，也等于是顾及自己的利益，尤其是，双赢还有利于双方今后的长期合作，使新约的签订和履行更为顺利。

（2）签字仪式的准备

签字仪式是组织具有"里程碑"意义的大事，应予以充分准备，做到万无一失。

① 准备待签文本。洽谈或谈判结束后，双方应指定专人按谈判达成的协议做好待签文本的定稿、翻译、校对、印刷、装订、盖印等工作。文本一旦签字就具有法律效力，因此，对待签文本的准备应当郑重严肃。

在准备文本的过程中，除了要核对谈判协议条件与文本的一致性以外，还要核对各种批件，主要是项目批件、许可证、设备文件、用汇证明、订货卡等是否完备，合同内容与批件内容是否相符等。审核文本必须对照原稿件，做到一字不漏，对审核中发现的问题，要及时互相通报，通过再谈判，达到谅解一致，并相应调整签约时间。在协议或合同上签字的有几个单位，就要为签字仪式提供几份样本。如有必要，还应为各方提供一份副本。与外商签订有关的协议、合同时，按照国际惯例，待签文本应同时使用宾主双方的母语。

待签文本通常应装订成册，并以仿皮或其他高档质料作为封面，以示郑重。其规格一般为大八开，所用的纸张务必高档，印刷务必精美。作为主方应为文本的准备提供准确、周到、快捷的服务。

② 布置签字场地。签字场地有常设专用的签字厅，也有临时以会议厅、会客室来代替的。布置它的总原则是要庄重、整洁、清静。

一间标准的签字厅，应当室内铺满地毯，除了必要的签字用桌、椅外，其他一切的陈设都不需要，正规的签字桌应为长桌，其上最好铺设深绿色的台布。

按照仪式礼仪的规范,签字桌应当横放。在其后,可摆放适量的椅子。签署双边性合同时,可放置两把椅子,供签字人就座。签署多边性合同时,可以仅放一把椅子,供各方签字人签字时轮流就座。也可为每位签字人各自提供一把椅子。

在签字桌上,应事先安放好待签文本,以及签字笔、吸墨器等签字时所用的文具。

与外商签署涉外商务合同时,须在签字桌上插放有关各方的国旗。插放国旗时,在其位置与顺序上,必须依照礼宾序列而行。例如签署双边性文本时,有关各方的国旗须插放在该方签字人椅子的正前方。如签署多边性合同、协议等时,各方的国旗应依一定的礼宾顺序插在各方签字人的身后。

③ 安排签字人员。在举行签字仪式之前,有关各方应预先确定好参加签字仪式的人员,并向其有关方面通报。客方尤其要将自己一方出席签字仪式的人数提前给主方,以便主方安排。签字人要视文件的性质来确定,可由最高负责人签,但双方签字人的身份应该对等。参加签字的有关各方事先还要安排一名熟悉签字仪式详细程序的助签人,并商定好签字的有关细节。其他出席签字仪式的陪同人员,基本上是双方参加谈判的全体人员,按一般礼貌做法,人数最好大体相等。为了表示重视,双方也可对等邀请更高一层的领导人出席签字仪式。

由于签字仪式的礼仪性极强,签字人员的穿着也有具体要求。按照规定,签字人、助签人以及随员,在出席签字仪式时,应当穿着具有礼服性质的深色西装套装或西装套裙,并且配以白色衬衫与深色皮鞋。

在签字仪式上露面的礼仪、接待人员,可以穿自己的工作制服,或是旗袍一类的礼仪性服装。签字人员应注意仪态、举止,要落落大方,得体自然,既不要严肃有余,也不要过分喜形于色。

(3) 签字仪式的程序

虽然签字仪式的时间不长,但它是合同、协议签署的高潮,其程序规范、庄重而热烈。主要有以下几项。

① 签字仪式开始。有关各方人员进入签字厅,在既定的位次上坐好。签字者按照主居左,客居右的位置入座,双方其他陪同人员分主客两方以各自职位、身份高低为序,自左向右(客方)或自右向左(主方)排列站于各签字人之后,或坐在己方签字者的对面。双方助签人分别站在己方签字者的外侧,协助翻揭文本,指明签字处,并为业已签署的文件吸墨防洇。

② 签字人签署文本。签字人签署文本通常的做法是先签署己方保存的合同文本,再接着签署他方保存的合同文本,这一做法在礼仪上称为"轮换制"。它的含义是在位次排列上,轮流使有关各方有机会居于首位一次,以显示机会均等,各方平等。

③ 交换合同文本。双方签字人,正式交换有关各方正式签署的文本,交换后,各方签字人应热烈握手,互致贺词,并相互交换各自方才使用过的签字笔,以志纪念。这时全场人员应该鼓掌,表示祝贺。

④ 共同举杯庆贺。交换已签订的合同文本后,礼仪小姐会用托盘端上香槟酒,有关人员,尤其是签字人当场干上一杯香槟酒,这是国际上通用的旨在增添喜庆色彩的做法。

⑤ 有秩序退场。接着请双方最高领导者及客方先退场,然后东道主再退场。整个签字仪式以半小时为宜。

### 2. 开业仪式

开业仪式是指在单位创建、开业,项目完工、落成,某一建筑物正式启用,或是某工程正式开始之际,为了表示庆贺和纪念,按照一定的程序所隆重举行的专门的仪式。筹备和举行开业仪式始终应按着"热烈、隆重、节约、缜密"的原则进行。

（1）开业仪式的筹备

① 做好开业仪式的舆论宣传工作。此类工作包括两个方面:一是选择有效的大众传播媒介进行集中性的广告宣传。企业可在报纸、电台、电视台广泛发布广告或在告示栏中张贴开业告示,其内容多为开业仪式举行的日期及地点、开业之际对顾客的优惠、开业单位的经营范围及特色等,以引起公众的注意。开业广告或告示发布时间在开业前的 3 天内为宜。二是邀请有关的大众传播界人士在开业仪式举行之时到场进行采访、报道,以期对本单位作进一步的正面宣传。

② 做好来宾邀请工作。开业仪式影响的大小,往往取决于来宾的身份高低与数量多少。在力所能及的条件下,要力争多邀请一些来宾参加开业仪式。地方领导、上级主管部门与地方职能管理部门的领导、合作单位与同行单位的领导、社会团体的负责人、社会名流、新闻界人士,都是邀请时应予优先考虑的重点。其中新闻界人士是邀请的首要对象。

③ 发放请柬。提前一周发出请柬,便于被邀者及早安排和准备。请柬的印制要精美,内容要完整,文字要简洁,措辞要热情。被邀者的姓名要书写整齐,不能潦草马虎。一般的请柬可派人送达,也可通过邮局邮寄。给有名望的人士或主要领导的请柬应派专人送达,以表示诚恳和尊重。

④ 布置现场。应突出喜庆、热闹的气氛,营造出一种隆重而令人振奋的氛围。开业仪式多在开业现场举行,需要较为宽敞的活动空间,所以正门之外的广场、正门之内的大厅、展厅门前等处均可作为开业仪式的举行地点。按照惯例,举行开业典礼时宾主一律站立,故一般不布置主席台及坐椅。为显示隆重与敬客,可在来宾尤其是贵宾讲话之处铺设红色地毯,并在场地四周悬挂横幅、标语、气球、彩带、宫灯。此外,还应当在醒目之处摆放来宾赠送的花篮、牌匾等。

⑤ 准备开幕词、致辞。仪式开始,组织的负责人致辞,向来宾表示感谢,并介绍本组织的经营特色和服务宗旨等。上级领导和来宾可在会上致辞祝贺,在祝贺中应多讲一些祝愿的话,但要注意限制发言时间。开幕词、致辞要言简意赅、热情庄重,起到密切感情、增加友谊的作用。

⑥ 做好接待服务工作。接待人员在会场门口接待来宾,待来宾签到后,引导来宾就位。重要来宾须由本单位主要负责人亲自出面接待,其他来宾可由本单位的礼仪小姐负责接待。若来宾较多,应准备好专用的停车场、休息室,并应为其安排饮食。

⑦ 准备馈赠礼品。开业仪式赠予来宾的礼品应具有以下三大特征:第一,宣传性。可在礼品及其外包装上印上本单位的企业标志、广告用语、产品图案、开业日期等;第二,荣誉性。要使之具有一定的纪念意义,让拥有者对其珍惜、重视,并为之感到光荣和自豪;第三,独特性。它应当与众不同,具有本单位的鲜明特色,使人爱不释手。

⑧ 拟定典礼程序。从总体上来看,开业仪式大都由开场、过程、结局三个阶段构成。

开场:奏乐,邀请来宾就位,宣布仪式正式开始,介绍主要来宾。

过程:这是开业仪式的核心内容,它通常包括本单位负责人讲话、来宾代表致辞、启动某项开业标志等。

结局：包括开业仪式结束后宾主一道进行现场参观、联欢、座谈等。它是开业仪式必不可少的内容。

⑨ 做好各种物质准备。

第一，用品准备。如来宾的签到簿、本单位的宣传材料、待客的饮料等。

第二，设备准备。对于音响、录音录像、照明等设备以及开业典礼所需的各种用具、设备，必须事先认真检查、调试以防在使用时出现差错。一般在开会前一小时应再验收一下。

（2）开业仪式的种类

① 开幕仪式。它是开业仪式常见的形式之一，通常它是指公司、企业、宾馆、商店、银行等正式起用前，或各类商品的展示会、博览会、订货会正式开始之前，所正式举行的相关仪式。每当开幕仪式举行之后，公司、企业、宾馆、商店、银行等将正式营业，有关商品的展示会、博览会、订货会将正式接待顾客与观众。一般举行开幕式时要在比较宽敞的活动空间中进行，如门前广场、展厅门前、室内大厅等处，都是较为合适的地点。

开幕式的主要程序为：

第一，宣布仪式开始，全体肃立，介绍来宾。

第二，邀请专人揭幕或剪彩。揭幕时揭幕人行至彩幕前恭敬地站立，礼仪小姐双手将开启彩幕的彩索递交对方。揭幕人随之目视彩幕，双手拉起彩索，展开彩幕。全场目视彩幕，鼓掌并奏乐。

第三，在主人的亲自引导下，全体到场者依次进入幕门。

第四，主人致辞答谢。

第五，来宾代表发言祝贺

第六，主人陪同来宾参观，开始正式接待顾客或观众，对外营业或对外展览宣告开始。

② 奠基仪式。它是指一些重要的建筑物，如大厦、场馆、亭台、纪念碑等，在动工修建前，正式举行的庆贺性活动。其举行地点应选择在动工修建建筑物的施工现场，一般在建筑物的正门右侧，在奠基仪式的举行现场设有彩棚，安放该建筑物的模型、设计图、效果图，并使各种建筑机械就位待命。

用来奠基的奠基石应是一块完整无损、外观精美的长方形石料。在奠基石上文字应当竖写，在其右上款，写上建筑物的名称，正中央应有"奠基"两个大字，左下款刻有奠基单位的全称以及举行奠基仪式的具体年、月、日。奠基石上的字体，大都用楷体字刻写，并且最好用白底金字或黑字。在奠基石的下方或一侧，还应安放一只密闭完好的铁盒，内装与该建筑物相关的各有关资料以及奠基人的姓名。届时，它将同奠基石一道被奠基人等培土掩埋于地下，以志纪念。

奠基仪式的程序为：

第一，仪式正式开始，介绍来宾，全体起立。

第二，奏国歌。

第三，主人对建筑物的功能、规划设计等进行介绍。

第四，来宾致辞道贺。

第五，正式进行奠基。奠基人双手持握系有红绸的新锹为奠基石培土，再由主人与其他嘉宾依次为之培土，直至将其埋没为止。奠基时应演奏喜庆乐曲或敲锣打鼓，营造良好的气氛。

③ 开工仪式。工厂准备正式开始生产产品、矿山准备正式开采矿石,所专门举行的庆祝性、纪念性活动。开工仪式大都在工厂的生产车间或矿山的主要矿井等生产现场举行,以使全体人员有身临其境的感觉。在仪式现场除了司仪人员可以穿礼仪性服装之外,其他人员均应穿着干净整洁的工作服出席仪式。

开工仪式的程序为:

第一,宣布仪式开始。全体起立,介绍各位来宾,奏乐。

第二,开工单位领导讲话。

第三,来宾致贺词。

第四,在司仪的引导下,本单位的主要负责人陪同来宾行至开工现场机器开关或电闸附近等地肃立。

第五,正式开工,届时应由本单位职工代表或来宾代表来到机器开关或电闸旁,动手启动机器或合上电闸。全体人员此时应鼓掌祝贺,并奏乐。

第六,在主人的带领下,全体来宾参观生产现场。

④ 落成仪式。也称竣工仪式,它是指本单位所属的某一建筑物或某项设施建设、安装工作完成之后,或是某一纪念性、标志性建筑物——诸如纪念碑、纪念塔、纪念堂等建成之后,以及某种意义特别大的产品生产成功之后,所专门举行的庆贺性活动。落成仪式一般应在现场举行,如新落成的建筑物的外面,纪念碑、纪念塔的旁边等。参加落成仪式要注意情绪,在庆贺工厂大厦落成、重要产品生产等时应表现出欢乐和喜悦;在庆祝纪念碑、纪念塔等落成时应表现出庄严而肃穆。

落成仪式的程序是:

第一,宣布仪式开始。全体起立,介绍各位来宾。

第二,奏国歌,并演奏本单位标志性乐曲。

第三,本单位负责人发言,以介绍、回顾、感谢为主要内容。

第四,进行揭幕或剪彩。

第五,全体人员向刚刚落成的建筑物行注目礼。

第六,来宾致辞。

第七,全体人员进行参观。

⑤ 下水仪式。这是指新船建成下水之时所专门举行的仪式。一般造船厂在吨位较大的轮船建造完成,验收完毕,交付使用之际,为其正式下水起航而特意为之举行的庆祝性活动。下水仪式基本上都是在新船码头上举行,届时,应对现场进行一定的美化,如在船坞门口与干道两侧,装饰有彩旗、彩带。在新船所在码头附近,应设置专供来宾观礼或休息用的彩棚。对新船也应装扮,可在船头扎上由红绸结成的大红花,在船两侧船舷上扎上彩旗,系上彩带。

下水仪式的程序包括:

第一,宣布仪式开始,介绍来宾,全体起立,乐队奏乐或锣鼓喧天。

第二,奏国歌。

第三,由主人简介新船的基本状况,如船名,吨位,马力,长度,高度,吃水,载重,用途,造价等。

第四，由特邀掷瓶人行掷瓶礼。砍断缆绳，新船正式下水。行掷瓶礼，这是国外传入我国的一种下水仪式上独具特色的节目，旨在渲染喜庆气氛。其做法是，由身着礼服的特邀嘉宾双手持握一瓶正宗的香槟酒，用力将瓶身向新船的船头投掷，使瓶破之后酒香四溢，酒沫飞溅。在嘉宾掷瓶之后，全体到场者面向新船行注目礼，并随即热烈鼓掌。此时，还可在现场再度奏乐或演奏锣鼓，施放气球，放飞鸽子，并且在新船上撒彩花、落彩带等。

第五，来宾代表致辞祝贺。

⑥ 开通仪式。在重要的交通建筑完工并验收合格之后，所正式举行的起用仪式。例如，公路、铁路、地铁、轻轨以及重要的桥梁、隧道等，在正式交付使用前，均应举行一次开通仪式表示庆贺。举行开通仪式的地点应在公路、铁路、地铁与轻轨新线路的某一端，新建桥梁的某一头，或者新建隧道的某一侧。在现场附近以及沿线两旁，应当适量地插上彩旗、挂上彩带。必要时，还应设置彩色牌楼，并悬挂横幅。对汽车、火车或地铁列车等要进行装饰，可在车头系上红花，在车身两侧插上彩旗，系上彩带，悬挂大幅醒目标语。

开通仪式的程序包括：

第一，宣布仪式开始，介绍来宾。

第二，全体起立，奏国歌。

第三，主人致辞。介绍即将通车的新线路、新桥梁、新隧道等的基本情况，并向有关方面表示谢意。

第四，来宾代表致辞祝贺。

第五，正式剪彩。

第六，首次正式通行车辆，宾主及群众代表一起登车而行，主人所乘坐的车辆行进在最前方开路。

（3）参加开业仪式的礼仪

① 主办方礼仪。需仪容整洁。出席典礼的人员事前要做适当修饰，女士要适当化妆，男士应梳理好头发，刮净胡须，服饰规范。最好着统一式样的服饰，如果着装不统一，也至少要保证男士穿深色西装或中山装，女士穿深色西装套裙或套装。

请柬的发放应及时，无遗漏。

安排好座位、座次，安排好来宾的迎送车辆等。

遵守时间，不得迟到、无故缺席或中途退场。仪式应准时开始，准时结束。

态度友好，见到来宾要主动热情地问好，对来宾提出的问题应予以友善的答复。当来宾发表贺词后，应主动鼓掌表示感谢。主办方人员不得嬉笑打闹，不要东张西望，表现出心不在焉的样子。

② 宾客礼仪。宾客应准时参加开业仪式，如有特殊情况不能到场，应尽早通知主办方，说明理由并表达歉意。到场后应礼貌地与周围的人打招呼，可通过自我介绍、互换名片等方式结识更多的朋友。可以选择花篮、镜匾、楹联等作为贺礼，以表示对开业方的祝贺，并在贺礼上写明庆贺对象、庆贺缘由、贺词及祝贺单位以示恭贺。如果作为来宾代表致贺词要简短精练，以贺顺利、发财、兴旺的吉利话为主，不能随意发挥。庆典过程中要积极配合主办方的活动和安排，对合影、跟随参观、写留言等予以礼节性的支持。仪式结束后应和主办人握手告别，并致谢意。

**3. 交接仪式**

交接仪式是指施工单位将业已建设完成的工程项目,如商厦、厂房、车站、码头等,经验收合格后正式移交给使用单位时所举行的庆祝典礼仪式。举行这种仪式,既是对与合作伙伴成功合作的感谢,也是对关心、支持和帮助他们的社会各界的感谢,这一活动对提高组织的知名度,塑造良好的组织形象有重要作用。

(1) 交接仪式的准备

① 会场的布置。交接仪式的现场可以选择在工程项目的现场,也可在其他场所举行。不论仪式在何处举行,作为东道主,均需指定专人或组织临时性的专门班子,具体负责会场的布置工作。会场布置既不能铺张浪费,华而不实,劳民伤财,又要善于以适当的形式营造、渲染一种热烈的、隆重和喜庆的气氛。会场正中应悬挂"某某工程交接仪式"或"热烈庆祝某某商厦正式交付使用"的巨型横幅。在会场的入口处或主席台前,可插置一定数量的彩旗,会场上空可带有庆祝标志的气球,会场两侧摆放来宾赠送的花篮。

② 人员的邀请。交接仪式的出席人员应当适宜,若太少,则显得冷冷清清,难有热烈的气氛,若太多,超出了组织的接待能力和场地条件,也会使活动不尽如人意。交接仪式出席人员由施工单位和接收单位协商确定,应包括施工单位的有关人员、接收单位的有关人员、上级主管部门的负责人、协作单位的代表、当地政府官员、行业组织负责人及新闻记者等。

接到邀请的单位和负责人,不管能否出席,均应尽早向仪式的主办单位发出贺电或贺信,还可敬赠大型花篮,表示祝贺,并在花篮上挂上特制的缎带,花篮应提前送达会场。作为出席仪式的代表,均应身着正装,面带微笑,举止热情。在举行仪式之前,交接单位的负责人应提前到达会场,并在门口恭迎来宾们的光临,并指定专人进行接待、迎送、引导、陪同等应酬。

③ 物品的准备。在交接仪式上,东道主一方应提前准备如下物品:作为交接象征之物的有关物品,如验收文件、一览表、钥匙等。验收文件是指已经工整地由交接双方正式签署的接受证明性文件;一览表是指交付给接收单位的全部物资、设备或其他物品的名称、数量明细表;钥匙是指用来开启被交接的建筑物或机械设备的钥匙,因其强烈的象征性,预备一把即可。交接仪式主办单位还要为来宾准备一份薄礼,这一礼品应突出纪念性、宣传性,如被交接的工程项目、大型设备的缩微模型,或有关的画册、明信片、纪念章、领带针、钥匙扣等。

(2) 交接仪式的程序

不同类型的交接仪式,其程序各有不同,但大体内容是一致的,主要表现为以下几方面。

① 交接仪式开始。主持人请有关负责人到主席台就座,并宣布交接仪式开始,全体与会者鼓掌祝贺。

② 交换有关文件。即由施工、安装单位与接收单位正式进行有关工程项目或大型设备的交接。主要由施工单位、安装单位的代表,将有关工程项目、大型设备的验收文件、一览表、或者钥匙等象征性物品,递交给接收单位的代表。此时,双方应面带微笑,双手递交、接收有关物品。在此之后,还应热烈握手。该程序进行的过程中,可以播放、演奏节奏欢快的喜庆音乐。这一程序可由上级主管部门负责人或当地政府领导人为工程项目剪彩所取代。

③ 双方代表发言。施工或安装单位的代表、接收单位的代表、来宾代表等依次发言。发言是礼节性的,要简短而热情,点到为止即可,最好不要超过三分钟。

④ 宣布仪式结束。交接仪式在时间上贵短忌长,以半小时到一小时为宜。仪式结束应邀请来宾参观有关的工程项目或展览,东道主应为此安排专人接待、陪同和解说。继参观之后,有的东道主还为各方来宾安排一些文娱活动助兴,并以便饭招待。

**4. 剪彩仪式**

剪彩仪式是有关组织为了庆贺其成立开业、大型建筑物落成、新造的车船和飞机出厂、道路桥梁落成后首次通车、大型展销会、展览会的开幕而举行的一种庆祝活动。

剪彩作为一种庆典仪式,可以在开业典礼中举行,也可举行专门的剪彩仪式,以期引起社会各界的重视。剪彩仪式起源于美国。据说美国人做生意保留着一种习俗,即一清早必须把店门打开,为了使人们知道这是一个新开张的店铺,还要特地在门前横系上一条布带。因为这样做既可以防止店铺未开张前闯入闲人,又能起到引人注目、标新立异的作用。等店铺正式开张时才将布带取走。

1912 年,美国圣安东尼奥州的华狄密镇上有一家大百货公司将要开张,老板威尔斯严格地按照当地的风俗办事,在早早开着的店门前横系着一条布带,万事俱备,只等开张。这时,老板威尔斯十岁的女儿牵着一只哈巴狗从店里匆匆跑出来,无意中碰断了这条布带。这时在门外等候的顾客及行人以为正式开张营业了,蜂拥而入,争先恐后地购买货物,真是生意兴隆。不久,当老板的一个分公司又要开张时,想起第一次开张时的盛况,又如法炮制。这次是有意让小女把布带碰断,果然财运又不错。于是,人们认为让女孩碰断布带的做法是一个极好的兆头,因而争相效法,广为推行。此后,凡是新开张的商店都要邀请年轻的姑娘来撕断布带。

后来,人们又用彩带取代色彩单调的布带,并用剪刀剪代替用手撕,有讲究的还用金剪子。这样一来,人们就给这种做法正式取了个名字——"剪彩"。剪彩的人也逐步被一些德高望重的社会名流甚至是国家元首代替。剪彩通常要遵循以下礼仪规则。

(1)邀请参加者

参加剪彩仪式的人员主要分为:主办单位负责人和组织仪式的人员,上级领导、主管单位负责人、知名人士、记者等来宾;主办单位企业的员工;有关管理人员和技术人员。通过参加仪式,参加者身临其境,感受项目或展览的重要,从而形成深刻难忘的印象。对仪式的参加者应做好接待工作。当宾客到达时,接待人员要请宾客签到,然后引领他们到指定的位置上。

(2)做好准备工作

剪彩仪式的主席台要事先布置好,主席台要蒙好台布,摆放茶水和就职人员的名牌。为了增添热烈而隆重的喜庆气氛,可以邀请礼仪小姐参加仪式。礼仪小姐可从本组织中挑选,也可到礼仪公司聘请。对礼仪小姐要求仪容、仪表、仪态文雅、大方、端庄。着装宜选择西式套装或红色旗袍,穿高跟鞋,配长筒丝袜,化淡妆,并以盘起发髻的发型为佳。人员确定后,要进行必要的分工和演练。剪彩仪式的用品如剪刀、白纱手套、托盘应按剪彩者人数配齐,系有花结的大红缎带约 2 米,馈赠的纪念性小礼品也应准备好。

(3)剪彩者形象

剪彩者是剪彩仪式的主角,其仪表举止直接关系到剪彩仪式的效果和组织形象。因此作为剪彩者,要有荣誉感和责任感,衣着大方、整洁、挺括,容貌要适当修饰,剪彩过程中要保持稳重的姿态、洒脱的风度和优雅的举止。

（4）仪式开始

仪式主持人在宣布仪式开始时，声音要高亢响亮。然后，向到会者介绍参加剪彩仪式的领导人、负责人与知名人士，并对他们表示谢意，同时，也对在场的其他与会者表示感谢。感谢还要用掌声表示，主持人把两手高举起一些，以作为对引导在场各位鼓掌的暗示。仪式上可以安排简短发言，言简意赅，充满热情，两三分钟即可，发言者一般为东道主的代表，向东道主表示祝贺的上级主管部门、地方政府及其他协作单位的代表。

（5）进行剪彩

主持人宣布正式剪彩之后，剪彩者应在礼仪小姐的引导下，步履稳健地走向剪彩位置，如有几位剪彩者时应让中间主剪者走在前面，其他剪彩者紧随其后走向自己的剪彩位置。主席台上的人员一般要尾随至剪彩者之后1～2米处站立。当礼仪小姐用托盘呈上白手套、新剪刀时，剪彩者可用微笑表示谢意并随即接过手套和剪刀。剪彩前要向手拉缎带的礼仪小姐点头示意，然后，全神贯注、表情庄重地将缎带一刀两断，如果几位剪彩者共同剪彩，要注意协调行动，处在外端的剪彩者应用眼睛余光注视处于中间位置的剪彩者的动作，力争同时剪断彩带。还应与礼仪小姐配合，让彩球落于托盘中，剪彩者在放下剪刀后，应转身向周围的人鼓掌致意，并与主人进行礼节性的谈话，然后在礼仪小姐引导下退场。

（6）参观庆贺

剪彩后，一般要组织来宾参观工程、展览等。有时候要宴请宾客，共同举杯庆祝。

**5. 颁奖仪式**

颁奖仪式是指为了表彰、奖励某些组织和个人所取得的成绩、成就而进行的仪式。其礼仪主要如下。

（1）颁奖仪式的准备

颁奖会召开之前应搞好会场的接待布置，体现隆重而热烈的气氛。大会一般安排在较大的礼堂中进行。有时可借助于会见、宴会或群众大会时举行。会场上设置主席台并覆盖整洁的桌布。主席台上方，悬挂表彰大会会幅。主席台前方，放置盆花。主席台侧位，可配有锣鼓、乐队。大会召开前，播放音乐，整个会场应洋溢热烈、愉悦的气氛。

授奖人员一般安排在会场的前排就座，重要宾客一般安排在主席台上。如果授奖的人较多时，应事先安排好领导人和授奖人的位置和次序，以免出错。将奖品、证书等按颁发次序放在主席台上，使颁奖过程热烈有序。

（2）颁奖仪式的程序

大会开始前播放音乐，锣鼓队敲锣打鼓欢迎受奖人员和来宾入座，或奏乐欢迎受奖人员和宾客入座。组织负责人主持会议，宣布大会开始。有关领导讲话，介绍重要来宾、宣读颁奖决定和人员名单。

举行颁奖时，由组织请来的重要宾客、上级领导或本组织的负责人，担任颁奖人，受奖人在工作人员的引导下，按顺序依次上台领取证书、勋章。此时可敲锣打鼓，如果是来访的外国领导人或知名人士受奖，最好有乐队伴奏，悬挂两国国旗。

颁奖时颁奖人面向公众，受奖人站在颁奖人对面接受奖品、荣誉证书、奖杯等。同时，双方互相握手示意祝贺感谢。然后受奖者向公众致意，或鞠躬，或挥手，或举起奖状、证书、奖杯。

接下来请来宾致贺词，由颁奖者和受奖者先后致辞。

最后大会宣布结束,音乐、锣鼓再次奏响,欢送受奖人员和全体来宾。

颁奖仪式结束后,组织一般安排一些文艺演出或播放影片以助兴。

**6. 升旗仪式**

国旗是一个国家的标志,是国家及其民族精神的象征。人们在举行各种活动时,常常举行升旗仪式,以表示对国旗的热爱和尊重。

(1) 举行升旗仪式的活动

需要举行升旗仪式的活动有:接待外国元首、政府首脑;大型国际体育比赛;大型节日庆典、纪念活动;召开国际会议等。

接待外国元首或政府首脑,一般是在国宾下榻的宾馆外悬挂主客双方的国旗,以示两国友好。两国国旗并挂,以旗正面为准,左边的是本国国旗,右边的是客方国国旗。

国际会议通常在会场上悬挂与会国国旗,会场所在地也挂与会国国旗。

大型国际体育比赛,在运动员住地要悬挂参赛国国旗,在运动员取得优异成绩时,在发奖仪式上要悬挂前三名运动员所在国的国旗。国内举办的各种体育运动会、其他大型会议开幕式上都要举行升旗仪式。

在全国性的或国际性的节日、纪念日时,人们也常常要悬挂国旗。国内一所新校园的落成、新学期开学典礼、少先队入队仪式等,都要举行升旗仪式,以进行爱国主义教育,甚至一些学校把升旗仪式作为每天例行性的仪式。

(2) 升旗仪式举行时的礼仪

升旗仪式大体相同,即事先准备好需用的国旗,并将国旗整理好,由两个或四个人托着。当主持人宣布升旗仪式开始时,升旗手将国旗迎风展开,当乐队奏国歌时,升旗手随着国歌的节奏缓缓地向上升旗,国歌结束,国旗正好升至杆顶。

举行升旗仪式时,所有的人都应站立,目光注视国旗,表情崇敬、严肃,除新闻记者外,其他人不可随便走动,更不能交头接耳,追逐嬉笑。升旗时也可以随着国歌的乐曲默唱歌词。

升挂的国旗应是早晨升起,傍晚落下(遇有恶劣天气,可以不升旗)。

不得升挂破损、污损、褪色或者不合规格的国旗。

# 二、商务洽谈礼仪

商界中有一条格言:"商界无处不洽谈。"许多商家往往就是通过洽谈为自己开辟一条通往成功的道路。洽谈是指在职业交往中,存在着某种关系的有关各方,为了保持接触、建立联系、进行合作、达成交易、拟订协议、签署合同、要求索赔,或是为了处理争端、消除分歧,而坐在一起进行面对面的讨论与协商,以求达成某种程度上的妥协。因洽谈而举行的有关各方面的会晤,称为洽谈会。洽谈比起商务谈判更普遍、更经常、更简约。它更多突出的是彼此和睦对话的方式,色彩更温和,形式更灵活。商务洽谈总的原则是平等、互利、双赢。洽谈程序一般包括探询、准备、磋商、小结、再磋商、终结、洽谈的重建等环节。其中的每个环节又都有自己特有的"起、承、转、合",需要洽谈人员沉着应对,处变不惊,对具体问题具体分析,并见机行事、随机应变,才能取得最终的成功。

**1. 商务洽谈的准备**

(1) 广泛收集信息

在双方洽谈前,如果能够对对方有着全面而深入的了解,早早着手准备,就可以在洽谈过程中"以我之长,克敌之短",达到自己预期的效果。商务洽谈前应收集的信息主要包括:①对方公司的基本情况。如对方的法人资格、诚信状况、经营范围、历史沿革、主导产品、市场占有率、产品竞争情况、公司规模和管理水平等。与外商洽谈还要注意查清对方的法人资格、对方身份以及经中国银行认可的外国银行的资本和信誉证明。②洽谈对手的基本情况。洽谈前一定要充分了解主谈对手的基本情况,包括他的年龄、学历背景、资历、个性特征、心理特点、做事风格以及他对我方的态度和评价等。对于参与此次洽谈的其他对手及对方的整个团队情况也应做到心中有数。

(2) 确定洽谈地点

根据商务谈判举行的地点不同,可以分为客座洽谈、主座洽谈、客主座轮流洽谈以及第三地点洽谈。客座洽谈,即在洽谈对手所在地进行的洽谈。主座洽谈,即在我方所在地进行的洽谈。客主座轮流洽谈,即在洽谈双方所在地轮流进行的洽谈。第三地点洽谈,即在不属于洽谈双方任何一方的地点所进行的洽谈。这四种洽谈地点的确定,应通过双方或多方协商一致,不可自作主张。如果我方担任东道主出面安排洽谈,一定要在各个环节安排到位,合乎礼仪。

(3) 安排洽谈座次

在洽谈会上,如果我方身为东道主,那么不仅应当依照礼节布置好洽谈厅,预备好相关的用品,还应当特别重视礼仪性很强的座次问题,因为它既是洽谈者对规范的尊重,也是洽谈者给予对手的礼遇。举行双边洽谈时,应使用长桌子或椭圆形桌子。宾主应分别坐于桌子两侧。若桌子横放,则面对正门的一方为上,应属于客方;背对正门的一方为下,应属于主方。若桌子竖放,则应以进门方向为准,右侧为上,属于客方;左侧为下,属于主方。在进行洽谈时,各方的主谈人员应在自己的一方居中而坐。其余人员则应遵循右高左低的原则,依照职位的高低自近而远地分别在主谈人员的两侧就座。假如需要译员,则应安排其就座于仅次于主谈人员的位置,即主谈人员之右。举行多边会谈时,为了避免失礼,按照国际惯例,一般均以圆桌为洽谈桌来举行"圆桌会议"。如此一来,尊卑的界限就被淡化了。

**2. 商务洽谈的礼仪**

(1) 介绍得体

商务洽谈中,首先要相互进行自我介绍。介绍时,不必过于拘泥于小节。如果是同行,就更要表现得自然、轻松,作自我介绍时要姓和名并提,还可以简短地说明自己所在的单位和职务、职称等信息。问及对方的姓名时注意礼节,讲究文明。

(2) 提问礼貌

在商务洽谈中,相互提问在所难免,但提问一定要注意礼仪:①注意内容,不要一直打破砂锅,提问对方难以应对的问题;②委婉发问,不要像查户口般盘问对方;③要善于转换话题,特别是对方一时答不上来,或面露难色就不宜生硬地再度追问。

（3）沉着应对

商务洽谈在某种意义上说是一种心理上、精神上、智力上的较量。因此，洽谈人员在与对手"交战"时要时刻保持清醒头脑、心态平和，才能沉着应战，以智取胜。为此，在洽谈前，应当想方设法了解对方的动机、心绪、态度、目标、优势与不足，甚至对方为人处世的态度。洽谈中最忌讳的就是急躁、不冷静。当洽谈遇到挫折时，老道的洽谈人员会冷静地分析洽谈的进展与已经达成的共识，希望能求同存异，寻找到"柳暗花明"的最佳途径，避免洽谈陷入僵局导致关系破裂。

（4）文明交谈

洽谈既是一个紧张思考的过程，又是一个具有高度语言运用艺术的过程。在这一过程中，洽谈用语的运用，如叙述、辩驳、论证、说服等功能被加以综合运用，并得到最大限度的发挥。洽谈的成功与失败，以及如何在最有利的条件下达到一致，建立合作协议，取得圆满的结果，在一定程度上都取决于洽谈中语言技巧的运用以及语言表达的礼仪。商务洽谈中的文明交谈不但体现在要健谈，还体现在要成为一个好的聆听者。倾听对方谈话时要用心，要真诚，要善于从对方的谈话中发现问题，从而也可以有的放矢地打动对方。口若悬河、滔滔不绝，不给对方发表意见的机会，甚至不礼貌地打断对方谈话，往往会让对方产生强烈的反感，使洽谈无法顺利进行。

此外，还要注意洽谈的时间要合理。商务洽谈的时间要视具体情况而定。洽谈之前一定要对洽谈内容进行充分而妥善的准备，以便在最短的时间以最有效的方式完成洽谈任务，实现洽谈目标，同时也可以有效地提升工作效率。

# 三、商务宴请礼仪

宴会是在社交活动中，尤其是在商务场合中表示欢迎、庆贺、饯行、答谢，以增进友谊和融洽气氛的重要手段。招待宴请活动的形式多样，礼仪繁杂，掌握其礼仪规范是十分重要的。

在宴请活动中，无论是作为主人还是客人，如果不重视自己在餐饮活动中的表现，在用餐过程中举止失当，很难让自己的社交活动成功。

**1. 宴会的种类**

根据不同的交际目的、邀请对象以及经费开支（公务宴请和家庭宴请），交际场合常见的宴会形式有以下几种。

（1）工作宴会

工作宴会又称工作餐，是一种多边进餐的非正式宴请形式。按照用餐时间，可分为早、中、晚餐，工作餐不重交际形式而强调方便务实，不需事先发请柬，只邀与某项特定工作有一定关系的领导、技术人员和其他有关人员，一般不请配偶，但排席位，其座位的安排按参加者职务的高低为序。其形式与安排，以干净、幽雅、便于交谈为宜。

职业礼仪教程

（2）自助餐

自助餐又称冷餐会、冷餐招待会，是一种方便灵活的宴请形式。其基本特点以冷食为主，站着吃。参加冷餐会，吃是次要的，与人沟通才是主要任务。

（3）酒会

酒会又称鸡尾酒会。以招待酒水为主，略备小吃。酒会不一定都备鸡尾酒，但酒水和饮料的品种应多一些，一般不用烈性酒。食物多为各色面包、三明治、小泥肠、炸春卷等，以牙签取食。酒水和小吃由招待员用盘端送，也可置于小桌上由客人自取。酒会不设坐椅，宾主皆可随意走动，自由交往。这种形式比较灵活，便于广泛接触交谈。举行的时间亦较灵活，中午、下午、晚上均可，持续时间两小时左右。在请柬规定的时间内，宾客到达和退席的时间也不受限制，可以晚来早退。酒会多用于大型活动，因此，可以利用这个机会进行社会交际和商务交际。

（4）家宴

家宴即一般在家中设便宴招待客人，以示亲切、友好。它在社交和商务活动中发挥着敬客和促进人际交往的重要作用，西方人喜欢采取这种形式。

家宴按举行的时间不同，又有早宴、午宴和晚宴；在宴请形式上又可分为家庭聚会、自助宴会、家庭冷餐会和在饭店请客等几种。

家庭聚会是我国目前采用最多的一种请客形式。这种家宴规模较小，形式简单，气氛亲切友好，一般由女主人操办，适合宴请经常往来的至亲好友。

自助宴会的特点是灵活自由，宾主可以一起动手准备，大家合作各显其能，边准备边聊天，这种形式比较随便、自然、亲切。

家庭冷餐会以买来的现成食品为主，赴宴的客人可以站着吃，也可以坐着吃，还可以自由走动挑选交谈对象。这种形式比较受青年人的欢迎。在饭店请客或请厨师在家中做菜宴客，是较为正宗的家宴形式，适用于宴请某些久别的亲友和比较尊贵的客人，或者规模较大的婚宴、寿宴等。

**2. 宴会的组织**

宴会对宾客而言是一种礼遇，必须按规定、按有关礼节礼仪要求组织。

（1）确定宴会的目的与形式

宴会的目的一般很明确，如节庆日聚会、工作交流、贵宾来访等。根据目的决定邀请什么人、邀请多少人，并列出客人名单。宴请主宾身份应该对等，宴请范围指请哪些方面人士，多边活动还要考虑政治因素、政治关系等。宴请形式很大程度上取决于当地的习惯做法。

（2）确定宴请时间和地点

宴会的时间和地点，应当根据宴请的目的和主宾的情况而定。一般来说，宴会时间不应与宾客工作、生活安排发生冲突，通常安排在晚上 6～8 点。同时还应注意宴请时间上要尽量避开对方的禁忌日。例如，欧美人忌讳"十三"，日本人忌讳"四"、"九"。在宴会时。应避开以上数字的时日。宴请的地点，应依照交通、宴请规格、主宾喜好等情况而定。

（3）邀请

当宴请对象、时间和地点确定后，应提前 1～2 周制作、分发请柬，以便被邀请的宾客有充分的时间对自己的行程进行安排。即使是便宴，也应提前用电话准确地通知。

（4）确定宴会规格

宴会规格对礼仪效果的影响是十分明显的。宴会规格一般应考虑宴会出席者的最高身份、人数、目的、主人情况等因素。规格过低，会显得失礼；规格过高，则无必要。确定规格后，应与饭店（酒店、宾馆）共同拟订菜单。在拟订菜单时，应考虑宾客的口味、禁忌、健康等因素。对于个别宾客需要个别照顾的，应尽早做好安排。

（5）席位安排

宴请往往采用圆桌布置菜肴、酒水。采用一张以上圆桌安排宴请时，排列圆桌的尊卑位次有两种情况。

一种是由两桌组成的小型宴会，当两桌横排时，其桌次以右为尊，以左为卑。这里所讲的右与左，是由面对正门的位置来确定的，这种做法又叫"面门定位"（见图7-1）。

当两桌竖排时，其桌次则讲究以远为上，以近为下。这里所谓的远近，是以距正门的远近而言的（见图7-2），此法亦称"以远为上"。

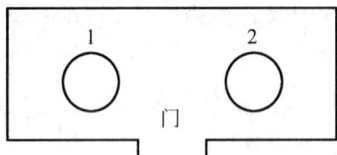

图7-1　两桌横排的桌次排列方法　　　　图7-2　两桌竖排的桌次排列方法

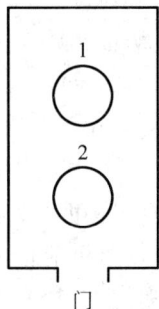

另一种是三桌或三桌以上所组成的宴会。通常它又叫多桌宴会。在桌次的安排时除了要遵循"面门定位"、"以右为尊"、"以远为上"这三条规则外，还应兼顾其他各桌距离主桌，即第一桌的远近。通常距主桌越近，桌次越高；距主桌越远，桌次越低。（见图7-3和图7-4）

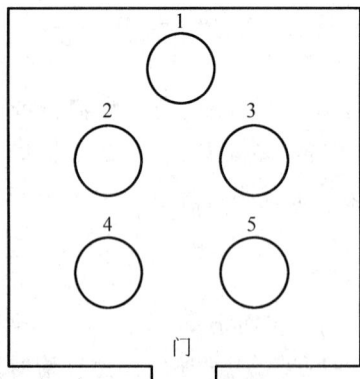

图7-3　多桌桌次排列方法（1）　　　　图7-4　多桌桌次排列方法（2）

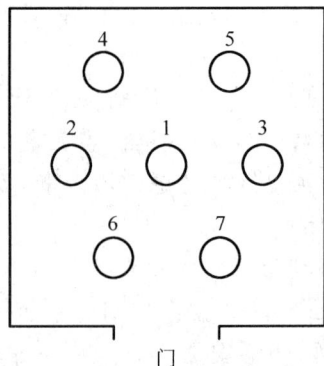

另外，需引起注意的是席位安排。在进行宴请时，每张餐桌上的具体位次也有主次尊卑之别。排列位次的方法是主人大都应当面对正门而坐，并在主桌就座；举行多桌宴请时，各桌之上均应有一位主桌主人的代表就座，其位置一般与桌主人同向，有时也可面对主桌主人；各桌之上位次尊卑，应根据其距离该桌主人的远近而定，以近为上，以远为下；各桌之上距离该桌主相同的位次，讲究以右为尊，即以该桌主人面向为准，其右为尊，其左为卑。

另外，每张桌上所安排的用餐人数应限于 10 人之内，并宜为双数。

圆桌上位次的具体排列又可分为两种情况。

第一种情况是每桌一个主位的排列方法。其他桌是每桌只有一个主人，主宾在其右首就座（见图7-5）。

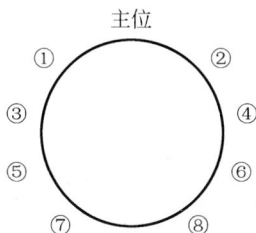

第二种情况是每桌两个主位的位次排列方法。其特点是主人夫妇就座于同一桌，以男主人为第一主人，以女主人为第二主人，主宾和主宾夫人分别在男女主人右侧就座，这样每桌就形成了两个谈话中心（见图7-6）。

图 7-5　每桌一个主位的位次排列方法　　图 7-6　每桌两个主位的位次排列方法

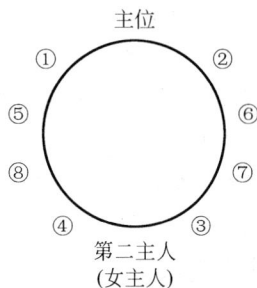

有时，倘若主宾身份高于主人，为了表示尊重，可安排其在主人位次上就座，而请主人坐在主宾的位次。

（6）餐具的准备

宴请餐具十分重要，考究的餐具是对客人的尊重。依据宴会人数和酒类、菜品的道数准备足够的餐具，是宴会的基本礼仪之一。餐桌上的一切物品都应十分卫生，桌布、餐巾都应浆洗洁白并熨平。玻璃杯、酒杯、筷子、刀叉、碗碟等餐具，在宴会之前都必须洗净擦亮。

（7）宴请程序

迎客时，主人一般在门口迎接。官方活动除男女外，还有少数其他主要官员陪同主人排列成行迎宾，通常称为迎宾线，其位置一般在宾客进门存衣以后进入休息厅之前。与宾客握手后，由工作人员引入休息厅或直接进入宴会厅。主人抵达后，由主人陪同进入休息厅与其他宾客见面。休息厅由相应身份的人员陪同宾客，服务员送饮料。

主人陪同主宾进入宴会厅，全体宾客入席，宴会开始。若宴会规模较大，则可请主桌以外的客人先就座，贵宾后入座。若有正式讲话，一般安排在热菜之后甜食之前由主人讲话，接着由主宾讲话，也可以一入席双方即讲话。冷餐会及酒会讲话时间则更灵活。吃完水果，主人和主宾起立，宴请即告结束。

外国人的日常宴请在女主人作为第一主人时，往往以她的行动为准。入席时，女主人先坐下，并由女主人招呼开始进餐。餐毕，女主人起立，邀请女宾与其一起离席。然后男宾起立，随后进入休息厅或留下吸烟。男女宾客在休息厅会齐，即上茶或咖啡。主宾告辞时，主人把主宾送至门口。主宾离去后，迎宾人员按顺序排列，与其他宾客握手告别。

**3. 赴宴的礼仪**

宴会是社交应酬的一种重要场合，形式多种多样，参加宴会，无论是作为组织的代表，还是以个人的身份出席,都应该注意礼仪。出席宴会前,要做简单的梳洗打扮,女士要淡淡地修饰一下,显出秀丽高雅的气质。男士也要把头发和胡须整理和刮洗干净,穿上一套整洁大方、适合身份的衣服,容光焕发地赴宴。这既能体现一个人的道德素养与修养,也是对主人的一种尊敬。一般要做到以下方面。

(1) 接到邀请及时回复

当你接到邀请后,能否出席要尽早答复。不能出席的,要婉言谢绝并对对方表示遗憾和谢意;接受邀请后,不能随意改变,要按时出席。如果临时有事发生,不能前往赴约,要尽早给主人解释,并深表歉意。如果你是主宾,又不能如约参加宴请活动,更应该郑重其事地道歉。

(2) 适当地装扮自己

参加宴会活动前,根据宴会活动的规格和要求适当地修饰自己,以表示对主人及参加宴会者的尊重。正式的宴会,主人在请柬上会注明服装要求,赴宴前要特别注意,按要求着装。普通宴请,虽然没什么严格规定,但也不能过于随便,要与宴请活动相吻合。

(3) 按时出席宴请活动

按时出席宴请活动是最基本的礼貌,赴宴迟到是非常失礼的举动,当然也不能去得太早,如果去得太早,也许主人还没做好充分的准备,同样不妥。社会地位高或者身份高者一定要按时到达,其他客人可提前 2~3 分钟到达,如不能赴宴或延迟到达时间,应及时通知主人,以免主人等候。若是主人的至亲或挚友,可提前更多时间到达,帮助做准备工作和接待客人。

(4) 席上礼规

入席后,不要立即动手取食,而应待主人打招呼,由主人举杯示意开始时,客人才能开始;客人不能抢在主人前面。夹菜要文明,应等菜肴转到自己面前时,再动筷子,不要抢在邻座前面,一次夹菜也不宜过多。要细嚼慢咽,这不仅有利于消化,也是餐桌上的礼仪要求。绝不能大块往嘴里塞,狼吞虎咽,这样会给人留下贪婪的印象。不要挑食,不要只盯住自己喜欢的菜吃,或者急忙把喜欢的菜堆在自己的盘子里。用餐的动作要文雅,夹菜时不要碰到邻座,不要把盘里的菜拨到桌上,不要把汤碰翻。不要发出不必要的声音,如喝汤时"咕噜咕噜",吃菜时嘴里"叭叭"作响,这都是粗俗的表现。不要一边吃东西,一边和人聊天。嘴里的骨头和鱼刺不要吐在桌子上,可用餐巾掩口,用筷子取出来放在碟子里。掉在桌子上的菜,不要再吃。进餐过程中不要玩弄碗筷,或用筷子指向别人。不要用手去嘴里乱抠。用牙签剔牙时,应用手或餐巾掩住嘴。不要让餐具发出任何声响。

(5) 席间祝酒

祝酒也就是敬酒,是指在正式宴会上,由男主人向来宾提议,提出某个事由而饮酒。在饮酒时,通常要讲一些祝愿、祝福类的话甚至主人和主宾还要发表专门的祝酒词,祝酒词内容越短越好。敬酒可以随时在饮酒的过程中进行。要是致正式祝酒词,就应在特定的时间进行,并不能因此影响来宾的用餐。祝酒词适合在宾主入座后、用餐前开始。也可以在吃过主菜后、甜品上桌前进行。在饮酒特别是祝酒、敬酒时进行干杯,需要有人率先提议,可以是主人、主宾,也可以是在场的人。提议干杯时,应起身站立,右手端起酒杯,或者用右手拿起酒杯后,再以左手托扶杯底,面带微笑,目视其他特别是自己的祝酒对象,同时说着祝福的话。在中餐里,干杯前,可以象征性地和对方碰一下酒杯;碰杯的时候,应该让自己的酒杯低于对方的酒杯,表示你对对方的尊敬。当你离对方比较远时,用酒杯杯底轻碰桌面,也可以表示和对方碰杯。如果主人亲自敬酒干杯后,要求回敬主人,和他再干一杯。一般情况下,敬酒应以年龄大小、职位高低、宾主身份为先后顺序,一定要充分考虑好敬酒的顺序,分明主次。即使和不熟悉的人在一起喝酒,也要先打听一下身份或是留意别人对他的称号,避免出现尴尬或伤感情。即使你有求于席上的某位客人,对他自然要倍加恭敬。但如果在场有更高身份或年长的人,也要先给尊长者敬酒,不然会使大家很难为情。如果因为生活习惯或健康等原因不适合饮酒,也可以委托亲友、部下、晚辈代喝或者以饮料、茶水代替。作为敬酒人,应充分体谅对方,在对方请人代酒或用饮料代替时,不要非让对方喝酒不可,也不应该好奇地"打破砂锅问到底"。在西餐里,祝酒干杯只用香槟酒,并且不能越过身边的人而和其他人祝酒干杯。

（6）席间交流

席间要主动与同桌人员进行交流,不可一句话都不说,让人觉得你是为吃而来。不要只是与个别人交谈,或只和自己熟悉的人交流;说话的声音不能太大或窃窃私语;也不能一边说话一边进食;在谈话的时候,话题要选择轻松、愉快的话题,而不要谈严肃、沉重,甚至难过、悲伤的话题,以免影响大家的情绪。

（7）离席

天下没有不散的筵席,宴会总有结束的时候。用餐完毕告辞也要讲究礼仪,这不仅能加深别人对你的好印象,还能提升对你的好感程度。用餐完毕,等主人示意宴会结束时,客人才能离席。如果客人有事要提前离席,则应向主人及同席的客人致谢。客人向主人道谢、告别时,该说的事交代完后即可离开,不要说个不停,否则对方无法招呼别人。如果是很多人要一起离席,某些客套话尽可省略,不可能耽误别人太多的时间。

**4. 吃西餐的礼仪**

西餐是西方国家的一种宴请形式。由于受民族习俗的影响,西餐的餐具、摆台、酒水菜点、用餐方式、礼仪等都与中餐有较大差别。目前由于我国对外交往活动的不断增多,西餐也已成为我国招待宴请活动的一种方式。因此,了解西餐的一般常识和礼仪是十分重要的。

西餐的餐具多种多样。常见的西餐餐具有叉、刀、匙、杯、盘等。

摆台是西餐宴请活动中的一项专门的技艺,也是必不可少的一个礼仪程序。它直接关系到用餐过程、民族习俗和礼仪规范等。西餐的摆台因国家的不同也有所不同,常见的有英美法国式和国际式西餐摆台。这里我们介绍一下国际式西餐摆台。

国际上常见的西餐摆台方法是,座位前正中是垫盘,垫盘上放餐巾（口布）。盘左放叉,盘右放刀、匙,刀尖向上、刀口朝盘,主食靠左,饮具靠右上方。正餐的刀叉数目应与上菜的道数相等,并按上菜顺序由外至里排列、用餐时也从外向里依序取用。饮具的数目、类型应根据上酒的品种而定,通常的摆放顺序是从右起依次为葡萄酒杯、香槟酒杯、啤酒杯（水杯）,如图7-7所示。吃西餐时,应注意掌握以下几个方面的礼仪。

（1）上菜顺序

西餐上菜的一般顺序是：①开胃前食；②汤；③鱼；④肉；⑤色拉；⑥甜点；⑦水果；⑧咖啡或茶等。菜肴从左边上,饮料从右边上。

图7-7 西餐餐具的摆放

（2）餐巾使用

入座后先取下餐巾，打开，铺在双腿上。如果餐巾较大，可折叠一下，放在双腿上，切不可将餐巾别在衣领上或裙腰处。用餐时可用餐巾的一角擦嘴，但不可用餐巾擦脸或擦刀叉等。用餐过程中若想暂时离开座位，可将餐巾放在椅背上，表示你还要回来；若将餐巾放在餐桌表示你已用餐完毕，服务员则不再为你上菜。

（3）刀叉使用

吃西餐时，通常用左手持叉、右手持刀。用叉按住食物，用刀子切割，然后用叉子叉起食物送入口中，切不可用刀送食物入口。如果只使用叉子，也可用右手使用叉子。使用刀叉时应避免发出碰撞声。用餐过程中，若想放下刀叉，应将刀叉呈"八"字形放在盘子上，刀刃朝向自己，表示还要继续吃，如图7-8所示。用餐完毕，则应将叉子的背面向上，到的刀刃一侧应向内与叉子并拢，平行放置于餐盘上，如图7-9所示。尽量将柄放入餐盘内，这样可以避免由于碰触而掉落，服务生也容易收拾。

图7-8　刀叉呈"八"字形　　　　　　　　图7-9　用餐完毕

（4）用餐礼节

当全体客人面前都上了菜，主人示意后开始用餐，切不可自行用餐；喝汤时不要发出声响；面包要用手去取，不可用叉子去取，也不可用刀子去切，面包应用手掰着吃；吃沙拉时只能使用叉子；用餐过程中，若需用手取食物，要在西餐桌上事先备好的水盂里洗手（沾湿双手拇指、食指和中指），然后用餐巾擦干，切不可将水盂中的水当成饮用水喝掉；最好避免在用餐时剔牙，若非剔不可，必须用手挡住嘴；当招待员依次为客人上菜时，一定要招待员走到你的左边时，才轮到你取菜，如果在你的右边，不可急着去取；吃水果不可整个咬着吃，应先切成小瓣，用叉取食；若不慎将餐具掉在地上，可由服务员更换；若将油水或汤菜溅到邻座身上，应表示歉意，并由服务员协助擦干。

**5. 冷餐会礼仪**

冷餐宴是一种比较自由的宴请形式，一般不设座，食品集中放在餐厅中央或两侧桌上，由客人按顺序自动取食，不要抢先；取食后可找适当位置坐下慢慢进食，也可站立与人边交谈边进食；所取食物最好吃完；第一次取食不必太多，若需添食，可再次或多次去取。冷餐会可招待较多的客人，客人到场或退场比较自由。客人一面做好就餐的准备，一面可以和同席的人随意进行交谈，以创造一个和谐融洽的用餐气氛。不要旁若无人，兀然独坐；更不要眼睛骨碌碌地盯着餐桌上的冷盘等，或者下意识地摸弄餐具，显出一副迫不及待的样子。当开始用餐时,特别要注意以下几点。

一是主人举杯示意开始时,客人才能开始。

二是客人不能抢在主人前面。

三是要细嚼慢咽,这不仅有利于消化,也是餐桌上的礼仪要求。绝不能大块往嘴里塞,狼吞虎咽,这样会给人留下贪婪的印象。

四是不要挑食,不要只盯着自己喜欢的菜吃,或者急忙把喜欢的菜堆在自己的盘子里。

五是用餐的动作要文雅,夹菜时不要碰到邻座,不要把盘里的菜拨到桌上,不要把汤碰翻。

六是不要发出不必要的声音,如喝汤时"咕噜咕噜",吃菜时嘴里"叭叭"作响,这都是粗俗的表现。

用餐结束后,可以用餐巾、餐巾纸或服务员送来的小毛巾擦嘴,但不宜擦头颈或胸脯;餐后不要不加控制地打饱嗝或嗳气。

### 6. 鸡尾酒会礼仪

鸡尾酒会也称酒会,是一种自由的社交活动,备有多种饮料和少量小食品,一般在下午或晚上举行,不设座,时间短,客人到场或退场自由。中途离开的客人,应向主人道别,但出席酒会不能太迟或到达不久就即离去。

鸡尾酒会的形式活泼、简便,便于人们交谈,招待品以酒水为重,略备一些小食品。如点心、面包、香肠等,放在桌子、茶几上或者由服务生拿着托盘,把饮料和点心端给客人,客人可以随意走动。举办的时间一般是下午5点到晚上7点。近年来,国际上各种大型活动前后往往都要举办鸡尾酒会。

这种场合下,最好手里拿一张餐巾,以便随时擦手。用左手拿着杯子,好随时准备伸出右手和别人握手。吃完后不要忘了用纸巾擦嘴、擦手。用完的纸巾丢到指定位置。

### 7. 喝咖啡的礼仪

咖啡可以自己磨好咖啡豆以后用咖啡壶煮制,也可以用开水冲饮速溶的。人们一般认为自制的咖啡档次比较高,而速溶的咖啡不过是节省时间罢了。饮用可以加入牛奶和糖,称为牛奶咖啡。也可以不加牛奶和糖,称为清咖啡或黑咖啡。在西餐中,饮用咖啡是大有讲究的。

(1)杯的持握

供饮用的咖啡,一般都是用袖珍型的杯子盛出。这种杯子的杯耳较小,手指无法穿过去。但即使用较大的杯子,也不要用手指穿过杯耳端杯子。正确的拿法应是用右手的拇指和食指握住杯耳,轻轻地端起杯子,慢慢品尝。不能双手握杯,也不能手端起碟子去吸食杯子里的咖啡。用手握住杯身、杯口,托住杯底,也都是不正确的方法。

(2)杯碟的使用

盛放咖啡的杯碟都是特制的。它们应当放在饮用者的正面或右侧,杯耳应指向右方。咖啡都是盛入杯中,放在碟子上一起端上桌子的。碟子是用来放置咖啡匙,并接收溢出杯子的咖啡的。喝咖啡时,可以用右手拿着咖啡的杯耳,左手轻轻托着咖啡碟,慢慢地移向嘴边轻啜。不要满把握杯大口吞咽,也不要俯首去就咖啡杯。如果坐在远离桌子的沙发上,不便用双手端着咖啡饮用,此时可以做一些变通。可用左手将咖啡碟置于齐胸的位置,用右手端着咖啡饮用,饮毕应立即将咖啡杯置于咖啡碟中,不要让二者分家;如果离桌子近,只需端起杯子,不要端起碟子。添加咖啡时,不要把咖啡杯从咖啡碟中拿起来。

（3）匙的使用

咖啡匙是专门用来搅咖啡的，如果咖啡太热也可用匙轻轻搅动，使其变凉。饮用咖啡时应当把咖啡匙取出来，不要用咖啡匙舀着咖啡喝，也不要用咖啡匙来捣碎杯中的方糖。不用匙时，应将其平放在咖啡碟中。

（4）咖啡的饮用

饮用咖啡时，不能大口吞咽，更不可以一饮而尽，而是一小口一小口细细品尝，切记不要发出声响，这样才能显示出品位和高雅。如果咖啡太热，可以用咖啡匙在杯中轻轻搅拌使之冷却，或者等自然冷却后再饮用。用嘴试图去把咖啡吹凉，是很不文雅的动作。

（5）怎样给咖啡加糖

给咖啡加糖时，砂糖可用咖啡匙舀取，直接加入杯内；也可先用糖夹子把方糖夹在咖啡碟的近身一侧，再用咖啡匙把方糖加入在杯子里。如果直接用糖夹子或手把方糖放入杯内，有时可能会使咖啡溅出，从而弄脏衣服或台布。

（6）用甜点的要求

有时喝咖啡可以吃一些点心，但不要一手端着咖啡杯，一手拿着点心，吃一口、喝一口地交替进行，这样的行为是非常不雅观的。饮咖啡时应当放下点心，吃点心时则放下咖啡杯。

在咖啡屋里，举止要文明，不要盯视他人。交谈的声音越轻越好，千万不要不顾场合，高谈阔论，破坏气氛。

# 四、商务旅行礼仪

## 1. 商务旅行的准备

（1）明确目的

常见的商务旅行目的有，推销、洽谈业务、参观访问、出席会议、签订合同、实地考察等。只有明确了旅行的目的，才能有的放矢地做好旅行的各项准备工作，不至于浪费时间或者准备不足。

（2）制订商务旅行计划

制订商务旅行计划时要综合考虑时间、地点、气候以及当地的交通状况 选择合适的交通工具，同时与拜访的对方或者会议的主办方取得联系，安排好日程。一般而言，日程安排应尽可能详尽，以确保万无一失。

旅行计划中应包括日期；出发、到达、会晤的具体时间；目的地、中转站，以及旅行中开展各项活动以及食宿的地点；交通工具安排；参观访问、会议、洽谈、宴请、私人活动等具体事项；要注意的其他事项，如特殊服务、时差、当地风俗习惯和礼仪以及当地联系人与宾馆等的详细信息。旅行计划完成之后可以一式几份，一份留给自己，一份给家人，一份给你的秘书，还可以留一份存档。

（3）准备携带物品

职业人员常因商务洽谈或商务考察而出差旅行，每次差旅，除携带一些生活用品外，还要准备一些与本次差旅主要活动相关的物品。因此,要注意携带和使用的基本礼仪。

① 业务资料。旅行时要带上业务联系所需的全部工作资料。并且要将这些资料分门别类地用卷宗、文件夹等妥善放置。一般常携带以下业务资料。

协议或合同文本、报价资料、工程图表等。协议或合同文本要提前准备好,以便随时同客户成交签字;报价资料除准备本公司的,还应备有其他公司同类产品的价格,方便客户比较;工程图表等资料可使客户对企业或工程有更进一步的了解。

公司资料。除公司情况简介、产品说明等资料外,还可准备一些权威机构的评价、报纸的宣传、实际销售场景的照片等。

谈判对方人员名单及背景资料或客户名单。如果是因商务洽谈而出差,就要事先充分了解对手的情况,做到"知己知彼";如果是因推销产品而出差,则可将购买并使用本公司产品的客户名单整理成册,起到加强说服力的作用。

翻译文本。若有外宾参加或有涉及语言的问题,应及时配备相应语言的翻译,有关资料需要翻译的,也应提前准备好。

考察文件目录。如果是去商务考察,则还应提前对考察对象做一个初步了解,对希望考察的内容,理一份目录清单或访谈问题清单,这样才能在有限的时间内,把需要了解的问题了解得系统而全面。

礼品的准备。对初次见面的客户应准备小礼品,最好是公司专门制作的赠品或者有地方特色的产品(若有公司标志则最佳),可以让用户睹物思人,时刻记住你的公司。

② 办公用品。这是职业人员处理公务时经常需要使用的一些备用品,如公文包、名片、钢笔、记事本、计算器、手机、笔记本电脑等。要保证在需要的时候,这些物品能够信手拈来,办公用品的准备,可从一个侧面展现职业人员细致、严谨、认真的工作作风。

公文包。公文包内的物品,应均与商务活动有关,而且放置有序。要绝对避免在人面前拿包取物时,给人包内物品乱七八糟的印象,同时还应注意保持取出物品干净、整齐。根据公文包的款式,可采用夹、提等方式携带,不要随便肩扛、肩背,甚至提在手中乱甩。在街头行走时,注意不要用包撞人。出门做客时,公文包不可乱放,应放在自己的腿上或身旁,这样取用方便。

名片。需携带的名片应放在专门的名片盒内,名片盒可放在公文包内,使用时随时从公文包内取出。对方赠送的名片根据自己工作的需要分类后,放入专门的名片夹或名片册中妥善保存。

钢笔。许多正式场合只允许使用钢笔,因此,职业人员出差在外必须随身携带一支钢笔。钢笔的款式要大方,颜色以素雅为宜。墨水的颜色宜选择蓝黑色或黑色。如同时携带两支钢笔,墨水的颜色应一致。所携带的钢笔可放在公文包内或放在西服左侧的内袋里。

记事本。经常使用记事本,可随时记录下所需信息,以便日后查用。记事本要随身携带,但只应记录与工作有关的事情,不要在上面乱写乱画。记事本以实用雅观为原则。现在市场上有一种每年一册的效率手册,大都一天一页,有的还可以用来精确地安排每一小时的工作,用它代替记事本既经济又实用。记事本宜放在随身携带的公文包内。

计算器。在数字的计算上,口算、心算、笔算都难以准确无误,若随身携带一个计算器,就相对方便许多,它既省时,又能提供准确可靠的数据。计算器可放在随身携带的公文包内,体积小的,也可放在衣服口袋里。

手机。手机的携带,既要考虑方便实用,又应注意形象。可放在公文包里或专用的手包里,亦可放在西装上衣左边的内侧口袋里。

笔记本电脑。在现代的社会中,高效率、快节奏已是工作的主旋律,移动办公、上网、到自己信箱里查找文件或随时调用资料,笔记本电脑都是必不可少的。出差在外,如果需给对方展示一些文件,则该文件一定做好备份带上(多使用光盘或磁盘,或随同前往的其他人员再携带一台笔记本电脑,把相关文件备份其中,确保万无一失)。

③ 个人必需物品。除上述用品外,职业人员还需携带一些为证明身份或方便生活的个人必需物品。这包括以下内容。

文件类物品。旅行计划和日程表、相关地址、电话通讯录、机票、车票、身份证、护照、名片、介绍信、地图、信用卡等。

衣物药品。常用药品可携带一些晕车药、感冒药、肠胃药等;服装可以根据气候和活动内容准备正装、休闲装、睡衣、礼服等。

盥洗用品。现在,有些宾馆、酒店已不再提供盥洗用品了,因此,职业人员要事先有所准备。

### 2. 乘交通工具礼仪

职业人员的出行不同于一般的观光旅游,它是现代职业人员工作的重要组成部分。职业人员在出行的过程中始终代表着所在企业的形象,甚至代表着国家的形象。所以,无论在哪里,无论在什么情况下,职业人员都应该展示其良好的职业风范,体现良好的礼仪素养。

(1) 乘坐轿车礼仪

① 讲究上下车顺序。同女士、长者、上司或嘉宾乘双排座轿车时,应先主动打开车后排的右侧车门,请女士、长者、上司或嘉宾在右座上就座,然后把车门关上,自己再从车后绕到左侧打开车门,在左座坐下。到达目的地后,若无专人负责开启车门,则自己应先从左侧门下车后绕到右侧门,把车门打开,请女士、长者、上司或嘉宾下车。

② 注意车上谈吐举止。在轿车行驶过程中,乘车人之间可以适当交谈,但不宜过多与司机交谈,以免司机分神。话题一般不要谈及车祸、劫车、凶杀、死亡等使人晦气的事情,也不要谈论隐私性内容以及一些敏感且有争议的话题,可以讲一些沿途景观、风土人情或畅叙友情等能够使大家高兴的事,使大家的旅行轻松愉快。举止要文明,不要在车内吸烟,因为车内相对封闭容易使空气浑浊。不要在车内脱鞋赤脚,女士不要在车内化妆。不要在车内乱吃东西、喝饮料。不要在车内吐痰或向车外吐痰,更不要通过车窗向车外扔东西,这是有损形象和社会公德的。

③ 注意进出车的举止。尤其是女士,更要注意进出小轿车时举止要优雅得体。进车时,首先开门后手自然下垂,可半蹲拧整裙摆顺势坐下,依靠手臂作支点腿脚并拢抬高,继续保持腿脚并拢姿势,脚平移至车内,略调整身体位置,坐端正后,关上车门。出车时双脚膝盖并拢抬起,同时移出车门外,身体可以随转,着裙装时小腿膝盖都要并拢并同时移出车门。身体保持端坐状态,侧头,伸出靠近车门的手打开车门,然后略斜身体把车门推开。双脚膝盖并拢着地,一手撑座位,一手轻靠门框,身体移出车门。当身体从容从车身内移出后,双脚可分开些,但保持膝盖并拢,起身直立身体后,转身关车门,关车门时不要东张西望,而是面向车门,好像关注的样子。

（2）自驾车礼仪

① 严格遵守交通规则。驾驶车辆须严格遵守交通规则，方向盘展示了司机的形象。驾驶人员应该树立正确的驾驶观念，把遵守交通规则当作保护自己和他人生命财产的一种方式。上车后，行驶之前，务必系好安全带，这是出于对自身安全的考虑。安全带在发生碰撞或紧急刹车时会迅速收紧，能有效防止身体撞到前面坚硬的物体（如转向盘等）。带有安全气囊的车辆，乘员必须系好安全带；否则，气囊起爆时，气囊弹出就会带来致命的伤害。系安全带时，将安全带慢慢平顺拉出，使安全带位于肩与颈根部之间，通过胸部适当位置，将搭口插头插入插座，当听到"喀"的一声为止。系安全带不正确，一旦发生交通事故就不能充分发挥其作用。解除安全带时，用左手拿安全带，用右手按下安全带纽扣将其摘下。左手慢慢将其放回去。注意不要马上松手，防止金属扣弹回打碎玻璃或者打伤自己。

② 养成良好的行为习惯。驾驶人员要注意自己的道德修养，养成良好的行车习惯，在一些细小的做法上都要注意自己的行为举止。如驾驶人员在驾驶过程中，将痰吐到随身携带的废纸中，停车后扔入垃圾箱中，不往车外吐痰；把废纸和其他废弃物扔到随车携带的垃圾箱或等车辆停止后扔到道路边的垃圾箱内，不要开着车突然把包装纸、烟头等从车窗扔出去，也不要在停车收拾完垃圾后直接把东西往地上一扔，弄得车外遍地都是；为保持车内新鲜的空气，不要在车里抽烟；进出轿车时，替女士开（关）门是男士应有的风度，一只手开门，另一只手垫在车门顶上，万一女士不小心一抬头撞到门顶的时候，撞到的是你的手而不是金属门；道路拥挤或车辆堵塞时，要有等待的耐心，这也是一种涵养；清洗自己的车辆时，不仅要考虑保持车辆外观整洁，还要保持周围的环境整洁等。

③ 安全礼让。驾驶人员在行车中，经常会遇到违章行驶、占道抢行、强行超车等不讲文明礼貌的行为。此时，驾驶人员应正确处理好有理与无理的关系，要宽容、大度和注意礼让；经常保持冷静的心态，"宁可有理让无理，不可无理对无理"，尽量避免引起事端。要做到：发现前方道路或路口堵塞，应按顺序减速或停车，等前方路口疏通后或前方车辆开始行驶时，再尾随继续行驶；与其他人员发生争执时，应该耐心分辩，理智处理，不要带着情绪驾车。俗话说，退一步海阔天空；遇违章超车和强行占道行驶的车辆，应注意避让。

④ 助人为乐。要做到行车中发现有需要援助的车辆时，应该减速停车，给对方以帮助；发现其他车辆陷入损坏路段而不能行驶时，应尽力给予帮助；遇其他驾驶人员向自己询问路线时，应耐心回答，实事求是；发现其他驾驶人员行驶的路线不正确时，应及时提醒，耐心回答和解释；前方遇有交通事故，需要帮助时，应减速停车，协助对方，保护事故现场，并立即报警；发现其他驾驶人员的车辆有隐患或驾驶操作方法不正确时，应及时提醒对方，以防事故的发生。

⑤ 文明行车。驾驶人员在行车中，必须严格遵守法律、法规和规章，始终坚持文明驾驶，礼让行车；做到不开英雄车、冒险车、赌气车和带病车。要做到：直行车辆发现前方是红灯时，在本车道减速停车，等待放行信号；车辆行驶时，发现本车道前方的车辆行驶速度比较慢，应开启转向灯，在不妨碍其他车道车辆行驶的情况下，变更车道超越；也可减速慢行，保持安全的距离尾随其后；车辆行驶时，发现后车示意超车，应减速慢行，靠边行驶，给对方让出超车空间；超车时，前方车辆不减速，应停止超车，与前方车辆保持安全的距离，或减速慢行，或变更车道；超车时，发现前方车辆正在超车，应减速慢行，让前方车辆先超车；当汽车经过积水路面时，应特别注意减速慢行，以免泥水飞溅到道路两侧行人身上；驾车行经人

行横道或繁华街道,要减慢车速,礼让行人。驾驶车辆通过有老人或儿童的路段,应减速慢行,确认安全后方可通过,以免行人受到惊吓,发生意外;夜晚开车时要适时交换远近灯光,避免干扰对方司机;经过不允许鸣喇叭的路段,应注意安全,禁止鸣喇叭;行经没有禁止鸣喇叭的路段时,驾驶人员应尽可能地少鸣喇叭,以免影响其他人群的正常工作;开车去接人可事先打电话告诉对方,不要在楼下狂按喇叭。如果是休息时间停在居民楼附近等人,不要把音响声音开得太大。如果要等一会儿,要停好车,乱停车会给别人造成不便。

⑥ 规范停车。停车时,要清楚前后左右的情况,不要堵住别的车,也不要堵住行人和自行车的习惯通道,不要堵别人的门口,不仅招人讨厌,还容易被剐蹭到。建议不要占用绿地停车,不要堵在小区出入口,不要停在垃圾站门前。不管车位拥挤与否,都应该按车位线或按大家停车的方向停车,不管技术好不好,都请尽量与别的车靠近,给后来的车留出车位。如果实在没车位,又一定要短暂停留,可在车上贴个字条写上自己的电话,告知需要挪车时电话联系你。不要不管不顾地停,因为后果很难预料,特别注意不要随便停车。

此外,要保持车容的整洁,这也是为都市增色。同时,为了您和他人的安全,千万别酒后开车。

(3)乘飞机礼仪

飞机是目前世界上最快捷的交通工具,具有速度快、时间短、乘坐舒适等特点,很适合人们的旅行。由于空中旅行与地面旅行有很多差异,必须注意以下礼仪。

① 登机前的礼仪。乘坐飞机要求提前一段时间去机场。国内航班要求提前半小时到达,而国际航班需要提前一小时到达,以便留出托运行李、检查机票、身份证和其他旅行证件的时间。大多数机场的登记行李和检查制度效率很高,等待时间很短。但有时飞机起飞时间快到了,而你却排在长长的人龙后面,这会使你心生焦虑。这时一方面要注意礼节,耐心等候;另一方面也是提醒你自己以后要提前去机场。

乘飞机需要尽可能轻便。手提行李一般不超过5公斤,其他能托运的行李要随机托运。在国际航班上,对行李重量有严格限制。经济舱的旅客可携带44磅左右;头等舱的旅客可携带66磅。如果多带行李,则超重的部分每磅按一定的比价收钱。随机托运行李时尽可能将几个小件行李集中放在一个大袋中,这样可以节省时间,又避免遗失。为了避免在安全检查中耽搁时间或出现不快,应将带有金属的物品装在托运的行李中。为了在国外开会时有一套整洁、挺括的衣服,大多数大型飞机上,还可以携带装衣服的挂袋,如西装挂袋,你可请空中乘务员将挂袋挂在专门的柜子里。随机托运行李的件数、样式要记清,以便抵达时认领。

乘坐飞机前要取到登机卡。有的航班在你买机票时就为你预留了座位,同时发给你登机卡。大多数航班都是在登记行李时由工作人员为你选择座位卡。登机卡应在候机室和登机时出示。如果你没有提前买机票或未订到座位,需在大厅的机票柜台买票登记,等候空余座位时必须耐心,直到持票旅客全部登记后,再按到达柜台的先后得到安排。

领取登机卡后,乘客要通过安全检查门。乘客应先将有效证件(如身份证、军官证、警官证、护照、台胞回乡证等)、机票、登机卡交安检人员查验,放行后通过安检门时需将电话、传呼机、钥匙和小刀等金属物品放入指定位置,手提行李放入传送带。乘客通过安检门后,注意将有效证件、机票收好以免遗失,只持登机卡进入候机室等待。

上下飞机时,均有空中小姐站立在机舱门口迎送乘客。她们会向每一位通过舱门的乘客热情地问候。此时,作为乘客应有礼貌地点头致意或问好。

② 登机后的礼仪。登机后,乘客要根据飞机上座位的标号按秩序对号入座。飞机座位分为两个主要等级,也就是头等舱和经济舱。经济舱的座位设在靠中间的到机尾的地方,占机身的 3/4 空间或更多一些,座位安排较紧;头等舱的座位设在靠机头部分,服务较经济舱好,但票价较高。所以登机后购买经济舱票的人不要因头等舱人员稀少就抢坐头等舱的空位。找到自己的座位后,要将随身携带的物品放在座位头顶的行李箱内,较贵重的东西放在座位下面,自己管好,注意不要在过道上停留太久以影响其他人。

飞机起飞前,乘务员通常给旅客示范表演如何使用降落伞和氧气面具等,以防意外。当飞机起飞和降落时要系好安全带。在飞机上要遵守"请勿吸烟"的信号,同时禁止使用移动电话、AM/FM 收音机、便携式电脑、游戏机等。

飞机起飞后,乘客可看书报或与同座交谈。如你愿意交谈,可以"今天飞行的天气真好"等开场白来试探同座是否愿意交谈,在谈话中不必互通姓名,只是一般谈谈而已。如你不愿交谈,对开话头的人只需"嗯哼"表示,或解释"我很疲倦"。飞机上的坐椅可调整,但应考虑前后座位的人,突然放下坐椅靠背,或突然推回原位,或跷起二郎腿摇摆颤动,都会引起他人的反感。

在飞机上使用盥洗室和卫生间的规则与其他交通工具上的相同。要注意按次序等候,注意保持其清洁。同时不要在供应饮食时到厕所去,因为有餐车放在通道中,其他人无法穿过。如果晕机,可想办法分散注意力;如若呕吐,要吐在清洁袋内;如有问题,可打开头顶上方的呼唤信号,求得乘务员的帮助。

③ 停机后的礼仪。停机后,乘客要带好随身携带的物品,按次序下飞机,不要抢先出门。

国际航班上下飞机要办理入境手续,通过海关便可凭行李卡认领托运行李。许多国际机场都有传送带设备,也有手推车以方便搬运行李。还有机场行李搬运员可协助乘客。在机场除了机场行李搬运员要给小费外,其他人不给小费。

下飞机后,如一时找不到自己的行李,可通过机场行李管理人员查寻,并可填写申报单交航空公司。如果行李确实丢失,航空公司会照章赔偿的。

(4) 乘坐火车礼仪

火车是重要的交通工具之一。良好的乘车环境需要大家共同努力,因此在乘车过程中,要讲文明、懂礼貌,多一分宽容,多一分礼让,这样,不仅能减少许多不必要的麻烦,还能保持良好的心情,减轻旅途疲劳。要注意三点。

① 讲究候车规则。乘客在候车时,要爱护候车室的公共设施,不大声喧哗,携带的物品要放在座位下方或前部,不抢占座位或多占座位,更不要躺在座位上使别人无法休息。要保持候车室的卫生,瓜果皮核等废弃物要主动扔到果皮箱里,不要随手乱扔,随地吐痰。检票时自觉排队,不乱拥乱挤,有秩序上下车。

② 维护车厢秩序。要有秩序进入车厢并按要求放好行李,行李应放在行李架上,不应放在过道上或小桌子上。放、取行李时应先脱掉鞋子后站到座位上,以免踩脏别人的座位。自己的行李要摆放整齐,尽量不压在别人的行李上,如果实在不行,也应征得别人的同意。不在车厢内吸烟,不随地吐痰,乱扔废物。不在车厢内大声说话。到达目的地后,拿好自己的物品有礼貌地与邻座旅客道别,有序下车,不要抢道拥挤。

③ 注意礼貌交谈。长途旅行，与邻座的旅客有较长的时间相处，有兴趣时可以共同探讨一些彼此都乐于交谈的话题。但应注意交谈礼貌：交谈前应看清对象，与不喜欢交谈的人谈话是不明智的，与正在思考问题的人谈话也是失礼的。即使与旅伴谈得很投机，也不要没完没了，看到对方有倦意就应立刻停止谈话。注意谈话中不要问对方的姓名、住址及家庭情况，这些不是火车上好的交谈话题。

### 3. 宾馆住宿的礼仪

宾馆客房是客人临时之家，是为客人提供休息的场所。在我国，客人的入住一般须出示居民身份证等有效证件，然后办理住宿登记等手续。在一些发达国家，大都是先预订房间，到达后，只要说出自己的姓名，然后在登记册上签名即可。根据工作需要，旅行人员亦可在房间办公、举行小型会议、洽谈业务或会友。不论将客房作为休息场所还是临时办公地点，掌握入住基本规定，对自己、对工作都是十分有益的。要注意以下五个方面。

（1）内外有别

因为旅店既是休息的地方，又是工作的地方，所以，室内着装可相对随便些。但是如果约好客人在下榻饭店的客厅或自己的房间洽谈业务，则要仪表端庄，注意自己的职业形象，同时亦应遵守前面提到的待客礼仪和日常礼仪。为客人准备好相关的茶水和饮料。

（2）文明入住

住店要处处体现文明。关房门时注意用力轻一些。深夜回来，如需洗澡，注意动作要轻一些，避免打扰到隔壁邻居，如可能最好等第二天早晨再洗。如果与别人合住，应该注意出门时随手将门关上，不要在房间里喧哗，以免影响他人休息。休息的时候可以按上"请勿打扰"的标志灯，或在门外挂上"请勿打扰"牌子。到别的房间找人，应该敲门，经主人许可再进入，不要擅自闯入。

（3）安全第一

入住宾馆，进入客房后应先阅读房间门后消防逃生路线图，熟悉所在房间的位置和逃生楼梯的方位。之后，要查看一下窗户和侧门是否锁好。如果饭店员工无法将侧门锁好，可以要求换一个房间。旅行期间，只要可能就要将你所带来的贵重物品随身携带。不要把钱或贵重物品留在房间里，要把珠宝、照相机、文件等都锁在饭店的保险箱里。进入饭店房间后，离开房间时，为了安全起见，如果条件允许，你可以让电视机开着。待在房间里的时候，把门关好并上好锁。除非你在等人，否则不要开着门；开门前要先问一声，或从窥孔那儿查看一下来人是谁。如果对方宣称自己是饭店员工，或者你有其他考虑，可以给前台打电话进行核实。晚上睡觉前，应将防撬链扣好挂好。房门钥匙要随身携带。不要当众展示你的钥匙，也不要把它放在饭馆的餐桌上、健身房里或者其他容易丢失的地方。门厅的灯可以亮着，可以开夜灯睡觉，或者开着洗手间的灯睡觉，以便让自己感到安全，或者遇到紧急的情况，可以照亮。

（4）爱护设施

宾馆客房内备有供旅客生活使用的各种物品，如桌、椅、灯具、电视、空调以及洗漱和卫生洁具、浴具等设施，使用时应予以爱护，不许用力拧、砸、敲。如不慎损坏应主动赔偿，故意破坏房内物品或损坏了物品不声不响，甚至把房内的不属于自己的东西随意拿走等都是违背社会公德的不文明行为。

（5）保持卫生

在客房内衣物和鞋袜不要乱扔乱放。废弃物应投入垃圾桶内，也可放到茶几上让服务员来收拾,千万不要扔进马桶里,以免堵塞影响使用。吸烟者不要乱弹烟灰、乱抛烟头,以免烧坏地毯或家具,甚至引起火灾。出门擦鞋应用擦鞋器,用枕巾、床单擦鞋是不道德的行为。

**思考与训练**

1. 某职业技术学院为推荐毕业生就业,专门邀请了 10 家企业的领导进行座谈。请模拟演示这次座谈程序,最后安排企业领导与师生合影。

2. 寻找机会参加一次企业的仪式活动,并谈谈你的切身感受。

3. 中国五湖四海饮料公司将迎来一批来自美国的华尔集团商务考察团,五湖四海饮料公司准备向华尔集团订购 2 条先进的罐装流水线设备。在这次考察活动中将要进行谈判,签订合同,举行签字仪式。请模拟这次签字仪式。

4. 公司经理派你下星期去 1000 公里以外的城市,如到上海、三亚或成都出差,那么你应当准备哪些物品?请列出清单。

5. 案例分析

### 狼狈不堪的签约仪式

今年 1 月,宏达公司与美国戴维斯公司经过多轮磋商,达成了合作意向,它们决定 16 日上午 10 点在嘉元宾馆举办正式的签约仪式。准备由宏达公司总经理秘书王芳负责。由于王芳最近工作比较忙,所以准备签约仪式的时间比较紧张。到了这天,她提前半小时到了会场,突然发现合同文本忘记在办公室了,她赶快请办公室文员小李拿上合同,从后勤处要了一辆车火速赶往签约现场。幸好当天交通状况比较好,没有堵车,合同在会议开始前 5 分钟送到了,总经理秘书王芳悬着的心终于落下来了。可在主持人宣布签约仪式开始时,王芳发现她忘记安排助签人了,所以她自己临时上阵担任助签人,而她的着装与签约仪式的气氛不是很协调,导致场面有点尴尬。

(资料来源:张岩松,李桂英.现代商务礼仪.北京:北京交通大学出版社,2009)

**思考与讨论:**

(1) 举行仪式活动应做好哪些准备?

(2) 签约仪式对助签人有何要求?

### 有 备 无 患

张经理为争取进一步的合作,出差到自己公司的一家大用户那里,介绍新的产品。新产品资料已经装入张经理携带的笔记本电脑里。为了防备万一,又请同行的另一名同事再带上一台笔记本电脑,并在里面备份了该资料。在准备的过程中,有人颇不以为然,觉得张经理用的笔记本电脑是非常好的品牌,从未出过问题。需要带的行李已经不少了,不必再带一个笔记本电脑!由于秘书的坚持,备份的笔记本还是带上了。产品介绍会开始了,当该公司介绍产品时,问题发生了:张经理准备用的笔记本电脑突然死机,怎么也调不出要用的文件。张经理不慌不忙地换上备份电脑,一切按照安排顺利进行。最后,产品介绍会取得了预期效果。

(资料来源:张岩松,李桂英.现代商务礼仪.北京:北京交通大学出版社,2009)

**思考与讨论:**

(1) 如果张经理准备的不够充足,那将会是什么样的结果?

（2）商务旅行怎样才能做到万无一失？

# 超　车

一次在法国，梁晓声跟两个老作家一同坐车到郊区。那天刮着风，不时有小雨飘落。前面有一辆旅行车，车上坐着两个漂亮的法国女孩，不停地从后窗看他们的车。前车车轮碾起的泥水扑向他们的车窗，车身上满是泥污。

他们想超车，但路很窄。梁晓声问司机："能超吗？"司机说："在这样的路上超车是不礼貌的。"正说着，前面的车停了，下来一位先生，对他们车的司机说了点什么，然后把自己的车靠边，让他们先过。梁晓声问司机："他刚才跟你说什么了？"司机转述了那位先生的话："一路上，我们的车始终在前面，这不公平！车上还有我的两个女儿，我不能让她们感觉这是理所当然的。"梁晓声说，这句话让他羞愧了好几天。

（资料来源：http://blog.sina.com.cn）

**思考与讨论：**

（1）自驾车应遵循哪些礼仪规范？

（2）本案例对你还有哪些启示？

# 涉外礼仪

- 具备涉外的礼仪修养,并能够在涉外交往中贯彻实施;
- 涉外迎送、会见会谈、参观游览、国旗悬挂等符合礼仪规范要求;
- 出国旅行讲究基本礼仪规范。

**情境导入**

### 迟到的代价

中国一家拥有职工约 6000 人的大型国有企业,为了避免濒临破产的局面,想寻找一家资金雄厚的企业做合作伙伴。经过多方努力,这家企业终于找到了一家具有国际声望的日本大公司。经过双方长时间艰苦地讨价还价,终于可以草签合约了,全厂职工为之欢欣鼓舞。本以为大功告成的中方人员,没想到在第二天的签字仪式中,公司领导因官僚作风,到达签字地点的时间比双方正式的约定晚了 10 分钟。待他们走进签字大厅时,日方人员早已排成一行,正恭候他们的到来。中方领导请日方人员坐上签字台,日方的全体人员却整整齐齐、规规矩矩地向他们鞠了一个大躬,随后便集体退出了签字厅,中方领导莫名其妙,因为迟到 10 分钟对他们来讲实在不算什么。事后,日方递交中方一份正式的信函,其中写道:"我们绝不会为自己寻找一个没有任何时间观念的生意伙伴。不遵守约定的人,永远都不值得信赖。"无疑,双方的合作搁浅了,中方为了自己迟到的 10 分钟付出了沉重的代价——破产倒闭,近 6000 人下岗。

(资料来源:金正昆.涉外礼仪教程.北京:中国人民大学出版社,1999)

**问题:**

(1)案例中中方错在哪里?为什么?

(2)涉外交往应注意哪些交际原则?

涉外交往礼仪,是指在对外交往活动中或不同文化背景的人们交往中向交往对象表示尊重、友好的各种惯用交际礼宾形式及各种礼节、仪式和习惯的礼仪规范。

在交往活动中,到位的礼宾,会给外交活动增色不少;而欠妥的礼仪,也会给双方带来尴尬。外交礼仪既代表国家的形象,又能体现国与国之间外交关系的相互尊重和有好。掌握外事工作的原则,礼宾工作的基本要求,对我国开展对外交往,发展与各国的友好关系、增进友谊会产生积极作用。

随着国与国之间交往的日益频繁,跨文化交际已成为不可避免的现实。来自不同文化背景的人们走到一起,交际容易出现障碍,即使有效地克服这些交际障碍时跨文化交际取得成功的关键,这对促进国际的文化、政治、经济交流有着极其重要的意义。

俗话说"外事无小事"。涉外交往若不讲规则,不讲礼仪,不尊重对方的风俗,是不可能取得良好的涉外交际效果的,"情境导入"中的案例所反映的情况正是一个很好的例证。

这里拟通过如下实训项目完成本任务的学习。

### 涉外迎送模拟活动

实训目标:使学生了解涉外事务中迎送宾客的礼仪,熟知迎送工作中的具体事务及主要注意事项,能够灵活、得体地迎送宾客。

实训学时:2 学时。

实训地点:实训室。

实训背景:×××是广州某公司的营销经理,他将负责接待参加达沃斯大连会议的本公司重要客户——美国某大公司总经理一行 5 人,他将如何安排好接待事务?

实训方法:

(1)教师把全班同学分成 8 人/组。

(2)根据模拟活动情景分组。

(3)确定模拟活动情景角色。

A. ×××——某公司营销经理

B. ×××——某公司总经理

C. ×××——某公司翻译

D. ×××——美国某公司总经理

E. ×××——美国某公司采购经理

F. ×××——美国某公司技术经理

G. ×××——美国某公司财务人员

H. ×××——美国某公司采购人员

(4)全组讨论本组迎送宾客的具体安排及主要注意事项。

(5)模拟迎送训练。

① 按抽签排序,一组一组进行。

② 一组模拟时,其他组观摩并指出问题。

(6)师生点评。

# 一、涉外交际修养

与外国人交往,必须了解和掌握涉外交往的基本原则,它既是对国际交往管理的基本概括,又对参与涉外交际的中国人具有普遍的指导意义。了解这些基础礼仪是涉外交往礼仪修养的集中体现。

**1. 信守约定**

在人际交往中,必须认真严格地遵守自己的所有承诺,说话务必要算数,许诺一定要兑现,约会必须要如约而至,尤其要恪守时间方面的约定。信守约定、讲求信用,从一点一滴做起,它事关信誉与形象,失时与失约的失礼行为,往往是使自己所做的工作走向失败的开端。为此要做到以下三点。

(1)必须谨慎许诺

一切从自己的实践能力以及客观可能性出发,切勿草率从事,轻易承诺,凡承诺和约定必须慎之又慎,一定要字斟句酌,考虑周全。

(2)必须如约而行

承诺一旦做出,就必须要兑现,要如约而行,应尽可能地避免对已有的约定任意进行修正变动,随心所欲地乱作解释。做到"言必信,行必果",只有这样才能赢得交往对象的好感与信任。

(3)必须失约致歉

如果由于遭受不可抗力,致使自己单方面失约,或是有约难行,需要尽早向有关各方通报,如实地解释,并且还要郑重其事地向对方致以歉意,并主动负担给对方造成的损失。

**2. 不必过谦**

中国人在待人接物时,讲究的是含蓄和委婉,奉行"满招损,谦受益"的古训,在对自己的所做所为进行评价时,中国人大都主张自谦、自贬,不提倡多作自我肯定,尤其是反对自我张扬。在这方面若不好自为之,就会被视之为妄自尊大、嚣张放肆、不够谦逊、不会做人。实际上,在对外交往时,过于自谦并非益事,它常常会引起他人的疑惑和不满,不利于涉外交际的顺利进行。

遵守不必过谦的原则,会使人感到自己为人诚实,充满自信,因为过分地自谦、客套,只能给人以虚伪、做作的感觉。在涉外交往中,特别是在面临如下情况时,更要敢于、善于充分地从正面肯定自己。

(1)当面对赞美时

当外国友人赞美自己的相貌、衣着、手艺、工作、技术等时,一定要落落大方高兴地道一声"谢谢!"而不应加以否认和自我贬低,说什么"哪里,哪里!"。接受外国人的赞美是对其本人的接纳和承认,是自己自信和见过世面的表现。曾有这样一个笑话:一个法国朋友在称赞一位中国姑娘漂亮时,那位中国姑娘表现得十分谦虚,连忙说:"哪里,哪里!"没想到这一说却出了洋相。因为那位法国朋友误以为对方是在问他自己"哪里漂亮?"便立即答道:"你的眼睛很漂亮"。可对方依然谦虚如故:"哪里,哪里。"法国朋友又答道"你的鼻子也漂亮。"……结果南辕北辙了。

(2)当赴宴、馈赠时

宴请外国人出席宴会时,不必说"今天没什么好菜,随便吃一点"当送礼给外国人时,也不要说"礼品很不像样子,真不好意思拿出手来"之类的话,而应得体大方地说"这是本地最有特色的菜"、"这是这家饭店烧的最拿手的菜"、"这是我特意为您挑选的礼物"等;反过来,在接受外国人的赴宴邀请或接受外国人送的礼物时,也不应过于谦虚、没完没了地说:"真不敢当"、"受之有愧"之类的话,它会使人产生不愉快的感觉,使宴请和送礼者感到难堪,及时表示谢意是这时得体的做法。

(3)当做客、拜访时

到外国人家做客、拜访时,对主人准备的小饮不要推辞不用。如果主人问"喝点什么,茶还是咖啡",你可以任选一种;若桌上备有小吃,可随意取用,但不可失态。若主人问是否加糖或加牛奶,则可按自己的喜好谢绝和选择其中一种。

(4)当交往应酬时

当自己同外国友人交往应酬时,一旦涉及自己正在忙什么、干什么的时候,无论如何都不要脱口而出,说什么自己是"瞎忙"、"混日子"、"什么正经事都没有干",否则会被对方认为自己是不务正业之人。

**3.讲究次序**

涉外交际中,对出席活动的国家、团体、人士的位次按某些规则和惯例进行排列,这种排列的先后次序被称为礼宾次序。为使国际交往顺利进行,必须讲究礼宾次序。

(1)礼宾次序的依据

在国际交往中,其礼宾次序主要按宾客的身份与职务高低依次排列。在多边活动中,有的可按姓氏的顺序排列;有时可按参加国的字母顺序(一般以英文字母为准)排列;有时则可按代表团组成日期的先后排列;有时则可按代表团抵达活动地点的时间先后排列,等等。

(2)礼宾次序的具体要求

在各类涉外交际中,大到政治磋商、商务往来、文化交流,小到私人接触、社交应酬,凡确定礼宾次序,必须从其总的原则出发,这一总的原则就是"以右为尊",即一般以右为大、为长、为尊;以左为小、为次、为卑。

按照惯例,在并排站立、行走或者就座的时候,为了表示礼貌,主人理应主动居左,而请客人居右。男士应当主动居左,而请女士居右。晚辈应当主动居左,而请长辈居右。未婚者应当主动居左,而请已婚者居右。职位身份较低者应当主动居左,而请职位、身份较高者居右。

在不同场合也有特殊要求:

两人同行,以前者、右者为尊;三人行,并行以中者为尊;前后行,以前者为尊。

上楼时,尊者、妇女在前,下楼时则相反。

迎宾引路时,主人在前;送客时,则主人在后。

宴请排位,主人的右边是第一贵客,左边次之。

进门上车时，应让尊者先行。上车时，位低者应让尊者从右边车门上车，然后再从车后绕到左边上车；坐车(指轿车)时，以后排中间为大位，右边次之，左边又次之，前排最小。

**4. 尊重隐私**

所谓隐私，就是指一个人出于个人尊严和其他某些方面的考虑，因而不愿意公开，不希望外人了解或是打听个人秘密、私人事宜。在涉外交际中，人们普遍讲究尊重个人隐私，并且将尊重个人隐私与否，视作一个人在待人接物方面有没有教养，能不能尊重和体谅交际对象的重要标志之一。

在涉外交际中，首先要避免与对方交谈时涉及个人隐私，要做到"八不问"。

（1）年龄不问

在国外，人们普遍将自己的实际年龄当作"核心机密"，不会轻易告之与人。这主要是因为外国人，尤其是英美人对年龄都十分敏感，希望自己永远年轻，对"老"字则讳莫如深，对年龄守口如瓶。因而与外国人交往，打听对方的年龄，说对方老貌，都属于不礼貌的行为。我国的传统向来对年龄比较随意，不仅如此社会交往中还习惯于拔高对方的辈分，以示尊重。比如年轻男子相聚，彼此之间总喜欢以"老李"、"老张"、"老赵"相称，为了表示对对方的尊敬，人们会使用"老人家"、"老先生"、"老夫人"等一类尊称，实际上，这一类尊称在外国人听起来却似诅咒谩骂一般。在交往中，照套我国的传统，会使对方十分难堪。

有位从事外事工作的小姐曾经接待过一位82岁高龄的美国加州老太太，她是来华旅游并参加短期汉语学习班的，见面时这位小姐对老太太说："您这么大年纪了，还到外国旅游、学习，可真不容易呀!"这话要换了同样高龄的中国老太太听了，准会眉开眼笑，高兴一番。可是那位美国老太太一听，脸色即刻晴转多云，冷冷地应了一句："噢，是吗？你认为老人出国旅游是奇怪的事情吗?"弄得中国姑娘十分尴尬。姑娘的本意是表示礼貌尊重，效果却事与愿违，原因在于西方人对年龄、对"老"的忌讳。

在外国，人们最不希望他人了解自己的年龄，所以有这样一种说法：一位真正的绅士，应当永远"记住女士的生日，忘却女士的年龄"。

（2）收入不问

在国际社会里，人们普遍认为，任何一个人的实际收入，均与其个人能力和实际地位有直接的因果关系。所以，个人收入的多寡，一向被外国人看作自己的脸面，十分忌讳他人进行直接、间接的打听。如果一位中国人问一位外国人："您一个月挣多少钱？"那位外国人会觉得："这个中国人真没有教养，干吗问我的工资呀!"

除去工资收入以外，那些可以反映个人经济状况的问题，例如，纳税数额、银行存款、股票收益、私宅面积、汽车型号、服饰品牌、娱乐方式、度假地点等，因与个人收入相关，所以在与外国人交谈时也不宜提及。

（3）婚姻不问

中国人的习惯，是对亲友、晚辈的恋爱、婚姻、家庭生活时时牵挂在心，但是绝大多数外国人却对此不以为然。西方人将此视为纯粹的个人隐私，向他人询问是不礼貌的。

在一些国家，跟异性谈论此类问题，会被对方视为无聊之举，甚至还会因此被对方控告为"性骚扰"，从而吃官司。

（4）工作不问

在我国人们相见，会询问对方"您正在忙些什么"、"上哪里去"、"怎么好久不见你了"等问题,其实这只是些问题,回答不回答并不重要。但你若拿这些问题问外国人,他们会觉得不是好奇心过盛、不懂得尊重别人,就是别有用心,因为这些问题在外国人看来都属个人隐私,"不足为外人道矣"。

（5）住址不问

对于家庭住址、私宅电话,中国人在人际交往中,都是愿意告之于人的,是不保密的。但在外国,却恰恰相反,外国人大都视自己的私人居所为私生活领地,非常忌讳别人无端干扰其宁静。西方人认为,留给他人自己的住址,就该邀请其上门做客,在一般情况下,他们一般不大可能邀请外人前往其居所做客。为此他们都不喜欢轻易地将个人住址、住宅电话号码等纯私人信息"泄密"。在他们常用的名片上,也没有此项内容。

（6）学历不问

初次见面,中国人之间往往喜欢打听一下交往对象"是哪里人?"、"哪一所学校毕业的?"、"以前干过什么?"。总之是想了解一下对方的"出处",打探一下对方的"背景",然而外国人大都将此项内容视为自己的"底牌",不愿意轻易让人摸去。外国人甚至认为一个人动辄对初次交往的对象"忆往昔峥嵘岁月稠",并不见得坦诚相见,相反却大有可能是别有用心。

（7）信仰不问

在国际交往中,由于人们所处的社会制度、政治体系和意识形态多有不同,所以要真正实现交往的顺利、合作的成功,就必须不以社会制度画线,而以友谊为重,以信仰为重。不要动辄对交往对象的宗教信仰、政治见解评头品足,更不要将自己的政治观点、见解强加于人,这样做对交往对象来说,都是不友好、不礼貌、不尊重的表现。所以对宗教信仰、政治见解,这些在外国人看来非常严肃的话题,还是避而不谈为好。

（8）健康不问

中国人彼此相见,人们会问候:"身体好吗?"如果已知对方身体曾经一度身体欠安,还会问:"病好了没有?"如果彼此双方关系密切,还会询问:"吃了些什么药?"、"怎么治疗的?"还会向对方推荐名医或偏方。

可是在外国,人们在闲聊时一般都是"讳疾忌医",非常反感其他人对自己的健康状况关注过多,对他人的这种过分关心,外国人是会觉得不自在的。

此外,与个人隐私相联系,私人住宅有的国家受到法律保护,擅自闯入要受到制裁。到外国人住宅做客,不经主人允许和邀请,不能要求参观主人的住房。即使双方很熟悉,也不能去触动书籍、花草以外的个人物品以及室内陈设的其他物品。

与外国人交往时,不仅不要涉及在场人的个人隐私,对不在场人的个人隐私也应尊重。在背后议论同事的好坏、上级的能力、女人的胖瘦、路人的服饰等,都会被外国人视为喜好窥探隐私,纯属无聊之举。

**5. 女士优先**

我们在听演说时,演讲者总是首先这样称呼:"女士们,先生们",从没有人称呼:"先生们,女士们",为什么这样呢?原来这与国际社会公认的一条重要礼仪原则——"女士优先"有直接的关系。

"女士优先"主要是指成年异性间进行社交活动时的一个礼仪规范和礼仪原则。其含义是,在一切社交场合,每一位成年男子,都有义务主动自觉地去尊重、照顾、体谅、关心、保护女性,并且想方设法为女士排忧解难,只有这样才能体现出绅士风度。外国人强调"女士优先"并非因为妇女被视为弱者,值得同情、怜悯,最重要的原因是,他们将妇女视为"人类的母亲",处处对妇女给予礼遇,是对"人类母亲"的感恩之意。

在交往中,讲究"女士优先"时,作为男士要注意对所有的女士要一视同仁,不仅对待同一种族的妇女要如此,对待其他种族的妇女也要如此;不仅对待熟悉的妇女要如此,对待陌生的妇女也要如此;不仅对待年轻貌美的妇女要如此,对待年老色衰的妇女也要如此,不仅对待有权势的妇女要如此,对待一般的妇女也要如此……具体地要从以下方面做起。

（1）行走

在室外行走时,如果是男女并排走,则男士应当自觉地"把墙让给女士",即请女士走在人行道的内侧,而自己主动行走在外侧,这样做既可以防止女士因疾驶的车辆而感到不安全,担惊受怕,还可避免汽车飞驶而溅起的污泥浊水弄脏女士的衣裙。

当具体条件不允许男女并行时,男士通常应该请女士先行,而自己随行其后,并与之保持大约一步左右的距离。当男士与女士"狭路相逢"时,前者不论与后者相识与否,均应礼让,闪到路边,请女士率先通过。男士在路上遇到认识的女士时,应点头致意,并把手抽出衣袋,也不要嘴里叼着烟。

当男士与女士走到门边时,男士应赶紧上前几步,打开屋门,让女士先进,自己随后。

（2）乘车

陪伴女士或同乘火车、电车时,男士应设法给女士找一个较为舒适、安全的座位,然后再给自己找一个尽可能靠近她的座位;如果找不到,应站在她面前,尽可能离其近一些。

乘出租车时,男士应首先走近汽车,把右侧的车门打开,让女人先坐进去,男士再绕到车左边,坐到左边的座位上。有时,为了在马路上上下车安全起见,出租车左侧车门用安全装置封闭了,那么男士只好随女士其后从右侧上车,坐在本应由女士坐的尊贵的右边座位上,这种情况不算失礼。

当男士自己驾驶汽车时,他应先协助女士坐到汽车驾驶座旁的前排座位上,而后绕到另一侧坐到驾驶座上。抵达目的地后,男士要先下车,然后绕到汽车的另一侧,打开车门,协助女士下车。

（3）见面

参加社交聚会时,男宾在见到男、主人后,应当先行向女主人问好,然后方可问候男主人。男宾进入室内后,须主动向先行抵达的女士问候。女士们如果已经就座,则此时不必起身回礼。

而在女宾进入室内时,先到的男士均应率先起身向其致以问候,已入座的男士也应起身相迎。不允许男士坐着同站立的女士交谈,而女士坐着同站立的男士交谈则是允许的。

当女士在场时,男士不得吸烟,在女士吸烟时,则不准男士对其加以阻止,必要时男士还要给女士点烟。

主人为不相识的来宾进行介绍时,通常应当首先把男士介绍给女士,以示对女士的尊重。当男女双方进行握手时,只有当女士伸过手来之后,男士才能与之相握,否则如果男士抢先出手,是违背"女士优先"原则的。为了表示对女士的尊重,男士与女士握手时还必须摘下帽子、脱下手套,而女士在一般情况下则没有必要这样做。

（4）上下楼

在上下楼梯时，男士要跟随在女士的后面，相隔一两级台阶的距离；下楼梯时，男士应该先下。如果是乘电梯上下楼，进电梯时，男士应请女士先进去，然后自己再进入电梯。在电梯里，男士负责按电钮，礼貌地询问女士所上的楼层。

（5）进餐馆

如果男士预先选择预订了餐桌，则应走在前面为女士引路，如果不是这样，行进的顺序应该是：侍者—女士—男士。在餐桌旁，男士应协助女士就座，把椅子从桌边拉开，等女士即将坐下时再把椅子移近桌子。坐定后，男士应把菜单递给女人，把选择菜单的权利先交给女性。一般餐毕也总是由男士付账的。

若出席宴会，女主人是宴会上"法定"的第一顺序。也就是说，其他人在用餐时的一切举动，均应跟随女主人而行，不得贸然先行。按惯例女主人打开餐巾，意味着宣布宴会开始，女主人将餐巾放在桌上，则表示宴会到此结束。

（6）看影剧

进影剧院或是听音乐会时，应由男士拿着入场券给检票员检票。在存衣室，男士应先协助女士脱下大衣、披风，然后再自己脱去外套。如果没有专人引导入座，男士就应走前几步为女士引路。从两排之间穿行，走向自己的座位时，应面向就座的观众，并且女士走在男士的前面。如果是几个男士和几个女士一起去观看影剧或听音乐会，那么最先和最后穿过就座观众的应是男士，女士夹在中间进去，这样，可以使女士不与陌生人坐在一起。散场人挤时，男士应走在女士前面；不挤时，女士稍前或并排与男士同行。

（7）助臂

男士应该帮助他所陪伴的女士携带属于她的较重的或拿着不方便的物品，如购物袋、旅行包、伞等。

女士携带的东西掉在了地上，男士不论相识与否，都应帮她拾起。

在女士可能失足、滑倒的时候，男士应该以臂相助。

值得说明的是，以上"女士优先"的具体做法，主要使用于社交场合，在商务场合，人们强调的是"男女平等"，或是"忽略性别"，因而是不太讲究"女士优先"的。

### 6. 客随主便

客随主便是指处于客位的礼仪当事人必须遵循处于主位的礼仪当事人所在地域的礼仪规范。所谓处于客位的礼仪当事人和处于主位的礼仪当事人，是根据礼仪行为或礼仪活动所处地域来划分的。礼仪当事人如果是从其他地方来到该地域，就是处于客位的当事人；礼仪当事人如果是以该地域主人的身份出现，就是处于主位的当事人。在一般情况下，处于客位的礼仪当事人可以简称为"客人"或"来宾"，处于主位的礼仪当事人则可以简称为"主人"或"东道主"，因此，应客随主便，也就是说，客人必须遵循主人所在地域的礼仪规范。在这个问题上，世界上不同民族、不同国家的回答惊人的一致。《礼记·曲礼上》讲："礼从宜，使从俗。"意思是：依礼行事要适宜，出使的人要遵从当地的风俗。像"入乡随俗"、"入境问禁"的提示就更多了。俄罗斯有一则谚语："不要把自己的规矩带到别人家中。"西欧则流行这样一则古谚："在罗马行如罗马人。"非洲人则夸张地说："到了独脚人居住的村子就应该用一条腿走路。"

了解当时、当地的差异是遵循客随主便的前提。在交际的各个方面都存在一个客随主便的问题,就连人们的穿着打扮也要符合其要求。1983 年 6 月,美国总统里根出访欧洲四国时,就曾因穿了一套格子西装出席晚宴而引起一场轩然大波,招致在场的部分人向他身上扔鸡蛋。因为按照惯例,在正式的晚宴上应穿黑色或白色晚礼服,以示庄重、热烈、友好。

同时,"主应客求"也是应当注意的。也就是说,作为主方,应替客方着想,考虑对方的要求和习惯,这样既是对对方的尊重,也可防止尴尬场面的出现。在这一点上,邓小平生前就为我们做出了榜样:1985 年 10 月 9 日,邓小平来到人民大会堂会见厅,准备会见罗马尼亚共产党总书记、共和国总统齐奥塞斯库。这一次他像往常一样,点燃烟后听外交部的同志汇报情况。负责接待的同志对邓小平说,齐奥塞斯库总统对烟味不太适应,但马上又补充说,不过等主人抽烟总统是可以谅解的。这时,邓小平笑着说:"那怎么能吸呢?前几天会见新加坡总理李光耀时,不就是没有吸烟吗?今天'主随客便',烟也同样不吸了。"作为主人的邓小平会见客人时主动不吸烟了,正是出于对客人的尊重。这种"主随客便"的精神,就是现代礼仪中相互尊重的精神,是对客随主便规则的真正理解和最准确的把握,既坚持了客随主便规则,又不失主随客便的精神,这就是现代礼仪的体现。

其实,在许多礼仪活动中,都是需要主随客便精神的。比如,外事活动中经常要举行宴会,作为东道国,在筹办宴会时就必须有主随客便的思想。如宴会中摆放的鲜花,就必须考虑有关国家的风俗习惯和禁忌。如果客人来自意大利、法国和卢森堡,就千万不要摆放菊花,因为在这些国家菊花意味着死亡。所以了解相关国家的民俗是十分必要的。

### 7. 身份对等

身份对等是社交礼仪的一项基本原则。其含义是指主人在接待来宾时,要综合考虑对方的身份、来访的性质以及双方关系等诸因素来安排接待工作,以便使来宾得到与其身份相称的礼遇。尽管各种礼宾规格都不相同,但身份对等的原则是普遍适用的。

根据这一原则,我方迎送来宾的主要人员应与来宾的身份大体相当,如其身体不适或不在本地而不能亲自出面时,应由其他身份相称的人或由其副职出面接待,并应向来宾做出适当的解释。倘若宾主身份相差悬殊,身份不对等,则有怠慢客人之嫌。

根据这一原则,我方人员在迎送来宾以及与之会见、会谈时,参加的人数应与对方的人数大致相等。此外,在安排来宾的住宿和宴请时,也应在档次和规模上与来宾的身份相称。有时,主人为强调对双方特殊关系的重视和对来宾的敬重,会打破惯例,提高来宾的接待规格。例如,1984 年,英国首相撒切尔夫人来华访问,中英双方发表了关于香港问题的联合公报。在她访华的短短 36 个小时内,中方为她安排了 14 场活动。邓小平、胡耀邦、李先念等在同一天会见了她,被认为是一次"破格"的接待。可见,礼仪不应当是机械的、教条的,其巧妙应用还在于结合实际情况善于安排。

### 8. "等距离"规则

所谓"等距离"规则,是指在社交场合特别是在一些交际应酬中,对待众多的合作伙伴,应努力做到一视同仁,不要使人感觉有明显的亲疏远近、冷暖明暗。例如,国际交往中签订条约、协定时,应遵循"轮换制",即每个缔约国在其保存的那份文件上名列首位,它的代表在这份文本上首先签字。在文字的使用上,每个国家都有使用本国文字的权利,本国文字与别国文字具有同等效力。

在握手寒暄时,应按礼节规定的顺序依次进行,不应该不讲先后顺序,跳跃式地进行。

与多人握手时,注意与每人握手的时间应大致相等。

在与为数不多的人交换名片时,应按礼节规定的顺序,依次把自己的名片递过去。那些在场者并不一定都想要你的名片,但仅凭自己的判断不给他们名片是失礼的行为。

一位男士与两位女士同行或坐在一起时,不应夹在她俩中间;否则,他同她们谈话就不得不左右兼顾。他的最佳位置应是她们的左侧,这样才合乎礼仪。然而,这一规定也有例外。在一位未婚男士同两位单身女士同行时,如果他靠近其中一位而离另一位较远,反而可能引起她们的不安。因此,在这种情况下,他还是走在她们中间较好。

在招待客户时,不论是对待大客户还是小客户都要设法照顾周到,尽量避免产生不必要的误会。例如,在某公司的一个大型答谢晚宴上,业务员小王和其他业务员都在招待各自的客户,小王的客户很多,他与小客户打过招呼后,就借用餐时间与一个大客户交谈起来,因为这个大客户曾与公司产生过误会,通过交谈,他与这个大客户基本上达成了共识,消除了误会。事后,一个小客户打来电话,说不想用该公司的产品了,当时小王非常吃惊,因为双方一直合作得很不错,虽然产品用量不大,但是一直保持业务往来且关系很好。他不知道是哪方面得罪了这位“上帝”,后来经多方打听,原来在那次晚宴上,这位客户就坐在小王的邻桌,因受其冷落,所以才欲终止合作。后来小王几经努力不断地加以解释,才挽回了这位客户。

到其他公司去洽谈业务或办事,进入办公室后应设法与办公室业务员都聊上几句,以调节气氛,不能只与业务主管攀谈,目无他人或冷落其他在场的人,这样别人就会觉得你只认领导,往往不会收到很好的效果。

### 9. 修饰避人

所谓修饰避人,意即维护自我形象的一切准备工作应在“幕后”进行,绝不可以在他人面前毫无顾忌地去做。职场人士应注意养成修饰避人的良好习惯,并不断提高自己的素质、修养,把自己的最佳形象展现在其他人面前。

注意不要在客人面前打领带、提裤子、整理内衣、化妆或补妆、梳理头发、修理指甲等,社交中的这些举止会让人感觉你缺乏教养,甚至会使客人产生不满。此外,在就餐时当众剔牙,会谈中当众掏耳朵和鼻孔、抓头皮,会使人感到粗俗和恶心。

女士在社交应酬中更要注意小节,比如毫无顾忌地检查裤子或裙子的拉链是否拉好,拉直下滑的长筒丝袜,摆弄自己的衣裙和整理鞋袜等,都应避开他人的视线,以免“污染”他人视觉。这些事情都应当到洗手间去做。

### 10. 不妨碍他人

在公共场合,每个有教养的人都应当有意识地约束自己的行为,尽量不要因为自己的行为、举止而妨碍、打扰他人。

在办公室打电话除了应调低自己的音量外,还应注意长话短说,避免长时间占用电话,影响单位业务信息的传达,更不要在办公室没完没了地抒情,因为大家都忙于工作,唯独你神采飞扬,这不仅会妨碍工作,也会影响他人情绪。

寻找他人或打手机时,不要扯开喉咙,大喊大叫。这不但会影响他人,使本该宁静的环境嘈杂不安,甚至有可能泄露公司的秘密,造成无法弥补的损失。

吸烟时,要注意场合,不要随意污染公共环境,给他人造成不良影响。

在车站、机场、商店等公共场所,说话的声音要小到不妨碍他人为宜,手势也不宜过多;

那种高谈阔论、指手画脚地谈笑既是对他人的妨碍,亦是一种对他人的轻视。

在大庭广众之下走路不得"咚咚"作响,步子要轻些,遇急事不宜慌不择路、拼命奔跑,引起他人的不安,在保持神情镇定、上身基本稳定的情况下,脚下加快步伐就可以了。

# 二、涉外基本礼仪

涉外交往中必须重视交际对象的特殊性,努力掌握如下涉外基本礼仪。

**1. 涉外迎送**

迎送是国际公共关系常见的社交礼节。迎送不仅是整个社交活动的开始,也是对不同身份外宾表示相应尊重的重要仪式。对外宾留下良好的第一印象,加深双方的友谊与合作,都发挥着重要作用。

（1）迎送的安排

迎送活动的安排主要有两种不同档次:一是举行隆重的欢迎仪式,这主要适用于对外国国家元首、政府首脑、军方高级领导人的访问,以示对他们访问的欢迎与重视。二是一般迎送,适用于一般来访者。无论是官方人士、专业代表团的来访,还是长期在我国工作的外交使节,常驻我国的外国人士、记者和专家等,当他们到任或离任时,都可安排相应的人员前往迎送,以示尊重和友谊。

（2）迎送规格的确定

关于迎送规格,各国的规定不尽相同。在确定迎送规格时,主要是依据来访者的身份、访问的性质和目的,并且适当考虑两国之间的关系,同时还要注意国际惯例,综合平衡。一般按照国际惯例的"对等原则",主要迎送人员应与来宾的身份相当。如果由于各种原因而不能完全对等时,可灵活变通,由职位相当的人士或副职出面,并向对方作出解释。

（3）成立接待班子

为了接待重要的贵宾和代表团、队,东道主一般组成一个接待班子来履行接待任务。接待班子的工作人员由外事、翻译、安全警卫、后勤、医疗、交通、通信等方面的工作人员组成。

（4）收集信息、资料

接待班子要注意收集来访者的有关信息和资料,了解其本次访问的目的,对会谈、参观访问、签订合同等事项的具体要求,前来的路线、交通工具,抵离时间,来访者的宗教信仰,生活习惯,饮食爱好与禁忌等。据报载,一位英国商人应邀前来我国与某地区洽谈投资项目。该地领导为了图个吉利,准备了一辆车号为"666"(六六大顺)的轿车前去机场迎接。谁知这位英国商人下了飞机,一看轿车后,直皱眉头,随即又乘机离去。后来我方人员才知道这位英国商人信教,十分崇拜《圣经》,在《圣经》中"666"表示"魔鬼"。在英国司机、乘客对带有这种号码的车辆退避三舍,英国警察部门已作出决定,逐步取消这个号码。由此可见多了解来访者的情况是十分重要的。

（5）拟订接待方案

接待方案包括各项活动的项目、日程及详细时间表,项目负责人和接待规格、安全保卫措施等。日程确定后,应翻译成客方使用的文字,并打印好,发给客方,以便及时与客方进行沟通。

拟订接待方案重点要落实好食、宿、行,并制定合理的费用预算,保证接待隆重得体又不铺张浪费。

（6）掌握抵离时间

必须准确掌握外宾乘坐的飞机（火车、船舶）抵达及离开的时间,迎送人员应在来宾抵达之前到机场（车站、码头）。送行人员应在外宾离行前抵达送行地点,切勿迟到、早退。

（7）献花

献花是常见的迎送外宾时用来表达敬意的礼仪之一。一般在参加迎送的主要领导人与客人握手之后,由青年女子或儿童将花献上,也有的由女主人向女宾献花,献花者献花后要向来宾行礼。献花须用鲜花,并注意保持花束整洁、鲜艳,一般忌用菊花、杜鹃花、石竹花以及黄色花卉（黄色具有断交之意）等。有的国家习惯送花环,或者送一两支名贵兰花、玫瑰花等。在接待信仰伊斯兰教的人士时,不宜由女子献花。

（8）介绍

主宾见面应互相介绍其随从人员。主要的迎送人员在与来宾见面致意（如握手等）后,他还可以担负起介绍其他迎送人员的任务。一般是在客人的内侧引领客人与各位迎送人员见面,并把他们介绍给来宾。然后再由主宾将客人按一定身份一一介绍给主人。若主宾早已相识,则不必介绍,双方直接行见面礼即可。

（9）陪车

来宾抵达后,在前往住地或临行时由住地前往机场、码头、车站,一般都安排迎送人员陪同乘车。陪车时应请宾客坐在主人右侧。两排座轿车,译员坐在司机旁;三排座轿车,译员坐在主人前面的加座上。当代表团9人以上乘大轿车时,原则上低位者先上车,下车顺序相反。但前座者可先下车开门,大轿车以前排为最尊位置,自右向左,按序排列。上车时应当请客人首先上车,客人从右侧门上;如果外宾先上车坐到了左侧座位上,则不要再请外宾移动位置。陪同人员在替客人关门时,应先看车内人是否坐好,既要注意不要扎伤客人的手,又要确保将门关好,注意安全。

（10）具体事项

迎送中一些具体事项要引起我们的注意,它主要包括以下内容。

在客人到达之前最好将客房号、乘车号码等通知客人。如果做不到,可印好住房、乘车表,在客人刚到达时,及时发到客人手里。

指派专人协助客人办理入出境手续及机票（车、船票）和行李提取或托运手续等事宜。客人到达后,应尽快进行清点并将行李取出并运送到住处,以便客人更衣。

客人到达后,一般不要立刻安排活动,应让客人稍事休息,倒换时差。可在房间中适当放些新鲜水果或鲜花等。

迎送的整个活动安排要热情、周到、无微不至、有条不紊,使宾客有宾至如归的感觉。接待人员要始终面带微笑、彬彬有礼,不能表现得冷漠、粗心、怠慢或使客人感到紧张、不便。

在为外宾送行时,送行人员应在外宾临上飞机（火车、轮船）之前,按一定顺序同外宾一一握手话别。飞机起飞（火车、轮船开动）之后,送行人员应向外宾挥手致意,直至各交通工具在视野中消失方可离去。否则,外宾一登上飞机（火车、轮船）,送行人员就立即离去是很失礼的。尽管只是几分钟的小事情,却可能因小失大。

**2. 会见会谈**

会见和会谈都是国际公共关系交往的重要方式。会见,国际上通称接见或拜会。凡身份高的人士会见身份低的人士,主人会见客人,人们通常称为接见或召见;凡身份低的人士会见身份高的人士,客人会见主人,人们通常称为拜会或拜见。接见和拜会后回访,通常称为回拜。我国通常对此不作细分,统称会见。

会谈是指双方或多方就某些重大的政治、经济、科技、文化、军事、宗教以及其他共同关心的问题交换意见,洽谈协商。会谈一般专业性、政策性较强,形式比较正规。会见多是礼节性的,而会谈多为解决实质性问题。有时会见、会谈也难以区分。因为会见时双方也常谈专业性或政治性问题,以上区分只是相对而言。

(1)会见的礼仪

会见就其内容来说多为礼节性的,也有政治性、事务性的会见,或兼而有之。礼节性会见一般时间短,话题也较为广泛。政治性会见一般涉及国与国之间的双边关系、国际局势及一些重大国际问题的看法或意见等。事务性会见一般涉及贸易争端、业务交流与合作等。会见的礼仪主要有以下内容。

① 确定参加会见的人员。会见来访者,一般情况下应遵循"对等"的原则,但有时由于某些政治或业务的需要,上级领导或下级人士也可会见来访者。参加会见的人员不宜过多。

② 确定会见的时间、地点。会见的时间一般安排在来访者抵达的第二天或举行欢迎宴会之前。会见的具体的时间不宜过长,一般以半小时左右为宜。会见的地点多安排在客人住地的会客室、会议室或办公室,也可在国宾馆等正式的会客场所。

③ 做好会见的座位安排。会见时座位的安排必须依据参加会见人数的多少、房间的大小和形状、房门的位置等情况来确定。会见的座位安排有多种形式,宾主可以穿插坐,也可分开坐,通常的安排是将主宾席、主人席安排在面对正门位置,客人坐在主人的右边。其他客人按照礼宾顺序在主人、主宾两侧就座。译员、记录员通常安排在主宾和主人的后面。座位不够时可在后排加座。

④ 掌握会见的一般礼节。会客时间到来之时,主人应在门口迎候客人,问候并同客人一一握手,宾主互相介绍双方参加会见的人员,然后引宾入座。主人应主动发言,创造一种良好的气氛。双方可自由交谈,就共同感兴趣的话题发表自己的看法。交谈时应注意坐姿,不要跷二郎腿,不可左顾右盼、漫不经心。主人与主宾交谈时,旁人不可随意插话,外人也不可随意进出。会见时可备饮料招待客人。主人应控制会见时间,最好以合影留念为由头结束会见。合影后,主人将客人送至门口,目送客人离去。

⑤ 注意合影的礼宾次序。合影时,一般主人居中,男主宾在主人右边;主宾夫人在主人左边,主人夫人在男主宾右边,其他人员穿插排列,但应注意,最好不要把客人安排在靠边位置,应让主人陪同人员在边上。

(2)会谈的礼仪

会谈的形式多种多样,常见的有领导人之间的单独会谈,有少数领导人及其助手与来访者进行的不公开发表内容的秘密会谈,有的是就有关重要而又复杂的问题、有关官员进行预备性问题等而举行的正式会谈,也可称为谈判。

会谈的礼仪主要包括以下内容。

① 确定会谈的时间、地点、人员。会谈的时间、地点由双方协商确定。会谈的人员应慎重选择,会谈的专业性较强,一方面要求有专业特长;另一方面还要考虑专业互补和群体智慧。会谈人员既要懂得政策法律,又要能言善辩,善于交际,应变能力强,并确定主谈人和首席代表。

② 会谈的座位安排。涉外双边会谈通常采用长方形或椭圆形会谈桌。多边会谈或小型会谈也可采用圆形或正方形会谈桌。

不管采用什么形式,均以面对正门为上座,宾主相对而坐,主人背向门落座,而让客人面向大门。其中主要会谈人员居中,其他人按着礼宾次序左右排列。

这里需要说明的是,许多国家把译员和记录员安排在主要会谈人员的后面就座。我国习惯上把译员安排在主要谈判人座位的右侧就座,这主要取决于主人的安排,说到这个习惯上的小差别,还有一段历史背景。当初,我国也是按国际上通用的做法把译员安排在后面就座的,但新中国成立不久,中国总理兼外交部长周恩来认为这个惯例不符合中国的情况,因为西方的译员大多是临时雇佣的,不属于参加会谈的人员,而我国的译员却是参加会谈的重要人员之一,理应受到尊重,所以周总理在出访时坚决要求对方允许我方译员坐在主要会谈人员的右侧。从那时起,我国就有了这个做法并一直沿用至今。

如果长方桌的一端向着正门,则以入门的方向为准,右为客,左为主。

如果是多边会谈,可将座位摆成圆形或正方形。

此外,小范围的会谈,也可像会见一样,只设沙发,不摆长桌,按礼宾顺序安排。

**3. 涉外参观游览**

涉外参观游览,是指外国客人在访问或旅游期间对一些风景名胜、单位设施等进行实地游览、观看和欣赏。来访的外国人以及我出访人员,为了了解去访国家情况,达到出访目的,都应组织一些参观游览活动。参观游览应注意以下礼仪。

(1)选定项目

选择参观游览项目,应根据访问目的、性质和客人的意愿、兴趣、特点以及我方当地实际条件来确定。对于外国政府官员、大财团、大企业家,一般应安排参观反映我国经济发展情况的部门单位和经济开发区,以及重点招商项目。对于一般企业家、商人和有关专业人员,可安排参观与其有关的部门、单位,同时安排一些有地方特色的游览项目。年老体弱者不宜安排长时间步行的项目,心脏病患者不宜登高。一般来说,对身份高的代表团,事前可了解其要求;对一般代表团,可在其到达后,提出方案,如果确有困难,可如实告知,并做适当解释。

(2)安排日程

当参观游览项目确定后,应制订详细活动计划和日程,包括参观线路、座谈内容、交通工具等,并及时通知有关接待单位和人员,以便各方密切配合。

(3)陪同参观

按国际惯例,外宾前往参观时,一般都安排相应身份的人员陪同。如有身份高的主人陪同,宜提前通知对方。接待单位要配备精干人员出面接待,并安排解说介绍人员,切忌前呼后拥。参观现场的在岗人员,不要围观客人。遇客人问话,可有礼貌地回答。

(4)解说介绍

参观游览的重头戏是解说介绍。有条件的可先播放一段有关情况纪录片,这样既可节省时间,又可实现让客人对情况有所知,经过实地参观,效果会更好。我方陪同人员应对有关情况有所准备,介绍情况要实事求是,运用材料、数据要确切,不可一问三不知,也不可含糊其词。确实回答不了的,可表示自己不清楚,待咨询有关人员后再答复。遇较大团组,宜用扩音话筒。另外,遇有保密部位的,则不能介绍,如客人提出要求,应予婉拒。

(5)乘车、用餐和摄影

在出发之前,要及时检查车况,分析行车路线,预先安排好用餐。路远的还要预先安排好中途休息室,要把出发、集合和用餐的时间地点及时通知客人和全体工作人员。一般地方均允许客人摄影。如有不能摄影处,应事先说明,现场要竖中英文"禁止摄影"标志牌。

(6)在国外参观游览的礼节

出访人员、团组要求参观,可通过书面、电话或面谈方式向接待单位提出,经允许后方能成行。参观内容,要符合访问目的和实际,要注意客随主便,不要强人所难。在商定之后,要核实时间、地点和路线。参观过程,应专心听取介绍,不可因介绍枯燥或不对口味而显露出不耐烦和漫不经心状,这是极不礼貌的。同时应广泛接触、交谈,以增进了解,加深友谊。注意尊重对方的风俗和宗教习俗。如要摄影,实现要向接待人员了解有无禁止摄影的规定。参观游览,对服装要求不严格,不必穿礼服,穿西装可以不打领带,但应注意整洁整齐,仪容亦宜修整。参观完毕,应向主人表示感谢,上车离开时应在车上向主人挥手道别。

**4. 国旗悬挂**

国旗是国家的一种标志,是国家的象征。悬挂国旗是一种外交礼遇与外交特权。人们往往通过悬挂国旗,表示对本国的热爱或对他国的尊重。在国际交往中,悬挂国旗要遵循以下惯例。

(1)悬挂国旗的场合

按国际关系准则,国家元首、政府首脑在他国领土上访问,在其住所和交通工具上悬挂国旗(有的是元首旗)是一种外交特权。

东道国接待来访的外国元首、政府首脑的隆重场合,在贵宾下榻的宾馆,乘坐的汽车上悬挂对方(或双方)的国旗(或元首旗),是一种礼遇。

在国际会议上,除会场悬挂与会国国旗外,各国政府代表团团长亦按会议组织者的有关规定,在一些场所或在车辆上悬挂本国国旗(也有不挂国旗的)。

有些展览会、体育比赛等国际活动,也往往悬挂有关国家的国旗。在大型国际比赛中,还往往为获前三名的运动员升起其代表国家的国旗。

伴随着我国加入WTO,双边、多边的经贸往来必将日趋频繁,在谈判、签字仪式上亦应悬挂代表国的国旗。

(2)悬挂国旗的要求

在建筑物上或室外悬挂国旗,一般应在日出升旗、日落降旗。升降国旗时,服装要整齐,要立正脱帽行注目礼。不能使用污损的国旗。升国旗一定要升至杆顶。

悬挂双方国旗,按照国际惯例,以右为上,左为下。但这是以旗面本身为准的,搞不好会弄错。所以还应记住以挂旗人为准,"面对墙壁左为上,右为下"。挂旗时,挂旗人必然面对墙壁,这时左为上,悬挂客方国旗,右为下,挂主方国旗。乘车时应记住"面对车头左为上",左边挂客方国旗,右边挂主方国旗(有时以汽车行进方向为准,驾驶员右手为上)。所谓主客标准,不以在哪国举行活动为依据,而以举办活动的主方为依据。如外国代表团来访,东道国举办欢迎宴会,东道国是主人;外国代表团答谢宴会,来访国是主人。由于国旗是一个国家的标志与象征,代表一个国家的尊严,所以挂国旗时,一定不能将国旗挂倒。

这里值得一提的是"下半旗"。"下半旗"也称"降半旗",是一种国家行为,一般是在某些重要人士逝世或重大不幸事件、严重自然灾害发生时来表达全国人民的哀思和悼念的重要礼节,是当今世界上通行的一种志哀方式,全国各公开场合的国旗,驻国外的使、领馆的国旗均应下半旗志哀。它并不是将国旗下降至旗杆的一半处,也不是直接把国旗升至旗杆的一半处,而是先将国旗升至杆顶,然后下降到离杆顶约占全杆三分之一处。降旗时,也应先将旗升至杆顶,然后再下降。这种做法最早见于1612年。一天,英国船"哈兹·伊斯"号在探索北美北部通向太平洋的水道时,船长不幸逝世。船员们为了表示对已故船长的敬意,将桅杆旗帜下降到离旗杆的顶端有一段距离的地方。当船只驶进泰晤士河时,人们见它的桅杆上下着半旗,不知何意。一打听,原来是以此悼念死去的船长。到17世纪下半叶,这种志哀方式流传到大陆上,遂为各国所采用。从中不难看出,下半旗这一志哀方式自古有之,至今已有近400年的历史。

**5. 出国旅行礼仪**

(1) 乘国际航班

乘坐国际航班,乘客应在飞机预定时间前1~1.5个小时到达飞机场,因为在这段时间里,需要核查机票及订座,办理海关申报、行李过磅和装运等手续。

① 办理海关申报及登机手续。抵达机场,首先是向海关申请办理有关物品的出关手续,如携带外币、金银制品、照相机、录音机、摄像机、文物、动植物等应如实填报,并办理相关手续,之后再办理乘机手续。

② 登机时的礼仪。上、下飞机时,旅客应向站在机舱门口迎送乘客的航空小姐点头致意。机舱内分头等舱和二等舱(或称为商务舱和普通舱),头等舱(商务舱)较为宽敞、饮食较丰富,服务周到。购头等舱机票的乘客,不论是否对号入座,都不要抢占座位。其他乘客,不能坐到头等舱的座位上去。

③ 乘机时的礼仪。国际航班上免费供应饮料、茶点、食品、早餐和正餐。用餐后,所有餐具和残留物要收拾好,由服务员收回,不要随意将餐具收起来带走;不能带走供乘客阅读的报纸杂志;乘客在飞机上不要大声说话和喧哗,以免影响他人;要注意飞机上的坐卧姿势,既不要影响他人坐卧,也不要有失雅观。

④ 下机后的礼仪。旅客到达目的地后,办理完入境手续即可凭行李卡认领托运的行李,不要将自己的行李放在过道或路口影响他人行走。旅客可以用机场为乘客准备的手推车靠右(或靠左)行走,将行李推出机场。如请行李搬运员协助搬运行李,必须付小费。万一发现行李丢失,也不要慌张,可通过机场行李管理人员或有关航空公司寻找。如一时找不到,可填写申请报告单交航空公司。如行李确实遗失,航空公司会照章赔偿,千万不要在机场吵闹。

(2) 国外住店礼仪

① 饮用房间内饮料的礼节。国外旅店一般都不供应开水,往往会提供一瓶免费的矿泉水。有的旅店,酒或饮料一拿出冰箱即自动记账;也有的旅店,房间设有自动出售各种饮料或小食品的装置,只要挥动开关,食品、饮料便自动出来,同时自动记账,结算时统一付款;旅客如要喝热饮料,可向服务员索取,但要付现金及小费。找服务员可在室内按电铃或打电话呼叫,服务员一旦上门服务,一定要致谢,并付小费。

② 正确使用房间内的设备。房间和卫生间里的某些设备,如自己不会使用,应先请教他人,特别是外国旅店房间内的电气设备和洗澡用的开关,形式多种多样,应注意其不同的使用方法。使用旅店卫生间内的用品只要打开封条即可。旅店房间内提供的用品仅供在旅店内使用,除交费物品外,都不能带出旅店。

（3）国外办公室拜访礼仪

① 事先预约。在国外访问外商,务必事先预约,切勿在没有预约的情况下不邀而至。按照国际惯例,在出国进行商务访问之前,出访人员的正式名单一般都按身份头衔排序后传真给东道主,以便东道主写邀请函和安排访问日程。访问日程通常详细列明出访时间、出访地点、出访活动安排等。如果日程安排表里安排了商务访谈,要按日程安排表的约定时间进行拜访,但即使是按照日程表的约定拜访,也要在拜访前电话核准,以防意外改变。约定时间最好避开节假日、用餐时间、过早或过晚的时间。

② 准时赴约。准时到达是对拜访人员最起码的要求,是注重个人信用和形象、提高办事效率和尊重外方的表现,通常以提前几分钟或准时到达为宜。为避免迟到,可采取提前出发、事先准备好资料或计划好路线等办法。万一因故不能赴约,一定要及时通知对方,解释原因,并告诉对方最后的到达时间,必要时另行约定再拜访的时间。再拜访时,务必记住当面向外方表示郑重的道歉。

③ 等待通报。正规的外商办公室都设有接待处,抵达约定地点后,如未见拜访对象的直接迎接,应在进入办公室之前先告诉接待员或助理你的名字和约见时间,说明来意后递上名片,以便接待员或助理向拜访对象通报。

④ 到访谈办公室。约见活动得到确认后,通常会由接待人员引领到约见办公室,在接待员或助理的引领下走过办公区域时,不要大声喧哗或左顾右盼,以免打扰他人工作。如拜访对象因故不能马上接待的,应在接待员或助理的引领下进入指定房间等候,入室后应按照接待人员的指示将帽子、手套和外套等挂在指定位置。

等待时要安静,不要以谈话来消磨时间,以免打扰其他人工作。有抽烟习惯的,要注意观察该场所是否有禁止吸烟的警示,或经允许后方可抽烟,最好克制一下,不要抽烟。如等待时间过久,可向有关人员说明,并另行约定时间,不要显现出不耐烦的表情。

⑤ 问候、介绍。第一次见到拜访对象的,应主动向拜访对象问好,并按照拜访国家的礼仪习惯行见面礼。拜访对象不止一人时,应按先尊后卑、由近而远的惯例一一问候和行礼。对于已经认识的,可直接问好并行礼。大多数国家的见面礼以握手为主。

行礼后要等待拜访对象安排座位,与拜访对象一起入座。如果和上司一起去访问,自己不能先坐上座,要先让上司坐上座,自己坐下座。只有在拜访对象允许或邀请的情况下才可以挪动椅子,如果移动了椅子,离开时应把椅子放回原处。坐好后把手提袋或公文包放在地上,不应放在桌上,也不应自行取用桌上的小食品。

双方入座后,先要相互介绍并互换名片。先由被拜访一方主动介绍并给客人名片,如果主人没有主动给名片,应向其索要,同时也递给主人一张。

⑥ 访谈。介绍完毕后,通常主人会先闲谈三四分钟后才转入正题。作为客人这时应以主人为主,除非访谈是自己的要求。

访谈过程中语言要客气,避免滔滔不绝,提出问题后要给对方讲解和答复的时间。对方发言时要注意倾听,有不同意见不要中途打断,也不要辩解不休,而应在对方讲完后再补充。

另外还要注意控制访谈时间,不宜逗留过长时间。

要有良好的时间观念。商务拜访的时间长短应按事先的约定进行,要尽可能快地进入正题,避免闲扯不完而影响办事效率,且绝不可单方面延长拜访时间。如是初次见面,访谈时间以一小时以内为宜。最长的访谈时间也不宜超过两小时。

事先未约定访谈时间长短的,应对拜访对象的举动反应敏锐,一旦拜访对象有结束访谈的意思,要立即起身告辞。

⑦ 告辞。访谈结束后,无论访谈结果如何,都要对拜访对象致谢,并站起来握手道别。必要时过后可根据情况写致谢信。

(4) 国外私人住所拜访礼仪

① 应邀后准备礼品。在国外进行商务访问期间,如有热情好客的外商邀请出访人员到其私人住所拜访,出访人员应邀后,要准备礼品。准备礼品时要了解友人的文化背景和兴趣爱好,考虑精神价值和纪念意义,尽量选择体现民族性而有品位的礼品,如茶叶、丝巾、CD、书画等,并配上精美的包装。同时要注意受礼者的禁忌。

② 准时赴约。应邀到外商家中拜访、做客的,应按主人提议的时间准时或提前几分钟到达,过早或过晚都是不礼貌的行为。拜访时间一般在上午 10:00 或下午 4:00 左右。若因故迟到,应郑重道歉。

到达主人住所后,应先敲门或按门铃,经主人允许后方可进入,切忌擅自闯入。敲门要用食指,力度要适中,间隔有序,等待回音。无人回应时,可适当加大力度。如有回应,应侧身立于门框右侧,待门开时再向前迈步。按门铃的时间不宜过长。

③ 问候、行礼、赠送礼品。进门见到主人后要问好,按其民族习俗行礼,在主人的指示下入座,主人不让座不能随便入座。如果主人年长,主人不坐,客人不能先坐。主人让坐后要道谢,坐姿要规矩。入座后将礼品赠送给对方,必要时对礼品进行说明。

对主人准备的小吃,不要拒绝,应适当品尝;对主人准备的饮料,则应尽可能喝掉。

主人递过来的食品要双手接下,并表示感谢。如果主人没有抽烟的习惯,要克制自己的烟瘾,以示对主人的尊重。

没有主人的邀请和允许,不得擅自参观主人的住房和庭院。由主人引领参观其住所时,不得随意触动除书籍、花草以外的室内摆设和个人用品。即使是非常熟悉的朋友,也不应随意脱衣、脱鞋、脱袜,动作不要过于随便或放肆无礼。

对主人的家人,尤其是夫人或丈夫和孩子,应礼貌问候。对于在主人家遇到的其他客人也要表示尊重,友好相待,客人较多时,要一视同仁,切勿明显表现出厚此薄彼,或将主人冷落一旁。对主人家的宠物不应表示害怕或讨厌,更不能踢它或打它。

④ 交谈。到外国友人的私宅拜访,是以朋友的身份相见,交谈时多以双方共同的兴趣爱好为话题,交谈的内容也不必像商务访谈那么正规,但要注意语气,且要避免敏感的政治话题,再熟悉的朋友也不能表现得太随意。

⑤ 告辞。要注意访谈的时间,礼貌性的拜访一般不宜超过半个小时。拜访期间如遇到其他重要客人,或主人表现出送客之意,要知趣告退。自己提出告辞,虽主人表示挽留,但仍须执意离开,要向主人道谢,并请主人留步,不必远送。

(5) 付小费的礼仪

客人付小费,表达的含义颇为丰富,它既能代表客人对服务人员付出劳动的尊重,也可以表达客人对服务工作的一种肯定和感谢之情；从另一层面来说，也体现了客人的文化修养。相传，"付小费"之风源于18世纪的伦敦。当时，在有些饭店的餐桌上，摆着写有"保证服务迅速"的小碗。顾客一旦将零钱投入其中，便会得到服务员迅速而周到的服务。久而久之，就形成"小费"之风。这种做法渐渐扩展到其他服务行业，并逐渐演变成一种固定的用来感谢服务人员的报酬形式，成为今天世界上许多国家约定俗成的一种常规礼仪形式。

① 小费要付给谁。按照惯例，入住饭店，要给为你打扫房间的服务生小费，也要给为你送早点的服务员小费。饭店的行李员如果帮你将行李提到了房间，那么，你理所应当付小费给他。出租车的司机把你送到目的地，你要在计价器显示数字的基础上增加一点车费当作小费。在国外参加团队旅游，你要付给导游员和在旅途中掌握方向的驾驶员小费，这一直是惯例。

② 怎样付小费。付小费有一些技巧和惯例。付小费通常用美金支付，不应张扬，在私下进行即可。所付小费有时放在菜盘、餐桌下；有时放在杯底下；有时放在房间床头，忌放在枕头底下，那样的话会被服务生误认为是客人自己的东西；有时放在写字台上，若能同时留一张"Thank you"的字条，会备受服务生的欢迎和尊重；有时以不收找零的钱作为小费付给服务员；付小费给行李员，最好是在与他握手表示感谢的同时将小费悄悄给他；给导游、司机的小费，则要由团员一起交齐后放到信封里，由一位代表当众给他们。付小费时最忌讳给硬币，曾有过客人将一把硬币当面给行李员作为小费，使行李员十分恼怒而拒收的例子。因此随身携带一些小额现钞，非常必要。

③ 小费付多少合适。向服务人员给付小费的具体金额颇有讲究，既不能不给、少给，也不必多给。国际上通用的计算小费的方法之一就是，小费通常由消费者按照本人的消费总额的一定比例来支付。在餐馆就餐、在酒吧娱乐时，消费者需要付给服务员的小费为消费总额的10%左右；在搭乘出租车时，一般应当按照车费的15%付给司机作为小费。

在国外住宿酒店时，通常会将你需要支付的小费明码实价的列在正式的账单中，收取总消费额的10%～15%作为小费，不用额外支付。此外，还有一些约定俗成的规矩，付给门童的小费约为1美元；付给客房服务员的小费为1～2美元；给行李员小费，一般要按照自己的行李具体件数来计算，通常一件行李应付0.5～1美元；而付给保洁员的小费，一般为0.5美元左右。

到不同的国家去旅行，除了天气、景观、风俗等事情外，小费也是必须事先弄明白的一件事情。因为每个国家的具体情况略有不同，所以各项服务要付多少小费，还是在到达这个国家时向当地的导游咨询较为妥当。

# 三、涉外工作人员礼仪

在涉外交往活动中，各国对服务工作都极为重视，对服务工作人员的要求也很高，通常都要经过专门的培训和正规训练。

### 1. 涉外接待人员的礼仪

接待外宾应谦虚有礼,朴实大方,不卑不亢,不要过分拘谨,也不要傲慢。

仪容、服饰要整洁,头发、胡须、指甲、鼻毛等应加以修整;衣扣、裤扣裤带要系好,衣袋里不可放过多东西。衣服应洗净、熨平整,皮鞋要擦亮。穿西装应系领带,衬衫应塞在裤腰内,袖口不要卷起,内衣裤、衬衣不要露出来。着装应注意场合,参加正式活动一般应穿深色服装,参加丧葬吊唁活动一般应穿黑色服装,并注意服装颜色的搭配;进入室内应脱大衣、帽子、手套、围巾、雨衣等,存放于衣帽间,但应注意取走重要文件、笔记本、钱等贵重物品;在公开场所不能穿背心、拖鞋。

参加外事活动要严守时间,不能迟到早退,有特殊事情应事先请假。

尊重外宾的生活习惯,不可评头论足,更不可讥笑。

讲究礼节礼貌,注意礼宾次序,不可轻举妄动。

举止言行应十分考究。坐姿要端正,不要跷二郎腿或摇晃双腿,也不要靠在椅背或沙发背上伸直双腿,更不可把脚或腿搭在椅子上,女士坐时不可叉开双腿,站立时不要倚靠墙或柱;在外宾面前,不要修指甲、剔牙齿、掏鼻孔、揩鼻涕、伸懒腰等,打喷嚏、打哈欠就用手巾揩住嘴、鼻,朝向另一侧,避免发出声音;在外宾面前讲话应文雅,不可争吵或争论,不可大声呼喊、喧哗或大笑。

在公共场所应注意保持环境卫生清洁,不吸烟、不随地吐痰、乱扔杂物。参加活动前,不吃葱、蒜等带刺激味道的食物。

不私自收受外宾礼品,更不可向外宾暗示、索要礼品。

服务要热情周到。遇到自己解决不了的问题时,应主动及时向有关部门和领导汇报。谈话要实事求是,不要允诺或答应没有把握的事,但已经答应的事应说到做到。

不要打听外宾的隐私,尊重其隐私权。要注意内外有别,严守国家机密。

### 2. 翻译人员的礼仪

在涉外活动中,由于语言障碍,交际双方需要通过翻译来进行交流、沟通。翻译工作是涉外交往中的重要环节。翻译工作人员的业务水平、政治素质、文明素养等是涉外服务工作水平的最直接体现。作为翻译工作人员,一定要忠于职守,尽职尽责。

(1) 会谈或谈判口译人员注意事项

除遵守一般谈判人员守则外,要特别注意政治时事政策和业务学习,提高对谈判种种问题的了解和理解。

在态度上要始终保持热情、愉快、谨慎、诚恳,一方面使外宾充分感到我们的友好真诚;另一方面应该坚定立场,坚决捍卫国家或组织利益。

在谈判前,应做好准备工作,尽可能向主谈人了解谈判内容、我方意图和可能发生的问题,对必要的技术名词、问题也应做好准备。

在谈判时,应全神贯注,充分体会谈判精神,做到正确踏实,不擅自增减或改变谈话内容或掺杂个人意见。对谈话要点应做必要笔记,不得主动直接与外宾谈话、询问或解答问题;遇有未听清时,应提出问明;翻译有困难时,应向谈话人说明,决不能不懂装懂、主观臆断。对我方主谈人谈话内容有意见时,可向主谈人提出请其考虑,但必须以主谈人意见为最后意见,忠实翻译,决不可向外宾表达自己的意见。

对主谈人以外其他参加谈判人员谈话,除系主谈人指定发言外,应取得主谈人同意后,再进行翻译。

外宾有不正确言论时,应详告主谈人考虑解决;若外宾单独向翻译人员提出问题,如系外宾不了解情况,判明并无恶意者,可实事求是作一定解释;如系恶意,应坚持立场,义正词严地表明态度;如自己解释有困难时,可暂不答复,所有情况应迅速向领导汇报解决。

外宾提出任何要求,应详告主谈人考虑解决,不能擅自允许或作出否定答复;在我方不能满足对方要求时,可照主谈人意见详告对方,避免生硬机械,但应抱实事求是态度,防止产生媚外情绪。

外宾询问翻译个人问题时,应适当地告知主谈人决定应否答复,但亦灵活掌握,以免造成外宾错觉,应坚决克服个人虚荣心。

（2）生活翻译注意事项

接待外宾是体现国家对外政策的一项重要工作,要时刻提高警惕,谨慎从事,决不可麻痹大意、粗枝大叶或轻视这项工作,将其视为单纯的事务工作。

严格执行请示报告制度,事事从组织利益出发,不掺入个人的兴趣和感情,严格遵照上级和政策办事。宁可不说、少说、慢说,不可乱说,尽可能避免发表不必要的个人意见。

事事争取主动,一言一行要考虑后果,工作应有计划,对情况应有充分估计,对对方可能提出的问题要事先作必要请示,做到心中有底。

注意口头和书面保密,务必做到不回答与自己业务无关的问题,不在外宾面前谈内部问题。文件资料、工作日记本等非因公资料不得随身携带。

外宾的馈赠,未经上级批准,不得自行接受;但如外宾坚持赠送小纪念时,可先收下,并立即报告组织,礼品要交给组织处理。

充分了解外宾工作情况和生活要求以及对每种活动与事件的反应,并及时向上级汇报。汇报务必准确可靠,不可夸大或冲淡。对外宾反应搁置不理、隐匿不报,是无组织无纪律现象。

周密布置,随时随地保证外宾的安全,以免发生意外。

虚心谨慎,切忌自以为是、擅作主张。

加强政治、时事、政策、业务学习,丰富和提高个人学识修养。

**3. 涉外车辆驾驶人员的礼仪**

在涉外交往活动中,车辆是重要的交通工具。作为车辆驾驶员,除了应掌握涉外人员守则外,还应注意以下几个方面。

必须具有高度的政治责任感和过硬的驾驶技术,自觉遵守交通规则,牢记自己肩负的使命,根据接待计划,按时正点出车服务。

每次参加涉外活动前,都要对车辆进行检修、试车,以确保车辆安全行驶;驾驶人员应事先弄清行驶路线,必要时可事先熟悉路线,仔细观察路上情况,做到心中有数,以免误时误事。

驾驶人员应主动热情,礼貌待客,服务优质。外宾准备乘车时,驾驶员应将车门打开,并用手示意,防止客人头部碰撞车门上端的车篷。待外宾坐好后再关车门,注意防止夹客人的手脚;如果接待外国代表团,在主宾车上的人员上齐后,前卫车即可开始缓行,以免主宾车等候过久,防止后面的车辆掉队。车辆之间要保持一定的距离。

驾驶人员一律禁止喝酒,行车期间不准吸烟、不准使用手机或与他人交谈。

参加外事活动时,无论是出发前还是到达目的地后,一要将车辆按顺序排列整齐,关上车门;二要在结束当天活动前,人不离车,确保安全,也便于随时听从调遣。

车辆要及时擦洗,保持车辆内外整洁。

**思考与训练**

1. 对"女士优先"的交际原则你是怎样理解的?

2. 接待外宾为什么要热情有度?涉外工作人员应注意哪些礼仪要求?

3. 留意观察电视上接待外宾的系列情景,并对照教材有关内容加深理解。

4. 在涉外旅游活动中,展示中国人的文明礼仪素养有何重要意义?

5. 假如你毕业后进入一家中美合资企业工作,你在这家公司与外国员工打交道时,需要注意哪些与中国不同的礼仪习惯?

6. 请留学归来的留学生,或者到国外生活过的亲朋好友来校,举办一次国外礼俗风情讲座。

7. 与同学模拟跟外宾聊天的情景,评议其中有没有不礼貌之处。

8. 案例分析

**周总理送客**

1957 年国庆节后,周总理去机场送一位外国元首离京。当那位元首的专机腾空起飞后,外国使节、武官的队列依然整齐,并对元首座机行注目礼。而我国政府的几位部长和一位军队的将军却疾步离开了队列。他们有的想往车里钻,有的想去吸烟。周总理目睹这一情况后,当即派人把他们叫回来,一起昂首向在机场上空盘旋的飞机行告别礼。随后,待送走外国的使节和武官,总理特地把中国的送行官员全体留下来,严肃地给大家上了一课:"外国元首的座机起飞后绕机场上空盘旋,是表示对东道国的感谢,东道国的主人必须等飞机从视线里消失后才能离开,否则就是礼貌不周。我们是政府的工作人员和军队的干部,我们的举动代表着人民和军队的仪表,虽然这只是几分钟的事,如果我们不加以注意,就很可能因小失大,让国家的形象受损。"

(资料来源: http://freebird1976.blog.163.com/blog/static/1055863552011051017153/)

**思考与讨论:**

(1) 此案例对你有哪些启示?

(2) 与外宾道别应注意什么?

# 行业职场礼仪

世界上最廉价，而且能得到最大收益的一项物质，就是礼节。

————[法]拿破仑

礼节乃是一封通行四方的推荐书。

————[英]伊丽莎白女王

任务 9　　酒店服务礼仪

任务 10　旅游服务礼仪

任务 11　银行服务礼仪

任务 12　民航服务礼仪

任务 13　会展礼仪

任务 14　营销礼仪

播下行为的种子，你会收获习惯；播下习惯的种子，你会收获性格；播下性格的种子，你会收获一生的命运。

————未来之舟

先利人，后利己；用心极致，满意加惊喜；在客人惊喜中，找到富有人生。

————金钥匙家政服务理念

# 酒店服务礼仪

## 学习目标

- 根据酒店服务的不同岗位和对象,选择合适的礼貌服务方式;
- 能够熟练运用酒店服务流程中的礼仪和常用的礼仪语言进行服务;
- 能够根据酒店服务礼仪的特点,有针对性地开展服务活动;
- 养成进行酒店礼仪的自我训练和检验的习惯。

## 情境导入

### 服务的诀窍

在某酒店总台,一位服务员正在给客人办理离店手续。

这时,总台电话铃响,小姐拎起话筒。她接到值班经理的电话,原来,915房的预订客人即将到达,而915房的客人还未走,其他同类房也已客满,如何通知在房的客人迅速离店,而又不使客人觉得我们在催促他,从而感到不快呢?

小姐一皱眉,继而一努嘴,拨通了915房间客人的电话。

"陈先生吗,我是总台的服务员,您能否告诉我打算什么时候离店,以便及时给您安排好行李员和出租车。"

915房间陈先生:"哈哈,我懂你的意思啦,安排一辆的士吧。"

就这样问题迎刃而解了。

**问题:酒店服务应注意哪些礼仪?**

## 实训设计

酒店是以建筑物为凭借,主要通过客房、餐饮向旅客提供服务的场所。随着经济的发展和人民生活水平的提高,旅游者的需求也不断提高和增多,对酒店的要求也越来越高。"宾客至上"的服务意识与热情友好的服务态度,可以带给客人感官和精神上的享受。而其中的关键正是对服务礼仪的认识、运用。"讲究服务礼仪、践行服务礼仪"能够较好地促进学生服务意识和技能的提升。

为了完成本项任务的学习,建议在班级开展如下模拟实训。

### 针对酒店特殊客人的服务

实训目标:设置情境,锻炼学生临场应变以及解决问题的能力。

实训学时:1学时。

实训地点:模拟客房。

实训准备:课前针对不同课题上网查询相关资料,并分组排练服务小品。

实训方法:把全班学生分成 A、B、C 三组,每组分配一个课题,A 组负责醉酒客人的服务;B 组负责残疾客人的服务;C 组负责生病客人的服务,先分组讨论服务措施及应对技巧,把解决方案整理成文,再派代表现场表演服务小品,表演完后进行总结,并写出实训报告。

# 一、酒店礼貌服务

礼貌服务是指服务人员出于对客人的尊重和友好,在服务中重礼仪、讲礼节,执行服务操作规范,它是服务人员主动、热情、周到服务的外在表现,是客人在精神上能感受到的服务形式。

著名的希尔顿饭店董事长唐纳·希尔顿所提倡的"微笑服务"就是一条管理酒店的法宝。泰国东方大酒店,曾两次被评为"世界十佳饭店"之首,其成功秘诀就在于把"笑容可掬"作为一项迎宾规范,从而给光临该店的游客留下美好的印象和回忆。由此可见,酒店员工的礼貌服务是酒店一个不可忽视的重要因素,酒店员工的礼貌礼仪是反映酒店管理水平和服务水平的重要组成部分。酒店礼貌礼仪服务基本要求包括如下部分。

**1. 举止大方,站立服务**

站立服务是酒店员工的基本功之一,要求员工站立端正、自然、亲切、稳重,切忌双手抱胸或叉腰,这些动作会给客人一种懒散的感觉。

**2. 表情真切,微笑服务**

在迎送客人或与客人交流时,面带微笑,真诚礼貌,恰当地使用尊称和各种手势。

**3. 敬语服务,礼貌迎送**

用语谦恭,语调亲切,言辞简洁,根据不同对象恰当使用语言。对内宾使用普通话,对外宾使用外语,尽量做到听懂方言。客到有请、客问必答、客走道别。

**4. 着装规范,干净整洁**

酒店员工工作时必须穿统一的工作服。女员工上班要淡妆打扮,以保持皮肤的细润,显得年轻、有活力。男员工不化妆,应做到端庄大方,但要经常修面、剪鼻毛。男女员工切忌奇装异服和出格打扮。

**5. 主随客便,尊重习俗**

对需要特殊照顾,特别是有不同的宗教信仰和民族习惯的客人,尽量满足他们的要求。

接待客人、办理预订事项要主动热情、有条不紊。在办理入住、用餐等手续时，准确填写、认真核实，以符合客人要求。提供整理房间等服务时先敲门，得到客人同意后才能进入，如遇客房门口显示"请勿打扰"，不得随意进入。

**6. 尊重私密，理性服务**

不能对外泄露客人的任何信息；不能乱动、乱翻客人的物品；不私自使用专供客人使用的电话、电梯、洗手间等设施。

**7. 面对投诉，诚恳面对**

面对客人的投诉，应态度诚恳，按规章热心帮客人解决问题，切忌急躁、争辩、怠慢、推卸责任。因故不能完成服务的，要耐心向客人解释并道歉。

**8. 突发事件，沉着冷静**

当发生火灾、电梯事故、客人突发疾病或受伤、恐怖爆炸等紧急事故时，应沉着冷静，按照应急预案及时、得当地进行处理。

**9. 拾金不昧，诚实守信**

拾到客人的遗忘物品应及时还给客人或上缴，不能私自存留，也不能使用客人的遗弃物品。

# 二、酒店各岗位服务礼仪

酒店员工接待客人，礼仪礼节贯穿于酒店服务的全过程。服务态度的好坏，职业道德水平的高低，首先要从酒店员工的礼仪礼节上体现出来。在酒店的各个部门不同岗位上礼仪礼节服务技巧，必须熟练掌握并落实到位，这样才能提供优质服务。

**1. 迎接人员的礼仪**

迎接人员主要指的是门卫和行李员，担负着迎送宾客的重要任务，他们的礼仪礼节会给来宾留下饭店服务质量的第一印象。迎接人员在接待客人时应做到以下几点。

（1）身着鲜亮的制服

大门迎接人员要穿迎宾服装上班，包括迎宾制服、迎宾帽、白手套、皮鞋等一套具有本酒店特色的鲜亮的制服，精神饱满地站在正门前，恭候宾客的光临。

（2）主动上前问候

见到宾客光临，应主动上前彬彬有礼地亲切问候；宾客乘坐车辆抵达时，要热情相迎，应一手拉开车门，一手挡住车门框的上沿，以免客人碰头。（但要注意两种客人不能挡：一种是信仰伊斯兰教的；另一种是信仰佛教的。因为他们认为这样做会使他们的"佛光"被遮住了。）并且要求自然、大方、真诚，笑容常在。

（3）问候语言要亲切

问候客人时要面带微笑，热情友好地说："您好，欢迎光临！"并鞠躬15°致礼；为使每位客人都能听到问候语,最好做到每人一问;接待团体客人时,应连续向宾客点头致意。

（4）迎接举止要文明

客人带有行李时,应主动上前为客人提行李,但要尊重客人的意愿。

陪同客人到总服务台办理手续时,应在宾客身后两三步处等候,以便随时接受客人吩咐。陪同客人乘电梯时,应让客人先入梯,不得自己先行。

离开房间前,应微笑地说:"先生请好好休息,再见!"面对客人,应后退一步,再转身退出房间,将门轻轻关上。

**2. 总台接待人员的礼仪**

酒店的"窗口"是总台,也是酒店的管理核心区域。总台接待人员的礼仪礼节,在很大程度上关系到饭店服务水平。总台人员在接待客人时要做到以下几点。

站立服务、笑脸相迎、主动招呼,热情问候每一位客人。

热情接待,百问不厌,有问必答,简洁明了;客人多的时候,要按先后顺序依次办理住宿手续,做到办理一个、接待一个、招呼后一个,务使客人不受冷落。

接受来电查询时,应热情帮助解决,声音中要体现亲切的问候。

日常服务中,要把电报、邮件准确、迅速地交给住店客人,递送时要微笑招呼、敬语当先。

结账告别时,应向客人道谢告别,给客人留下彬彬有礼的印象,以使客人产生亲切感,吸引客人下次再来。

**3. 客房服务员的礼仪**

酒店是客人的"家外之家",客房是住店客人的主要休息场所。要给客人提供舒适、温馨、安全、清洁的居所,必须要做到以下几点。

楼层接待员要站立在梯口旁,恭候客人的到来,用敬语问候。

引领客人时要在客人左前方1.5米处,按客人的步幅前进,直到到达客人预订房间的门口,开门后侧身一旁,敬请客人进房。

待客人休息后,要根据不同客人的具体情况介绍房间设施的使用方法,帮助客人熟悉酒店各部门的位置及环境。

客房服务员进房打扫房间时,开门前必须轻轻敲门。当房门挂着"切勿打扰"的牌子时,绝对不要擅自闯入。被客人召唤进客房时,要让门半掩着。客人请你坐下时,要婉言谢绝。

不得先伸手与客人握手,与客人交谈时要"请"字当先,"谢谢"结尾。

**4. 餐厅服务人员的礼仪**

餐厅是酒店客人用膳的主要场所,接待人员应掌握娴熟的服务技巧和具备良好的礼仪礼节,要做到以下几点。

在客人来到之前,要有一两名服务人员在餐厅门口迎接,要站姿优美、规范,精神饱满。

当客人走向离餐厅1.5米处,应面带笑容,拉门迎宾,热情问候;如果是男女客人一起进来,要先问候女宾,再问候男宾。

客人走进餐桌时,服务员应轻捷地双手拉开坐椅,招呼客人就座。

客人入座后,先送上毛巾,后送上茶水。然后把菜单递上,菜单要从宾客的左边递上,要耐心等候,让客人有充分的时间考虑决定。当客人不知道点什么菜好时,服务员应当好参谋,热情介绍本酒店的时令菜、特色菜、创新菜等。不可硬性推荐,要用敬语。

斟酒时要严格按照规格和操作程序进行。斟酒时，打开酒瓶盖要站在客人后侧，倒酒时要从右侧倒，注意不可站在同一位置为两位客人同时斟酒。先倒烈性酒，然后再倒果酒、啤酒、矿泉水。斟酒的浅满程度，要根据各类酒的要求来斟。中餐常要斟满杯，以示对客人的尊重；西餐则有所不同，斟白酒一般不超过酒杯的 3/4，这样能让客人在喝第一口之前有机会闻到杯内白酒的芬芳；红酒一般只斟 2/3 杯；斟香槟酒要分两次斟，第一次先斟 2/3 杯，待泡沫平息后，再斟至 2/3 或 3/4 杯即可。斟啤酒时，因其泡沫较多，斟的速度要慢。斟酒时，瓶口不要碰到酒杯。斟酒的顺序是先斟给主人右边的一位，再按照逆时针方向绕桌斟酒。

上菜要严格按照上菜规则进行。上菜要从客人的左边上；酒席中的头菜，其看面要对正主位，其他看面要朝向四周。

主人或客人祝酒或发表讲话时，应停止上菜，但要及时斟酒，以便干杯。服务员的眼睛要始终注意到餐厅的每一位客人，以便上前问候服务。

结账送客时，把账单正面朝下放在托盘上，从左边递给客人。一定等客人点完甜点或客人要求结账时方可呈上账单，当客人付款后，要表示感谢，并用敬语。

# 三、酒店员工的基本礼节

由于国度、地域场合和交际对象的不同，它的内容与形式也有所不同。作为酒店员工，必须了解人们交际活动中所应遵循的基本礼节礼仪。这既是员工个人素质的体现，又有助于提高服务质量，树立酒店良好企业形象。

**1. 问候礼**

问候礼是人与人见面时互相问候的一种礼节。问候礼是酒店服务人员对客人进店或外出归来时的一种接待礼节，以问候、祝贺语言为主，问候礼节在日常的使用中又分以下几种不同的问候。

（1）初次见面的问候

客人刚刚入住酒店时的问候。与客人初次见面，服务员应说："先生您好（或欢迎光临），我是酒店服务员，请问您有什么吩咐吗？"等等。

（2）时间性问候

客人住店后，在店内与客人见面时，要根据早、午、晚大概时间问候"早上好"、"您好"、"晚上好"。但在问候晚上好的时候要注意与英语的晚安区别开来。英语中"晚上好"（Good evening）是见面时互相打招呼，而"晚安"（Good night）则是客人进客房休息或是今晚不再见面时的一种祝愿语。

（3）对不同类型客人的问候

入住酒店的客人类型很多，服务人员要根据不同类型的客人进行问候。如同体育代表团、文艺代表团见面时，除一般性问候外，还要说一些客人比较爱听的吉利语言，如"祝贺你们在比赛中获胜"、"祝你们演出成功"、"你们表演得很精彩"等。

（4）节日性问候

节日性问候礼一般是在节日前或节日后的问候语言,如圣诞节、新年、国庆节等,可问候"节日愉快"、"圣诞快乐"、"新年愉快"等。在我们日常服务工作中,当了解到某天是客人生日时,就要更加关心客人,见面时应表示祝贺,说"祝您生日快乐"或"生日愉快"。对于酒店重要客人和知名人士,还应送鲜花或其他生日礼物,使客人有宾至如归之感。

（5）其他问候

客人身体欠安时,服务员不但要在语言方面使客人满意,而且还应在日常生活中关心客人。如客人患病了,在见面时就应说"您身体好些了吗? 祝您早日恢复健康!"等。

**2. 应答礼**

应答礼是指同客人交谈时的礼节。它包括如下方面。

解答客人问题时必须起立,站立姿势要好,背不能倚靠其他物体。讲话语气要温和耐心,双目注视对方,集中精神倾听,以示尊重客人。对宾客的问话或托办事项没听清楚时要同客人说:"先生,对不起,请再讲一遍好吗?"或者"对不起,先生,我再把您的留言重复一遍好吗?"这样就可以避免在服务工作中出现差错。

服务员在为宾客处理服务上的问题时,语气要婉转,如果客人提出的要求及某些问题超越了自己的权限,就应及时请示上级及有关部门,禁止说一些否定语,如"不成"、"不可以"、"不知道"、"没有办法"等。

**3. 操作礼**

操作礼主要是指服务人员在日常工作中的礼节。它包括如下方面。

服务人员在日常工作中不准大声喧哗,不准开玩笑,不准哼小曲,保持工作地点或客房的安静环境。进宾客房间时要敲门,敲门时,要注意既不能猛敲,也不能相隔很长时间再敲门,要有节奏地轻敲。轻敲一下后如没有人回答,稍隔片刻再缓敲两次,待客人同意后再轻轻开门进入,并用温柔的语调对客人说:"对不起,打扰您了。""我是楼层服务员,现在可以为您整理房间吗?"征得客人同意后再整理、打扫房间。搞完卫生,退出客人房间时,要面对客人说:"谢谢,再见。"

服务人员在打扫房间时,要既轻又快,搞完卫生后不可在房间停留。搞卫生时也不可以随意翻阅客人的书刊、信件等,更不可以动用客人的录音机、录像机、照相机等。

📝 **思考与训练**

1. 以下是酒店楼面服务基本礼貌用语,请模拟分组练习。

迎客——"您好,欢迎光临!"

拉椅请坐——"先生/小姐,请坐!"

开位问茶——"请问先生/小姐喜欢喝什么茶呢?"

派餐巾——"先生/小姐,请用毛巾。"

斟茶——"先生/小姐,请用茶。"

问酒水——"先生/小姐,请问喜欢喝些什么酒水呢?"

斟酒水——"先生/小姐,帮你斟上××酒水好吗?"

收茶杯——"先生/小姐,帮您把茶杯收走好吗?"

上汤——"这是××汤,请慢用。"

上菜——"这是××菜,请各位慢用。"

更换骨碟——"先生/小姐,帮您换骨碟。"

撤换茶碟——"请问,这个茶碟可以收走吗?"

上水果——"这盘水果是我们酒楼××经理送的,是本酒楼的小小心意,请慢用。"

饭后茶——"请用热茶。"

结账——"请问哪位买单"、"多谢八折××元"、"多谢收到××元"、"多谢找回××元"。

送客——"多谢光临,欢迎下次再来,拜拜!"

2. 下面是某星级酒店对客房服务员的工作要求,对照各条自查一下,看你能否做到。

"三轻":即要求客房服务员工作时,要说话轻、走路轻、操作轻。

"六无":即客房卫生要做到无虫害、无灰尘、无碎屑、无水迹、无锈蚀、无异味。

"五声":宾客来店有欢迎声、宾客离店有告别声、宾客表扬有致谢声、工作不足有道歉声、宾客欠安有慰问声。

"五个服务":包括主动服务、站立服务、微笑服务、敬语服务、灵活服务。

"八字":要求客房服务员从宾客进店到离店,从始至终要做到迎、问、勤、洁、灵、静、听、送八个字。

- 迎:客人到达时要以礼当先,热情迎客。
- 问:见到客人要主动、热情问候。
- 勤:服务员在工作中要勤快、迅速、稳妥地为宾客提供快速敏捷、准确无误的服务,不图省事,不怕麻烦。
- 洁:房间要清洁,勤整理,做到每日三次进房检查整理房间。坚持茶具消毒,保证宾客身体健康。
- 灵:办事要认真,机动灵活,眼观六路,耳听八方,应变能力强。
- 静:在工作中要做到说话轻、走路轻、操作轻,保持楼层环境的安静。
- 听:在工作中要善于听取客人意见,不断改进工作,把服务工作做在客人提出之前。
- 送:客人离店送行,表示祝愿,欢迎再次光临。

3. 酒店服务礼仪操作中需打"请"的手势有如下方面,请组织学生进行分组训练。

带位手势、拉椅手势、开位手势、斟茶手势、斟酒水手势、收茶杯手势、撤换骨碟手势、换烟灰缸手势、上汤手势、分汤手势、加汤手势、上菜手势、撤换菜碟手势、上茶手势、上水果手势、送客手势。

4. 请根据以下情境组织学生分组训练规范礼貌用语及操作程序。

A. 当客人进入餐厅时,咨客应主动上前,热情地征询客人"先生/小姐,您好! 欢迎光临,请问您几位?"当客人回答后便问:"请问先生/小姐贵姓?"

B. 把客人带到座位后,拉椅请坐(并做请的手势)。双手把菜谱递给客人并说道:"××先生,这是我们的菜牌。"然后询问客人:"您好,请问喝什么茶? 我们这有普洱、香片、铁观音等茶。"客人选定茶叶后,应把客人所点的茶告知看台的服务员。

要求:语言亲切,保持微笑,使客人有得到特别受尊重的感觉。迅速把客人的尊姓告知上前拉椅问茶的服务员,以及该区域的领班、部长,并把姓名写在菜卡上。

C. 服务员在分管的岗位上站岗,笑脸迎接客人,协助咨客安排客人入座,稍鞠躬讲:"先生/小姐,您好,欢迎光临!"

D. 拉椅请坐,先将女性坐的椅子拉出,在她坐下时,徐徐将椅子靠近餐桌,说:"先生/小姐,请坐。"并做出请的手势,向咨客了解客人尊姓。

5. 案例分析

## 回　　答

住在宾馆401房间的王先生早上起来想洗个热水澡放松一下。但洗至一半时,水突然变凉。王先生非常懊恼,匆匆洗完澡后给总台打电话抱怨。接到电话的服务员正忙着为前来退房的客人结账,一听客人说没有热水,一边工作一边回答:"对不起,请您向客房中心查询,电话号码是858。"本来一肚子气的王先生一听就火了,嚷道:"你们饭店怎么搞的,我洗不成澡向你们反映,你竟然让我再拨其他电话!",说完,"啪"的一声,就把电话挂上了。

（资料来源：http://www.canyin168.com/glyy/qtgl/tscl/201103/28584_2.html）

思考与讨论:

(1) 总台服务员的回答妥当吗?

(2) 如果你是总台服务员,怎样让客人满意?

## 惹　恼　客　人

南方某星级饭店,客人李先生急着赶飞机,提着旅行包从房间匆匆走出,他来到服务台,对值班服务员说:"小姐,房间钥匙交给您,我这就下楼去总台结账。"却不料服务员小王不冷不热地说:"先生,请您稍等,等查完您的房后再走。"一面即拨电话召唤同伴。李先生顿时很尴尬,心里很不高兴,只得无可奈何地说:"那就请便吧。"这时,另一位服务员小张从工作间出来,走到李先生跟前,将他上下打量一番,又扫视一下那只旅行包,李先生觉得受到了侮辱,气得脸色都变了,大声嚷道:"你们太不尊重人了!"小张也不搭理,拿了钥匙,径直往房间走去。她打开房门,走进去仔细地搜点:从床上用品到立柜内的衣架,从储物柜里的食品到盥洗室的毛巾,一一清查,还打开电视机开关看了看屏幕。然后,她来到服务台前,对李先生说:"先生,您现在可以走了。"李先生早就等得不耐烦了,听到了她放行的"关照",非常气恼地离开了酒店。

（资料来源：http://hi.baidu.com/sxvnubrbkubefve/item/2d2bb7c6de5fe8bf0c0a7b45）

思考与讨论:

(1) 服务员小王小张按程序办事,为何惹恼了客人?

(2) 本案例对你有何启示?

## 结　　账

一个深秋的晚上,三位客人在南方某城市一家饭店的中餐厅用餐。他们在此已坐了两个多小时,仍没有去意。服务员心里很着急,到他们身边站了好几次,想催他们赶快结账,但一直没有说出口。最后,她终于忍不住对客人说:"先生,能不能赶快结账,如想继续聊天请到酒吧或咖啡厅。""什么? 你想赶我们走,我们现在还不想结账呢。"一位客人听了她的话非常生气,表示不愿离开。另一位客人看了看表,连忙劝同伴马上结账。那位生气的客人没好气地让服务员把账单拿过来。看过账单,他指出有一道菜没点过,但却算进了账单,请服务员去更正。这位服务员忙回答客人,账单肯定没错,菜已经上过了。几位客人却辩解说,没有要这道菜。服务员又仔细回忆了一下,觉得可能是自己错了,忙到收银员那里去改账。

当她把改过的账单交给客人时,客人对她讲:"餐费我可以付,但你服务的态度却让我们不能接受。请你马上把餐厅经理叫过来。"这位服务员听了客人的话感到非常委屈。其实,她在客人点菜和进餐的服务过程中并没有什么过错,只是想催客人早一些结账。

"先生,我在服务中有什么过错的话,我向你们道歉了,还是不要找我们经理了。"服务员用恳求的口气说道。"不行,我们就是要找你们经理。"客人并不妥协。

服务员见事情无可挽回,只好将餐厅经理找来。客人告诉经理他们对服务员催促他们结账的做法很生气。另外,服务员把账用多算了,这些都说明服务员的态度有问题。

"这些确实是我们工作上的失误,我向大家表示歉意。几位先生愿意什么时候结账都行,结完账也欢迎你们继续在这里休息。"经理边说边让那位服务员赶快给客人倒茶。在经理和服务员的一再道歉下,客人们终于不再说什么了,他们付了钱,仍面含余怒地离去了。

(资料来源:http://www.6eat.com/DataStore/CardExpensePage/270677_0)

**思考与讨论:**

本例中的服务员在结账这个环节上犯了哪些错误?

# 任务 10

# 旅游服务礼仪

## 学习目标

- 旅游门市接待服务礼仪规范要求;
- 旅游产品推销讲究礼仪,赢得客户对旅游产品的青睐;
- 旅游过程中,导游员讲究礼仪,为游客提供良好的服务。

## 情境导入

### 错误的数数法

2013 年 7 月 15 日,导游小王精神饱满地奔赴酒店,准备当天的旅游接待工作。小王笑容可掬地站在车门旁边迎候游客们上车,接着小王按惯例开始清点人数,"1、2、3、4、…"小王轻轻地念着,同时用手指点数游客。游客很准时,没有迟到的。在旅游过程中,小王的旅游知识尽管很丰富,服务也很周到,但是他发现游客们还是有点不对劲。小王百思不得其解。随后,小王向经验老到的导游员进行请教,才茅塞顿开。

（资料来源:http://www.canyin168.com/glyy/yg/ygpx/fwal/201006/22520_13.html）

问题:小王错在哪里? 旅游服务应注意哪些礼仪?

## 实训设计

旅行社是旅游业的窗口,是旅游业的神经末梢。作为旅游业的一大支柱,它是旅游活动的组织者、安排者和联系者,在整个旅游活动中处于核心地位,起着沟通旅游者和旅游饭店、旅游交通部门及旅游景点之间关系的媒介和桥梁作用。旅行社的接待与沟通效果的好坏,将直接关系到旅行社的形象,甚至影响到旅行社的生存与发展。

导游服务是指为消费者提供的吃、住、行、游、购、娱服务。随着现代旅游业的发展,导游服务的内容和方式正在不断发生变化,对旅行社从业人中的素质要求亦越来越高。面对激烈的市场竞争,无论是团队或散客还是单项服务或综合服务,都需要旅行社认真对待,以取得市场的认可和信誉。因此,导游人员必须有良好的礼仪礼貌修养,必须学会礼貌待客,否则将难以胜任旅行社的工作。

为完成本任务的学习,可开展以下实训项目。

### 旅游门市接待模拟训练

实训目标:掌握旅游门市接待的礼仪规范。

实训学时:1学时。

实训地点:教室。

实训准备:布置旅游门市接待现场,准备必要的办公用品。

实训方法:学生分成若干个组,分角色模拟练习,分别扮演旅游门市接待人员和旅游者。最后,师生共同讲评。

### 模拟导游讲解服务中的礼仪活动训练

实训目标:通过定点导游讲解的训练,学生在接老年团和学生团后,能灵活地、有针对性地进行礼仪服务。

讲解景点:大连星海广场(或当地知名景点)。

情景模拟:

一是模拟一个老年旅游团队,让学生联系讲解针对老年团的星海广场的导游词。注意提醒学生训练时,第一,在语速、语调上注意适合老年人接受的特点;第二,在内容的选取上,要以历史沿革为主要线索,能够引起老年人回忆、共鸣。

二是模拟一个学生团队,让学生结合自身的特点,讲解星海广场的导游词。注意提醒学生,讲解时注意时尚、超前和各种刺激性的游乐项目内容,要引起学生的广泛兴趣。

实训学时:2学时。

实训地点:多媒体教室。

实训方法:播放星海广场的影像资料,让学生对照影像进行训练讲解。

内容与时间:包括星海广场景点内容、特色、周边的交通环境。每位学生3~5分钟。

用数码摄像机(或数码照相机)记录整个过程,然后大屏幕回放,学生自我评价,授课教师总结、点评学生存在的个性和共性问题,最后评选"最佳讲解员"。

# 一、旅游门市接待礼仪

### 1. 环境宜人,赏心悦目

门市是旅行社以销售为主要目的的部门,其实就是市场营销学的终端,是消费者能够和商品直接接触并作出购买行为的场所。门市选址要尽量接近有效消费市场,面积不需太大,应处于人流量多的街区,有良好的交通通达性,并辅以醒目的街边招牌以及橱窗粘贴画。门店内部由办公桌设计改为柜台设计或休闲式设计,店内设施齐全,尽量增加顾客区域而减少员工区域。可以考虑选择旅行社门市相对集中的区域,这样既有利于借鉴同行的经验,取长补短,又有助于变竞争压力为动力,拓展经营,也符合顾客"货比三家"的购买心理。

门市柜台一般设有写字台、电话、传真机、复印机、办公电脑等物件,其摆放应整齐合理,以美观、方便、高效、安全为原则。门市柜台上不要堆放过多的书包、文件,常用的材料也要摆放整齐。若用玻璃台板,应注意玻璃下的整洁,不要横七竖八地压着各种车票、请柬、发票、文字报告等。应特别重视门市柜台的卫生。试想一下,客户来联系、洽谈业务,门市柜台里满地烟头、果皮,连找个干净点的沙发都难以如愿,这笔业务还能顺利做成吗?门市部的布置,应给人以宁静、整洁的印象。墙上也可挂些各地的风景名胜、地图、旅行社的荣誉、旅行社徽标等物,显得清新大气。还可贴上工作计划表、经营图表、市场网络等,以示公司的业绩和员工的努力。此外,要注意室内空气清新,保持适宜的室温和湿度。

旅行社门市的5S管理可以提高工作效率、减少资源成本的浪费,提高员工士气,提升企业形象。旅行社门市的5S管理包括:清理(Swirl)——坚决清理不必要的东西,腾出有效使用空间,防止工作时误用或掩盖需要的物件;整理(Seton)——合理放置必要物品;清洁(Selso)——彻底清洁工作场所内的物品,防止污染源(污迹、废物、噪声)的产生,达到四无(无废物、无污迹、无灰尘、无死角)标准;维持(Setketsu)——制度化、规范化,并监督检查;素养(Shitsuke)——培养员工良好的职业习惯,积极向上的工作态度和状态。从小事做起,养成良好的习惯,从而创造一个干净、整洁、舒适、合理的工作场所和空间环境。

**2. 讲究礼仪,主动热情**

一个旅行社员工的素质,待人接物的礼仪水平,是从每个员工的言谈举止中体现出来的,门市部虽然不大,但它既是工作的地方又是社交的场所,门市部的工作人员的礼仪如何,往往是客商评价公司的重要依据。

(1)注重仪表

旅行社接待人员要仪容得体,服饰整洁大方,仪态大方,体现出良好的精神状态,给顾客端庄文雅、自尊自信的良好形象。

(2)遵守制度

遵守旅游公司的管理制度,按时上下班、不迟到、不早退、不能无故不上班。办公室不拨打或接听私人电话,不占用工作时间去上街买菜、逛商店,不在写字间打扑克等。在门市部工作,要注意保持安静。与同事谈工作时,声音不宜太高,不要在过道里、走廊上大声呼唤同事。拨打电话或接听电话时,语调要平和、文明。

(3)礼貌待人

旅游咨询者走进门市部后,门市部服务行业从业人员要仔细观察、判断旅游咨询者进入门市的意图,要转向旅游者,用眼神来表达关注和欢迎,注目礼的距离以五步为宜;在距三步的时候就要面带微笑,热情地问候"您好,欢迎光临",并用手势语言敬请旅游者坐下。门市部服务行业从业人员要主动为旅游咨询者提供帮助,可通过接触搭话使旅游咨询者的注意力从无意注意转向有意注意,或者从对旅游产品的注意发展到对该产品的兴趣。在与旅游咨询者搭话以后,应尽快出示旅游产品,使旅游咨询者有事情可做,有东西可看,有引起兴趣、产生联想的对象。

门市部人员应实事求是地说明产品的有用信息,并列举旅游产品的一些卖点,根据旅游咨询者的情况,在旅游咨询者比较、判断的阶段刺激旅游咨询者购物欲望,促成购买,列举旅游产品的一些卖点或者亮点等特色,向旅游咨询者说明。促进旅游咨询者对打算购买的旅游产品的信任,坚定旅游咨询者的购买决心。当推销成功,旅行社门市部应当依法与旅游者订立书面旅游合同,其目的是维护旅游者和旅游经营者的合法权益。旅游咨询者一旦签好旅游合同后,门市部服务行业从业人员就应该收取费用,并为旅游者开好发票。核对团款时要认真仔细,避免发生错收错付情况。门市部服务行业从业人员在为旅游者开好发票、结束销售时,还应询问旅游咨询者是否有亲人或者朋友一起去旅游?告知旅游者出发前要注意哪些事项,什么时间、地点和导游或者全陪导游联系,并可以告知旅游途中要注意的事项。这可以使旅游者体验到门市部是真心实意地为他们服务的,从而对门市部留下美好的回忆,起到良好的宣传效果。

**3. 散客代办,业务精到**

办理散客代办业务要讲究流程,有条不紊地做好各项代办业务,不同的散客代办业务要区别对待。(参照洪美玉主编的《旅游接待礼仪》,人民邮电出版社,2006 年)具体如下。

(1) 接到办理散客来本地的委托代办业务

门市接待人员接到办理散客来本地的委托代办业务后,首先,要了解对方旅游者的有关情况,详细记录对方(委托方)旅行社名称、委托人姓名及通话时间等,以便有据可查,根据实际情况认真填写好任务通知书并立即按内容进行预订,若客人需提供导游服务,应及时落实导游人员。当委托的某些项目无法提供时,应在 24 小时内通知委托者,以便委托方随时准备。

(2) 代办散客赴外地的委托业务

当门市接待人员在接受和办理赴外地旅游的委托时,应热情周到,耐心询问客人的要求,并记录。认真检查其证件,并有礼貌地请旅游者本人填写委托书等表格,对客人不能明白的注意事项耐心解释。如果委托书中有我方不能办到的事情,应事先向旅游者说明,请其自行划除,并向其道歉。

(3) 受理散客在本地的单项旅游委托业务

热情主动询问旅游者的要求,微笑、耐心说明旅行社所能提供的各种服务项目和收费标准,拿出委托书请旅游者自行填写,当旅游者办妥单项委托服务手续后,礼貌地与旅游者道别,并及时通知有关部门。

**4. 特殊团队,特别对待**

特殊团队就是指有别于一般旅游、观光,具有其自身特点的旅游团队。在组织接待安排时,不能等同于一般观光团的操作,应根据他们的自身特点,有针对性地组织操作和接待。(参照洪美玉主编的《旅游接待礼仪》,人民邮电出版社,2006 年)具体如下。

(1) 新闻记者或旅游代理商接待礼仪

旅行社组织接待代理商或新闻记者参与旅游,目的是介绍自己组合的旅游线路,使其通过观察、了解并熟悉本社的业务和旅游目的地的旅游业情况,产生组团消费本社旅游产品的愿望,宣传并介绍本社的旅游业务。旅行社组织旅行代理商或新闻记者旅游需注意以下几点:一是精心设计最佳的旅游线路。旅行社应派专人预先按线路采访一下,并落实各地的准备工作。每个地方突出什么,活动、交通、住宿、膳食怎样安排等,要反复检查确认;二是邀请团在考察过程的活动,尤其是交通、食宿、参观游览、文娱活动等,应与将来旅行社组团的活动基本一致;三是配备最佳导游。选择好导游是邀请团活动成功与否的关键。要选择有经验而又学识丰富的导游,讲解既深入浅出,又诙谐动听、妙趣横生,让代理商或记者感到是一次很好的艺术享受,回去后有助于更好地宣传,起到扩大影响、吸引游客的作用。

（2）大型团队接待礼仪

接待大型团队的旅游活动,其难度及要求比一般旅游团队都要高。接待人员必须同时具备较高的业务水平、宏观的控制能力与严密的工作作风,才能够圆满完成接待任务。应注意与各有关单位确认活动日程和确切的时间,检查接待人员的精神准备和物质准备,通知每人车号、客人数、房号;部门经理亲临机场或码头察看迎接团队的场地、乐队站立的位置、停车点;事先安排专人下榻饭店,与饭店客房部经理等共同检查房间内各种设施是否完好可用;与车队联系好出车顺序,车上贴好醒目车号和标志。

（3）残疾人团队接待礼仪

接待残疾人旅游团队,最重要的是要有满腔热忱,随时注意保持其自尊心。在生活服务方面,一定要细心周到,想方设法为他们提供方便;在导游工作方面应尽量满足他们的要求;在日程安排方面,要考虑到他们的身体条件和特殊需要,时间应宽松些,所去景点应便于残疾人活动。

# 二、旅游产品推销礼仪

同其他实物产品一样,旅游产品这种特殊的商品也需要宣传和推销。旅游产品推销礼仪,是指销售人员在推销过程中应遵循的行为规范与准则。它指导着销售人员的言行举止,是促成良好旅游商务关系的润滑剂。

**1. 约见客户礼仪**

约见客户是指推销人员事先征得客户同意,面对面协调接触的活动。总的来说,销售员约见客户时,要事先联系好客户,征求对方同意后再会面。约见时应从对方利益出发,多为客户着想,最好由客户决定约见的时间、地点等相关事宜。销售人员应视客户的具体情况,选择天气良好、对方时间宽裕、情绪好的时候进行约见,可以主动提出几种建议由客户定夺。约见时间一旦确定,销售人员就应按时到达,绝不可失约。约见地点的选择,最好尊重客户的意见,选择客户熟悉的地方,或者选择安全、轻松、无外界干扰、交通较为便利的场所,总之由客户选择约见地点比较礼貌。约见的形式可以多种多样,如电话预约、信函预约,也可以当面约见等。不论口头预约还是书面预约,都要注意措辞的礼貌、得体。

**2. 拜访客户的礼仪**

旅游产品的销售人员拜访客户要注意以下礼仪。

（1）重视给顾客的第一印象

心理学调查表明,人们接触的最初两分钟,彼此印象最为深刻。因此,推销人员首先要特别注意自己的外貌,这是第一印象产生的最初原因,要热情开朗、诚恳自信,争取为顾客接纳而不产生排斥。其次要选择合适的服装。据研究初次见面给人印象的90%产生于服装。当然,并不是说服装要多么高档和华丽,而是干净整洁,职业化是应当做到的。国外流行的

TPO服装术,值得推销人员借鉴。只有在顾客心目中留下并保持良好的第一印象,才能为推销工作的进一步开展打下基础,赢得先机。

（2）讲究见面礼节

旅行社的商务接洽人员,要时时保持饱满的精神和面带微笑,并持关心对方的态度。称呼对方要用尊称。与对方握手时姿势要端正,正视对方的眼睛,体现出礼貌和真诚。问候、说话要谦和亲切。

（3）讲究洽谈的礼仪

在旅行社的商务洽谈中,融洽友好的气氛是洽谈得以顺利进行的重要条件。旅行社业务人员必须使自己的语言表达文明礼貌、分寸得当,使洽谈双方始终处于一种尽可能的友好气氛中。出言不逊、恶语伤人,会引起对方的反感和不满,往往会给谈判造成障碍,甚至导致洽谈的破裂。要仔细倾听对方的发言,注意观察对方的举止、神情、仪态,以捕捉对方的思想脉络、追踪对方动机之外,还可以通过适当的语言表达投石问路,探视对方的想法,获得必要的信息,这是更为直接有效的方法。在洽谈中说话一定要注意分寸,留有余地,不能说"满口话",要使说话具有一定的弹性,给自己留下可以进退的余地。洽谈中对某些复杂的事情或意料之外的事情不可能一下子做出准确的判断,可以运用模糊语言避其锋芒,做出有弹性的回答,以争取时间做必要的研究和制定应对方法。对一些很难一下子做出回答的要求和问题,可以说"我们将尽快给你们答复"、"我们再考虑一下"、"最近几天给你们回音"等。这样留有余地的说法,可使自己避免盲目地做出反应而陷入被动的局面。洽谈中不要急于求成,始终保持一种平和心态,耐心等待;洽谈工作较为顺利时不要喜形于色;遇到客户推辞拒绝时,也不要垂头丧气。有涵养风度的接待人员,往往是先推销形象,再推销产品。

拜访结束,别忘记要礼貌地告别。

**3. 售后服务的礼仪**

对旅行社而言,售后服务主要包括处理顾客投宿和回访旅游者两个方面。刘长凤在其主编的《使用服务礼仪培训教程》（化学工业出版社,2007年）一书中对此进行了阐述,现录于此,供参考。

（1）处理投诉礼仪

当接到旅游者投诉后,无论投诉对象是谁,都要认真听取旅游者投诉,要头脑冷静,面带微笑,对宾客遇到的不快表示理解,并致歉意。接受客人投诉时,应尽量避开人群较多的地方,避免影响其他客人。无论旅游者投诉态度如何、投诉与事实有多大出入,都要虚心接受。对旅游者的投诉,旅行社是否有过错都不要申辩,尤其是对火气很大、脾气暴躁的旅游者先不要解释,可以先向客人说"对不起",表示安慰。如事态较严重要立即上报主管经理,迅速了解旅游者投诉的具体内容、投诉对象,并立即将旅游者的投诉反映给被投诉对象的所在部门,请他们迅速调查,核实处理,并将调查处理结果尽快反馈给游客。若一时难以处理的,也应将有关情况及时反馈给旅游者。如投诉对象是所在旅行社或者就是导游人员本人,导游人员更应微笑接待,认真倾听,最好当着旅游者的面认真做好记录,不可边听边反驳旅游者的投诉。对一些简单、易解决的投诉,要及时解决并征求旅游者对处理投诉的意见。对一些不易解决的投诉,首先要向旅游者道歉,并感谢旅游者对导游工作提出宝贵意见,向旅游者说明并及时向相关部门经理汇报。及时将处理结果通告旅游者,并再次道歉,以消除旅游者所遇到的不快。对于重大投诉或重要旅游者的投诉,要立即上报,及时处理,不得延误。一桩投诉处理完后,要注意详细记录投诉并写明处理结果,上报批示后归档。

(2) 旅游者回访礼仪

高度重视旅游者的意见和建议,及时沟通、解释、感谢或补救。旅行社可以设立奖励制度,对提出合理化建议和意见者,给予适当的奖励。旅行社网址和游客意见箱,应该长期设置,并专人负责,及时查看,及时回复和处理,并且长期实施。旅游者意见表由客人填写,可由导游人员直接带回并交给门市。电话访问必须及时,应在行程结束后的两天之内完成。要简洁明了,主题突出,有针对性。回访旅游者只针对重要客户,行程结束后三天之内完成。以不打扰旅游者为前提,要耐心并虚心地听取他们的建议和意见。

# 三、导游员服务礼仪

## 1. 导游员的素质要求

导游员通常都是独立工作,需要有较强的组织、协调、沟通、控制、调动情绪、处理突发事情的能力。导游员的素质求主要包括以下方面。

(1) 热情友好,爱岗敬业

导游员应该性格开朗、待人热情、活泼睿智、富于幽默感。导游员在接待过程中应该热情地关心每一位游客,提供富有人情味的服务,使游客产生一种宾至如归的感觉。导游员应该具有强烈的敬业精神,热爱导游工作,真诚热情地为旅游者服务,精力充沛地投入旅游团的接待工作中。导游员应该积极发挥自己的聪明才智和主观能动性,不怕吃苦、任劳任怨,出色地完成旅游接待任务,让游客高兴而来,满意而归。

(2) 仪表端庄,仪容大方

整洁的衣着、端庄的仪表和潇洒大方的言谈举止,做到持证上岗、挂牌服务。这样在为游客提供服务时,会给导游员增添几分气度。而衣着不整、形象邋遢的导游员则使人感到不可信任。因此,导游员的衣着必须整洁、得体;表情要自然、诚恳、稳重,让人看上去总是精神饱满、朝气蓬勃。做到微笑迎客、主动热情、端庄大方。

(3) 态度乐观,不惧困难

导游员在旅游接待过程时,经常会遇到各种意料不到的困难。例如飞机航班延误、旅游途中遇到车祸、旅游团内有人生病、旅游团内个别旅游者对旅行社的某些安排表示强烈不满等。在困难面前,导游员应该表现出乐观的态度,让游客觉得困难并不像原先想象的那么严重,增加克服的勇气。因此,导游员必须是一个乐观主义者,在任何困难面前都不应丧失信心。那种一遇困难就惊慌失措、怨天尤人的人,决不会成为一名合格的导游员。

(4) 意志坚定,处事果断

坚定的意志和处事果断的工作作风,是导游员成功地带领游客完成旅游活动的重要因素。无论担任领队、全程陪同还是地方陪同,导游员都必须在旅游者面前表现出充分的自信心和抗干扰能力。导游员应该坚定不移地维护游客和旅行社的正当权益,坚持要求有关方面不折不扣地执行事先达成的旅游合同或其他合作协议。在遇到比较棘手的问题时,导游员应保持冷静,头脑清醒,善于透过纷乱复杂的表面现象,迅速找到问题的实质,果断地采取适当措施,尽快将问题解决好。

（5）待人诚恳,讲求信誉

导游员必须具有待人诚恳的品质,无论对游客还是对旅行社,都必须讲求信誉,做到言必行、行必果,一切事情必须光明正大,不得背着旅行社同游客、旅游中间商或其他旅行社做私下交易。导游员不应做假账,虚报各种开支,也不能欺骗旅游者,损害旅游者的利益。导游员不得讲有关他所服务的旅行社或旅游者坏话。这样既不公平又不明智,最终会让人对导游员产生恶劣的印象。

（6）顾全大局,团结协作

导游员在接待过程中,不可避免地要同许多部门、单位、企业和个人进行合作,在合作的过程中,有时会因各种原因同这些部门、单位、企业和个人发生误会或甚至冲突。当这种情况发生时,导游员应以大局为重,在一些非原则的问题上委曲求全,尽量向对方解释,设法取得谅解,以消除误会、加强合作。另外,导游员在接待过程中要经常注意游客的情绪,发现不和谐的苗头时,应及时加以调解,使整个旅游团在团结和睦的气氛中顺利完成旅游,留下美好印象。

（7）身体健康,性格开朗

导游员应该具有健康的身体和心理,精力旺盛、充满朝气。旅游接待工作既是一项十分繁重的脑力劳动,也是非常艰巨的体力劳动。导游员每天不仅要提供大量的导游讲解服务,还要从生活的各个方面照顾来自不同国家和地区,具有不同文化传统和生活习惯的游客。在旅游过程中,导游员经常是全团中第一个起床和最后一个就寝的人,而且要经常面对各种预料不到的困难,需要不断地解决问题、调解各种纠纷、协调各方面的关系,这些工作会消耗导游员的大量脑力和体力,有时会弄得导游员心力交瘁。

（8）遵纪守法,依法办事

导游员应该成为遵纪守法的模范,尊重游客的宗教信仰、民族风俗和生活习惯,并主动运用他们的礼节、礼仪,表示对他们的友好和敬重。自觉维护国家的各种法律、法规,严格地按照旅行社的各项规章制度办事。导游员应该熟悉有关旅游行业和消费者权利的各项法规,能够运用法律保护旅行社和旅游者的正当权益,并勇于同各种违反国家法律和旅行社规章制度的行为作斗争。

（9）勤奋好学,不断进取

导游员应该具有强烈的进取精神,勤奋好学,不断用各种知识充实自己的头脑。导游员不仅要学习书本知识,还要通过实践进行学习和锻炼,将书本知识同实践经验结合起来,提高自己的知识水平和业务能力。另外,导游员还应虚心地向他人学习,向同事学习,向旅游者学习。不仅学习他们的成功经验,还要了解他们的失败教训,避免重蹈他人的覆辙。

**2. 导游员讲解礼仪**

（1）讲解控制好声音、语速,选择好讲解的地点

在导游过程中,导游员要熟悉业务,知识面广。讲解内容健康、规范,热情介绍、答复游客的提问或咨询,耐心细致;对游客的提问,尽量做到有问必答、有问能答;对回答不了的问题,致以歉意,表示下次再来时给予满意回答;与游客进行沟通时,说话态度诚恳谦逊,表达得体,例如,"请您随我参观"、"请您抓紧时间,闭馆时间到了"、"欢迎您下次再来"等。

同时，导游讲解时声量过高会造成噪音，音量过大令人讨厌，说出外行话更让人瞧不起。音量过小，游客又听不清楚，"讲话的艺术在于适中"。导游在讲解时音量不可过高或过低，要以游客听清为准。因此，导游讲解的时间、位置选择都要注意选择。一般来说，导游要站在游客围成的扇面中心，这样有利于声音传播，使客人都能听到导游的讲解，导游也能听清客人的议论和问题。导游讲解如果讲得过快，游客听不清楚，精神高度紧张，容易引起疲劳。如果讲得过慢，又会耽误时间，影响游客观赏景物，让人感到不舒服。一般来说，需要特别强调的事情、容易招致疑惑误解的事情、重要的地名（人名、数字等）、故事进入高潮时应放慢语速；众所周知的事情、不太重要的事情要加快语速。当然，导游语言要讲究变化。"所应遵循的原则，就是随时注意变化"，要根据讲解内容，做到宜徐则徐，宜疾则疾，徐疾有致、快慢相宜。

（2）导游语言表达符合要求

导游员讲解时语言要做到准确流畅、生动自然、条理灵活。

① 准确流畅是导游语言礼仪的核心。根据语言学的研究，导游语言是一种线性语言，讲解一定要流畅。一旦中断，就会影响意思表达，游客无法领会你想要表达的意思和感情，会产生诸如你准备不充分等其他不好想法，伴随而来的是对导游的怀疑、不信任心理。因此，导游语言表达准确流畅，对导游人员来说至关重要。同一导游材料，不同导游去讲解，收到的效果会有所差别，甚至有天壤之别。我们在讲解之前，一定要把有关景点材料准备得滚瓜烂熟，并反复加以操练。同时，还要避免使用不良的习惯语，也就是我们平常所说的口头禅，诸如"这个……这个……这个……"、"嗯……嗯……嗯……"之类，最影响讲解内容的连贯性。只有这样，才能达到"黄河之水天上来，奔流到海不复回"的境界，取得庐山瀑布"飞流直下三千尺"的效果。

② 生动自然是导游语言礼仪的特色。导游员在讲解内容准确的基础上，应以生动、有趣且具感染力的语言活跃气氛，增添游客的游兴，以趣逗人。如果讲解过度使用书面语言，照本宣科、死板老套不可取，"黄色幽默"和低级趣味的笑话更应杜绝。例如，在介绍千佛山公园概况时有位导游是这样讲的："千佛山山脉来自岱麓，它翠峰连绵，树木蓊郁，松柏满谷，楼台高耸，殿宇错落，为济南天然屏障。"这段讲解由于玩弄美丽辞藻，过多使用书面语言而让人感到不自然，不能给游客以生动易懂、赏心悦目的感觉，无法实现导游讲解的目的。正确的办法是应将其修改为通俗、生动的口头语言。我们可以尝试着将上面一段文字修改如下："千佛山属于泰山的余脉，海拔 258 米。你看它东西横列，翠峰连绵，盘亘于济南市区的南面，被人形象地称为泉城的南部屏风。清朝著名文学家刘鹗在他的小说《老残游记》中，就有一段描述千佛山的话，他说从大明湖向南望千佛山，'仿佛宋人赵千里的一幅大画，做了一架数十里长的屏风'，形容得是非常的贴切。"导游这样的讲解让游客如身临其境、回味无穷。

③ 条理灵活是导游语言礼仪的基本要求。条理清楚，是导游与游客沟通的根本。特别对于内容丰富、复杂的景点，讲解必须有条理。先讲什么、后讲什么、中间穿插什么，都要事先组织好，否则会让人不知所云。导游要克服一些不良的口语习惯。有的导游用语暧昧、含糊不清，有的解说反复啰唆、拖泥带水，这些不良习惯都会影响导游的表达能力，是应当想方设法克服的。导游语言运用要妥当、有分寸，以做到真正体现对游客的尊重为前提。灵活强调的是导游员的语言表达应做到因人、因地、因时而异，导游员在讲解时必须充分考虑游客

的文化背景、认知水平、兴趣爱好及职业特点等异同,并据此有针对性地决定内容的取舍和表达方式的选择,以提高游客的接受和理解能力。

**3. 导游迎送礼仪**

旅游团队接送礼仪是导游人员的一项十分重要的工作,接团工作的礼仪是否周全,直接影响着旅行社和导游本人在客人心目中的第一印象;而送团则是带团的最后一项工作,如果前面的工作客人都非常满意,但送团工作出现了礼貌不周的问题,同样会破坏旅行社和导游人员在客人心目中的整体形象,并使陪团前期的努力前功尽弃。为此,在导游服务工作程序中,迎送礼仪是十分重要的。

(1)导游迎接过程的规范礼仪

① 接站前导游人员到机场、车站、码头迎接游客,必须比预定的时间早到,等候客人,不能让游客等候接团导游员。

② 接团应事先准备好足够旅游团游客乘坐的旅游车,并督促司机将车身和车内清洗、清扫干净。

③ 导游员的导游证、旅行社的徽章,应佩戴在服装的左胸的正上方;制作好醒目的接团牌,要事先了解全陪的外貌特征、性别、装束等,当游客乘交通工具抵达后,举起接团的站牌,向到达游客挥手致意。

④ 接到游客后,应说:"各位辛苦了!"然后主动介绍自己的单位及姓名,尊重老人和妇女,爱护儿童,进出房门、上下车,要让老人妇女先行,对老弱病残者要上前搀扶,主动给予照顾。

⑤ 介绍过后,迅速引导游客来到已安排妥当的交通车旁,指导游客有秩序地将行李放入行李箱后,再引导游客按次序上车;游客上车时,最好站在车门口,用手护住门顶以防游客碰头。

⑥ 游客上车后,待游客稍作歇息后,将旅游活动的日程表发到游客手上,以便让游客了解此行游程安排、活动项目及停留时间等。为帮助游客熟悉城市,可准备一些有关的出版物给游客阅读,如报纸、杂志、旅游指南等。

⑦ 注意观察游客的精神状况,如游客精神状况较好,在前往酒店途中,可就沿途街景做一些介绍;如游客较为疲劳,则可让游客休息。

⑧ 到达酒店后,协助游客登记入住,并借机熟悉游客情况,随后,将每个游客安排妥帖。

⑨ 游客进房前先简单介绍游程安排,并宣布第二天日程细节。第二天活动如安排时间较早,应通知总台提供团队游客的叫早服务,并记住团员所住房号,再一次与领队进行细节问题的沟通协调。

⑩ 不要忘记询问游客的健康状况,如团队中有人身体不适,首先应表示关心,若需要,应想办法为游客提供必要的药物进行预防或治疗,以保证第二天游程计划的顺利实施。与游客告别时应将自己的房间号码告知游客。

(2)导游送站过程的规范礼仪

① 游客活动结束前,要提前为游客预订好下一站旅游或返回的机(车、船)票;游客乘坐的车厢、船舱尽量集中安排,以便于团队活动的统一协调。

② 为游客送行,应使对方感到自己的热情、诚恳、有礼貌和有修养。临别之前应亲切询问游客有无来不及办理、需要自己代为解决的事情,应提醒游客是否有遗漏物品并及时帮

助处理解决。

③ 火车、轮船开动或飞机起飞以后，应向游客挥手致意，祝一路顺风，然后再离开。

**4. 导游沟通协调礼仪**

导游工作的性质与任务，不仅仅是景点介绍、讲解，还包括许多其他的工作，涵盖了旅游六大要素中吃、住、行、游、购、娱的方方面面。游客中的兴趣、爱好、要求各不相同，素质参差不齐，要使每个团员满意确实相当不易。对于导游人员来说，要做好以下沟通协调工作。

（1）善于回答疑难问题

回答疑难问题可以运用下列礼仪技巧。

① 原则问题是非分明。游客提出的某些问题涉及一定的原则立场，一定要给予明确的回答。这些问题有些涉及民族尊严，有些涉及中国的国际形象，如"香港的一国两制"、"台湾问题"等，要是非分明、毫不隐讳，并力求用正确的回答澄清对方的误解和模糊认识。例如，西方游客在游览河北承德时，有人问："承德以前是蒙古人住的地方，因为它在长城以外，对吗？"导游员答："是的，现在有些村落还是蒙古名字。"又问："那么，是不是可以说，现在汉人侵略了蒙古人的地盘呢？"导游答："不应该这么说，应该叫民族融合。中国的北方有汉人，同样南方也有蒙古人。就像法国的阿拉伯人一样，是由于历史的原因形成的，并不是侵略。现在的中国不是哪一个民族的国家，而是一个统一的多民族国家。"客人听了都连连点头。

② 诱导否定。游客的性格各异，要求五花八门，有些合理要求作为导游人员应当尽量予以满足，而有些要求却不尽合理，按照礼貌服务的要求，导游不要轻易对客人说"不"。对方提出问题以后，不马上回答，而是讲一点理由，提出一些条件或反问一个问题，诱使对方自我否定，自我放弃原来提出的问题。

③ 曲语回避。有些游客提出的问题很刁钻，使导游在回答问题时肯定或否定都有漏洞，左右为难，还不如以静制动，或以曲折含蓄的语言予以回避。有一位美国人问导游员："你认为是毛泽东好，还是邓小平好？"导游巧妙地避开其话锋，反问道："您能先告诉我是华盛顿好，还是林肯好吗？"客人哑然。

④ 微笑不语。遭人拒绝是最令人尴尬难堪的事，为了避免遭遇这种难堪，一般人通常选择不轻易求人，所以，不论是何种情况，导游人员都不应直截了当地拒绝游客的要求。但有时游客提出的一些要求，我们又不得不拒绝，此时，微笑不语可谓是最佳选择。满怀歉意地微笑不语，本身就向游客表达了一种"我真的想帮你，但是我无能为力"的信号。微笑不语有时含有不置可否的意味。

⑤ 先是后非。在必须就某个问题向游客表示拒绝时，可采取先肯定对方的动机，或表明自己与对方主观一致的愿望，然后再以无可奈何的客观理由为借口予以回绝。例如，在故宫博物院，一批外国游客看到中国皇宫建筑的雄伟壮观，纷纷要求摄影拍照，而故宫的有些景点是不允许拍照的。此时，导游员诚恳地对客人说："从感情上讲，我真想帮助大家，但这里有规定不许拍照，所以，我无能为力。"这种先"是"后"非"的拒绝法，可以缓解对方的紧张情绪，使对方感到你并没有从情感上拒绝他（她）的愿望，而是出于无奈，这样在心理上他们容易接受。

⑥ 婉言谢绝。婉言谢绝是指以诚恳的态度、委婉的方式，回避他人所提出要求或问题的技巧。即运用模糊语言暗示游客，或从侧面提示客人，其要求虽然可以理解，但却由于某

些客观原因不便答复。为此只能表示遗憾和歉意,感谢大家的理解和支持。拒绝游客的方法还有不少,如顺水推舟法。即拒绝对方时,以对方言语中的某一点作为拒绝的理由,顺其逻辑性得出拒绝的结果。顺水推舟式的拒绝,显得极有涵养,既能达到断然拒绝的目的,又不至于伤害对方的面子。

（2）善于激发游客兴趣

游客游兴如何是导游工作成败的关键。游客的游兴可以激发导游的灵感,使导游在整个游程中和游客心灵相融,一路欢声笑语;相反,如果游客兴味索然,表情冷漠,尽管导游竭尽所能,也会毫无成效。激发游客游兴的礼仪包括两个方面:一是利用景观本身的吸引力;二是导游借助语言功能调动和引导的礼仪。

导游的景点介绍,一定要注意讲解的针对性、科学性和语言表达主动性的完美结合,应根据不同的景点(人文景观,如故宫、颐和园;自然景观,如桂林山水)进行详略不同的介绍。有的具体详尽,有的活泼流畅,有的构思严谨,有的通俗易懂。总之,景点介绍的风格特点和内容取舍,始终应以游客的兴趣为前提。

另外,在游客过程中,要善于变换游客感兴趣的话题,可根据不同游客的心理特点,选择以下话题:满足求知欲的话题,刺激好奇心理的话题,决定行动的话题,满足优越感的话题、娱乐性话题等。

（3）善于调节游客情绪

一个旅游团因订不到火车卧铺票而改乘轮船,游客十分不满,在情绪上与导游形成了强烈的对立。导游面带微笑,一方面向游客道歉,请大家谅解,由于旅游旺季火车的紧张状况导致了计划的临时改变;另一方面耐心开导游客,乘轮船虽然速度慢一些,但提前一天上船,并未影响整个的游程,并且在船上能够欣赏到两岸的风光,相当于增加了一个旅游项目。导游成功地运用不同的分析方法,以诚恳、冷静的态度,幽默、风趣的语言,很快化解了游客的不满情绪。

情绪是人对于客观事物是否符合本身需要而产生的一种态度和体验。旅游活动中,由于有相当多的不确定因素和不可控制因素,随时都会导致计划的改变。例如有时由于客观原因游览景点要减少,游客感兴趣的景点停留时间要缩短;预订好的中餐因为某些不可控制的因素,临时改吃西餐;订好的机票因大风、大雾停飞,只得临时改乘火车,类似事件在接团和陪团时会经常发生。这些都会直接或间接影响到游客的情绪。调节游客情绪要注意以下几点。

① 避免以自我为话题中心。调解游客情绪时,最忌讳一方自以为是、夸夸其谈、炫耀自己,完全忽视他人。如果听者始终找不到机会参与谈话,心理上就会产生抵触情绪。为了促进双方情绪的沟通,在谈话中应尽量使对方多开口,借以了解对方,挖掘双方的共同点,找出双方共同的话题,不能一个人垄断话题,也不要放弃调节情绪的机会。

② 谈论游客感兴趣的内容。在交谈中,应随时注意游客的反应,观察游客的表情、体姿,判断其对谈话的关注程度,并经常征询游客的意见,给予对方谈话的机会。如果一旦发现游客对话题不感兴趣,应立即停住并转移话题,调整谈话的内容和方式。交谈中不要涉及个人隐私、敏感问题,否则谈话会陷入难堪的局面。

③ 谈话内容应以友好为原则。在调节游客的情绪中,双方可能会因对问题的不同看法而发生争论。有时争论是有益的,但争论也容易导致友谊破裂、关系中断。因此,应防止或

避免无意义的争论,尤其是不冷静的争论。一旦争执起来,如果对方无礼,不要以牙还牙、出言不逊、恶语伤人,也不要旁敲侧击、冷嘲热讽,而应宽容克制,尽可能地好言相劝,再寻找新的话题。

### 5. 处理突发事件的礼仪

由于旅游活动有较多的不确定因素,加之涉及需要协调、衔接的部门、环节较多,很难预料在组织游览过程中会发生怎样的突发事件。只有在服务的全过程中,具有预测和分析突发事件的能力,充分做好防范的准备,才能减少和杜绝那些影响服务正常运作的突发事件。导游员如何对突发事件做到防患于未然?常见的突发事件及其处置原则如下:

第一,尽量在带团出游前对游览计划、线路设计、搭乘交通工具、景点停留时间、沿途用餐地点等做出周密细致地安排,并根据以往的带团经验充分考虑容易出现问题的环节,准备好万一出现问题时所采取的对策及应急措施。

第二,应准备一些常用的药品、针线及日常必需品,将应付突发事件需要联系的电话号码(如急救、报警、交通票务服务、旅行社负责人、车队调度等)随时带在身上。

第三,出发前应亲切询问团队客人的身体健康状况,对老年团队成员尤其要细心。

第四,游览有危险因素的景点或进行有危险的活动,如爬山、攀岩、游泳等,一定要特别强调安全问题,并备有应急措施。

第五,事件发生以后要沉着冷静,既要安抚客人、稳定客人情绪,又要快速作出周密的处理方案和步骤,尽量减少事件带来的负面影响。

在具备了上述的基本条件后,可针对突发事件的性质和种类采取补救、协调、缓和、赔偿、行政手段、法律手段等相应的对策。一旦突发事件发生,导游应该如何面对呢?

(1)路线与日程变更

应对此类事件时一定要讲究处理程序,具体要从以下方面着手:①如果遇到特殊情况需要改变旅游路线,包括增减或变更参观景点,增减旅行的天数或改变交通工具等,必须由领队提出,经与接团社研究认为有可能变更,并提出意见请示组团社后,导游才可实施新的旅游计划。②如个别游客要求中途离团或全团旅行结束后延长在旅游地时间,导游必须请示接团社、组团社后,方可同意。③如遇上接团社没有订上规定的航班、车次的机票、车票、船票,而更改了航班车次或日期,应向游客做好解释,并提醒接团社,及时通知下一站做好准备。④如雨天或其他不可抗力的原因临时取消航班,不能离开所在城市时,应注意争取领队、全陪的合作,稳定游客情绪,并立即与内勤联系,配合民航安排好游客当天的食宿。

(2)行李丢失和损坏

行李丢失和损坏的处理程序是:①在机场发生行李丢失,应凭机票及行李牌在机场行李查询处挂失,并保存好挂失单和行李单,与机场密切联系追查。②抵达饭店时才发现行李丢失,应按行李交接手续从最近环节查起。③行李损坏,应掌握谁损坏谁赔偿的原则。一是查不清责任,应应给受损失者修理或赔偿,费用掌握在规定的标准内,请客人留下书面说明,发票由地陪签字,以便向保险公司办理索赔。

(3)游客病危或死亡

游客病危或死亡的处理程序是:①游客发生病危时,全陪要及时向接团社汇报,积极组织抢救。如遇游客在乘火车途中发生急症,应及时与乘务员联系,进行抢救或通知前方站准备抢救。②如遇游客死亡,应立即报告接团社、组团社和保险公司,按照程序规定进行处理。

（4）游客财物损失被盗

游客财物损失被盗的其处理程序是：①游客丢失护照，领队应首先详细了解丢失情况，找出有关线索，努力寻找。如确实找不到，应尽快报告当地旅行社开具证明，由陪同协助游客速照快相，拿着照片去其护照国使领馆办理临时护照，没有使领馆的地区，到当地公安机关开具出境证明。②导游员迅速了解物品丢失前后经过，做出正确判断，是失主不慎丢失，还是被盗。再迅速报告公安部门，并协助查找。

（5）交通事故

如果在旅途中发生交通事故，导游员不要惊慌，稳定游客情绪，并在第一时间通知旅行社和当地交通部门。导游员要采取下列措施：①要立即将伤员送往距出事地点最近的医院抢救。全陪应立即向组团社和接团社汇报，并请示事后处理意见。②保护现场，并尽快报告交通警察和治安部门。③做好全团人员的安全工作，事故发生后，除有关人员留在医院外，应尽可能使其他团员按原定日程继续活动。④做好事故善后工作。交通事故处理就绪或该团接待工作结束后，导游应立即写出事故发生及处理的书面报告。

📝 **思考与训练**

1. 走访本地的几家旅行社，了解它们的规模、经营业务范围，感受旅行社的氛围。

2. 走访所在地区几家旅行社，向旅行社工作人员了解它们主要有哪些旅游产品或旅游线路。

3. 设定几个消费群体，为他们设计旅游线路或旅游产品，并向他们模拟推销这些旅游线路和旅游产品。

4. 由教师预先设计数个景点，写在纸上，学生抽取，对景点进行讲解。

5. 由教师预先设计数个旅游"突发事件"，写在纸上，学生抽取，说出如何预防或处理该情况的发生。

6. 案例分析

### 真的不怪送礼人吗

国内某家专门接待外国游客的旅行社，有一次准备在接待来华的意大利游客时送每人一件小礼品。于是，该旅行社订购制作了一批纯丝手帕，是杭州制作的，还是名厂名产，每个手帕上绣着花草图案，十分美观大方。手帕装在特制的纸盒内，盒上又有旅行社社徽，显得是很像样的小礼品。中国丝织品闻名于世，料想会受到客人的喜欢。

旅游接待人员带着盒装的纯丝手帕，到机场迎接来自意大利的游客。欢迎词致得热情、得体。在车上他代表旅行社赠送给每位游客两盒包装甚好的手帕，作为礼品。

没想到车上一片哗然，议论纷纷，游客显出很不高兴的样子。特别是一位夫人，大声叫喊，表现极为气愤，还有些伤感。旅游接待人员心慌了，好心好意送人家礼物，不但得不到感谢，还出现这般景象。中国人总以为送礼人不被怪，这些外国人为什么怪起来了？

（资料来源：王连义. 怎样做好导游工作. 北京：中国旅游出版社，1993）

**思考与讨论：**

（1）外国游客接到礼物为何反应异常？

（2）从本案例中服务行业从业人员学到了什么？

# 银行服务礼仪

### 学习目标

- 银行服务设施符合规范要求；
- 以良好的银行服务态度赢得客户青睐；
- 银行服务讲究礼仪，提高服务质量。

### 情境导入

**客户到底想要我做什么？**

客户（以下简称客）：我想查一下我的××卡在不在电话银行上。

热线服务人员（以下简称热）：××号，没有。

客：那你帮我查一下，是不是登记到别的卡号上了。

热：查不到。肯定是没注册上，你在哪里办的？

客：××柜台。

热：那你要到柜台去一下，重办一次。

客：你能否帮我查一下，是挂错了还是没挂上。

热：一定是××支行做错了，他们经常错，我这里查不到，你到柜台去。

客：查不到原因我去干什么？

热：我们这里的业务必须要到柜台办理的，你知道吧。这样吧，我打电话叫他们来找你。

柜台服务人员（以下简称柜）：是××吗？我是××网点的，我们单位服务热线打电话来，正好我接电话，我不是这里的负责人，你明天下午到这里来一趟好吗？

客：你能否帮我查一下账卡是否挂到电子银行？还是挂错了？

柜：你是哪天挂的？谁帮你挂的？

客：一周前，左边第一个柜台。

柜：你一定记错了，我问过了，左边第一个没帮你办过。

客：我就想问一下你能否帮我查一下账卡是否挂到电子银行？还是挂错了？

柜：那我查不了，他们都讲没办过，我要到楼上帮你翻，很麻烦的，我也不是这里的负责人，只是正好接到这个电话。

客：那你给我打这个电话什么意思呢？

柜：我也不是这里的负责人，只是正好接到这个电话。我找我们经理给你打电话好了。

客：我就问个简单的问题，你们搞了这一大圈，什么也没解决，你们是怎么回事？

（资料来源：http://www.cncs100.com/bencandy.php?fid＝85&aid＝1060）

**问题**：银行服务应讲究哪些礼仪？

### ✖ 实训设计

　　银行，通常是指由国家批准设立的专门经营存款、贷款、汇兑等项金融业务的机构。在市场经济条件下，对商界而言，银行是其必须依赖的流通环节之一。银行之于社会各界，主要所提供的是各项金融业务类的服务。银行的服务宗旨，应当是竭诚服务、信誉至上、顾客第一。凡此种种，均应在银行礼仪之中得到充分而具体的体现。

　　服务是一个过程，具有不可逆性，这就决定服务是"一次性"消费，要求服务人员以开始就要按规定程序进行作业，准确定位。只有这样，才能把缺陷减少到零（当然这也有赖于客户的配合），才能称得上提升服务质量、提高营销效率和降低经营成本。在银行服务中，临柜岗位服务是最为关键的。临柜岗位是展示金融业形象和员工风貌最主要的窗口，时刻面对着形形色色的客户，工作难点多，情况变化多，要让客户满意谈何容易！

　　这里通过开展如下实训项目完成本任务的学习。

**银行岗位业务活动礼仪训练**

实训目标：掌握岗位业务活动各项礼仪规范，提高临柜服务质量。

实训学时：1学时。

实训地点：实训室。

实训准备：银行环境布置。

实训方法：

（1）2人为一组，分组进行练习。

（2）各组分别选择办理储蓄业务、委托业务、银行卡业务、存折或存单挂失业务、没收假钞业务、个人汇款业务等中的一项，一名学生扮演银行柜面工作人员，一名学生扮演顾客，进行角色模拟演练。

（3）最后，教师全班总结、讲评。

# 一、银行服务规范

　　这里参照网上资料（http://www.thly88.com/liyi/20084/2008424111818.html）和相关银行的规定总结如下。

**1. 银行的服务设施规范**

银行的服务设施，一般是指在银行业的各个服务网点上，根据常规，所应当设置以备顾客使用的各种设备和用具，等等。关于银行的服务设施，规范的要求是完善、整洁、便民与安全。

（1）银行的服务设施必须完善

银行为客户所提供的各项服务，既要注意周全，更要力臻完善。这一要求，首先应当体现于银行的服务设施方面。这方面的工作做好了，银行的良好形象才有可能真正地在社会上树立起来。

其一，要有行名、行徽、所名以及对外营业的时间牌；

其二，要悬挂经营金融业务的许可证以及正式的营业执照；

其三，要有标明年月日时分的时钟和办理各项业务的标示牌；

其四，要有储医疗费利率牌（办理外汇业务者，也要有汇率牌）以及业务宣传牌；

其五，所有一线工作人员都要在上岗时佩戴标明本人姓名、职务的身份胸卡；

其六，营业柜台之外要有可供客户使用的书写台和休息场地，并配有各种便民用品；

其七，要设有专供客户使用的意见簿和服务监督电话；

其八，要在营业时间之内设有流动的保安人员。

以上这"八有"，是对银行各营业机构完善服务设施的基本要求。对于这些基本要求，不但一定要做得到，而且必须努力做好。

（2）银行的服务设施必须整洁

银行各营业机构的各种服务设施，必须注意整洁的问题。具体而言，就是要使之完整无缺，干净清洁。这是银行为自己塑造良好形象所绝对不容许丝毫疏忽的问题。

一方面，银行的服务设施一定要完整无缺。这不仅体现着银行的实力，银行工作人员工作的一丝不苟，也是为了更好地服务于客户。特别应当强调：银行的各营业机构必须做到门面庄严、标志醒目、外形美观。行名、行徽的字体、色彩、图案以及排列的方式，一定要严格按照各家银行总行的统一规定制作。行名要标准，行徽要醒目，文字要正确，色彩要和谐，图案要规范。行名牌、营业时间牌以及经办信用卡业务牌等，按惯例均应采用长方形铜质材料或其他金属质地的材料制作，并应当排列恰当地镶嵌在营业厅大门两侧。凡有条件者，均应装有晚间使用的灯光照明设施。但是，上述各种设施均不得出现错、乱、残、缺、坏等现象。否则，便如同是在替自己作反面宣传。

另一方面，银行的服务设施一定要干净清洁。各银行营业机构均应量力而行，认真做好本单位的环境美化和周边绿化。各种服务设施不但布局要合理，而且摆放要有序。营业的大厅，要有一定的高度。采光要充足，灯光要明亮，空气要流通，色彩要和谐。各银行营业机构都要搞好本单位的环境卫生。要认真做到室内桌、椅、柜摆放有序，办公用具一律定位放置，墙上无积尘、无蛛网，窗上无灰垢、无污痕，地上无纸屑、无烟蒂、室内无杂物、无垃圾。不准在室内外乱贴广告、标语、通知。对此，要经营性的检查、抽查来加以督促。

（3）银行的服务设施必须便民

对于银行的全体从业人员而言，便民为本，不仅是一种指导性的原则，而且更应当成为自己的实际行动。

为方便客户起见，银行各营业机构在营业大厅内均应设立"两台"、"一座"。有条件者，还须设立"一室"。

所谓"两台",指的是咨询台与书写台。咨询台通常应设立在营业大厅入口处附近,并且配有业务熟练、口齿清晰、责任心强的工作人员,负责解答客户所提出的各类疑难问题,并引导客户办理各项有关的银行业务。书写台上则应当配有各种储蓄单、钢笔、墨水、印泥、别针以及计算器和老花镜,以方便客户填写储蓄单之用。

所谓"一座",指的是供客户休息之用的坐椅,它们应当宽大舒适,并且有一定的数量。在坐椅附近,可摆放一些报刊,供客户休息、等候时阅读。

所谓"一室",指的是贵宾接待室。它俗称"大户室",专供接待重要客户之用。

出于对客户的尊重,在各银行营业机构的营业大厅之内,应悬挂本单位的服务条约、营业纪律、行为规范、文明用语与服务忌语,以供社会监督。

有条件的,应在营业大厅之内安装空调、暖气,以便做到室内冬暖夏凉,为客户创造一个更为良好的环境。

对于各类常设性的便民设施以及自助式的存、取款设备,应定期进行全面的检查与维修。并将有关的电话号码公告于社会,不要让其有名无实,甚至给客户增添烦恼。

银行各营业机构还须建立流动服务组,以便为存在业务需要的单位或个人,提供上门服务。为此,应将上门服务的电话对社会公开。

(4) 银行的服务设施必须安全

为了预防各类风险的发生,银行各营业机构必须采用百般措施,做好安全防护工作,防患于未然。不仅要防盗、防抢,而且也要防火、防水、防风。

一定要落实好本单位的保卫值班制度与安全检查制度。事事要有专人负责、专人检查、处处不可轻心大意。

一定要认真建立预案制度,提前发现并堵塞各种事故的隐患与漏洞。各营业机构必须认真安装好应急报警设施,备齐、备好各种安全防护工具和防火、防水、防风器材,并且要求全体有关人员人人都能够做到熟练地使用。凡有条件的单位,还应当尽早安装闭路电视监控设备。

银行各营业机构的保安人员与值班人员,都要经过系统的安全教育和专业教育,以便使其能够应付各种突发性事件的发生,否则便如同虚设。

在各营业机构的营业大厅之内,可放置一台验钞器,并在适当之处悬挂辨别人民币真伪的宣传性挂图。这样做,不仅可使客户舒心、放心,减少了客户与银行之间的矛盾、摩擦,而且也有利于杜绝伪钞的泛滥。

在有条件的银行营业机构里,就为客户提供"一米线"服务。所谓"一米线"即在个人储蓄窗口之外的地面上距离窗口一米处画线。当前一位客户在窗口办理业务时,后一位客户必须在一米之外的线外等候,以便令正在办理业务的客户真正地感受到保密与安全。

**2. 银行的服务行为规范**

银行的服务行为,通常指的是银行的全体从业人员在自己的工作岗位上的所作所为。换言之,它实际上所指的就是银行的全体工作人员的工作表现。在一般情况下,对银行业的服务行为规范的总体要求,主要集中地体现在改善服务态度、提高服务质量这两个方面。

(1) 改善服务态度

改善服务态度,表现在银行全体从业人员的举止神情和言谈话语等各个方面。具体来讲,在下述四个方面必须做好。

① 要自尊自爱。在自己的工作岗位之上,全体银行从业人员都要对自己的仪表、服饰、举止按照有关的岗位规范,从严加以要求。要将这些方面的具体细节问题提升到个人与银行的整体形象的高度来认真地加以对待,要将它们与自己爱岗敬业的工作态度联系在一起来予以关注。

在正常情况下,全体银行从业人员在上班时,必须自觉做到仪容清爽整洁、着装端庄得体、化妆自然大方,站、坐姿势端正,佩戴工号上岗,以实际行动做到自尊自爱。

② 要热忱服务。接待客户之时,全体银行从业人员一定要文明礼貌,热忱而主动地为客户服务。与客户打交道时,要严格地执行本单位已经明文规定的文明用语与服务忌语。对于客户所提出来的各种疑问,要认真聆听,耐心解释,有问必答。为客户服务之时,态度必须主动、诚恳而热情。对待所有的客户,都要一视同仁。具体而言:存款取款要一样周到,业务大小要一样热情,定期活期要一样接待,零钱整钱要一样欢迎,新老客户要一样亲切,大人小孩要一样主动,工作忙闲要一样耐心,表扬批评要一样真诚。

③ 要客户至上。在工作之中,银行的全体从业人员必须在思想上牢固地树立起"服务第一"、"客户第一"的思想,并且将其认真地落实在自己的业务实践之中,处处急客户所急,处处想客户所想,勤勤恳恳、踏踏实实地为客户服务。接递客户手中的现金、单据、卡证时,应使用右手或双手,不允许抛掷,或不用手接递。有必要确认客户存款或取款的具体数额时,不宜高声喊喝,搞得"满城皆知",而令客户战战兢兢。当客户前来办理某些较为琐碎而毫无利润可言的业务时,如大钞兑换小钞、兑换残钞、零币,等等,要有求必应,切不可推辞。当客户所取现金数额巨大时,为确保其安全,应安排专人对其加以护送。

④ 要任劳任怨。在工作之中,难免会有时与客户产生某些矛盾纠葛。在此种情况下,对客户的尊重、对工作的负责,都要一如既往。对于矛盾,要力求妥善解决。得理之时,必须让人一步。失礼之时,必须主动致歉。受到客户的表扬要谦虚,受到客户的批评要虚心,受到委屈要容忍。在任何情况下,都要自觉做到与客户不争不吵,始终笑脸相对,保持个人风度。要注意对待批评有则改之,无则加勉,并认真总结工作中的经验教训,不断完善本单位的各项制度、措施。万一在工作上因为个人的原因而出现了差错,要迅速予以纠正,不推不拖,绝不赖账。对于因工作环节、设备使用等原因而产生的不可抗逆的事故,例如计算机故障、临时停电、设备维修等,要及时对客户作出耐心解释,并采取一切可能采取的补救性措施。不论出现任何状况,都不允许议论、讽刺、刁难客户,尤其不允许辱骂客户,或者与客户动手打架、争吵。

(2) 提高服务质量

提高服务质量则主要表现为银行的全体从业人员要在做好本职工作的基础上,对自己提出更高的标准、更严的要求,从而使自己为客户所提供的各项服务在质量方面"更上一层楼"。

就现状而言,要求银行的全体从业人员提高服务质量,特别需要将其具体贯彻落实到如下五个方面。

① 要提前到岗,按时营业。各银行营业机构均应严格本单位的上、下班时间和营业时间,并且确保在营业时间之内要接待每一位上门而来的客户,办理好每一笔金融业务。银行的全体从业人员,在每个工作日里,均必须在上班时间之前到岗,并按照本单位有关的员工

个人形象规范的具体要求,做好营业前的各项准备工作,营业时间一到,必须准点开门营业,分秒不差。未到规定的对外营业结束时间,不得提前关门拒客。不得提早关门结账,不准擅自缩短时间。凡有条件的营业机构,会计、出纳、储蓄等主要业务,应实行限时服务。凡有此项规定者,理当张榜向社会公布,并且严格执行接受监督。

② 要规范操作,准确认真。在本人的工作岗位上,银行的全体从业人员必须严守各项有关的规章制度,使自己的业务操作既规范标准又迅速及时。为客户提供服务时,要做到先外后内、先急后缓。如,现金收款业务,要先收款后记账;现金付出业务,要先记账后付款;转账业务,则要收妥作数。在具体办理业务时,应当力争核算准确,快收快付。各基层机构的营业人员在办理业务时,必须做到收付核算准确、办理业务迅速、向客户交点清楚。要争取作出速度快、质量好、无差错,努力减短客户等候的时间。

办理业务之时,必须按规定使用统一印制、内容标准的凭证,联次要齐全,字迹要书写得清晰工整,印章要有效、齐全、清晰,并且一定要在规定之处加盖整齐。

③ 要业务公开,社会监督。为了方便客户,更好地服务于社会,银行所经办的各项新老业务应当一律向社会公开,并且提倡主动接受社会监督,以促进本单位更好地开展工作。可能时,还应努力营造内外结合、纵横制约的社会服务监督网。

在目前情况下,各银行营业机构尤其应当做到下述"三公开"。

一是要将银行经办的业务种类,包括主要的服务项目对外公开。各银行营业机构应将自己所经办的各种金融业务和金融服务项目整理分类。设置简介牌,然后予以公布。

二是要将业务处理的手续对外公开。各银行营业机构将自己的主要业务,例如开户、存取款、办理信用卡、申请储蓄卡、储蓄挂失、提前支取等业务办理的手续和规定,汇编成文字材料,提供给客户查阅使用。

三是要将金融政策纪律对外公开。各银行营业机构还需将与本单位及客户相关的国家的各项金融政策纪律,如储蓄政策、结算原则、反假币措施、支票使用规定等,向客户进行公布。

④ 要执行政策,遵守法纪。全体银行从业人员在工作岗位上处理业务之时,均须时时刻刻自觉地、忠实地、始终不懈地严格贯彻执行党和国家有关的金融法规、政策和方针。违反政策的话坚持不说,违反规定的业务坚决不做。不仅如此,还要努力做好相互监督与制约。要敢于同一切违反党纪、国法和金融政策的行为进行坚决地斗争。要严守法纪,要懂法、知法、守法。要自觉地做到有法必依、执法必严、违法必究。在工作岗位上,绝不能贪赃枉法,以身试法,目无法纪。要执行好国家各项有关的金融方针和金融政策,就要对其系统而认真地学习,仔细地进行领会。要在工作中处处以国家利益为重,在思想上、行动上要自觉与党和国家保持一致。要严格地完善本单位的各项纪律与各项制度,教育全体员工严守规章制度,严守工作纪律,秉公办事,廉洁奉公,公私分明,严守秘密,拒腐防变,令行禁止。要不徇私情,不弄虚作假,不利用职权谋求个人私利,不收受客户的礼金或礼物。

⑤ 要行为检点,自警自励。全体银行的从业人员,在工作岗位之上皆应立足本职,顾全大局,自重自省,率先垂范。在个人的举止行为方面,应当多加检点。在上岗之前,一律不准饮酒。在工作岗之上,不准吸烟。在本单位之内,不允许接打私人电话,读书看报,或是忙于其他类型的个人私事。不准以任何借口擅离职守,串柜聊天,或是大声谈笑。在工作期间,

与同事或者客户打、逗、闹、玩,也是应予严禁的。总之,一切与业务无关的事情,一切与本职工作相抵触的事情,都是不可以做的。

# 二、银行岗位服务礼仪

### 1. 临柜业务活动礼仪

（1）办理储蓄业务

办理储蓄业务时要注意,客户如有疑问,应耐心详细地为其解释清楚。客户也许会提出一些与制度不相符的要求,对此,我们要坚持原则。不过同样也要本着"一切为客户"的理念,向客户解释清楚为什么要这样做,并为给客户带来的不便表示适当的歉意。客户的要求也许很没有必要,但又不违反制度,这就应顺着他的意愿去办,切不可不屑一顾。钱款要与客户当面点清。对大小客户应该一视同仁,对所有客户热情周到。

（2）办理委托业务

办理委托业务因涉及的内容比较多,所以应该向客户简明、扼要地介绍办理过程中的所有要素,不要让他无谓地往返。对一些关键的要素,必要时可重复征询、核实,以求办理时就使客户清楚他的权利和义务,减少因交代不清楚造成的误解,以致日后发生不快的可能。耐心回答客户的提问,作为专业人员为客户解释是义务,同时,也是一种荣耀。对客户容易疏漏的问题,要主动提醒,如"账户要保持一定的余额,以便扣款成功"等,不要等客户问起再回答。

（3）办理银行卡业务

办理银行卡业务因为涉及的内容比较多,所以应该向客户简明、扼要地说明清楚办理过程中的所有要素,不要让他无谓地往返。对一些关键的要素必要时可重复询问、证实,以求办理时就使客户清楚他的权利和义务,减少今后发生不快的可能。对客户容易疏漏的问题,要主动提醒,如"××卡不要和密码袋放在一起",不要等客户问起再回答。

（4）办理存单（存折）挂失业务

因为客户办理存单（存折）挂失业务时比较着急,所以即使他们有过激的言行,应本着体谅、理解的态度善待他们。正因为挂失对客户的利益有着直接的影响,所以应该详细、清楚地把有关要素都交代明确。要注意加快语言和动作的节奏,使客户感到你在尽力为他分忧,切忌漠不关心,慢慢吞吞。

（5）没收假钞

对客户而言,假钞被没收意味着一笔损失,所以要体谅他们此时的不满甚至愤怒,对他们表示出足够的理解和同情,千万不要因为客户的喧哗而不恰当地提高自己的嗓门。虽然没收假钞是按规定办事,但切不可凭"规定"一词简单了事,因为客户也是受害者。我们要在坚持原则的基础上,尽可能地做好解释工作。要主动教给客户识别假钞的知识,使他们增强反假能力,以免再次上当。

（6）大堂咨询

咨询的责任之一是眼观八方，及时发现并帮助那些需要帮助但尚未提出或羞于开口的客户。老年人、小孩、孕妇都是需要帮助的，而对残疾人则要注意分寸，要在适当的地方以适当的方式关注，并在确实需要帮助时搭一下力，以维护其自尊心。咨询的责任还有很多，像维护营业场所内的秩序，做好保洁工作，尤其是疏导客户。当柜台上人头攒动时，就应根据经验和同事的工作情况，主动分流客户，并对他们表示歉意。如果发现客户在柜台有问不完的问题，咨询人员也有责任帮助同事解答他的问题，减轻柜台上的压力。咨询员在营业场所内千万不要板着脸，要知道一位咨询员的冷若冰霜，有可能使柜台内几位同事的微笑化为乌有。

（7）个人汇款业务

对大多数人来说，办理个人汇款往往是陌生的，因此需要耐心、详细地为他们解释其中的每一个要素。目前，银行的汇款方式有好几种，我们应该运用掌握的银行知识为客户做参谋，维护客户利益，让客户既省钱又方便安全地将资金汇至目的账户。

**2. 其他岗位行为规范**

（1）大堂经警值班

对客户来说，只要是在银行的工作人员，就应该懂得银行业务。作为大堂值班经警，尽力为客户解答问题是应该的，但也不要太勉强，有时不妨把客户介绍到大堂咨询那儿去，由咨询人员为他们提供真正的专业服务。经警在大堂值班时，切忌把手插在裤袋里走来走去。接听无线话机时，不要在大厅里，而是在相对隐蔽的地方，一方面可以保密；另一方面也是出于维护营业场所秩序的需要。

（2）接待来访客户

客户来访，起立、让座、倒茶、交谈、送客"五步曲"是必不可少的。而更重要的是，要为客户营造一个良好地交流氛围，每位员工为来访客户让个道，微笑一下，都是这种良好氛围的一部分。如果客户要找的人不在，别的同事要像办自己的事一样积极为他联系，不要漫不经心，事不关己。我们每个人都有义务让来到银行的客户感到满意。

（3）二线为一线服务

二线为一线服务，即为自己的同事服务，同样要热心周到，否则，面向一线的服务可能受阻，继而影响到客户的情绪。不要以制度等冠冕堂皇的理由拒绝同事的求助，相反，除非有绝对的把握，否则也不要在常规之外另辟蹊径，更不要做出违反制度的歪点子。对临柜一线的求助，始终要以友好、认真、负责的态度给予答复。对能够立即解决的要立即解决，对一时不能解决的要给出承诺。

（4）外勤外出

外勤也称客户经理，是展示银行形象的流动窗口，因此一言一行要显得落落大方，文明优雅。穿着应整洁、得体，如穿银行统一服装，则应严格遵守有关规定；如不穿银行统一服装，则应穿职业装。可以有适当的时尚打扮，但不要太扎眼。过于随便的休闲服饰也不能穿，如砖头鞋、紧身衣等。夏天，女性工作人员要注意衣着的质地、厚薄和长短。外勤到有关单位要做到：事先与客户预约；无论门开着还是关着，进房间时要敲门；进出时要尽量和在场的每个人打招呼；要遵守该单位的安全保卫规定，进大门时登记；递接名片时用双手等。

1. 走进一家银行(储蓄所),试对其服务设施规范进行分析和评价。

2. 请结合银行工作,以"改善服务态度,提高服务质量"为题撰写一篇文章,字数不少于800字。

3. 案例分析

## 服 务 至 上

想客户之所想,急客户之所急是我们每个浦发人都具备的服务品德。2006年10月的一天晚上10点多,上海浦东发展银行太原分行营业部早已下班,一名客户满头大汗找到大堂经理,因为临时收到30万元巨额货款,太原市所有的银行已经关门,路过该营业部时看到灯火通明,为确保现金安全过夜客户抱着试一试的心态,希望能够把巨额现金存入银行,看着客户期待的眼神、正在加班工作的几位领导和业务骨干研究决定通过封包入库的方式为客户寄存此笔款项,解决客户过夜现金安全的后顾之忧,在审核留存客户的身份证件和联系方式后,在客户的监督下几位领导同志共同在监控下现场清点现金大数后封包入库,为客户解决了过夜巨款安全的燃眉之急。客户当时感激万分,当即决定把他的企业存款和个人存款全部转移到这家让他感到安心和贴心的银行,此客户成为该营业部忠实的稳定纯负债客户,为营业部带来了上千万元的存款贡献。通过这样充满人性化服务手段,该营业部在太原同业的窗口服务上涌现了许多感人的事迹,在太原市民中树立了良好的服务口碑。

(资料来源:http://www.spdb.com.cn/docpage/c332/200411/1117_332_12479.aspx)

**思考与讨论:**

(1) 本案例反映了该银行营业部怎样的服务意识?

(2) 本案例对你有何启示?

## 对 比

11月2日,雷先生到"批评支行"取款机上取1000元,正操作时,手机响了,雷先生见吐了卡,赶忙取出卡,转身离开取款机屏风接电话。等电话打完后,再次取款时,发现与他熟悉的开户行的取款机的操作略有不同,这台取款机是先吐卡,后出钞。而且他的卡上已减少了1000元。这时,他赶紧询问这家支行的员工。

雷先生:我没取到钱,可卡上少了1000元,是不是这台机器有毛病啊?

"批评支行"员工:你是怎么操作的? 取了卡有没有等一下再离开。

雷先生:吐卡时,未出钱啊,我就接了一个电话。

"批评支行"员工:可能被后面取款的人拿走了。我们这台机器有时"反应"慢,特别是业务高峰时期。告诉你吧,我们行的系统早就落后了,该换代了。这台老爷机早该报废了,唉! 我们行有毛病的地方多着呢。

雷先生:我的1000元怎么办?

"批评支行"员工:谁叫你不等一下离开,自认倒霉吧!

雷先生:……。

雷先生如果是在"热情服务支行"取款遇到同样的情况,他赶紧询问这家支行的员工,会形成另一种局面。

雷先生：我没取到钱，可卡上少了1000元，是不是这台机器有毛病啊？

"热情服务支行"员工：您先别着急，我们对取款情况都有实时录像，请把当时的情况跟我们讲一下，好吗？

雷先生：吐卡时，未出钱啊，我就接了一个电话。

"热情服务支行"员工：请跟我们一起看一下回放录像，好吗？看看是什么原因。

原来在雷先生取卡转身接电话的瞬间，钞已吐出。而他后面一个矮个子青年便随手取走了1000元。

"热情服务支行"员工：每个行的取款机，吐卡和出钞方式可能略有不同，请按屏幕提示进行操作。不过，我们会将您失款的情况上报，请留下联系电话，有情况我们立即与您联系。

雷先生：好吧！谢谢您提醒。

（资料来源：任璐璐. BHM营业管理人. http://www.ccmw.net/article/43334, 2009-01-07）

**思考与讨论：**

（1）对两家银行员工的服务做出评价。

（2）本案例对你有何启示？

# 民航服务礼仪

## 学习目标

- 掌握民航客舱服务礼仪；
- 掌握民航地面服务礼仪；
- 掌握民航服务语言礼仪。

## 情境导入

### 用心飞翔

"用心服务"是南航大连分公司主任乘务长岳红飞行以来一直秉承的信条。岳红在工作上热心投入，经常想办法出点子，丰富服务内容，在她的带动下，先后在航班上推出了"老年旅客的亲情服务"、"伤病旅客的安抚服务"、"带婴幼儿家长好帮手服务"、"无人陪伴儿童的随行服务"、"为初次乘机旅客的向导服务"等。很多旅客临下机时都主动留言："真的十分感谢"、"下次一定还坐你们的航班"……

"真诚待旅客"是岳红的工作方针。用她的话说，真心实意地服务其实并不需要太多的花样，一个发自内心的微笑、一个理解的眼神，甚至一句简单的问候，都能拉近与旅客之间的距离。一次航班上，一位年轻的妈妈抱着一个不满两岁的婴儿，飞机起飞后，小家伙可能因为晕机，将妈妈刚喂的奶全吐到了自己的衣服上，胸前湿了一大片，孩子号啕大哭，年轻的妈妈一时手足无措。岳红见了急忙过去帮这位母亲把小孩的衣服脱下来，并拿来毛毯把婴儿包好。当听说孩子的其他衣服都放在托运的行李里时，她毅然把孩子的衣服拿到洗手间，把吐上污渍的地方用湿毛巾一点点擦干净，又到服务间找了一个咖啡壶装满热水，熨烫湿过的地方，在飞机降落前，把孩子的衣服送到了年轻妈妈的手中。年轻的妈妈激动地拉着她的手，一个劲儿地道谢！

（资料来源：http://editor.caacnews.com.cn/show/9show113.asp?id＝131887）

**问题：**岳红的空乘服务对你有哪些启示？

民航服务是由民航业单位(员工)提供的,为满足民航旅客(客户)利益从事的具体工作,从而实现旅客与民航价值双赢的活动过程。它包括民航地面服务、空中服务以及行李托运等与旅客出行密切相关的活动内容。

民航服务礼仪是一种行为规范,是指民航员工在机场、飞机上的服务工作中应遵守的行为规范,它具体是指民航服务中的各服务环节,从旅客购票、值机、安检到客舱迎接旅客,与旅客沟通,到飞机飞行中的供餐、送饮料,为特殊旅客提供特殊服务,行李托运等一整套的行为规范。学习民航服务礼仪体现了对旅客的尊重和友好,有助于提高民航员工的个人素质,提升民航整体服务质量和服务水平,塑造航空公司、机场的整体形象,从而创造更大的社会效益和经济效益。

这里通过开展以下实训活动进行本任务的学习。

### 空乘服务礼仪训练

实训目标:掌握空乘服务各项礼仪规范,提高服务质量。

实训学时:1学时。

实训地点:航空服务实训室。

实训方法:

(1)将学生分为两组进行练习,每组指定组长一人。

(2)组长安排组内学生5~6人扮演空中乘务员,其余学生扮演老年旅客、伤病旅客、带婴幼儿家长、无人陪伴的儿童、初次乘机旅客等。

(3)两组轮流模拟空中乘务员为各类乘客提供服务,互相指出在服务礼仪上存在的问题。

(4)最后,教师进行全班总结、讲评。

# 一、民航客舱服务礼仪

民航客舱服务人员应具备亲和的微笑,舒心的问候,洁雅的仪表,得体的语言,诚恳的态度,优美的仪态动作。还要加强内在美的修养,了解把握乘客的各种心理,根据乘客的心理特点进行服务,用心、用情服务,让乘客得到优质服务。

**1.候机礼仪**

客舱服务人员着装规范统一,化妆、发型、行李箱等符合公司统一要求,最好是列队行走并保持动作一致。言谈文雅、举止优雅、动作礼仪严谨、规范。语音语调柔和,说话音量适中,切忌玩笑打闹,大声喧哗。手势适度,站姿、坐姿等仪态符合空乘礼仪标准。女性乘务员不得当众补妆或修饰面容,若有需要在卫生间进行;男性乘务员不得在公共场合吸烟。

**2. 迎送乘客礼仪**

乘客登机时,客舱服务人员应按规范礼仪站姿并面带微笑地站立于机舱门口迎接宾客。客人走近时行鞠躬礼并热情问候。左手手臂自然弯曲,手指并拢,手心微斜向上,指示乘客进入机舱。若遇客人携带行李箱,应主动上前扶助,帮助其跨越机舱口。若遇老人、小孩、残疾人士应热情扶助,并主动将其带到座位旁。客人离机时,应按规范礼仪站姿并面带微笑地站立于机舱门口送别乘客,向乘客行鞠躬礼并诚恳道别。

**3. 服务礼仪**

客舱服务人员耐心、亲切地向乘客介绍此次航班机组及乘务人员。准确、细致地介绍机舱内设备设施,并配以示范,示范动作规范、标准。仔细检查乘客是否系上安全带、收起小桌板,提醒乘客机舱内注意事项并耐心解答乘客疑问。派送报纸杂志时,应走到乘客座位旁,上身微倾,用适当的音量和语调询问乘客需要阅读机上哪种报刊;对闭目休息的乘客则遵循"不打扰"原则。给客人上饮料或点心前,首先应把手洗干净,认真检查餐、饮器皿是否干净,并按人数多少准备点心饮料。然后往茶中注入八分茶水,留意茶的浓度。将点心和饮料整齐、合理地摆放在推车中,推动推车时,动作平稳轻松,表情大方亲切;将推车推至乘客座位旁时,双手将点心、饮料递给乘客。如果自己不小心或遇到因飞机颠簸等原因而把饮料滴在乘客身上,要马上诚恳道歉,若对方与自己为同性则用干净毛巾或纸巾为乘客擦拭,若为异性则将干净毛巾或纸巾双手递予,并重新提供服务。

# 二、民航地面服务礼仪

民航地面服务礼仪是指机场地面工作人员在工作中应遵循的各种礼仪规范,地面人员只有通过标准的礼仪服务才能为乘客建立良好的第一印象。

**1. 票务服务礼仪**

地面服务人员着统一制服,并按标准坐姿要求端坐工作台内。面带微笑,热情耐心地回答乘客问询。若乘客决定购票,则礼貌地请乘客出示有效身份证件;认真核实证件并填写好相关资料后,双手将证件及机票递还给乘客,并诚恳表示谢意。若遇电话订票,则在电话铃响起三声之内提接电话,首先向乘客问好并自报家门,然后耐心询问乘客相关信息,及时为乘客办理相关手续。

**2. 更换登机牌及行李托运礼仪**

地面服务人员着统一制服,按标准坐姿或站姿要求,端坐或站立于工作台内。当乘客到达服务台前时,首先向乘客表示热情的欢迎,并礼貌地请乘客出示机票及相关证件。核实证件后,耐心询问乘客是否需要其他服务,若需要则继续耐心负责地为乘客办理行李托运,若不需要则双手将机票登机牌及相关证件递还乘客,并祝乘客旅途愉快。

**3. 安全检查礼仪**

地面服务人员应着统一制服,按标准坐姿或站姿要求,端坐或站立于工作台内。当乘客到达服务台前时,首先向乘客表示热情的欢迎,并礼貌地请乘客出示登机牌及相关证件。核实证件后,面带微笑并礼貌地指示乘客进行安全检查。安检时,耐心向乘客说明检查要求,若需开包检查则要先向乘客说明,并经允许后方可进行。检查结束后,向乘客表示谢意并祝旅途愉快。

# 三、民航服务语言礼仪

言谈是服务交流中重要的沟通手段,具有不可替代的作用。若想通过言谈达到服务交流的预期目的,除了在表达上要词义准确外,还应以"礼"取胜。民航服务语言礼仪要重点把握好以下三点[①]。

**1. "请"字开路**

"请"是一种礼貌,更是一种姿态。当你说"请"时,已经将"尊贵"和"显赫"给了对方,将谦恭的姿态表现了出来,被"请"的人将非常乐意为"请"字后面的行为努力,因为他体会到了"尊重"和"恭维"。所以,服务员多用"请"这个美好的词语来表达对旅客行为的希望和要求。

**2. "谢谢"压阵**

对方为自己做出一些善意言行以后,我们常常要说声"谢谢",这个言辞是对对方所作所为的一种情感的回报。"谢谢"有下列几种功能:一是表达自我情感。人们在接受别人的善意言行后,都会产生一种感激之情,发乎言辞,情动于衷。二是强化对方的好感。一方的善意行为必然引起另一方的酬谢,而这种酬谢又将进一步使对方产生好感,并发出新的善意行为。三是调节双方距离。

**3. "对不起"不离口**

许多人在对旅客说"对不起"时心存顾虑,怕一声"对不起"为自己招来不必要的麻烦。"对不起"不是责任的划分,只是服务人员对旅客歉意的表达。"对不起"不仅仅是一句客套,更是"旅客总是对的"的服务理念的体现。及时、到位的一声"对不起",可以浇灭旅客因不满意的服务而生起的火焰,能够化干戈为玉帛,调节人际关系。

### 思考与训练

1. 民航客舱服务的具体内容是什么?
2. 民航地面服务共包括哪几个方面?
3. 就"民航服务的目的是什么"这一问题与同学开展讨论。
4. 乘坐过飞机的同学向大家讲述一下乘机过程中享受到的良好服务。

---

① 陈晓燕.现代礼仪文化在民航服务中的实践探析.淮海工学院学报(人文社会科学版),2012(08)

5. 案例分析

## 回 答 失 当

2013 年 7 月的一天在某航班上,乘务组全部工作结束后正在巡视客舱,一名旅客问正在巡视客舱的男乘务员:"现在飞到哪儿了?"乘务员回答:"我也不知道。"旅客听后对乘务员的回答非常不满,于是张口说:"你是吃闲饭的!"乘务员因为没听清就回头问了一下,旅客当时正看着窗户外面,没有理会乘务员说什么,于是乘务员就拉了一下旅客的袖子,继续询问旅客:"先生您刚才说什么,有什么事吗?"于是旅客就说:"你是吃闲饭的! 你白干这工作了!"乘务员听后有些生气,没有很好地控制情绪,与旅客发生了争执,最后该旅客要意见卡投诉乘务员,经乘务长努力调解但旅客仍表示不接受道歉。

(资料来源:http://www.kongjie.com/thread-458257-1-1.html)

**思考与讨论:**

(1) 案例中的乘务员有何不当之处?

(2) 面对旅客的询问,乘务员应当怎样回答才合适?

职业礼仪教程

# 会展礼仪

## 学习目标

- 掌握商务会议礼仪规范,成功地举办商务会议;
- 掌握赞助会、联欢会、茶话会、座谈会、新闻发布会礼仪;
- 掌握展览会礼仪,成功地举办展览会。

## 情境导入

### 展会上究竟应该如何表现?

以下是某展会工作人员的"礼仪经"。

很多中国参展商参展的时候,那些业务员第一天表现还不错,热情接待客户,礼貌周到。但是第二天、第三天,闲聊的、坐着发呆的、发短信的、乱逛的等总之做什么的都有。是啊。第二天、第三天大家都很累了,热情肯定没有第一天高了。之前我也是这样子的,能坐着就不站着。但是自从看了一位朋友的帖子,讲他在国外参展的时候,中国参展商跟外国参展商的差距,里面就有一段:"他对面展位的一个国外的 MM 始终都是站在展位前,无论是否有人,总是面带微笑。"于是他就观察了那个 MM 三个小时。人家始终都是站在展位前面带微笑,有客人就接待,没有客人还是站在那里面带微笑,而不是像别人一样闲聊、发呆。

这篇文章对我启发很大。之后的展会我也仿效,发觉真的很管用,客人多了,老板看着你也觉得舒适。试想一下,你是老板,出了钱去参展,你的业务员只是坐在那里闲聊、发呆,你心里好受吗?换客户的角度来想:千里迢迢来参加展会,想找几个可靠的供给商,结果呢?看到一个个都是东倒西歪、精神面貌不佳、一副士气不振,不是很欢迎的态度,谁愿意跟你来合作?谁放心跟你来合作?

有时候,细节真的很重要,大家很辛劳地去参展,不是去为了闲聊或者玩的。三四天站下来是很累,可是你的付出一定会有收获的,无论从客户方面还是从老板的方面来说。

希望这篇文章能给大家一个启示。参展就是把公司、把自己展示给客人看。礼仪到了,也就把自己以及公司推销出去了,而且也是为中国争光了。

(资料来源:http://bbs.21food.cn/thread-44610-1-1.html)

**问题**:会展应讲究哪些礼仪?

所谓展览会,主要是指有关方面为了介绍本单位的业绩,展示本单位的成果,推销本单位的产品、技术或专利,而以集中陈列实物、模型、文字、图表、影像资料供人参观了解的形式,所组织的宣传性聚会。有时,人们也将其简称为展览,或称之为展示、展示会。

展览会,在职业交往中往往发挥着重大的作用。它不仅具有很强的说服力、感染力,可以凭现身说法打动观众,为主办单位广交朋友,而且还可以借助于个体传播、群体传播、大众传播等各种传播形式,使有关主办单位的信息广为传播,提高其名气与声誉。正因为如此,几乎所有的商界单位都对展览会倍加重视,踊跃参加。

展览会礼仪通常是指企事业单位在组织、参加展览会时,所应当遵循的规范与惯例。正如本任务"情境导入"案例说的那样,注重礼仪服务细节,处处体现礼仪规范,对于展览会的成功举办至关重要。

建议通过如下实训活动完成本任务的学习。

### 举办企业标识展览会

实训目标:通过情景模拟让学生掌握展览会的组织和相关礼仪。

实训学时:1学时。

实训地点:实训室。

实训准备:企业标识、展板、实物、文字说明等。

实训方法:5~6人为一组,分组进行准备。经过一周的准备后,进行展示,每组一块展板,安排一名学生进行讲解。要求:

(1) 尽可能收集一些企业的标识;

(2) 设计、布置展台;

(3) 设置签到席。

# 一、会议礼仪

### 1. 商务会议的礼仪

商务会议是商务活动中最重要、最频繁的内容之一。筹办、主持或者参加一次有效的商务会议,遵守商务会议的礼仪规范,对于职业人员来说是十分重要的。在筹办会议时,各方面都要考虑周全。主持会议要体现出会议主持人员对整个会议的良好的控制能力;出席会议时,仪态、精神都要与会议的内容、主题吻合。一个重要会议的举行往往是职业人员才华显现地机会,又是其礼仪修养和礼仪业务水平的表演舞台,所以应特别留心。

1) 商务会议的安排

(1) 会场选择。大型会议的会场选择与会议主题的深化有密切关系,对与会者参会的情绪也有很大影响。举办会议首先要选准会场会址。要考虑交通便利、设施齐全、环境安静、停车方便、大小适中、费用合理等因素,使与会者能够方便地到会,安心地开会。

(2)会场布置。对于一般的小型会议,会议室只要清洁、明亮,有足够的桌椅让与会者方便地看文件、做记录、讨论发言就行了。而大型会议的会场准备则比较复杂,需要体现会议的主题,应注意会场内座位的布局、主席台的布置以及其他可以渲染和烘托气氛所作的装饰等,一定要讲究科学性、合理性和艺术性。

① 会标。会标即会议全称的标题化。应将会议全称用大字书写后挂在主席台的正上方,一般用红底白字,也可以用红底金字。这是会议礼仪十分重要的一点、点睛的一点。它能增强会议的庄重性,揭示会议的主题与性质,使与会者一进会场就被会标引导,容易进入会议状态。

② 会徽。会徽是体现或象征会议精神的图案性标志。要选择具有强烈感染和激励作用的图案,重大会议的会徽可向社会征集,也可在单位组织内部征集。会徽图案要简练、易懂、寓意丰富。

③ 标语。标语当然是会议主题的体现,会场上的气氛往往就是被恰到好处的标语、旗帜等渲染起来的。标语在准备会议文件时就应拟就、并报请领导批准。会议标语要集中体现会议精神,使其简洁、上口、易记,具有宣传性和号召力。

④ 旗帜。会议的旗帜包括主席台上悬挂的旗帜和会场内外悬挂的旗帜。主席台上的旗帜应围挂在会徽两边,显得庄严隆重;主席台的两侧插上对应的红旗或彩旗,又可增添喜庆气氛。而会场门口和与会者入场的路旁插上的红旗或彩旗,使会议的热烈气氛洋溢在会场内外,衬托会议的隆重。

⑤ 花卉。花卉是礼仪中不可缺少的重要道具,在会场上,花卉还能起到解除与会者疲劳的作用。选用花卉应突出中华民族的文化特色,以梅花、牡丹、菊花、兰花、月季、杜鹃、山茶、荷花、桂花、水仙等十大名花为代表的中国原产花卉,早已被赋予浓重的文化色彩,以这些花为主构成的花卉艺术品如插花、盆景等都能以无声的语言向人们传播中华民族的文化,表现民族精神。因此,越是重大的会议,越应选取有代表性的中国原产花卉作为摆放的主体花卉,并将中国传统艺术花卉的插放造型作为会议花卉的礼仪形式。

⑥ 灯光。会议场所的灯光应该明亮、柔和,既给人适宜的照明,也可减缓因会议时间过长而带来身体或精神上的疲劳。大型会议的会场灯光应设计几套,以便于会议颁奖、照相、演出等多种需要。

⑦ 座位。会场内座位的布局要根据会议的不同规模、主题,选择合适的摆放形式。"而"字形的布局格式比较正规,有一个绝对的中心,因此容易形成严肃的会议气氛,参见图13-1。一些小型的、日常的办公会议以及座谈会等通常在会议室、会议厅进行,可以根据需要将座位摆放成椭圆形、圆形、"回"字形、"T"字形、马蹄形和长方形等,这些形式可以使参加会议的人坐得比较紧凑,彼此面对面,容易消除拘束感,参见图13-2。座谈会、小型茶话会、联谊会等多选择六角形、八角形或者半圆形等布局形式。①

(3)主席台布置。主席台是会议的中心,也是会场礼仪的主要表现地方。主席台布置应与整个会场布置相协调,并作强调突出。

---

① 杨海清.现代商务礼仪.北京:科学出版社,2006

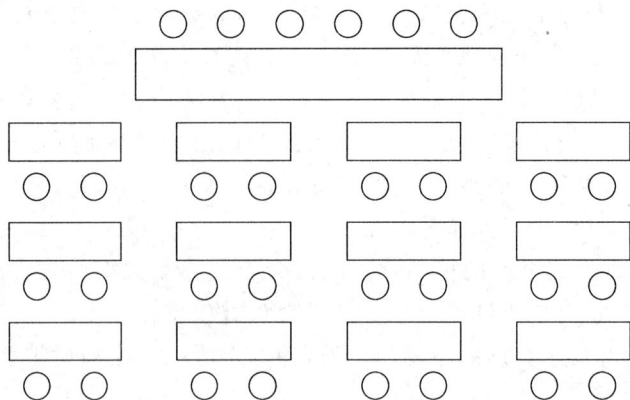

图 13-1　"而"字形会议室布局

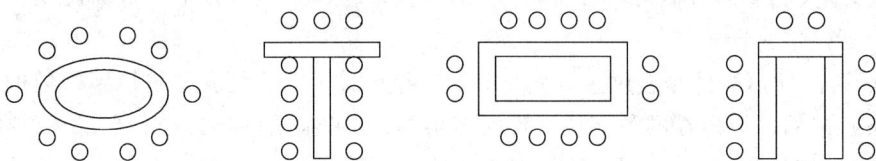

图 13-2　椭圆形、"T"字形、"回"字形、马蹄形会议室布局

① 座位。主席台座位要满座安排,不可空缺。倘原定出席的人因故不能来,要撤掉座位,而不能在台上留空。主席台座位若有多排,则以第一排为尊贵。第一排的座位以中间为贵,依我国传统一般由中间按左高右低顺序往两边排开,即第二领导坐在最高领导左侧,第三领导坐在最高领导右侧,依次类推。如果人数正好成双,则最高领导在中间左侧,第二领导在中间右侧,以此类推。但目前国际上流行右高左低,因此安排涉外会议时,也要灵活依据有关规矩。时下一般处理方式为:开会以左为尊,宴请以右为尊。每个座位的桌前左侧要安放好姓名牌,既方便入座,也便于台下与会者和新闻采访人员辨认熟悉有关人士。主席台座位不要排得太挤,桌上也不要摆放鲜花之类,以免阻碍视线,但要便于主席团成员打开文件、做记录、翻阅讲话稿,并放置笔、茶水、眼镜等物。

② 讲台。主席台的讲台应设于主席台前排右侧台口,讲台不能放在台中央,使主席团成员视线受妨碍。讲台上主要放话筒,也可适当放上一盆平铺的花卉。讲台桌面要便于发言者打开讲话稿或摆放相关材料。整个主席台的台口可围放一圈花卉,但要选低矮些的绿色品种。

③ 话筒。发言席和主席台前排座位都应设有话筒,便于发言者演讲和会议主持人或领导讲话。一般发言席和主持人话筒专用,其他主席台前排就座者合用两三个话筒,并且一般置放于主要领导面前。

④ 后台。一般在主席台的台侧与台后,应设为在主席台就座领导和与会者的休息室,便于安排他们候会,并尽可能在后台排好上台入座次序,以免造成混乱。有时会议也许会发生一些小意外,后台还可以供有关人员作商量对策、排除困难之用。主席团成员开会也可利用后台休息室。所以,秘书人员切不可忽视后台的作用。

(4) 会议其他用品。为方便会议进行,秘书人员应为会议准备各种工作文具用品,如纸、笔、投影仪、指示棒、黑白板、复印机、计算机数据库以及投票箱等。不同会议有不同的需求,满足与会者的需求是有关人员在安排会议、布置会场时必须考虑的。

2) 会议准备阶段的礼仪

(1) 时间选择。开会时间选择要合适。大型会议尽可能避开公众节假日。同时注意会期不能安排太长,否则会影响与会者的日常工作,当某些紧急事件发生时,可以取消或延期举行会议。

(2) 邀请对象。对出席会议的对象的选择要考虑各种因素,与会者既要有与会资格,又要有参与的能力和水平修养。如果被邀与会者不能完成会议的有关任务,会感到痛苦或尴尬,使与会者成了一次不愉快的经历,对会议组织者来说,这也是礼仪考虑不周的表现。

(3) 详尽通知。会议通知的发送要做到:发得早——既便于与会者安排手头工作,又便于与会者为会议内容做准备;内容细——会议名称、届次、主要议题议程、出席范围、与会者应递交什么材料或做哪些准备、会期、会址等都应明明白白告知,便于与会者有备而来,从而提高会议效率;交代明——食宿如何安排、费用多少、交通线路怎样,都要交代清楚,以免造成麻烦。对特邀贵宾的通知,应派专人登门呈送,以示郑重。

3) 会议召开阶段的礼仪

(1) 接站。一般会议都规定了报到日期,在报到日期应安排好接站。在车站、码头、机场等主要交通站点,用醒目的牌子标明"××会议接站",使与会者一下交通工具就看见接站牌而安心。对所接到的与会者要表示欢迎,并慰问其旅途劳顿。

(2) 登记。对到达报到地点的与会者,首先要做好签到、登记、收费、预订返程票、发放会议资料、发放会议身份证件等工作。这一过程应尽量在登记处一并解决,并应迅速办理,让与会者早点到客房休息。登记时,对与会者的合理要求应尽量予以满足。大型会议的东道主应在会议召开前一天晚上,到会议各住宿地看望与会者,尤其是特邀贵宾和与会领导。

(3) 联络。会议进行期间要注意与各小组联络,不要使一位与会者有被冷落的感觉。会议简报要对各小组做相对均衡报道,不要只将视点聚焦于有大人物、有热点的小组,使其他小组产生不愉快的心绪。

(4) 安全。要确保每一个与会者的安全,包括其人身安全、财物安全以及食品卫生。涉密会议还必须强调文件安全。秘书人员要尊重每一个与会者,但涉及机密时,必须按章办事。

(5) 娱乐。若会期较长,在会议期间可安排一些影视放映和文艺演出,以调剂精神。也应鼓励与会者主动参与文体活动。可组织一些自娱自乐的卡拉OK演唱或球类、棋牌活动等,活跃会议气氛,调节与会者情绪。还可适当组织与会者参观游览,使会议节奏张弛得当。

4) 会议结束阶段的礼仪

(1) 照相。如果会议有照相一项应早作安排,免得个别与会者提前离开而不能参与。早安排也可使与会者在离会前拿到照片。

(2) 材料。发给与会者的材料要有口袋,便于集中携带。如需收回的材料要早打招呼,发现有人未交,应尽早查问。不一致的意见不要写到会议的决议或纪要中去。要乐于为与会者提供复印材料,邮寄材料或其他物品等有关服务。

(3) 送客。将与会者所订的票交给其本人时,要仔细核对车次、航班或船期,并仔细向与会者交代。若有不对或不周处,应主动承担责任。如果有人需要照顾而影响到了其他人,应向其他人解释,以争取大家谅解。在每一个与会者离开时,都要热情相送,对集中离开的与会者,要尽可能准备车辆送他们去车站、机场或码头,对贵宾则必须送至机场登机处。

**2. 其他常见会议礼仪**

1) 赞助会礼仪

赞助是指组织对某一社会事业、事件无偿地给予捐赠和资助,从而扩大组织的知名度与美誉度,树立美好形象的活动。赞助会是某项赞助举行时采用的具体形式。赞助活动实施之际,往往需要举行一次聚会,将有关的事宜公告于社会。这种以赞助为主题的赞助会,在赞助活动中,尤其是大型赞助中,大都必不可少。赞助会一般由受赞助者操办,也可由赞助者操办。

(1) 场地的布置。赞助会的举行地点,一般可选择受赞助者所在单位的会议厅,也可租用社会上的会议厅。会议厅要大小适宜,干净整洁。会议厅内,灯光亮度适宜。在主席台的正上方,需悬挂一条大红横幅,在其上面,应以金色或白色的楷书书写着"××单位赞助××项目大会",或者"××赞助仪式"的字样。赞助会会场的布置不可过度豪华张扬,略加装饰即可。

(2) 人员的选择。参加赞助会的人员既要有充分的代表性,又不必在数量上过多。除了赞助单位、受赞助者双方的主要负责人及员工代表之外,赞助会应当重点邀请政府代表、社区代表、群众代表以及新闻界人士参加。所有参加赞助会的人士,与会时都要身着正装,注意仪表,个人动作举止规范,与赞助会庄严神圣的整体风格相协调。

(3) 会议的议程。赞助会的具体会议议程应该周密、紧凑,其全部时间不应超过一小时。会议的议程如下:

① 宣布会议开始。赞助会的主持人,一般应由受赞助单位的负责人或公关人员担任。在宣布正式开会之前,主持人应恭请全体与会者各就各位,保持肃静,并且邀请贵宾到主席台上就座。

② 奏国歌。此前,全体与会者须一致起立。在奏国歌之后,还可奏本单位标志性歌曲。

③ 赞助单位正式实施赞助。赞助单位代表首先出场,口头上宣布其赞助的具体方式或具体数额。随后,受赞助单位的代表上场。双方热情握手。接下来,由赞助单位代表正式将标有一定金额的巨型支票或实物清单双手捧交给受赞助单位代表。必要时礼仪小姐要为双方提供帮助。在以上过程中,全体与会者应热烈鼓掌。

④ 双方代表分别发言。首先由赞助单位代表发言,其发言内容,重在阐述赞助的目的与动机。与此同时,还可将本单位的简况略作介绍。然后由受赞助单位代表发言,集中表达对赞助单位的感谢。

⑤ 来宾代表发言。根据惯例可以邀请政府有关部门的负责人讲话。其讲话主要肯定赞助单位的义举,呼吁全社会积极倡导这种互助友爱的美德。该项议程,有时也可略去。至此赞助会结束。

会后,双方主要代表及会议的主要来宾,应合影留念。此后,宾主双方稍事晤谈,来宾即应告辞。

2) 联欢会礼仪

联欢会是一个宽泛的概念,它包括各种组织举办的节日联欢会(如新年联欢会、春节联欢会)、各种文艺晚会(如歌舞晚会、电影晚会、戏曲晚会、相声小品晚会)、游艺晚会等。联欢会对于提高组织凝聚力、向心力,活跃员工的文化生活,加强与外部公众的文化沟通,提高组织形象都起着积极的作用。联欢会重在娱乐,但也不可忽视其礼仪,否则会事倍功半。

（1）联欢会的准备。

① 确定主题。为了使联欢会起到"教人"和"娱人"的双重作用,要精心确定联欢会的主题,使其有明确的指导思想和预期的目标。在此基础上选择联欢会的形式,适宜的形式对联欢会的成功意义重大,联欢会的形式可以不拘一格,可以不断创新。

② 确定时间、场地。联欢会的时间一般应选在晚上,有时也可根据情况选择在白天。其会议长度一般在两小时左右为宜。联欢会的场地选择非常重要,最好选择宽敞、明亮,有舞台、灯光、音响的场地。场地应加以布置,给人以温馨、和谐、喜庆、热烈之感。联欢会的座次要事先安排好,一般应将领导安置在醒目位置,其他公众最好穿插安排,便于交流沟通。

③ 选定节目。要从主题出发来选定节目,尤其是开场和结尾的节目一定要精彩、有吸引力。节目应多种多样,健康而生动,各种形式穿插安排,不可头重尾轻,更不可千篇一律。正式的联欢会上,要把选定的节目整理编印成节目单,开会时发给观众,为观众提供方便。

④ 确定主持人。主持人是联欢会的关键人物,应选择仪表端庄,表达能力强,有一定的组织能力、应变能力,熟悉各项事务的人担当主持人。一场联欢会的主持人最好不少于两人（通常为一男一女）。主持人也不可过多,以免给人以凌乱无序之感。

⑤ 彩排。正式的联欢会一定要事先进行彩排。这样有助于控制时间、堵塞漏洞,增强演职人员的信心。非正式的联欢会也要对具体事宜逐项落实,做到万无一失。

（2）观众的礼仪规范。观众在参加联欢会,观看演出时应严守礼仪规范,这主要包括以下方面。

① 提前入场。在一般情况下,在演出正式开始之前一刻钟左右,观众即应进入演出现场,注意不要迟到。入场后要对号入座,在自己的座位上就座时,要悄无声息,坐姿优雅。切勿将坐椅弄得直响,或坐姿不端。

② 专心观看。参加联欢会观看节目时要专心致志。不能交头接耳,窃窃私语;不能进行通信联络,要自觉关闭手机等移动通信设备,或使其处于"静音"状态;不要吃东西,不要吸烟,更不能随意走动或大声讲话、起哄等。总之要自觉维护全场的秩序,保持安静,使联欢会顺利进行。

③ 适时鼓掌。当主要领导、嘉宾入场或退场时,全场应有礼貌地鼓掌。演出至精彩处时也应即兴鼓掌,但时间不宜太长,演出结束时可鼓掌以示感谢。对可能表演不佳的演员,要予以谅解,不要鼓倒掌,更不能吹口哨、扔东西等,因为这些做法是非常没有修养的表现。演出结束时,全体演员登台谢幕时,观众应起立鼓掌,再次感谢演员的表演,不能熟视无睹,扬长而去。

3）茶话会礼仪

茶话会是我国传统的聚会方式。非正式的茶话会一般是民间自发组织形成的,如一伙熟人聚在一起聊天,这家主人自然会给每位客人敬上一杯茶,大家边喝边说,热热闹闹,十分惬意。谈话一般也没有固定的议题。现在很多的组织也经常利用这一形式进行日常的沟通,所以熟悉茶话会的礼仪是必要的。

（1）茶话会的准备。正式的茶话会一般有主办单位或主办人,事先要发通知或请柬给被邀请人,其举办地是会议厅、客厅或花园里。正式茶话会除了备有足够茶水之外,一般还备有水果、糕点、瓜子、糖果等。召开茶话会多在节日,如五一劳动节、五四青年节、中秋节、国庆节、元旦等,借节日之题而发挥,一般也是采用漫谈形式,无中心议题。在正式茶话会上的中心议题可以是祝贺、发感慨、谈感想、作总结、提建议、谈远景,也可以吟诗作唱,畅叙友谊,无固定格式,气氛也比较活跃、轻松、自由。

举办茶话会时,除了准备上好的茶叶之外,还应注意擦净茶具。茶具一般以泥制茶具和瓷制茶具为最佳,其次是玻璃茶具和搪瓷茶具。在我国,泡茶一般不加其他东西,但某些民族以及国外的一些国家喜欢在泡茶时加上牛奶、白糖、柠檬片等。有的茶话会还准备咖啡等饮料。

正式茶话会有主办人和有关领导。主办人要负责来宾的迎送和招呼,主持会议;有关领导也常常以一个普通与会者的身份发言。茶话会不排座次,宾主可以随意交谈。正式茶话会简便易行,在服饰上也没有什么严格规定或特殊要求。

(2)茶话会的举行。茶话会开始时,一般由主办人致辞,讲话应开宗明义地说明茶话会的宗旨,还要介绍与会单位代表或个人,为交流和谈话创造适宜的气氛。

茶话会主持人要随时注意来宾在茶话会上的反应,随时把话题引导到大家都感兴趣的问题上,或轻松愉快的话题上。参加茶话会的每一个人都有义务维护茶话会的气氛,不使茶话会冷场,也不可使秩序太乱。

有人讲话时,要专心致志地倾听,不要随意打断他人的话,也不可显露烦躁、心不在焉,更不要妄加评论他人的话。自己发言的时候,用词、语气、态度要表现出文明礼貌修养,神态要自然有神,仪态要端庄大方。样子过分拘谨或做作会使人不愉快。发言时口里应停止咀嚼食物,更要防止发言时嘴角上留有残渣。

自由交谈时不要独坐一隅,纹丝不动,而应与左右交谈,尽快找到共同的话题,打破僵局,融洽气氛。

幽默风趣的语言在茶话会上是受欢迎的,但要避免开玩笑,伤害他人自尊;行为举止也不能无所约束,随便走动,推推搡搡,秩序就被搅乱了。

茶话会结束时,来宾应向主人道别,也要和新朋友、老相识辞行。不要中途退场或不辞而别。

茶话会应讲究实效,时间不宜过长,以 1～2 小时为宜。

茶话会不带任务,但追求气氛与聚会的效果。通过与会者的交谈、畅叙和坐在一起喝茶时共同创造的氛围,来感受他人的思想感情,增进相互间的了解和友谊。

4)座谈会礼仪

邀请有关人员就某一个或某些问题召开会议,收集对某一个问题的反映,就某些方面的问题发表看法,是座谈的形式。座谈会要注意以下礼仪。

(1)发送通知。会议通知要发送及时,至少在开会的前一天发到与会者手中,因为座谈会大都要求与会者发言,早一天接到通知可以稍作准备。会议通知上要写明召开座谈会的时间、详细地点、座谈内容、举办单位名称。如果用电话通知,最好找到参加者本人接电话,表示郑重;如果托人转告,则不要忘了告知座谈会的主题,以免与会者懵懂而去,打无准备的仗,发生尴尬,这对与会者将是失礼的。

(2)会前礼仪。座谈会座位的安排,一般是和与会者围圈而坐,主持人也不例外,以便创造一种平等的气氛。如果参加座谈会的互相多有不认识的,主持人应该一一进行介绍,或引导他们做自我介绍,以融洽会议气氛。

(3)会中礼仪。座谈会开始时,主持者应首先讲明会议的主题以及被邀请者的类别,为什么邀请在座的来参加座谈会,以便使座谈者了解自己与这个座谈内容的联系,明确自己对座谈会的重要性,更积极主动地进入角色。如果开始有冷场现象,主持者可以引导大家先从比较容易作为话题的稍远处或外围谈起,然后逐步接近座谈会主题。采取点名的方法请某人先发言,是不得已而为之的行为。

座谈会请一定的对象来参加,就是希望大家来了后能畅所欲言,知无不言,言无不尽。话不在长短,而在于能包容较大的信息量。讲话的时候也不要求非得一个个轮着来,讲完一个算一个,像完成任务似的,允许你一言,我一语,鼓励大家插话和讨论。但插话时,切记不着边际地打"横炮",也不要用反唇相讥、唯我独尊的方法和态度发言。要多用探讨、商榷的口气,即使有争论,也是冷静的,而不是冲动或粗暴的。

(4)结束礼仪。座谈会结束时,主持者应总结归纳大家的发言,并对大家发言提供的信息,参与座谈的态度作出肯定,表示座谈对于某项工作有积极的作用。最后,要向大家表示感谢。

5)新闻发布会礼议

发布会一般是指新闻发布会,又称记者招待会。政府、企业、社会团体或个人都可公开举行,邀请各新闻媒介的记者参加。举行发布会要注意如下礼仪。

(1)发布会的准备。筹备发布会,要做的准备工作很多,其中最重要的,要做好时机的选择、人员的安排、记者的邀请、会场的布置和材料准备等。

① 时机的选择。在确定发布会的时机之前应明确两点:一是确定新闻的价值,即对某一消息,要论证其是否具有专门召集记者前来予以报道的新闻价值,要选择恰当地新闻"由头"。二是应确认新闻发表紧迫性的最佳时机。以企业为例,新产品的开发、经营方针的改变或新举措、企业首脑或高级管理人员的更换、企业的合并、逢重大纪念日、发生重大伤亡事故等事件时,都可以举行发布会。如果基于以上两点,确认要召开新闻发布会,要选择恰当的召开时机:要避开节日与假日,避开本地的重大活动,避开其他单位的发布会,还要避开与新闻界的宣传报道重点相左或撞车。恰当的时机选择是发布会取得成功的保障。

② 人员的安排。发布会的人员安排关键是要选好主持人和发言人。发布会的主持人应由主办单位的公关部长、办公室主任或秘书长担任。其基本条件是仪表堂堂,年富力强,见多识广,反应灵活,语言流畅,幽默风趣,善于把握大局、引导提问和控制会场,具有丰富的主持会议的经验。

新闻发言人由本单位主要负责人担任,除了在社会上口碑较好、与新闻界关系较为融洽之外,对其基本要求是修养良好、学识渊博、思维敏捷、能言善辩、彬彬有礼。

发布会还要精选一批负责会议现场工作的礼仪接待人员,一般由相貌端正、工作认真负责、善于交际应酬的年轻女性担任。

值得注意的是,所有出席发布会的人员均需在会上佩戴事先统一制作的胸卡,胸卡上面要写清姓名、单位、部门与职务。

③ 记者的邀请。对出席发布会的记者要事先确定其范围,具体应视问题设计范围或事件发生的地点而定,一般情况下,与会者应是与特定事件相关的新闻界人士和相关公众代

表。组织为了提高单位的知名度,扩大组织的影响而宣布某一消息时,邀请的新闻单位通常多多益善;而在说明某一活动、解释某一事件,特别是本单位处于劣势而这样做时,邀请新闻单位的面则不宜过于宽泛。邀请时要尽可能地先邀请影响大、报道公正、口碑良好的新闻单位。如事件和消息只涉及某一城市,一般就只请当地的新闻记者参加即可。

另外,确定邀请的记者后,请柬最好要提前一星期发出,会前还应用电话提醒。

④ 会场的布置。发布会的地点除了可考虑在本单位或事件所在地举行外,还可考虑租用大宾馆、大饭店举行,如果希望造成全国性影响的,则可在首都或某一大城市举行。发布会现场应交通便利、条件舒适、大小合适。会议地点确定后,应实地考察,在会议召开前应认真进行会场布置,会议的桌子最好不用长方形的,要用圆形的,大家围成一个圆圈,显得气氛和谐、主宾平等,当然这只适用于小型会议。大型会议应设主席台席位、记者席位、来宾朋友席位等。

⑤ 材料的准备。在举行发布会之前,主办单位要事先准备好以下材料。一是发言提纲。它是发言人在发布会上进行正式发言时的发言提要,要紧扣主题,体现全面、准确、生动、真实的原则。二是问答提纲。为了使发言人在现场正式回答提问时表现自如,可在对被提问的主要问题进行预测的基础上,形成问答提纲及相应答案,供发言人参考。三是报道提纲。事先必须精心准备一份以有关数据、图片、资料为主的报道提纲,并认真打印出来,在发布会上提供给新闻记者。在报道提纲上应列出本单位的名称、联系方式等,便于日后联系。四是形象化视听材料。这些材料供与会者利用,可增强发布会的效果。它包括:图表、照片、实物、模型、录音、录像、影片、幻灯片、光碟等。

(2) 发布会进行过程中的礼仪。

① 搞好会议签到。要搞好发布会的签到工作,让记者和来宾在事先准备好的签到簿上签下自己的姓名、单位、联系方式等内容。记者及来宾签到后按事先的安排把与会者引到会场就座。

② 严格遵守程序。要严格遵守会议程序,主持人要充分发挥主持者和组织者的作用,宣布会议的主要内容、提问范围以及会议进行的时间,一般不要超过两小时。主持人、发言人讲话时间不宜过长,过长了则影响记者提问,对记者所提的问题应逐一予以回答,不可与记者发生冲突。会议主持人要始终把握会议主题,维护好会场秩序,主持人和发言人会前不要单独会见记者或提供任何信息。

③ 注意相互配合。在发布会上,主持人和发言人要相互配合。为此首先要明确分工,各司其职,不允许越俎代庖。在发布会进行期间,主持人和发言人通常要保持一致的口径,不允许公开顶牛、相互拆台。当新闻记者提出的某些问题过于尖锐或难于回答时,主持人要想方设法转移话题,不使发言者难堪。而当主持人邀请某位记者提问之后,发言人一般要给予对方适当的回答,不然,对那位新闻记者和主持人都是不礼貌的。

④ 态度真诚主动。发布会自始至终都要注意对待记者的态度,因为接待记者的质量如何直接关系到新闻媒介发布消息的成败。作为专业人士,记者希望接待人员对其尊重热情,并了解其所在的新闻媒介及其作品等,希望提供工作之便,如一条有发表价值的消息,一个有利于拍到照片的角度等,记者的合理要求要尽量满足。对待记者千万不能趾高气扬、态度傲慢,一定要温文尔雅、彬彬有礼。

(3) 发布会的善后事宜。发布会举行完毕后,主办单位需在一定的时间内,对其进行一次认真的评估善后工作。

① 整理会议资料。整理会议资料有助于全面评估发布会会议效果,为今后举行类似会议提供借鉴。发布会后要尽快整理出会议记录材料,对发布会的组织、布置、主持和回答问题等方面的工作进行回顾和总结,从中汲取经验,找出不足。

② 收集各方反映。首先要收集与会者对会议的总体反映,检查在接待、安排、服务等方面的工作是否有欠妥之处,以便今后改进。其次要收集新闻界的反映,了解一下与会的新闻界人士有多少人为此次新闻发布会发表了稿件,并对其进行归类分析,找出舆论倾向,同时,对各种报道进行检查,若出现不利于本组织的报道,应作出良好的应对策略。若发现不正确或歪曲事实的报道,应立即采取行动,说明真相;如果是由于自己失误所造成的问题,应通过新闻机构表示谦虚接受并致歉意,以挽回声誉。

# 二、展览会礼仪

组织通过举办展览会,运用真实可见的产品和热情周到的服务、全面透彻的资料、图片介绍和技术人员的现场操作,吸引大量的参观者,使其留下深刻的印象。它是组织重要的公共关系活动之一。

**1. 展览会的特点**

(1) 形象的传播方式

展览会是一种非常直观、形象、生动的传播方式。展览会通常以展出实物为主,并进行现场示范表演,如在产品展览会上,有专人讲解并示范产品的使用方法。这种直观、形象的活动,容易给参观者留下深刻的印象。

(2) 极好的沟通机会

展览活动给组织提供了与顾客直接沟通的极好机会,通常展览会上都有专人解答参观者的问题,并就他们感兴趣的问题进行深入讨论。这样参展单位在让顾客了解本组织的同时,还能及时了解顾客对本组织传播内容的反映,参展单位可以根据顾客反馈的信息进一步做好工作。

(3) 多种传媒的运用

展览会是一种复合的传播方式,是同时使用多种媒介进行交叉混合传播的过程,它集多种传播媒介于一体,有声音媒介,如讲解、交谈和现场广播,又有文字媒介,如印刷的宣传手册、资料,同时还有图像媒介,如各种照片、录像、幻灯片等。这种复合性的沟通效果是其他传播媒介无法比拟的。

**2. 展览会的前期工作**

展览活动是一种综合性的活动,要耗费大量的人力、物力和财力。因此举办展览活动是一件比较复杂的工作,需要设计人员用自己的聪明才智对其进行策划和实施。为保证展览活动的成功举办,需要做好以下几项工作。

（1）分析参展的必要性和可行性

展览会是大型的综合性公关专题活动，需投入较多人力、物力、财力，如不对其必要性和可行性进行科学的分析，就有可能造成两个不良后果：一是费用开支过大而得不偿失；二是盲目举办而起不到应有的作用。所以应对展览会的投入与产出进行详细计算，然后决定是否举办展览会。

（2）明确展览会的目的和主题

举办任何一个展览，都必须首先明确这一展览的主题和目的，并在此指导下精心确定内容，制作展览的实物、图表、照片、文字等，使之更有针对性，主题要围绕展览的目的而定，并写进展览计划，成为日后评价展览效果的依据。

（3）确定参展单位

大型展览会，主办单位或承办单位可以通过广告、新闻发布或者邀请等形式联系可能的参展单位，并将参展时间、地点、项目、类型、收费标准要求和举办条件等情况告知联系的单位，一方面通过采取各种公关技能吸引参展单位；另一方面为可能的参展单位提供决策所需要的资料。

（4）预计参观者的类型和数量

展览会在策划阶段必须考虑所针对的顾客，参观者的类型将影响到信息传播手段的复杂性和多样性。如果参观者对展出项目有较深的了解和研究，就需要展览会的讲解人员也是这方面的专家，介绍的资料要较为专业、详细、深入；如果参观者只是一般消费者，则应采用通俗易懂的语言进行直观的普及性宣传。参观者的数量将直接影响展览地点的选择，展览地点的面积应足以容纳参观者。

（5）选择展览的时间和地点

展览会时间的选择一般按组织需要而定，有些展览要顾及到季节性，如花卉展览等。在地点的选择上，首先，要考虑的是方便参观者的因素，如交通、易寻找等；其次，要考虑场地的大小、质量、设备等；第三，展览会地点的周围环境是否与展览主题相得益彰；第四，要考虑辅助设施是否容易配备和安置等。

（6）成立专门的新闻发布机构

展览会中会产生很多具有新闻价值的信息，需要展览会公关人员挖掘，写成新闻稿发表，扩大展览会的影响范围和效果。专门机构要负责新闻发布的计划和组织实施计划，并负责与新闻界进行联系的一切事务。

（7）准备资料，制订预算

准备资料是指准备宣传资料，如设计与制作展览会的会徽、会标及纪念品，说明书、宣传小册子、幻灯片、录像带等音像资料，包括展览会的背景资料、前言及结束语、参展品名目录、参展单位目录以及展览会平面图等资料的撰写与制作。举办展览会要花费一定的资金，如场地和设备租金、运输费、设计布置费、材料费、传播媒介费、劳务费、宣传资料制作费、通信费等。在做这些经费预算时，一般应留出 5%～10%作准备金，以作调剂之用。

**3. 展览会的组织**

一般的展览会，既可以由参展单位自行组织，也可以由社会上的专门机构负责。不论组织者谁来担任，都必须认真做好各项具体工作，力求使展览会取得完美的效果。根据惯例，展览会的组织者需要重点进行的具体工作如下。

（1）参展单位的确定

一旦决定举办展览会,邀请什么样的单位来参加,通常是非常重要的。在具体考虑参展单位的时候,必须两相情愿,不要勉强。按照商务礼仪的要求,主办单位事应以适当的方式,发出正式的邀请或召集。

邀请或召集参展单位的主要方式为:刊登广告,寄发邀请函,召开新闻发布会等。无论采用何种方式,均须同时将展览会的宗旨、展出的主题、参展单位的范围与条件、举办展览会的时间与地点、报名参展的具体时间与地点、咨询问题的方法、主办单位拟提供的辅助服务项目、参展单位所应负担的基本费用等,一并如实地告诉参展单位,以便对方做出决定。对于报名参展的单位,主办单位应根据展览会的主题与具体条件进行必要的审核,切忌良莠不齐。当参展单位的正式名单确定以后,主办单位应及时地以专函进行通知,使被批准的参展单位尽早有所准备。

（2）展览内容的宣传

为了引起社会各界对展览会的重视,并且尽量地扩大其影响,主办单位有必要对其进行大力宣传。宣传的重点,应当是展览的内容,即展览会的展示陈列之物。对展览会尤其是对展览内容所进行的宣传,主要有以下方式。

举办新闻发布会;邀请新闻界人士到现场进行参观、采访;发表有关展览的新闻稿;公开刊发广告;张贴有关展览会的宣传画;在展览会现场散发宣传性材料和纪念品;在举办地悬挂彩旗、彩带或横幅;利用升空的彩色气球和飞艇进行宣传。以上方式可以只择其一,也可多种同时使用。在具体进行选择时,一定要量力行事,并且要遵守有关规定,注意安全。

为了搞好宣传工作,在举办大型展览会时,主办单位应专门成立负责对外宣传的组织机构。其正式名称可以叫新闻组,也可以叫宣传办公室。

（3）展示位置的分配

对展览会的组织者来说,展览现场的规划与布置,通常是其重要职责之一。在布置展会现场时,基本的要求是:展示陈列的各种展品要围绕既定的主题,进行互为衬托的合理组合与搭配;要在整体上井然有序、浑然一体。

展品在展览会上进行展示、陈列的具体位置,称为展位。所有参展单位都希望自己能够在展览会上拥有理想的位置。但凡是理想的展位,一般都处于展览会较为醒目之处,除了收费合理之外,应当面积妥当,客流较多,设施齐备,采光、水电的供给良好。

在一般情况下,展览会的组织者要想尽一切办法充分满足参展单位关于展位的合理要求。假如参展单位较多,并且对于较为理想的展位竞争较为激烈,则展览会的组织者可依据展览会的惯例,采用下列方法之一对展位进行合理的分配:①是对展位进行竞拍。由组织者根据展位的不同制订不同的收费标准,然后组织一场拍卖会,由参展者在会上自由进行角逐,由出价高者拥有位置好的展位。②是对展位进行投标。由参展单位依照组织者所公告的招标标准和具体条件,自行报价,并据此填具标单,然后由组织者按照"就高不就低"的行规,将展位分配给报价高者。③是对展位进行抽签。组织者将展位编号分别写在纸上,由参展单位的代表在公证人员的监督下进行抽签,以此来确定其各自的具体展位。④是按"先来后到"的惯例进行分配。所谓"先来后到"就是以参展单位提交正式报告的时间先后为序,谁先报名,谁便有权优先选择自己所看中的展位。不管采用哪种方法,组织者均须事先广而告之,以便参展单位尽早做准备,尽量选到称心如意的展位。

（4）展厅的布置

根据展览会的主题与内容,构思展览会场的整体结构,画出总体设计图,列出设计要点,必要时可以事先制作展区的展品展板,布置小样,然后根据设计图制作与布置参展的图表、实物或模型。要注意统筹美术、摄影、装修、灯光装饰技术,实物展品进场后要有必要的装修,并加强安全保卫工作。在展厅入口设置咨询服务台和签到处,并贴出展览会平面图,作为参观指南。展览会布置应考虑角度、方向、背景和光线等综合因素,使展品展出后整齐、美观、富有艺术色彩,给人以美感。

（5）展览会的工作人员培训

展览活动既是组织产品、服务的展示,也是组织员工精神面貌的综合素质的展示。展览活动工作人员的素质和工作技能对整个展览的效果影响很大,特别是一些专业性较强的展览,如果没有一定的专业知识,展览的组织、洽谈、解说、咨询等工作就会受到影响。此外,工作人员的公关素质、接待、礼仪、讲解的技巧,都影响着展览活动的成败。因此应在举办展览活动之前,精心挑选所有工作人员并对其进行必要的专业知识和公关技能培训。培训内容包括:各项目、内容的专业基础知识;各自的职责及对各种可能发生的突发事件的处理原则和方法;公关知识、接待礼仪方面的训练。

（6）展览会的辅助服务项目

主办单位作为展览会的组织者,有义务为参展单位提供一切必要的辅助服务项目。否则,不单会影响自己的声誉,还会授人以柄。由展览会的组织者为参展单位提供的各项辅助性服务项目,最好能事先告知参展单位,并对有关费用的支付进行详细说明。

由展览会的组织者为参展单位所提供的辅助性服务项目,通常包括下述各项:展品的运输与安装;车、船、机票的订购;与海关、商检、防疫部门的协调;跨国参展时有关证件、证明的办理;电话、传真、电脑、复印机等现代化的通信设备;举行洽谈会、发布会等商务会议或休息时所用的适当场所;餐饮以及有展览时使用的零配件的提供;供参展单位选用的礼仪、讲解、推销人员。

（7）进行展览的效果测定

展览的效果一般体现在观众对展品的反映,对组织形象的认识以及对整个展览会从内容到形式的总体看法等方面。为了检验举办各类展览活动的目的是否达到,必须对展览效果进行检测。测定的方法很多,如:设立观众留言簿、召开座谈会听取反映、检验顾客对展品的留意程度等。

**4. 展览会的礼仪**

展览会的工作人员应当具备良好的素质,明确办展览的目的和主题,了解展览的知识和技能,具备与展览产品有关的专业素质,还要懂得礼仪,从各自不同的角度影响顾客,使顾客满意。

（1）主持人礼仪

主持人是一个展览会的操纵者,应该表现出决定性人物的权威性。在着装上,要穿西服套装、系领带,拿一个真皮公文包,显示出气派的样子,由此使顾客也对其主持的展览会和产品产生信赖感。主持人的形象就是组织实力的一种体现。与宾客握手时,主持人应先伸出手去,等宾客先放手后再放手。

（2）讲解员礼仪

讲解员应热情礼貌地称呼顾客，讲解流畅，不用冷僻字，让顾客听懂。介绍的内容要实事求是，不弄虚作假，不愚弄听众。语调清晰流畅，声音响亮悦耳，语速适中。解说完毕，应对听众表示谢意。讲解员着装要整洁大方，打扮自然得体，不要因怪异和过于新奇而喧宾夺主。举止庄重、动作大方。

（3）接待员礼仪

接待员站着迎接参观者时，双脚略开，与肩同宽，双手自然下垂或在身后交叉，这种站姿不仅大方而且有力。站立时切勿双脚不停地移动，表现出内心的不安稳、不耐烦，也不要一脚交叉于另一只脚前，因为这是不友善的表示。接待人员不可随心所欲地趴在展台上或跷着"二郎腿"，嚼着口香糖，充当守摊者。随时与参观者保持目光距离，目光要坚定，不可游移不定，也不可眼看别处，要表示你的坦然和自信。

**5. 组织展览会应注意的问题**

组织举办展览会，一方面可以开展促销活动，宣传产品；另一方面可以开展公关活动，宣传组织、塑造形象。为提高展览效果，应注意以下问题。

保持组织信息网络渠道的畅通，及时了解展览信息和其他相关信息，正确决策、充分准备、利用好展览会时机宣传组织和产品。

一旦展台场地的合同签订，马上同展览会的新闻发布机构人员取得联系；预先提供组织关于展览的详细情况，至少也应提供有关该组织的情况和展出的主要内容。借助展览的组织方对组织及产品进行宣传。

提早了解清楚官方揭幕者或剪彩者的身份，预先直接同其接洽，争取在正式开幕仪式举行时参观组织展台。这对于提高组织声望极为重要。

参展者应利用"CI"企业形象设计原理，使用系统地视觉识别材料。有可能在展台或布展上进行特殊装修或对样品进行特殊安排，以增加其独特性和新鲜感。

展览期间，组织重要人物出席或邀请知名度极高的社会名流来展台。参观者既可以直接邀请新闻记者，在展台旁边组织记者招待会；也可以通过展览会新闻发布机构的新闻报道或信息发布进行宣传。

展览会上，如果有大宗买卖成交或接待了一位重要的参观者，或者是一种很有潜在价值的新产品将要展出等，都是新闻媒介注意的重要题材。参展方公关人员应注意挖掘这种素材甚至可以制造独特新闻，来引起新闻界和社会顾客的注意。

参展者应审时度势，在展览期间抓住或制造机会，如借助公益赞助等其他公关活动来促进产品的销售和塑造组织形象等。

展览会结束后，应争取记者给予报道，或者通过努力使本组织的展览成为有关的广播和电视节目构思的内容。

📝 **思考与训练**

1. 晓丹是五湖四海股份公司的办公室主任，公司董事会决定在北京举行年度股东大会，晓丹受聘负责会议筹备与接待服务工作。请问晓丹应该从哪些方面着手组织这次会议呢？

2. 五湖四海公司为了答谢新老顾客对公司的厚爱,决定在公司会议室举办一次座谈会。如果让你来组织,你将怎样做?

3. 在全班模拟组织一次新闻发布会,以新近学校或系里发生的较大的新闻事件为主题,同学们分别扮演发言人、记者、会议服务行业从业人员。

4. 某车展开幕,本次车展邀请来了许多知名宾客进行参观,你作为本次车展的解说员,将为这些知名宾客进行解说,你将如何开展工作(这些知名宾客以演员、歌手为主,可以让一些同学扮演宾客)?

5. 案例分析

特色展览会

美国加州商会为了在中国推广和销售加州杏仁委托凯旋-先驱公共关系有限公司在中国策划一次宣传推广活动。经调查分析,凯旋-先驱公共关系公司决定策划一次"健美人生巡回展",希望在消费者心中树立杏仁有利健康的形象。

公司选择具有影响力的大型商场进行专业健美操表演活动,并采用各种生动的形式来最大限度地加强加州杏仁的宣传和推广,例如标贴各种吸引人的标牌、制作一个真人大小的杏仁吉祥物、举办一次庆祝会、展示杏仁营养宣传品、进行消费者调查等。

为了加大宣传加州杏仁的力度,加深其给人们的印象,公司要求表演者穿着统一的印有加州杏仁商会标记的服装。舞台的幕后背景以及舞台覆盖物均设计成一绿色的杏树生长在绿色的田野中的图景,突出了杏仁的健康形象。此外,免费给在场的小朋友发放印有加州杏仁商会宣传语"送给幸福的人"的彩色气球。主持人不断地忙着在舞台上带领小朋友们做游戏,并指导在场的观众参加健美运动。另外,加州杏仁商会的吉祥物也出现在此次活动中,颇受现场观众的喜爱,并引得媒体记者争相拍照留念。

活动吸引了数十万观众参加,给消费者留下了深刻的印象,实现了产品信息的传递;同时通过吸引众多媒体的关注和报道,成功地拓展了中国市场,取得了预期的目的。

(资料来源:http://www.people.com.cn/GB/channel3/23/20000623/115967.html)

思考与讨论:

(1)凯旋-先驱公共关系公司是如何布置这次活动现场的?

(2)展览会布展都有哪些要求?

# 营销礼仪

**学习目标**

- 拜访客户的过程符合礼仪规范,给对方留下美好的印象;
- 接待客户的过程符合礼仪规范,给对方留下美好的印象;
- 运用营销沟通的基本技巧与客户自如地沟通。

📈 **情境导入**

### 营销员与客户

小王和小李是大学同学。大学毕业后,各奔东西。如今,小王在 A 公司当业务员,小李在 B 公司当经理。A 公司正好准备与 B 公司做一笔买卖(第一次),而小王得知此事后,便自告奋勇,一来想去探望一下十多年没见的朋友;二来也想提升一下自己在公司的地位。这天下午,小王便去了 B 公司的经理室,结果在门口被秘书拦下。经过一番解释,秘书告诉他李经理不在,并将公司的电话号码给他。

隔了几天,小王打电话给 B 公司,预约成功,定于星期三下午 3:30 见面。结果由于堵车,小王晚去了一个小时。到了以后,经打听,经理还在,就推门进去。老朋友相见,十分欢喜。小王马上冒出一句:"小李,这几年过得不错啊!"李经理感到有些尴尬。接着两人寒暄了几句。小王便在沙发上一坐,跷起了"二郎腿",掏出一支烟递给李经理,李经理不抽,小王自己便大口大口地抽起来,整个经理室顿时烟雾笼罩。李经理实在觉得不适,就打开窗户,说:"我这几天咽喉发炎,闻不得烟味儿,请原谅。"小王不情愿地掐灭了香烟。

(资料来源:何爱华,张学娟.实用商务礼仪.北京:人民邮电出版社,2011,有改动)

**问题:**营销拜访应注意哪些礼仪?在营销工作中还应注意哪些礼仪?

🔧 **实训设计**

拜访是社会活动中一件经常性的工作,是最常见的社交形式,同时也是联络感情、增进友谊的一种有效方法。要使拜访做得更得体、更有效,更好地实现拜访的目的,就要重视和学习拜访的礼仪。

营销活动中总免不了有各种拜访和约见，特别是登门拜访式的商务赴邀，一定要做好各项准备工作，注意自己的言行举止，做到客随主便。特别是在办公场合，哪怕跟对方比较熟悉也应约束一下自己的行为，尽量不给主人添麻烦。案例中小王的种种不符合礼仪规范的行为，都有失一名职业人员的素质。

为了完成本项任务的学习，建议在班级举行一次"手机销售的客户沟通训练"，具体操作如下。

**手机销售的客户沟通训练**

实训目的：通过同学间相互售卖手机的游戏，从中体会销售的技巧。

实训学时：2 学时。

实训地点：教室。

实训准备：手机等。

实训方法：

(1) 相邻座位的同学两人一组，分别扮演销售员和客户，每组设计一个营销拜访场景。

(2) 销售员尝试将手机成功地销售给客户，在推销过程中，客户提出各种疑问和拒绝，直到被销售员说服主动购买。时间为 5 分钟。

(3) 邀请 2～3 组同学上台演练，请其余的同学仔细观察细节。

(4) 表演结束后请参与者谈谈对角色的感受。

(5) 总结销售各环节的技巧。

# 一、客户拜访礼仪

根据经验显示：能力相同、业务相似的两位业务员，如果其中一位拜访客户的次数是另一位的两倍，那么这位业务员的成绩也一定是另一位的两倍以上。所以，要成为优秀的职业人员，首先一定要学会利用时间把拜访客户列为第一要务；其次是联系客户约定拜访时间；最后是整理客户的资料。如果能照着这样做，是一定会取得成功的。

**1. 拜访前的准备**

拜访是职业交往获得成功的重要一环，职业人员必须重视，并认真做好拜访前的准备工作。

(1) 了解客户信息

选择客户的标准包括客户的年收入、职业、年龄、生活方式和嗜好。客户来源有三种：一是现有客户提供的新客户资料；二是从报刊上的人物报道中收集的资料；三是从职业分类上寻找客户。

拜访客户之前，必须首先了解客户的需求及公司财务状况，了解客户的渠道很多，包括和客户沟通时他们自己的介绍，第三方的叙述，媒体的报道等，目前最快捷的方法便是通过网络查阅受访公司的相关资讯,可以登录客户方的网站将其资料下载,其次了解客户公司的组织、经营者的姓名、公司产品及销售网、甚至包括公司的最新发展等。最重要的是,要了解客户的商业模式或者赚钱模式,知道客户的原物料上游供应状况及下游的经销体系,甚至主要客户是谁等都必须了如指掌,将来在面对客户时,才能相当完整、清楚地为客户说明,让客户感受到自己的产品对他们的重要性。

在拜访客户前,一定要先掌握客户中对订货有决定权或有影响力的人物的姓名、性格、兴趣、嗜好与经历等信息。

了解客户,还要了解客户公司在行业、领域内的地位。竞争对手的情况掌握包括:他们的年度或月份销售量、他们的理念、最近的新闻及营销策略和与自己同类商品的对外报价、他们与客户之间的关系等。

(2)做好行程安排

准备充分之后,行程的安排就很重要。若是从事国内销售业务,一般行程在安排上不成问题;但若是在国外,要注意的事项较多,尤其是文化上的不同,行程的安排最好能以他们的习惯来做调整。还有必须确定行程的目的是什么。例如接单、客诉、例行拜访等所需准备的行头就各有不同。拜访客户时准备礼物不需太贵重,否则会被怀疑另有企图;另外,对于受访客户国家的历史、地理、国情最好都能有基本认识,尤其是西方国家或较小国家,这将会让他们有不同的感受。再者,建议用该国语言牢记客户名字。在国外出差时尽量与客户拍照,方便做完整地记录,以便下次其他同事出差时能知道客户称谓和名字,这些做法会让他们感觉很亲切。

(3)制订拜访客户的计划

拜访客户是要有计划的。先把一天当中所要拜访的客户都选定在某一区域之内,这样可以减少来回奔波的时间。利用半小时左右的时间做拜访前的电话联系,即可在某一区域内选定足够的客户供一天拜访之用。利用不去拜访客户的日子,从事联系客户,约定拜访时间的工作,同时,也利用这个时候整理客户的资料。记得要把拜访的对象集中在某一个区域内,以减少中途的往返奔波,达到有效利用时间的目的。

(4)做好充分的预演

对于拜访客户的面谈,要事先明确客户是什么态度,是积极、主动,还是在职业人员运用了约见技巧后勉强为之?这次访谈的客户是什么样的意图,也就是客户为什么面谈?是想了解价格还是想知道商品的性能、特点,或是仅想先谈谈看?对以上这些事情要事先做好充分的预演,做到成竹在胸,提高面谈成功的几率。

(5)准备有关资料

客户拜访,要准备的资料包括商品说明书、宣传材料、报价单、样品(或模型)、有关认证材料、本单位中资历证明、媒体的正面报道资料、自己的名片,还有自己基于对客户的了解而做的预案、针对可能出现的情况事先拟订的解决方案或应对方案以及一些小礼品等。客户制订需要的其他材料也准备好。这些文件要事先经过整理,尽量是打印的,看起来干净整齐,并分类装订好。

(6)注意仪容和服饰

仪容、服饰事关拜访者自身的职业形象和所代表的机构形象,也体现对被拜访者的尊重。所以,拜访前对仪容的修饰和服饰的选择与斟酌马虎不得。

### 2. 拜访的预约

拜访前,应事先联络妥当,尽可能事先告知,最好是和对方约定一个时间,以免扑空或打乱对方的日程安排,不告而访,做不速之客是非常失礼的。

（1）约见时间的安排

约见时间的安排,直接关系到销售员计划的成败。但在约见时间的确定上,销售员一般没有主动权,客户总会根据自己的工作日程,安排适当时间约见销售员,这样,既可以节约时间,又可以满足销售员约见的要求。具体约见时间的确定会因约见对象、约见事由、约见方式、会见地点等的不同而不同。这就要求销售员在约定会见时间时还应注意下列 4 点[①]。

① 根据约见对象的特点来选择最佳拜访时间。只有客户或准客户最空闲的时刻,才是最理想的拜访时间。举例来说,一般的商店大约在 7:00～8:00 是最理想的拜访时间,因为此种商店的生意在一大早最清闲。较晚关门的商店大约在深夜才兴旺,大都在中午以后才开始营业,所以适当的拜访时间是 14:00 左右。鱼贩与菜贩是较特殊的行业,大清早出门采购,不仅整个上午忙碌不堪,就是 16:00～18:00 也是生意兴旺,所以最适宜的拜访时间是在 14:00 左右。医生是特殊的行业,大概从 9:00 开始,病人就络绎不绝,因此 7:00～8:00 应该是适宜的拜访时间。拜访公司职员,如果去公司应该在 11:00 以前;若是住宅适宜在 18:00～20:00。拜访值班人员大概在 19:00～21:00。这里列举的都是第一次拜访的理想时间。由于你第一次拜访时已与准客户建立了亲密的关系,所以第二次拜访,你可以更改时间。原则上你都应选在 15:00 左右拜访,这时客户一般较清闲,且通常一个人工作了一天,到了 15:00 左右,工作大约告一段落,觉得有点疲倦,心情也较松懈,内心正企盼有个聊天的对象,职业人员在这一时刻出现不会干扰客户的工作,较容易顺利沟通。时间就是金钱,作为职业人员必须用心安排自己的拜访时间,以免因择时不当而浪费时间。

② 根据约见事由来选择最佳拜访时间。以正式销售为事由的,应选择有利于达成交易的时间进行约见;以市场调查为事由的,应选择市场行情变化较大或客户对商品有特别要求的时间进行约见;以提供服务为事由的,应选择客户需要服务的时间约见,以期达到"雪中送炭"的效果;以收取货款为事由的,应先对客户的资金周转状况作一番了解,在其账户上有余额时进行约见;以签订正式合同为事由的,则应适时把握成交信息及时约见。

③ 根据会见地点来选择最佳拜访时间。一般来说,若会见地点约定在家中,则职业人员就要考虑客户的工作时间表,最好让客户来安排约见时间。而一旦确定了约见地点和约见时间,职业人员就应提前几分钟到达,一方面表示对营销工作的重视;另一方面遵守时间可以给客户带来好感,提高职业人员自身的信誉。

④ 根据约见对象的意愿合理利用拜访时间。在一般情况下,拜访客户的时间不宜太长,当拜访目的基本达到而客户对结束约见又有某些暗示时,职业人员应尽快考虑以圆满的方式结束约见,以免使客户产生反感。如有未尽事宜,可以再行约见。"马拉松"式的会谈,既达不到拜访的目的,又可能导致客户再行约见,从而失去客户。

如果双方有约,应准时赴约,不能轻易失约或迟到。但如果因故不得不迟到或取消访问,一定要设法在事前立即通知对方,并表示歉意。

此外,约见的事由、对象不一样,约见的地点也应有些讲究。一般可以选择在客户的工

---

① 水中鱼.销售金口才.武汉:华中科技大学出版社,2010

作单位、家里、社交场所或公共场所等。具体选择在哪里,应视情况而定。有的客户出于某种需要,不便在工作单位或家中接待销售员的来访,就利用公共场所进行约见。

（2）预约客户的方法

在商务工作中,学会预约,才能开启一场成功的商务拜访之旅。然而,许多时候,人们预约客户都会被拒绝,这不一定是客户对职业人员的提议没有兴趣,而多半是职业人员预约技巧不佳的缘故。常用的预约客户的方法有以下几种。

① 利益预约法。联系客户时,不要急于预约拜访时间,而是迎合了大多数客户的求利心态,简要说明商品的利益,突出销售重点和商品优势,引起客户的注意和兴趣,这样有助于很快达到预约客户的目的。

② 问题预约法。抓住客户的关心点进行提问,引起客户的兴趣,从而使客户集中精力,更好地理解和记忆职业人员发出的信息,为激发购买欲奠定基础并顺利预约。

③ 赞美预约法。每个人都有喜欢别人赞美的天性,职业人员可以利用人们的这种天性来达到预约客户的目的。赞美一定要出自真心,恰如其分,切忌虚情假意、无端夸大。

④ 求教预约法。虚心求教的态度能轻松化解客户一开始的反感。一般来说,人们不会拒绝登门虚心求教的人。销售员在使用此法时应认真策划,把要求教的问题与自己的销售工作有机地结合起来,以期达到约见的目的。

⑤ 好奇预约法。人们都有好奇心。销售员可以利用动作、语言或其他一些方式引起客户的好奇心,以吸引客户的兴趣。

⑥ 馈赠预约法。职业人员可以在预约拜访之前,先赠送客户一些小礼品或公司的样品,以咨询客户反馈意见的名义,进而实现预约客户的目的。

⑦ 调查预约法。职业人员可以利用调查的机会预约客户,这种方法隐蔽了直接销售商品这一目的,比较容易被客户接受,也是在实际中很容易操作的方法。

⑧ 连续预约法。"精诚所至,金石为开",在一次预约拜访失败后,销售人员千万不要灰心,而要消化客户信息,寻找新的亮点,多次与客户交流,最终顺利达到预约拜访的目的。实践证明,许多营销活动都是在职业人员连续多次预约客户后,才引起了客户对其的注意和兴趣,进而为以后的销售成功打下了坚实的基础。

**3. 拜访过程中的礼仪**

（1）准时到达

拜访一定要准时到达,要充分考虑到交通堵塞等情况,出发时要充分的提前,不要迟到。一般以提前 10～15 分钟到达为宜,这样可以从容调整自身状况,整体感受所拜访公司的环境,感受公司文化和人员的精神面貌,为顺利拜访奠定基础。

（2）做好与前台的沟通

在进入客户单位之前最好先从头到脚地检查一下自己的着装、仪容是否存在不符合礼仪规范的地方,如有,一定要及时整理好。如果是重要的拜访对象,要事先关掉手机或调整到静音状态,这体现了对拜访对象的尊敬,对访问事宜的重视。然后面带微笑、从容不迫地走向前台,礼貌地致意、问好,然后告诉前台自己来自哪个单位,要约见什么人,见面预约的时间,恳请前台予以安排。

一般拜访客户单位身份较高者,当前台没有查到预约记录但又不敢贸然拒绝时,前台会问来访者来访的目的,如:"您找王总有什么具体事吗?"这时,职业人员可以用间断、抽象性的字眼或用一些较深奥的技术专用名词向前台说明来意,让他觉得你的来访很重要。也可以含糊地说:"上次见面的时候和王总聊过合作的事情,王总让我过来再详细沟通一下。"

拜访客户一定要注意和前台处理好关系。第一次来访可以赠送一些小小的礼品,礼品应价格不贵但很精美实用。这样前台对职业人员印象不错,一回生,二回熟,拜访就变得很容易了。

（3）到达约定地点后的礼仪

到达拜访地点后,如果对方因故不能马上接待,可以在对方前台人员的安排下在会客厅、会议室或前台,安静地等候。如果等待时间过久,可以向有关人员说明,并另定时间,不要显出不耐烦的样子。有抽烟习惯的人,要注意观察该场所是否有禁止吸烟的警示。即使没有,也要问问工作人员是否介意抽烟。如果接待人员没有说"请随便看看"之类的话,就不要随便东张西望,到处窥探,那是非常不礼貌的。

到达被访人办公室时,一定要事先轻轻敲门,进屋后等主人安排后坐下。后来的客人到达时,先到的客人应站起来,等待介绍或点头示意。对室内的人,无论认识与否,都应主动打招呼。如果与对方是第一次见面,应主动递上名片,或作自我介绍。对熟人可握手问候。如果你带其他人来,要介绍给主人。进门后,应把随身带来的外套、雨具等物品搁放到对方接待人员指定的地方,不可任意乱放。

注意言谈举止。要以优雅得体的言谈举止体现素质、涵养和职业精神,赢得对方的好感和敬重。在客户没有邀请入座之前不要随便坐下。被邀请入座时应表示感谢。如果客户也是站着的,则不要先于客户就座。

落座后要由职业人员先开口寒暄。谈话时开门见山,不要海阔天空,浪费时间。最好在约定时间内完成访谈,如果客户表现出有其他要事的样子,千万不要再拖延,如为完成工作,可约定下次拜访时间。在交谈过程中,即便与客户的意见相左,也不要争论不休。要注意观察客户的举止神情,当有不耐烦或有为难的表现时,应转换话题或口气,避免出现不愉快或尴尬的场面。

接茶水时,应从座位上欠身,双手捧接,并表示感谢。吸烟者应在主人敬烟或征得主人同意后,方可吸烟。和主人交谈时,应注意掌握时间。

对拜访过程中接待者提供的帮助要及时适当地致以谢意。若是重要约会,拜访之后给对方寄一封谢函或留一条短信,会加深对方的好感。

（4）不能会面情况的处理[①]

拜访客户时,即使事先已经约好,自己应约而来时仍然会碰到对方不在的情况。这时可以向前台转达自己来访未遇;也可以在自己名片的空白处写上:"×月×日×点应约来访未遇,改天来访"的简短消息,请前台转交。如果对方在单位但没有出面接待,可能是:"这会儿正忙"、"正在开会"等。遇到这种情况不要死缠烂打,而应该说:"好,那我改日再来。"并说明什么时候再打电话预约下次见面的时间。如果再三恳求说:"两分钟也行,务必要见一面。"这种精神虽然可嘉,但并不恰当,很容易引起对方反感,反而得不偿失。过于匆忙地见面不如下次再见面。

有时客户正在与其他客户谈话,甚至在你苦等了很久之后却说:"改天再谈吧!今天没

① 未来之舟.销售礼仪.北京:中国经济出版社,2009

有时间了。"也有的时候眼看比自己晚来的客人，一个接一个地被客户接待却不理睬你；有时好不容易轮到接待自己了，客户却临时有事走开了。这时候虽然受到了委屈，但千万不要气馁，在与客户本人或者前台约好下次拜访的时间后，礼貌、大度、精神抖擞地和前台或者其他接待过自己的人告别，让客户方看到你良好的修养和风度。

（5）适时礼貌地告辞

拜访中，即使谈得再投机也有结束的时候。作为拜访者，适时礼貌地告辞不仅是风度，更是智慧。拜访结束时彬彬有礼地告辞，可给对方留下良好的印象，同时也给下次的拜访创造良好的氛围和机会。所以，及时告辞、礼貌告辞这一环节相当重要。

面谈什么时候结束呢？拜访时间长短应根据拜访目的和客户意愿而定，通常宜短不宜长，适可而止，一般拜访时间应把握在 1 小时左右为宜，届时双方主要事宜都谈完了，就要及时告辞。此外，谈到快要就餐或休息的时间时，也要起身告辞。或者事情谈得差不多了，又有其他人拜访客户，也应尽快告辞，以免给客户的接待造成不便。

当客户有结束会见的表示时，应立即起身告辞。如在客户反应冷淡、交谈话不投机甚至客户不愿意搭理职业人员，或者客户不时地看表、有起身的动作等情况下，职业人员都要"知趣"而退。

准备告辞时不要选择在客户说完一段话之后，因为这会使其误以为职业人员听得不耐烦。应在自己说完一段话之后。同时告辞前不要有打哈欠、伸懒腰、看手表等表示疲倦、厌烦的举止。

告辞前职业人员要对客户的热情接待予以肯定和感谢。说完告辞的话就应起身离开座位，不要久说或久坐不走。告辞时要同客户和其他客人一一告别。

如果客户出门相送，要主动与客户出手相握，以请客户留步，并热情地说声再见。

拜访客户中途因特殊情况不得不离开时，无论主人在场与否，都要主动告别，不能不辞而别。

# 二、客户接待礼仪

**1. 做好接待的准备**

接待，是给客人以良好第一印象的最重要工作。在接待工作中，把迎宾工作做好，对来宾表示尊敬、友好与重视，客户就会对东道主产生良好印象，从而为下一步深入接触打下基础。在迎宾工作中，要注意做好以下前期准备工作。

（1）掌握客户的基本状况

职业人员一定要充分掌握客户的基本状况。这些情况有：来访客户的人数（包括几男几女）、身份、所搭乘的交通工具、甚至还包括饮食习惯、民族和宗教信仰。这样就方便安排接待、用餐和住宿。如果来访者中间有身份很高的客户，职业人员要考虑请公司相关领导出面参与接待。如果来宾尤其是主宾曾经来访过，则在接待规格上要注意前后一致，无特殊原因不宜随意升格或降格。客户如报出自己一方的计划，比如来访的目的、来访的行程、来访的要求等,应在力所能及的前提下满足其特殊要求,尽可能对对方给予照顾。

（2）制订具体的接待计划

为了避免疏漏,一定要制订详尽的接待计划,以便按部就班地做好接待工作。根据常规,接待计划至少应包括迎送方式、迎送规格、交通工具、膳宿安排、工作日程、文娱活动、游览、会谈、会见、礼品准备、经费开支以及接待、陪同人员等基本内容。对于客户来访可能讨论到的问题要有充分准备,客户谈什么、怎么谈,承诺什么、怎么承诺,询问什么、怎么询问等问题,要做到心中有数,提前预演。这样一来,当谈到这些问题的时候,才能迅速、规范地作出反应,以免被动。

（3）确认客户抵达时间

有时候,客户到访时间或因其健康状况,或因紧急事务缠身,或因天气变化、交通状况等的影响,难免会有较大变动。因此,接待方务必要在对方正式启程前与对方再次确认一下抵达的具体时间,以便安排迎宾事宜。

（4）做好客户住宿安排

如果接待方要替客户安排住宿,就要问清楚客户需要多少房间,住宿的标准要求,对住宿有无特殊要求。接待方承担住宿费用时,要充分考虑交通、环境、饮食、气温、朝向、宗教信仰、生活习惯等因素,为客户选择一个适宜的住宿地点。如果是外国客户,应尽量安排在国际连锁酒店,这样无论是语言还是饮食,都符合他们的习惯。安排住宿时,如果是多位客户,订的又是双人标准间,则应该由客户方自己自由组合。

**2. 交通工具停靠站迎宾礼仪**

（1）迎宾人员

一般来说,迎送人员与来访客户的身份要相当,但如果己方当事人因临时身体不适或不在当地等原因不能前来迎送也可灵活变通,由职位相当的人士或由副职出面。遇到这种情况,应从礼貌出发向对方做出解释。另外,迎宾人员最好与来访客户专业对口。

（2）迎宾地点

来访客户的身份地位不同,迎宾地点往往也有所不同。一般情况下,迎宾的常规地点有：交通工具停靠站（机场、码头、火车站等）,来宾临时住所（宾馆）,东道主的办公地点门外等。在确定迎宾地点时,还要考虑以下因素：双方的身份、关系及自身的条件。

（3）迎宾时间

到车站、机场去迎接客人,应提前到达,决不能迟到让客人久等。客人刚下飞机或下车就能看见有人等候,一定会感激万分;如果是第一次到这个城市,还能因此获得一种安全感。若迎接来迟,会使客人感到失望和焦虑不安,还会因等待而产生不快,事后无论怎样解释都无法消除这种因失职和不守信誉造成的印象。

（4）迎宾标识

如果迎接人员与客人素未谋面,一定要事先了解一下客人的外貌特征,最好举个小牌子去迎接。小牌子上尽量不要用白纸写黑字,这样会给人晦气的感觉;也不要写"××先生到此来",而应写"××先生,欢迎您!"、"热烈欢迎××先生"之类的字样;字迹力求端正、大方、清晰,不要用草书书写。一个好的迎宾标识,既便于找到客人又能给客人留下美好印象——当客人迎面向你走来时会产生自豪感。在单位门口,不要千篇一律地写上"Welcome"一词,而应根据来宾的国籍随时更换语种,这样会给来宾带来一种亲切感。

（5）问候与介绍

接到客人后，切勿一言不发、漠然视之，而要先与之略作寒暄，比如说一些"一路辛苦了"、"欢迎您来到我们这个美丽的城市"、"欢迎您来到我们公司"之类的话。然后要向客人介绍自己的姓名和职务，如有名片更好；客人知道你的姓名后，如一时还不知如何称呼你，你可以主动表示："就叫我小×或××好了。"其他接待人员也要一一向客人作自我介绍，有时可由领导介绍，但更多的时候是由秘书承担这一职责。在作介绍时，态度要热情，要端庄有礼，要正视对方并略带微笑，可以先说"请允许我介绍一下"，然后按职务高低将本单位的人员依次介绍给来宾。对于远道而来、旅途劳顿的来宾，一般不宜多谈。

（6）握手

握手是见面时最常见的礼节，双方相互介绍之后应握手致意。握手时，要注视对方，微笑致意，并使用"欢迎您"等礼貌用语。迎接来宾时，迎宾人员一定要主动与对方握手。

（7）献花

有时迎接重要宾客还要向其献花，一般以献鲜花为宜，并要保持花束的整洁、鲜艳。在社交场合，献什么花、怎么献花，常因民族、地域、风情、习俗、目的的不同而有所区别。一般情况下，应注意从鲜花的颜色、数目和品种三个方面加以考虑。

（8）为客代劳

接到来宾后，在走出迎宾地点时应主动为来宾拎拿行李，但对来宾手上的外套、坤包或密码箱等则不必"代劳"。客人如有托运的物件，应主动代为办理领取手续。

**3. 陪车礼仪**

来访客户抵达后从交通工具停靠站到住地以及访问结束后由住地到交通工具停靠站，有时需要主人陪同乘车。

主人在陪车时，应请客人坐在自己的右侧。有司机的时候，后排右位最佳，应留给客人。上车时，应主动打开车门，以手示意请客人先上车，自己后上。一般最好让客人从右侧门上车，主人从左侧门上车，以免从客人座前穿过。如客人先上车坐到了主人的位置上，不必请客人挪动位置。

在接待客人时，客人一般会对将要参加活动的有关背景资料、筹备情况、有关的建议，当地风土人情、气候、物产，富有特色的旅游点，近期本市发生的大事，本市知名人士的情况，当地的物价等感兴趣。所以，接待人员要向客人就上述信息做必要的介绍。

**4. 宾馆入住与探访**

将来访客户送至宾馆，要主动代为办理登记手续，并将其送入房间。进入宾馆房间后，应告知来访客户餐厅何时营业，有何娱乐设施，有无洗衣服务等以便客人心中有数。来访客户一到当地，最关心的就是日程安排，所以应事先制订活动计划。来访客户到宾馆后，应马上将日程表送上，以便其据此安排私人活动。根据活动安排，来访客户将与哪些人会面与会谈，也应向其作简略介绍。为了帮助来访客户尽快熟悉访问地的情况，还可以准备一些有关这方面的出版物给客人阅读，如本地报纸、杂志、旅游指南等。考虑到来访客户旅途劳累，主人不宜久留，应让其早些休息，分手前要说好下一次见面的时间和地点，并留下自己的地址和电话号码，以便来访客户有事时联系。

从客户入住，到来探访的时间不宜太长，太长了会显得不礼貌；也不能太短，太短了，也许客户还没来得及整理行李,有的女士还要换一下服装,洗脸后略施淡妆。一般在客户入住至少一个小时之后来探望比较合适。对于这一点,也应该事先让客户知道,以便让他们有所准备。如果客户身份比自己高,最好请公司相关领导与自己一同探望,以显郑重。

**5. 引导客人的礼仪**

(1) 向客户行鞠躬礼

15°的鞠躬行礼是指打招呼,表示轻微寒暄;30°的鞠躬行礼是敬礼,表示一般寒暄;45°的鞠躬行礼是最高规格的敬礼,表达深切的敬意。在行礼过程中,不要低头,要弯下腰,但绝不能看到自己的脚尖;要尽量举止自然,令人舒适;切忌用下巴跟人问好。

(2) 引导手势要优雅

男性接待人员在做引导时,应该是当访客进来的时候,需要行个礼,鞠个躬,手伸出的时候,眼睛要随着手动,手的位置在哪里眼睛就跟着去哪里。如果访客问"对不起,请问经理室怎么走",千万不要口中说着"那里走",手却指着不同的方向。女性接待人员在做指引时,手就要放下来,否则会碰到其他过路的人,等到必须转弯的时候,需要再次打个手势告诉访客"对不起,我们这边要右转"。打手势时切忌五指张开或表现出软绵绵的无力感。

(3) 注意"危机"提醒

在引导过程中,要注意对访客进行"危机"提醒。比如,在引导访客转弯的时候,熟悉地形的接待人员知道在转弯处有一根柱子,就要提前对访客进行"危机"提醒;如果拐弯处有斜坡,就要提前对访客说"请您注意,拐弯处有个斜坡"。对访客进行"危机"提醒,让其高高兴兴地进来,平平安安地离开,这是每一位接待人员的职责。

**6. 奉茶的礼仪**

在客户接待中,人们容易忽略奉茶中的一些小细节,从而扼杀了合作的良机。注重奉茶的细节和礼仪,才能给客户留下良好的印象,并营造出和客户商谈的融洽氛围,顺利实现企业的营销目标。奉茶要注意以下礼仪。

(1) 多准备几种茶叶

对于茶,不同的客户有不同的喜好,有人喜欢绿茶,有人喜欢红茶,有人喜欢花茶……要想让客户满意,不妨绿茶、红茶、花茶、乌龙茶等各类常见茶叶都备上一点,因人而异,投其所好沏茶。

(2) 茶具要专业

现在,许多人为了方便,常常用一次性纸杯沏茶。生活中这无可厚非,然而在客户接待中,却显得对客户不太尊重,也让客户自此会轻视你。为客户奉茶,最好备有专业茶具,且茶具不能有破损和污垢,要洗干净、擦亮,这样才能更好地发挥茶的作用,营造商谈的和谐氛围。

(3) 奉茶有讲究

奉茶多是在主宾交谈之时,这时为了不打扰客户商谈的情绪,应尽量从客户的左后侧奉茶,条件不允许时也可从右后侧奉茶,切不可从其正前方奉茶。

在给客人奉茶时,杯内的茶水倒至八分满即可,不可倒满,免得溢出来溅洒到客人身上。茶水冷热也要控制好,千万别烫着客人。茶水要清淡,除非客户主动提出浓茶要求。端送茶水最好使用托盘,既雅观又卫生;托盘内放一块抹布更好,以便茶水溢出时擦拭。端茶时,有杯柄的茶杯可一手执杯柄一手托在杯底或单手执杯柄;若茶杯没有杯柄,注意不要用手

职业礼仪教程

握住茶杯,以减少手指和杯沿部分的接触,更不可把拇指伸入杯内。

奉茶时可以按由右往左的顺序逐个奉上,也可按主要宾客或年长者——其他客人、上级领导——其他客人这个顺序敬奉。

（4）上茶不多三杯

中国人待客有"上茶不过三杯"的说法,第一杯叫敬客茶；第二杯叫续水茶；第三杯叫送客茶。如果一再劝人用茶,却又无话可讲,则有提醒来宾"打道回府"的意思。在面对较为守旧的客户时切忌多次劝茶和续水。

### 7. 接待时的注意事项

（1）主动热情接待客户

在来访客户到达本单位时,参与接待的相关领导和工作人员,应该前往门口迎接。进入办公室或会客室时,接待人员一般应起身握手相迎,对上级、长者、客户的来访,应起身上前迎候。如果自己有事暂不能接待来访者,应安排秘书或其他人员接待来访客户,不能冷落来访客户。正在接待来访客户时,有电话打来或有新的来访者,应尽量让秘书或其他人接待,以避免中断正在进行的接待。

（2）要保持亲切灿烂的笑容

笑是世界的共通语言,是接待人员最好的语言工具,访客接待的第一秘诀就是展现亲切的笑容。当客户靠近的时候,接待人员绝对不能面无表情地说"请问找谁?"、"有什么事吗?"、"您稍等……"这样的接待会令客人觉得很不自在,相反的,一定要面带微笑地说"你好,请问有什么需要我服务的吗?"。

（3）注意使用温馨合宜的招呼语

当接待来访客户时,最好不要或者尽量减少使用所谓的专业术语,多使用顾客易懂的话语。比如医学专业术语、银行专业术语等,许多顾客无法听懂那些专业术语,如果在与其交谈时张口闭口皆术语,就会让顾客感觉很尴尬,也会使交流受到影响。所以,招呼语要通俗易懂,要让顾客切身感觉到亲切和友善。同时,应尽量使用简单明了的礼貌用语,比如"您好"、"大家好"、"谢谢"、"对不起"、"请"等,向顾客展现自己的专业风范。另外,还应该尽量使用生动得体的问候语。比如:"有没有需要我服务的?"、"有没有需要我效劳的?"这样的问候语既生动又得体。切忌不要使用类似"找谁? 有事吗?"这样的问候语,会让客人感到不舒服,甚至会把客户吓跑。

（4）妥善处理来访客户的意见或建议

对来访客户的意见和观点不要轻率表态,应思考后再做答复。对一时不能作答的,要约定一个时间再联系。对能够马上答复的或立即可办理的事,应当场答复,迅速办理,不要让来访者无谓地等待或再次来访。对来访客户的无理要求或错误意见,应有礼貌地拒绝,不要使来访者尴尬。

### 8. 陪同旅游

对远道而来的客户,特别是重要客户,如果又是第一次来这个城市,陪同客户旅游也是常用的公关手段。具体包括如下方面[1]。

---

[1] 未来之舟.销售礼仪.北京:中国经济出版社,2009

（1）事先安排

如果想安排客户在本地旅游,首先要看客户的行程安排是否允许。如果不知道,可以将陪同游玩的设想及日期告诉客户。征得客户的同意后再将旅游线路(含主要景点简介)、所需时间等信息,告诉客户方,以征求其意见和建议。从日期上来说,应该是处理完公务以后。游玩路线安排上,景点不在多,重在著名、安全、健康、有特色、有纪念意义等。游玩之前要安排好交通工具,如果随旅游团旅游,就要事先在正规的旅行社办好手续。在游玩当天,还要带上充足的饮料、零食、纸巾等物品。

客户方如果只有两三个人甚至一个人,自己一个人陪同就可以了;客户方如有身份较高者时,就应酌情再邀请公司身份和对方差不多的同事一起陪同,当然如果自己和对方很熟,也可以自己陪同。客户方人数较多的,陪同人员就不宜一人,否则也不方便照顾。

（2）注意事项

既然是旅游,而且是陪同客户旅游,应该本着"舒适、尽兴、安全"的原则,所以无论是交通安排上,还是饮食或者旅游具体项目的选择上,一定要保证质量和档次。在景点买票时,安排好客户稍事休息,自己去排队;如果有比自己身份低的同事在,可以请同事去买票,自己陪客户聊天,以免冷落客户。

陪同游玩时,应向客户介绍景点,特别是一些有趣的典故更要介绍。自己不清楚的,就应事先查阅相关资料,做足功课。还有本地的名吃、特色小吃,游玩过程中应该特别安排品尝。

当地特色的旅游纪念品,职业人员应该主动人手一份地替客户买好。如果还有没一起来的、自己也认识的客户单位的其他人,特别是领导人员,应该购买后托来访的客户捎回。即使客户再如何要求,都不能让客户自己付用餐、交通、旅游项目上的费用。游玩本身就是一件"体力活",所以旅游期间要安排好餐饮、休息,不能疲劳地连轴运转。

**9. 送别礼仪**

俗话说:"出迎三步,身送七步。"送别,是留给客人良好的最后印象的一项重要工作。不管你前面的接待工作做得多么周到,如果最后的送别让来访客户备受冷落,整个接待工作就会功亏一篑。做好送别工作,关键在于一个"情"字。具体而言,送别时应注意以下礼仪。

（1）提出道别

在日常接待活动中,宾主双方由谁提出道别是有讲究的。按照常规,道别应当由来访客户先提出来,假如主人首先与来客道别,难免会给人以厌客、逐客的感觉。

（2）送别用语

宾主道别,彼此都会使用一些礼貌用语表达对对方的惜别之情,最简单、最常用的莫过于一声亲切的"再见!",除此之外,"您走好!"、"有空多联系!"、"多多保重!"等也是得体的送别用语。

（3）送别的表现

一般来访客户告辞离去,职业人员只需起身将其送至门口,说声"再见"即可。如果上司要求你代其送客,则应视需要将来访客户送至相应地点;如果对方是常客,通常应将其送至门口、电梯门口或楼梯旁、大楼底下、大院门外;如果是初次来访的贵客,则要陪伴对方走得更远些。如果只将来访客户送至会议室或办公室门口、服务台边,则要说声"对不起,失陪",

目送客人走远；如果将客人送至电梯门口，则宜点头致意，目送来访客户至电梯门关合为止；若将来访客户送至大门口或汽车旁，则应帮来访客户携带行李或稍重物品，并帮客户拉开车门，开车门时右手置于车门顶端，按先主宾后随员、先女宾后男宾的顺序或客户的习惯引导其上车，同时向其挥手道别，祝旅途愉快，目送客户离去。在送别的过程中，切忌流露出不耐烦、急于脱身的神态，以免给客户带来匆忙打发他走的感觉。

# 三、客户沟通礼仪

### 1. 营销沟通的原则

视客户为朋友，为熟人，想方设法让服务用语做到贴心、自然、令人愉悦，这是营销沟通的基本出发点。

（1）顾客中心原则

设身处地为对方着想，急客户之所需，主动说明顾客购买某种东西所带来的好处，对这些好处做详细、生动、准确的描述，才是引导顾客购买商品的关键。"如果是我，为什么要买这个东西呢？"这样换位思考，就能深入顾客所期望的目标，也就能抓住所要说明的要点。最好用客户的语言和思维顺序来介绍产品，安排说话顺序，不要一股脑儿说下去，要注意客户的表情，灵活调整销售语言，并力求通俗易懂。

（2）倾听原则

"三分说，七分听"，这是人际交谈基本原理——倾听原则在营销中的运用。在推销商品时，要"观其色，听其言"。除了要观察客户的表情和态度外，还要虚心倾听对方议论，洞察对方的真正意图和打算。要找出双方的共同点，表示理解对方的观点，并要扮演比较恰当、适中的角色，向客户推销商品。

（3）禁忌语原则

在保持积极的态度时，沟通用语也要尽量选择体现正面意思的词，选择积极的用词与方式。要保持商量的口吻，不要用命令或乞求语气，尽量避免使人丧气的说法。例如：

"很抱歉让您久等了。"（负面词）→"谢谢您的耐心等待。"（积极的说法）

"问题是那种产品都卖完了。"（负面词）→"由于需求很多，送货暂时没有接上。"（积极的说法）

"我不能给你他的手机号码！"（负面词）→"您是否向他本人询问他的手机号吗？"（积极的说法）

"我不想给你错误的建议。"（负面词）→"我想给你正确的建议。"（积极的说法）

"你叫什么名字？"（负面词）→"请问，我可以知道你的名字吗？"（积极的说法）

"如果你需要我们的帮助，你必须……"（负面词）→"我愿意帮助你，但首先我需要……"（积极的说法）

"你没有弄明白，这次听好了。"（负面词）→"也许我说得不够清楚，请允许我再解释一下。"（积极的说法）

（4）"低褒微谢"原则

"低"，就是态度谦恭，谦逊平易。"褒"是褒扬赞美。"谢"是感谢，由衷地感谢顾客的照顾。如"谢谢您，这是我们公司的发票，请收好。"、"谢谢您，我马上就通知公司。"、"谢谢您，正好是××元。""微"是微笑。职业人员要常面带微笑，给客户带来好的心情。

**2. 营销沟通的语言要求**

（1）发音清晰、标准

只有发音清晰、标准，对方才能听清推销员说的是什么，不至于只看见推销员唾沫横飞，却根本不知道说了些什么。我们提倡的是普通话，现在大多数的人在公共场合交际，运用的是普通话。很大程度上，一口流利的普通话已经成为高素质的象征，因此一般来说应用普通话交流；如果了解对方老家是某地，对方又以家乡为荣，而自己恰巧又会当地的方言，适当地运用方言跟对方交流也不错。

（2）语调低沉、自然、明朗

低沉和抑扬顿挫的语调最吸引人。语调偏高的人，让人感觉叽叽喳喳，听起来不舒服，而且有一种凌驾于客户之上的感觉。因为我们大家有体会，一般而言领导跟下属、长辈跟晚辈之间谈话时，前者语调较高，后者语调较低，所以客户更喜欢稍低沉的语调；语调要自然，谁都不喜欢做作，尤其是女推销员更不要嗲声嗲气，自然、大方才受大家的欢迎；语调要讲究抑扬顿挫，否则一个调子下来，客户听不出重点，也容易厌烦。

（3）说话的语速要恰如其分

有些推销员说话本身语速快，在客户面前又有些紧张，因此还没等客户有所反应，自顾自地讲了十几分钟，容不得对方插话，一则不尊重对方；二则自己讲得快了，思维跟不上，容易出错；语速也不应太慢，太慢了会让客户着急，不耐烦。一般来说，正常聊天的语速就可以。同时，语速要根据所说的内容而改变，一成不变的语速容易让人产生厌烦情绪，讲到重点的时候可以适当放慢语速，加强语气，以示强调。

（4）懂得停顿的运用

在讲话过程中，恰当的停顿有多个好处：一则可以顾及客户的反应，是喜欢还是厌恶？对哪一部分感兴趣？以便有针对性地调整说话的内容和语速。二则是让自己有思考的时间，选择更合适的语言来表达，不至于太紧张甚至出错；停顿的时间不要太短，要根据对方的反应灵活调整。一般来说，停顿会引起对方的好奇，有时不能逼对方早下决定。

（5）音量要注意控制

有的人音量本来就大，很多时候像在喊，就要控制一下。音量太大，往往容易给对方造成压迫感，使人反感；音量太小，一则对方听不清楚说的内容，容易不耐烦；二则显得自己信心不足，犹犹豫豫，自己都没有信心，还怎样影响客户？因此说服力不强。

（6）在说话时配合恰当的表情

在说话时配合恰当的表情往往会起到比单纯的语言更明显的作用。比如，说到高兴处，可以微笑，或者配合一定的手势动作；说到伤心处，神情表现得悲伤，让情绪感染客户，让客户进入所创设的情境中，容易诱导客户。

此外，推销人员还要注意表达逻辑清晰，重点突出。在进行介绍时，要思路清晰，表达流畅，不能前言不搭后语，让听者不知所云。为了突出重点，可以适当地使用一些词语，如"首先、其次、再次、最后"或者"第一、第二、第三"等，以便客户能抓住重点，一般要把最突出的优点放在第一位,吸引住客户,稍弱的优点依次往后。

推销员可以把自己的声音录下来,找好朋友或者家人或者同事从内容、形式等方面提建议或意见,以便提高说话水平。

（7）诱导顾客自己品味销售的主题

最能使人信服的是自我醒悟的道理,而非他人的说教,通过提问的方式给顾客一定程度的自尊心满足,诱导和激发顾客产生购买行为。比如,"我认为……"可改成"您是否认为……"、"您的想法对吗?"可改成"您是怎么想的?"、"我想您肯定会买的"可改成"您很内行,可不要错过机会"等。这些提问能使顾客顺从诱导,引起思考,品味推销员没有说出的销售主题。一旦悟出道理,大多数顾客就会陶醉于自己体会出的快乐心情之中,很少会产生是由推销员诱导出来的怀疑感觉。在公众自己品味出销售的主题以后,推销员还可以用赞美的语气强化诱导的结果。"您讲得很有道理"、"我完全同意您的想法"、"您真会核算、比我们还精通"等赞美词会使顾客油然产生一种兴奋的心情,这种情感体验能够升华为坚定不移的购买信念,导致顺利成交的良好结果。

（8）注意语言的精确性,提高对顾客说理的感染力

在推销中,推销人员的语言是一种极其复杂的心理活动,推销员凭借某种语言来传递自己心理活动的信息,表达自己的思想、情感、愿望和要求,而顾客也是通过拜访的语言交流,接受推销员传递的商品信息,引起思想、感情的共鸣,采取积极的购买行为。因此,推销员要加强语言修养,提高语言的精确性,增强语言的感染力,给顾客以身临其境的感觉,强化说理的效果。应注意以下三点。

① 多用肯定语言。这里所说的肯定是指对顾客态度的赞美肯定,对商品质量和价格的肯定,对售后服务的肯定,以坚定顾客的购买信念。对顾客态度的肯定。"您现在这样看问题是很自然的事"、"过去我也是这样想的"。对商品质地的肯定。比如,对服装可用质地优良、做工考究、色泽华丽、款式新颖、老少皆宜的肯定语言。对水果可用果大、皮薄、肉厚、香甜、可口等质量可靠的语言。对价格的肯定。"这个价值五十元"、"这个报价是最低价格"、"您不能再削价了"。这里的目的是使顾客消除还价的打算,觉得在价格上别无退路,只能按定价成交。对售后服务的肯定。本公司推销的商品一律实行三包:"包退、包换、包修"、"本厂的产品一律送货上门"。这里的"三包"和"送"都是肯定语言,能使顾客感到称心、方便,解除其后顾之忧,促使顾客下决心实施购买行为。

② 用请求式的语句尊重顾客,尽量避免用命令式的语句同顾客交谈。请求式语句是以协商的态度征求顾客意见,由于推销员态度谦虚,说话和气,所以公众总是乐意接受的。而命令式语句,推销员居高临下,态度生硬,强制性地要求顾客实施购买行为,一般是不受顾客欢迎的。比如,客户问推销员:"××是否有货?"推销员回答:"没有货,到下个月再联系。"这是一种命令式回答客户问题的语句。它不仅要求客户等到下个月,而且命令客户主动来联系。这样就使推销员与客户的关系错位,变成客户求推销员。这种方式除了在商品供应紧张时能有短期效应外,对多数客户来讲,是不可取的。

③ 营销中,刺激的语句,过于客套的语句都是不恰当的。这些语句容易引起公众反感。

总之,职业人员在与客户的沟通中正确使用语言,通过礼貌语言的魅力,影响、感染、引导消费公众,触发购买行为,这是有效地开展营销所必需的。

### 3. 与客户沟通的技巧

营销中的 FAB 法则是职业人员与客户沟通的基石。所谓 FAB 法则是指推销员运用产品的特征 F(Feature)和优势 A(Advantage)作为支持,把产品的利益 B(Benefit)和潜在顾客的需求联系起来,详细介绍所销售的产品如何满足潜在顾客的需求。特征 F 是产品的固有属性,它描述的是产品的事实或特点;优势 A 是解释特征的作用,表明产品如何使用或帮助潜在顾客;而利益 B 则说明产品能给潜在顾客带来的好处是什么,表明产品如何满足客户表达出的明确需求。销售领域流传着这样一个著名的故事——猫和鱼的故事,以此来说明FAB 法则的运用。一只猫非常饿了,想饱餐一顿(需求)。这时推销员过来说:"猫先生,我给你一沓子钱。"但这只猫丝毫不为所动,仍然在那儿懒洋洋地躺着(这沓钱只是一个特征)。躺在地上的猫饿极了,很想饱餐一顿(需求)。这时推销员过来说:"猫先生,我这儿有一沓钱,可以买很多鱼。"猫仍然没有反应(买鱼是这些钱的作用、优势)。猫饿极了,渴望饱餐一顿(需求)。这时推销员过来说:"猫先生请看,我这儿有一沓钱,可以买很多鱼(优势),你可以饱餐一顿了(利益与需求相匹配)。"话音刚落,这只猫就飞快地扑向这沓钱。由此可见,利用 FAB 法则推销产品时,只有将产品的利益与顾客的需求相匹配,强调潜在顾客将如何从购买中受益,才能激发顾客的购买欲望,让其做出购买的决定。

从 FAB 法则出发,职业人员应把握以下与客户沟通的技巧。

#### 1) 引起注意

无数的事实证明:在面对面的推销中,能否真的吸引客户的注意力,第一句话是十分重要的,它的重要性并不亚于宣传广告。客户在听我们第一句话的时候比听第二句话乃至以下的话要认真得多,当听完我们第一句话时,很多客户,不论是有心还是无意,都会马上决定是尽快地把我们打发走,还是准备继续谈下去,如果第一句话不能有效地引起顾客的兴趣,那么尔后即使谈下去,成果也不会太乐观。

#### (1) 急人所需

抓住对方的急需提出问题是引起注意的常用方法。美国的一位食品搅拌器推销员,在一住户的男主人为其开门后,第一句话就发问道:"家里有高级搅拌器吗?"男主人被这突如其来的发问给难住了,他转过脸来与夫人商量,太太有点窘迫又有点好奇地说:"搅拌器我家里倒有一个,但不是最高级的。"推销员马上说:"我这里有一个高级的。"说着,从提袋中拿出搅拌器,一边讲解,一边演示。

假如第一句不是这样说,而是换一种方式,一开口就说:"我想来问一下,你们是否愿意购买一个新型的食品搅拌器?"或者"你需要一个高级食品搅拌器吗?"会有什么结果呢? 第一种问法,要对方回答的是"有"还是"没有"。当然差不多是明知故问,但这个问题提得好,有两个好处:一是没有使客户立刻觉得你是向他们推销东西的。我们已经说过,人们讨厌别人卖给他们什么,而喜欢自己去买什么;二是我们只说我们有一台高级搅拌器,并没有问客户买不买,因此客户会发生兴趣:看看高级别的与我们家里的有什么不同,演示说明就成为顺理成章的事情了。至于最后的购买,不是乞求的结果,也不是高压的结果,而是客户的一种满意的选择。

#### (2) 设身处地

如果一开口,便说出一句替客户设身处地着想的话,同样也能赢得对方的注意。因为人们对与自己有关的事特别注意,而对那些与自己无关或关系不大的事,往往不太关心。有一个推销家庭用品的推销员，总能够成功地运用第一句来吸引顾客的注意。"我能向您介绍一下怎样才能减轻家务劳动吗？"这句话一下子抓住了对方的心理，被烦琐的家务劳动搞得十分伤脑筋，而且又无计可施，这时听说有方法可减轻家务劳动，当然会引起注意了。请想想，如果这位推销员朋友一开口就问人家："我能向你们推销一部洗衣机吗？"或者"我能给你们介绍一下我厂的新产品吸尘器吗？"效果就不会有第一种的说法好，因为后面的说法没有把产品对客户的效用一下子明确地提出来，而且没有设身处地地为对方着想，强调的是"我"，而不是"你"。

（3）正话反说

有的时候推销人员为了引起对方的注意，故意正话反说，这也是一种出其不意的妙法，一个高压锅厂的推销员找到一个批发部经理进行访问推销，他一开始就说了这么一句："你愿意卖1000只高压锅吗？"推销员在推销的时候，往往不说"卖"而说"买"。这句话一说，经理感到这个人很有意思，便高兴地请他谈下去，推销员抓住机会向经理详细地介绍他们工厂正在准备通过宣传广告大量推销高压锅的计划，并说明这样做的目的是为了给零售商提高销售量，这个经理便愉快地向他订下一批货。说话这件事真奇怪，同样一个意思，不同的说法，效果竟相差甚远，真是值得我们研究一辈子。

（4）形象演示

关于产品的戏剧性形象演示，效果明显，可以极好地引起公众注意。一个纺织品推销员脸朝着太阳的方向，双手举起一块真丝产品，这时，从挂在墙上的玻璃镜中，可以看到这块真丝产品，他对顾客说："你从来没有见过这样有光泽的图案，这样清晰的丝织品吧？"一个推销录音机的推销员，走进一个潜在客户的办公室，客户正在打电话，他马上将录音机打开，把对方的说话录了下来，等他打完电话后，马上放录音，同时对客户说："你可能还没有听过自己雄浑而悦耳的男低音吧？"这两个故事中的推销员，都善于因地制宜地利用自己所推销的商品，制造戏剧性的情节，实践表明：人们对于戏剧性的情节会产生很大的注意力和好奇心。假如不是这样，而是直截了当地问对方"你要录音机吗"、"你要丝织品吗"，效果就肯定差得远。

（5）顺水推舟

"在上个月的展销会上，我看到你们生产的橱窗很漂亮，那是你们的产品吗？"这句话马上引起了对方的注意，并使对方十分高兴，然后推销员紧接着对这位客户说："我想，如果在你们生产的橱窗上再配上我厂的这种新产品，那就是锦上添花了。"顺手递上了自己所要推销的产品，这个推销员顺着他人产品之水，推动自己产品之舟，可谓巧妙，这种借向客户提出新的构想来推销自己的产品的方法，也是一种吸引对方注意的有效途径。

（6）从众效应

从众，这是一种有趣的社会心理现象，它指的是，人们往往不自觉地以周围的人的行为动作为自己的行动指导，特别是当自己难以选择的时候，更会以他人的行为动作为自己行动的借鉴，例如：如果你的亲朋好友，邻居同事购买"飞鸽牌"自行车，当你打算买车的时候，就很可能也买"飞鸽牌"。这个原理用于推销，就要求推销员在说明产品时，同时举出已购买本产品的公司或知名人士或顾客的熟人。

"这种国产车很受欢迎，深圳、广州、珠海几家旅游公司都各订了10部。"

"李先生，您是否注意到红光印刷厂王经理采用了我们的印刷机后，营业状况大为改善？"

"这种综合电疗器特别受知识分子的欢迎,工学院的老师一买就是几十件,你们师范学院的教师也买了不少,例如,你们都认识的中文系王天教授,数学系刘明教授,都使用这种电疗器,效果不错。喏,这是他们写来的信。"

当然,推销时所碰到的场面何止千种,所谓运用之妙,存乎一心。以上的几种方法,仅供借鉴,到底要怎样说,才能最有效地吸引对方的注意,引起对方的兴趣,还要我们在实践中不断创造。

2) 介绍商品

介绍商品,是营销过程的一个重要环节,营销就是通过商品的介绍,达到满足客户真正需求和销售商品的双重目的。介绍应注意以下几点。

(1) 突出重点

通常一种商品或服务,本身具有众多的优点和特征,如果我们不看对象,一股脑儿将这些特点和特征加以罗列,一一介绍,不但会白白浪费许多时间,顾客也会由于我们的"狂轰滥炸"而弄得头昏眼花,不得要领。在介绍时,我们应根据商品或服务的特点,转换成对顾客的益处,依客户之不同而进行重点不同的说明。以电冰箱为例,同样的一个电冰箱,也随时间、地点、人物的不同而具有不同的效用,职业人员介绍的时候,只要抓住这一条,就会事半功倍。

美国的一位推销员曾经向住在北极圈内冰天雪地中的爱斯基摩人推销电冰箱,他是这样来介绍他所推销产品的:"这个电冰箱最大效用是'保温'不致使我们食物的结构被冻坏而丧失它的营养价值"(注:电冰箱里的常温是零下 5 摄氏度,而爱斯基摩人居住地的气温终年都零下三四十摄氏度)对爱斯基摩人而言,这位聪明的推销员以温度的差距对食物的营养价值的影响作为说明的重点,是非常恰当的。试想,如果对爱斯基摩人说由于冰箱里的温度低,可使食物保鲜,对方听了可能认为你到这里来为了开玩笑的。因为这里根本不存在食物腐败的问题。

商品虽然成千上万,不胜枚举,但是说明的重点不外乎以下 10 个方面:①适合性——是否适合对方的需要;②通融性——是否也可用于其他的目的;③耐久性——是否能长期使用;④安全性——是否具有某种潜在的危险;⑤舒适性——是否能为人们带来愉快的感觉;⑥简便性——是否很快可以掌握它的使用方法,不需要反复钻研说明书;⑦流行性——是否是新产品,而不是过时货;⑧身价性——是否能使顾客提高身价,自夸于人;⑨美观性——外观是否美观;⑩便宜性——价格是否合理,是否可以为对方所接受。这 10 个方面因人而异、因物而异、因时而异、要求我们在作说明的时候,能对症下药。

(2) 因情制宜

因情制宜就是指介绍商品时应根据商品的特点和推销对象的具体情况加以介绍,做到有的放矢,比如对高档商品要强调其质优物美的一面;对廉价商品则要偏重其价廉的特点;对试销商品要突出其"新颖独特"的一面,着力介绍其新功能、新结构、体现新的审美观和价值观;对畅销商品,因其功能、质量已广为人知,因此对商品本身不需详细介绍,而应着重说明其畅销的行情和原因,使顾客不但感到畅销合情合理,而且产生一种"如不从速购买,可能失去机会"的心理;而对滞销商品,则应强调其价格低廉、经济实惠的特点,同时适当地对照说明其滞销的某些原因和可取的优点。比如对老年人介绍说:"这种羽绒服是名牌产品,保暖性强,结实耐穿,式样大方,就是款式不够新颖,没有皮衣那么时髦,所以年轻人不太欣赏。"这正切合了老年人求经济实用,重内在质量的心理。

从营销对象来看,不同的顾客有不同的心理和需求,介绍商品时更应抓住不同顾客的心理特点,因人施语,获得顾客的认同,如年轻人喜欢新颖奇特,而老年人则注重价格;女士往往偏重款式,男士则更讲究品牌,向女士推销服装,应强调款式的新颖,风格的独特,而对男士,则应着重介绍品牌的知名、质料的考究。又如对老成持重的顾客,介绍时应力求周全,讲话可以慢一点,要留有余地;对自我意识很强的顾客,不妨先听其言,然后因势利导;对性情急躁的顾客,介绍商品时应保持平静,设身处地为之权衡利弊,促其当机立断;而对优柔寡断的顾客,则应察言观色,晓之以利,促发其购买冲动。

（3）充满热情

职业人员在营销过程中要充满信心和热诚,职业人员的热情往往会感染顾客,使顾客产生信任感,构成情感上的共鸣,进而引发顾客的购买欲。如有位妇女给小孩买马蹄衫上用的扣子,营业员见到她的小孩,说:"这是你的小孩吧,真漂亮。"妇女高兴地说:"你不知道,淘气着呢!"营业员说:"小子玩玩是好,女儿玩玩是巧,将来一定有出息!"问:"你想看点啥?""我想买五颗扣子。"营业员说:"市面上卖的马蹄衫胸前钉的是五颗扣子,衫上还应钉两颗。小孩好动,常掉扣子,加上一颗备用。您买十颗吧。"这位顾客很高兴:"您比我想得还周到,听您的买十颗。"

职业人员以热情待人,可以使本来不想买的买了,本来想少买的多买,而原来打算买的更满意、更高兴。总的来说,情能动人、能感人,产生出好的效果。

（4）实事求是

实事求是即指介绍商品应尊重事实,恰如其分,切忌虚假吹嘘,蒙骗顾客,应当看到,任何商品都有其长处和短处,顾客所关注的是商品的长处在多大程度上大于短处,在于商品的长处和价值要与其价格相称。所以,对商品成功的介绍并不在于过分渲染和夸大商品的优点,这样做只能引起客户怀疑和反感,应当实事求是地介绍,以使客户全面了解商品的情况。消除疑虑和犹豫心理,增强对商品和企业的信任度,买得放心并且称心,职业人员应当铭记的是:商品介绍中最重要的不在于推销者说了些什么,而在于客户相信什么,不在于告诉客户商品如何完美无缺,而在于客户了解此种商品有什么适应其需求的好处,所以实事求是地介绍商品是颇有说服力的。

3）诱导购买

一位美国推销员贺伊拉说:"如果您想勾起对方吃牛排的欲望,将牛排放在他的面前,固然有效,但最令人无法抗拒的是煎牛排的'吱吱'声,他会想到牛排正躺在黑色铁板上,吱吱作响、浑身冒油、香味四溢、不由得咽下口水。""吱吱"的响声使人们产生了联想,刺激了欲望。我们在推销说明中,就是凭借我们的口,针对顾客的欲望,利用商品的某种效用,为顾客描述商品,使之产生联想,甚至产生"梦幻般的感觉",以达到刺激欲望的目的。

（1）描绘购买后的美景

为了使顾客产生购买的欲望,只让顾客看商品或进行演示还是不够的,我们必须同时加以适当的劝诱,使顾客心理上呈现一幅美景。我们首先要将有魅力的形象在我们的脑海中描绘出来,并将形象转换成丰富动人的言辞,然后用我们的口才当"放像机"在对方脑海屏幕上映现出来,借以打动对方的心。

一位推销室内空调机的能手,他总滔滔不绝地向顾客介绍空调机的优点如何如何,因为他明白,人并非完全因为东西好才想得到它,而是由于先有想要的需求,才感到东西好,如果不想要,东西再好,他也不会买,因此他在说明他的产品时并不说"这般闷热的天气,如果没有冷气,实在令人难受。"之类的刻板的教条。而是把有希望要买的顾客,当成刚从炎热的阳光下回到一间没有空调机的屋子里:"您在炎热的阳光下挥汗如雨地劳动后回家来了,一打开房门,迎接您的是一间更加闷热的蒸笼,您刚刚抹掉脸上汗水,可是马上额头上又渗出了新的汗珠;您打开窗子,但一点风也没有,您打开风扇,却是热风扑面,使您本来疲劳的身体更加烦闷,可是,您想过没有,假如您一进家门,迎面吹来的是阵阵凉风,那是一种多么惬意的享受啊!"

凡是成功的推销员都明白,在进行商品说明的时候,不能仅以商品的各种物理性能为限,因为这样做,还难以使顾客动心。要使顾客产生购买的念头,还必须在此基础上勾画出一幅梦幻般的图景,这顿时使商品增加了吸引人的魅力。

使用这种描述说明方式有几点必须注意。

① 不要描述没有事实根据的虚幻形象。我们的描述,目的是使我们的商品或服务锦上添花。要做到这点,首先必须是"锦",而不是破布,如果我们所描述的是没有事实根据的虚幻形象,日后必招来顾客的怨恨。我国某城市的报纸上曾为该市新建的一座森林公园大做广告,称如何如何壮丽,开张的那天,不少人慕名而来,结果大呼上当,森林公园中根本见不到几棵树木,倒见到不少的建筑工地,顾客纷纷写信去报纸投诉,使该公园声誉扫地。

② 以具体的措词描绘。如果我们只说"太爷鸡"(这是广州市一家著名的个体户的绝活)。人们的脑海中仅会浮现一只鸡形象,至于什么颜色、什么香味、软硬如何、人们就不得而知,很难产生美味的形象。光说"价廉物美"不行,还应具体描述一下,价廉到什么程度,物美又美到何种地步。

③ 以传达感觉的措词来描述。如果我们只说"痛"便不大能令人了解到底有多痛,是怎样的痛法,如果说是"隐隐作痛"、"针刺般地痛"或"火烧火燎一样地痛",人们就理解得深刻多了,因为后者的描述中用了传达感觉的措词。

④ 活用比较和对照的方法来描述。"空调机比电风扇好用得多了。"、"电饭锅比烧煤烧柴省事得多了,且没有污染。"这样进行比较,人们的印象就会特别深刻。

⑤ 活用实例来描述。一位卖相机的小姐对欲购相机的另一位小姐说:"如果您出差、旅游,背上这么一部相机,不但使您更加富于现代青年的特色,而且会给您带来永久的回忆,请您想一想,如果因为没有相机而失去这些宝贵的一刹那,岂不是终生的憾事?"

如果我们把合理地说明与描述性的话语结合起来,将起到画龙点睛的作用,使我们的说明更加能激发起顾客的欲望。

(2) 提供有价值的情报

向顾客提供有价值的情报,也是刺激顾客购买欲望的一种说话方法,这也是很多不喜欢谈吐的推销员能得以成功的秘诀。什么是有价值的情报呢? 顾客的利益及消费的时尚,顾客的需要及利益都是有价值的情报,这里重点讲述应该如何抓住人们消费价值取向的变化,去引导顾客适应新形势,从而激发他们购买的欲望。由于技术的革新,市面上相继出现了经过新奇包装的商品。消费者的收入水准或教育水平都在提高,生活方式也随着改变,买方的欲求也高度化、大型化、多样化、个性化起来,购买态度,东西的买法,顾客的选择,都一直在急速地改变,顾客对价值观的看法,也和以前完全不同,所以,只认为质量过硬或工厂设备精良,就自视商品佳,而只陷于千篇一律到处可见的推销法,注定要失败。

所谓推销,已演变成不单是推销东西了。不是推销商品,而是推销情报。例如,小汽车,销售重点也已从便宜的经济性等因素,移向了外观、乘坐的感觉方面。纺织品,从耐久性方面,转移到色泽、花纹、设计、流行性等方面。住宅也同样,卖的不是孤立的建筑物,而是环绕建筑物的环境或有气氛的生活。即使是领带,卖的也不是单纯领带,而是一组的西装、衬衫、手帕等组合成整体的有个性的自我表现。这些销售特点,比起商品本身的价值和附加价值,便容易使顾客产生购买动机。现代的推销人员已不光是卖货、运货而已,而是提供决定商品买进有用情报的情报员。要当好这个消费顾问,在关键时刻得会说话。即不但推销员本人要明了消费趋势的变化,而且要善于把这些变化传达给那些不知情的顾客。

4)消除异议

曾有这样一段有趣的对话,两个人正在聊天,其中一个人问道:

"如果比尔·盖茨现在突然要约见你,你准备穿什么衣服去赴约呢?"

另一个人回答:"穿什么都可以,只要不穿西装、打领带、手提公文包就行了。"

"为什么?"

"很简单,如果你穿成那样去,大老远一看见你,比尔·盖茨就会认为你是来向他推销保险的,还没等你走到他跟前,他的秘书就会把你赶走……"

不难看出,销售的第一步是与顾客进行沟通,而沟通的第一步则是消除顾客的异议、疑惑、戒备或误解。无论顾客的异议是来自于推销人员、所推销的产品、企业的信誉,或是来自于顾客本身,推销人员都有义务为顾客解决问题,而不应该轻易放弃,更不应该抱怨顾客。

(1)产品异议

产品异议是顾客对产品的质量、样式、设计、款式、规格等提出的异议。这类异议带有一定的主观色彩,其根源在于顾客的认识水平、广告宣传、购买习惯及各种社会成见等因素。这种异议处理的关键是销售员必须首先对产品有充分的认识,然后再根据不同的顾客采用不同的办法去消除其异议。例如:

某家具经销商:"这种衣柜的外形设计非常独特,颜色搭配也非常棒,令人耳目一新,可惜选用的材质不太好……"

某衣柜厂家的推销人员:"您真是好眼力,一般人是很难看出这一点的,这种衣柜选用的木料确实不是最好的,如果选用最好的木料进行加工,价格恐怕就要高出两倍以上。现在这类产品更新换代很快,不是吗? 这种衣柜已经不错了,尤其是外形设计十分时尚,可以吸引很多年轻人。订购这种价位适中、外形独特的衣柜既可以使您的资金得以迅速流通,又可以节省成本。"

又如:

某图书馆经销商:"现在的学生根本就不认真读书,他们连学校的课本都没兴趣读,怎么可能看课外书呢?"

某出版社发行人员:"是啊,现在的孩子的确没有我们小时候读书用功了,我们这套图书就是为了激发他们的学习兴趣而编写的。图书内容丰富,形式新颖、活泼,对学校教材可以起到很好的辅助作用。"

（2）货源异议

货源异议是指顾客对推销品来源于哪家企业和哪个推销员而产生的异议。如"没听说过你们这家企业"、"很抱歉，这种商品我们和××厂有固定的供应关系"。

货源异议乍看不可克服，令人难堪；但这又说明顾客对产品是需要的，推销机会是存在的。这时推销员可以询问顾客目前用的产品品牌和供应厂商。如所用产品与推销品类似，则可侧重介绍推销品的优点。但这时千万不能说同行的坏话。称赞对方就是表示对自己的产品有信心，说别人的坏话反而会引起顾客的反感；如两种产品不同，则货源异议并不成立，成功希望更大，推销员可以着重说明两种产品的不同点，详细向顾客分析推销品会给他带来什么新的利益。例如：

顾客："我从来没听说你们的公司和产品，我们只和知名企业打交道。"

推销员："是啊，但您是否知道，我们公司今年已占了本市市场销售额的40％呢？"

然后，他用简洁的语言向顾客介绍企业生产、引以为豪的成绩、公司的发展前景等，尽量解除顾客的疑惑和不安全感，同时特别强调所推销的产品会给顾客带来的利益。

当推销员向顾客证明了自己所提供的产品比其他企业提供的同类产品更物美价廉时，他就击败了竞争对手，获得了交易成功。

（3）价格异议

顾客关注产品的价格，并且为了降低价格而进行协商，多半表明他需要这样的产品。顾客说"太贵了"，其实是追求物美价廉的心理使然，同时顾客也想听听你的解释。这时你要做的就是要让他们相信你的产品绝对物有所值，甚至是物超所值的。如果能够成功地做到这一点，那么就成交有望了。

因此，顾客提出对价格的异议时，推销人员不用紧张，也不要仅仅围绕着价格问题与顾客展开争论，而是应该看到价格问题背后的价值问题，尽可能地让顾客相信产品的价格完全符合产品的真实价值，最终说服顾客，实现交易。如果顾客咬定价格问题，不肯放松，推销人员也不必受顾客的影响，而应该寻找到顾客认为价格太高的深层次原因，然后再根据这些原因展开有效地销售活动。要记住：不要跟顾客讨论价格，而要跟顾客讨论价值。价格隐含于价值之中，价格本身就不会显得那么突出了。有一种叫"价格三明治"的方法，就是把价格分解为产品的功能，A功能、B功能、C功能加在一起值这么多价钱。所以我们要学会做价格分析，要告诉顾客价格里面具体包括了什么。

在面对价格争议时，推销人员可以尝试采用价格分解的方式处理顾客的反对意见。在实际销售活动当中，对价格进行分解的方式如下三种。

① 差额比较法。当顾客对产品的价格感到不满时，推销人员可以引导顾客说出他们认为比较合理的价格，然后针对产品价格与顾客预期价格的差额对顾客进行有效地说服。采用这种方法最大的好处是，一旦确定了价格差额，商谈的焦点问题就不再是庞大的价格总额了，而只是很小的差价。这时，你进一步说明产品的价值，把顾客的注意力吸引到产品的价值上去，顾客可能就不会过于坚持了。例如：

顾客："这个价格是在太高了，远远超出我的预算。"

推销人员："那怎样的价格您才能接受呢？"

顾客："我的最高预算是18000元。"

推销人员："我们的报价是19000元，与您提出的价格只相差1000元，不是吗？"

顾客："是的。"

推销人员："这种机器平均每天可以为您增加效益二百余元,也就是说,只要购买这台机器,不到 5 天的时间您就可以把这 1000 元的差价赚回来,难道您打算放弃这台机器为您带来的巨大效益吗?"

② 整除分解法。整除分解法的目的是通过化整为零的计算,让顾客知道产品的价值所在,把顾客的注意力从较大的数额转移到容易接受的小数额上,更容易让顾客认同产品的价值,从而有利于达成交易。例如:

顾客："这个房子的整体设计、质量很好,可是价格实在是太高了。"

推销人员："房子其实并不如您想象得那么贵。您看,房子的现价是每平方米 7000 元,这种房子以后一定会继续升值,其潜在的价值将远远高于它目前的价格。"

顾客："这个房子我是准备自己住的,不太可能出让,升不升值与我没有太大的关系。"

推销人员："即使是这样,您也不希望今天每平方米 7000 元买到的房子,明年就跌到每平方米 5000 元吧。这个房子用来自己住最合适了。您算一算,房子的产权期限是 70 年,而房价总额大概为 70 万元,那么您一年其实只要花 1 万元就可以住在如此高品质的建筑之内了;再算一下,即使您每年只在其中住 10 个月,一个月也只需要花 1000 元,一天才需要花多少钱呢?"

顾客："大概 33 元钱吧。"

推销人员："是啊!才 33 元钱,您每天只要少在外面吃一顿快餐就能够一辈子住在如此高档的住宅当中了,而且您还可以享受到高品质的物业服务。难道您愿意为了每天少花 33 元钱而放弃这样的人生享受吗?"

这里推销人员运用整除分解法,把顾客一年需要交 1 万元(大数目),分摊到每天差不多 33 元(小数目),这样会更容易让顾客动心。

③ 转移注意力。在解决顾客提出的价格异议时,如果顾客一直抓住价格问题不放,推销人员就需要想办法将顾客的注意力转移到他们感兴趣的其他问题上,比如让顾客把关注的焦点从价格问题转移到产品价值上。在具体的实施过程中,推销人员可以采用积极的询问、引导式的说明方法,再配合相应的产品演示等。例如:

顾客："你们公司的这款复印机显然要比××公司的价格高一些,所以我们打算再考虑考虑。"

推销人员："我知道您说的那家公司,您认为他们公司的产品质量和性能与我们公司相比哪个更好呢?"

顾客："产品的质量不太容易比较,不过我觉得他们公司的产品功能好像更多一些,他们公司的复印机还可以……"

推销人员："我们公司的另外一款产品也具有您提到的这种功能,这是针对专业使用者设计的。我觉得贵公司使用复印机的人员比较杂,而且每天需要复印的东西也很多,所以这款操作简单、复印速度快、寿命长的机器更适合贵公司……"

这里推销人员把难以解决的价格问题转移到了比较容易解决的质量与性能问题上,从而消除了顾客的异议。

(4) 服务异议

服务异议是顾客对企业或推销员提供的服务不满意而引起的异议。对待顾客的服务异议,推销员应诚恳接受,并耐心解释,以树立企业良好的形象。例如:一次,一位经营通用机械的跨国公司推销员向农民推销一种先进的农业机械,一个农民说:"你们公司在我们国家只有很少的几个经销维修点,而且离我们农场很远,今后机械零件损坏怎么办?"推销员回答:"本公司不提供机械服务,但我们在进行了严格测试的基础上,为每台机械配足了使用寿命所需的配件,一旦机械出现问题,你们可以自己换零件和维修,这样既省钱又不会误农时。"

5)促成交易

对营销工作来说,"成交"是核心环节,而把"成交"作为坚定不移的信念才是关键。当我们百分之百地相信自己的商品和服务能给顾客带来最大利益的时候,有着"一定要成交"的信念的时候,顾客本人也会感受到这种坚定的信念,并会受我们影响。因为顾客是最终受益者,坚定不移地帮助顾客获得他们想要的,一心一意地尽最大努力帮助顾客,是我们成交的信念,也是营销人员获得成功的保证。

(1)成交的前提

成交是一种信念。但光有信念是不能成交的,还要学会做好成交前的准备。了解成交的可能、前提是促成成交的捷径。它不但有助于营销人员选择顾客,同时也能有效地帮助营销人员认识成交。成交的前提主要有以下几点。

① 商品是顾客所渴望的

这就是说顾客有需求。如果营销人员都已经确信顾客可能真的不需要这种商品,那还怎么去营销呢? 同时也反映出在营销的时候要抓住顾客的需求这个关键,只要顾客对商品有需求,营销就变得容易了。

② 顾客的信任度

取得顾客的认同和信任,这是营销人员继续和顾客打交道的基础。

③ 顾客必须懂得怎样使用

厉害的营销人员会让顾客在不懂得如何使用商品的时候就去购买,但这绝不是一个优秀的营销人员的作为。因为最终会由于欺骗而永远失去这些顾客。真正优秀的营销人员能用通俗的语言以及示范给顾客详细介绍商品的特点和怎样使用,让顾客确切地明白自己购买的产品有什么作用以及如何使用。

④ 顾客一定要能担负得起

了解顾客的消费水平是营销人员通过观察得知的。因为即使顾客再喜欢,如果经济条件不允许也是不能成交的。所以,作为营销人员,在营销过程中要真诚地为顾客着想,帮助顾客选择其喜欢并能接受的商品,这样才能顺利地达成交易。

⑤ 营销人员的素质

营销人员营销的不仅仅是商品,更重要的是自己。塑造完美的个人印象,扩大专业知识面,保持个人积极、严谨的态度,这些都会有助于促成交易。

⑥ 不放弃的精神

营销人员要有不放弃的精神,即使碰壁了也不要气馁。天下没有十全十美的事情,不可能每笔交易都能成交,要能在失败后继续保持饱满的精神,怀着下次肯定成交的心态,去迎接下一位顾客。

（2）成交的时机

营销人员所做的一切工作都是为成交做准备的。如果说成交是一个机会，那么营销人员能否成功地把握这个机会就是成功的关键了。

① 顾客明确明示购买

顾客最直接也最明了地表示愿意购买是成交的最佳时机。这样的时机，营销人员都可以把握，但还是要注意不要因为顾客的同意购买而突然得意忘形，变得飘飘然了。特别是一些涉及金额较大的商品，如首饰、汽车、房子等，和顾客成交的时候，有些营销人员往往向其他同事挤眉弄眼，向其他同事展示"OK"的手势等，以示庆贺。这种过分喜悦，反而会引起顾客的不满和怀疑，会让其怀疑自己的决策是否正确。这种想法可能会让顾客突然终止购买。这种低级的失误是最需要营销人员自我反省的。

② 顾客含蓄表示购买

有的时候顾客基本上已经决定购买了，但是他们却常用含蓄的说法来表示。比如顾客问："这个东西多少钱啊？"、"可以用信用卡吗？"、"如果我要购买该怎么办啊？"当听到类似的问题时，应立刻停止介绍商品，可以用这样的问题来回复："您需要多少？"、"您付现金吗？"、"您需要的就是刚才您看的那一款，是吗？"通常这些问题可以帮助营销人员尽快地促成交易。而如果营销人员依旧继续介绍，就有可能失掉这个机会。

③ 顾客询问细节问题

这表明顾客对商品感兴趣了。这时候营销人员要做的是把商品介绍的重点放在顾客感兴趣的特点上，并介绍它的效果如何，并且适当地给予顾客肯定的赞美，就很容易达成交易。比如说："哎呀。您真有眼光，您刚才提的问题正是这款商品的最大特点，您真的很在行。那我就给您包装起来吧。"

对有些商品，当顾客询问付款方式、交货时间和地点的时候，同时就是顾客决定购买的时候。这个时候营销人员要迅速转变话题，把重点从介绍商品开始转移到成交事宜上。如果这时候急慢顾客，反而会招致顾客的不满。

在顾客询问附加服务的时候也是顾客欲购买的信号。我们说过，营销商品，其实是在营销服务，顾客关心的是能不能因此获得相应的服务保障，特别是大宗高档消费品，比如汽车、房子。这时候顾客如果能够获得满意的答复，成交的几率就会很大。

④ 购买信息还体现在肢体语言上

通常顾客呈现出"茶壶姿态"，即身体往前倾，一手放在腰上，另一只手放在膝上，这时候顾客多是在积极地思考与成交相关的问题。还有一种姿态是深思的姿势，其表现是揉下巴。在做商品介绍的时候，顾客突然停下来，用手支着下巴，或低下头似乎陷入沉思。顾客出现这两个姿势，营销人员要做的就是摆出和顾客同样的姿势，并要微笑地把顾客引导到成交的问题上来。在顾客思考的时候，应该停止说话，静静地坐着，微笑地看着顾客，直到顾客把手放下来为止。而当顾客的手放下来，抬起头来看着营销人员的时候，表示已经作了决定，而答案通常是肯定的。

⑤ 当顾客开始计算数字的时候

这个时候营销人员要抓住机会，适时地根据顾客的具体情况给予相应的数字信息来帮助顾客思考。比如购买这个商品要花多少钱，多少价钱才合算，使用这款商品或这项服务能够增加多少收益或降低多少成本。当顾客自己计算数字的时候，营销人员则要保持沉默，千万不要干扰顾客。当他完成计算并抬头时，营销人员可以说："您喜欢哪一个?"、"这是非常适合您的，您决定要几个?"通过这些问题来完成交易。

⑥ 有时候顾客突然变得非常友好、和善

营销人员很容易能从顾客的话语和行为中看到其心情愉快。有时候顾客会提出一些和营销无关的友好问题，比如："你还没参观过我们公司吧，我带你随便看看……"、"来杯茶怎么样? 我这可是新茶呀!"或者是抱着友善、关心的态度开始询问营销人员的个人情况："你做这行多久了?"这些问题和态度的转变都说明了顾客已经下了购买的决心，只是没有表达出来，所以他才会变得轻松和愉快。

这时候，营销人员不要因为顾客的态度变化而变得"受宠若惊"，在回答顾客无关问题的时候，不要大谈特谈一些不相干的事情，不要因为顾客的友好态度而一下子不好意思提出成交意向，否则会错过最佳的成交机会。这时候的营销人员要保持冷静，然后微笑地提出一个关于成交的问题，从而确认顾客的确切想法。如果顾客已表达出购买的意思，就要适时地进行成交，或者让顾客作出承诺以便完成最后的成交步骤。

### 思考与训练

1. 假如你明天要拜访一位重要客户，列出你需要做的形象准备和资料准备。

2. 进行拜访礼仪实践。学生 2～4 人为一组，利用业余时间，到亲朋好友家进行拜访。拜访的目的可以是社会调查、礼节性拜访或是请教问题等。拜访结束后，每个人写出详细的拜访过程，在教师的指导下，在全班进行拜访总结。

3. 小王做销售工作多年，积累了不少经验。近日，领导让他给新来的小张介绍一下接待客户的经验，如果你是小王你应怎样介绍?

4. 在你所在学校的"校园宣传日"里，要接待到校参观的学生家长和当年准备参加高考的考生，如果由你负责这项接待工作，你准备怎样做? 请列出接待方案。

5. 参加一家企业的营业推广或公共关系促销活动，观察和体验促销礼仪在这些活动中的作用，并写出实训小结。

6. 你正在和一家百货商场的经理谈"星海"牌加湿器，他说："我的库房里已经有很多加湿器了。"对于这点"否定"，你怎样应对?

7. 案例分析

#### 麦克拜访客户的秘诀

麦克具有丰富的产品知识，对客户的需要很了解。在拜访客户以前，麦克总是掌握了客户的一些基本资料。麦克常常以打电话的方式先和客户约定拜访的时间。

今天是星期四，下午 4 点刚过，麦克精神抖擞地走进办公室。他今年 35 岁，身高 6 英尺，深蓝色的西装上看不到一丝的皱褶，浑身上下充满朝气。

从上午 7 点开始，麦克便开始了一天的工作。麦克除了吃饭的时间，始终没有闲过。麦克五点半有一个约会。为了利用 4 点至 5 点半这段时间，麦克便打电话，向客户约定拜访的时间，以便为下星期的推销拜访预做安排。

打完电话，麦克拿出数十张卡片，卡片上记载着客户的姓名、职业、地址、电话号码资料以及资料的来源。卡片上的客户都是居住在市内东北方的商业区内。

麦克选择客户的标准包括客户的年收入、职业、年龄、生活方式和嗜好。

麦克的客户来源有3种：一是现有的顾客提供的新客户的资料；二是麦克从报刊上的人物报道中收集的资料；三是从职业分类上寻找客户。

在拜访客户以前，麦克一定要先弄清楚客户的姓名。例如，想拜访某公司的执行副总裁，但不知道他的姓名，麦克会打电话到该公司，向总机人员或公关人员请教副总裁的姓名。知道了姓名以后，麦克才进行下一步的推销活动。

麦克拜访客户是有计划的。他把一天当中所要拜访的客户都选定在某一区域之内，这样可以减少来回奔波的时间。根据麦克的经验，利用45分钟的时间做拜访前的电话联系，即可在某一区域内选定足够的客户供一天拜访之用。

麦克下一个要拜访的客户是国家制造公司董事长比尔·西佛。麦克正准备打电话给西佛先生，约定拜访的时间。

做好拜访前的准备工作使麦克成为一名优秀的业务员。

（资料来源：http://bbs.qjy168.com/d_155194.html，2009-01-05）

**思考与讨论：**

(1) 麦克拜访客户有哪些秘诀？

(2) 本案例对你有何启示？

## 小张错在哪里？

小张大学毕业后在扬州昌盛玩具厂办公室工作。中秋节前两天办公室陈主任通知他，明天下午三点本公司的合作伙伴上海华强贸易有限公司的刘君副总经理将到本市（昌盛玩具厂的出口订单主要来自华强贸易公司），这次来的主要目的是了解昌盛玩具厂是否有能力有技术在60天内完成美国的一批圣诞节玩具订单，昌盛玩具厂很希望拿到这份利润丰厚的订单，李厂长将亲自到车站接站。由于陈主任第二天将代表李厂长出席另外一个会议，临时安排小张随同李厂长一起去接刘副总经理，小张接到任务后，征得李厂长同意，在一个四星级宾馆预订了房间，安排用厂里最好的一辆轿车去接刘副总经理。

第二天上午，小张忙着布置会议室，通知一家花木公司送来了一批绿色植物，准备欢迎条幅，又去购买了水果，一直忙到下午2:30，穿着休闲服的小张急急忙忙随李厂长一起到车站，不料，市内交通拥挤，到车站后发现，刘副总经理已经等待了十多分钟，李厂长不住地打招呼，表示抱歉，小张也跟着说，厂子离市区太远，加上堵车才迟到的，小张拉开车前门请刘副总上车说："这里视线好，您可以看看我们的市容市貌。"随后，又拉开右后门请李厂长入座，自己急忙从车前绕到左后门上了车，轿车到达宾馆后，小张推开车门直奔总台，询问预订房间情况，为刘副总办理入住手续，刘副总提着行李跟过来。小张将刘副总送到房间后，李厂长与刘副总交流着第二天的安排，小张在房间里转来转去，看看是否有不当之处。片刻后，李厂长告辞，临走前告知刘副总晚上6点接他到扬州一家著名的餐馆吃晚饭。

小张随李厂长出来后，却受到李厂长的批评，说小张经验不够。小张觉得很冤枉，自己这么卖力，又是哪里出错了？

（资料来源：杜明汉.商务礼仪——理论、实务、案例、实训.北京：高等教育出版社，2010）

**思考与讨论：**

(1) 小张的接待准备工作充分吗？

(2) 小张在礼仪上有什么不足？

(3) 小张接到这份接待工作后,应该怎样做更合适?

## 亲自送客的李嘉诚

很多知名企业家也很注意送人的礼节。一位内地企业家在接受电视采访时谈到了他去李嘉诚办公室拜访李嘉诚的经历。

那天,李嘉诚和儿子一起接见了他。会谈结束之后,李嘉诚起身从办公室陪他出来,送他到电梯口。更让人惊叹的是,李嘉诚不是送到即走,而是一直等到电梯上来,他进去了,再举手告别,等到门合上。

身为亚洲首富的李嘉诚肯定是日理万机,可他依旧注重礼节,亲自送人,没有丝毫的怠慢。这位内地企业家面对着电视机前的亿万观众动情地说:"李嘉诚这么大年纪了,对我们晚辈如此尊重,他不成功都难。"

(资料来源:http://www.ledu365.com/a/redu/766.html,2009-11-28)

**思考与讨论:**

(1) 送客应讲究哪些礼仪?

(2) 本案例对你有哪些启示?

## 善于倾听的乔·吉拉德

有一次,一个客人到乔·吉拉德那里去买车,乔·吉拉德向他推荐了一个新型车,一切都进行得非常顺利,眼看就要成交了,突然间这个顾客说:"我不要了。"明明这个顾客很注意这部车,为何突然间变卦?乔·吉拉德对此一直懊恼不已,百思不得其解。

当天晚上 11 点,他实在忍不住,拨通了这位顾客的电话。

"您好,今天我向您推销的那一款车,眼看就要签字了,不晓得您为什么突然间走了。很抱歉,我知道现在已经 11 点了,但我检讨了一整天,实在想不出错在哪里,因此我特地打电话来向您请教。"

"真的吗?"

"真的。"

"是肺腑之言吗?"

"是肺腑之言。"

"很好,你用心听我说话吗?"

乔·吉拉德回答:"是的,我用心在听您说话。"

于是这个顾客说:"可是今天下午你并没有用心在听我说话呀,就在签字之前我提到我的儿子即将进某个大学就读,我还提到我儿子运动成绩以及他将来的抱负,我以他为荣,但是我发现你没有任何的反应。"

乔·吉拉德记得这个顾客的确是曾说过这件事,但当时他根本就没有注意听,也没有在乎。

"你根本就不在乎我说什么,我看得出来,你正在听另外一个推销员讲笑话,这就是你失败的原因。"

从此,乔·吉拉德明白了销售人员永远要学会倾听,去倾听对方的谈话内容,尊重对方的心绪,这样就成功了一半。他最终成为世界级推销大师。

(资料来源:吕玉梅.管理沟通技能.大连:东北财经大学出版社,2008)

**思考与讨论:**

(1) 请分析乔·吉拉德推销失败的原因。

（2）本案例对你有哪些启示？

## 失败的推销

一年夏天，推销员小刘浓妆艳抹，衣着时髦地来到顾客家上门推销产品。她敲开门后立即作自我介绍："我是来推销××消毒液的。"当主人正在犹豫时，她已进入室内，拿出商品，说："我厂的产品质量好，是×元一瓶。"顾客说："我从来不用消毒液，请你介绍一下消毒液有何用途。"小刘随即往沙发上一坐，对顾客说："天这么热，你先打开空调我再告诉你。"顾客不悦："那算了，你走吧，我不要了。"小刘临走时说："你真傻，这么好的东西都不要，你会后悔的！"

（资料来源：张岩松.新型现代交际礼仪实用教程.北京：清华大学出版社,2008）

**思考与讨论：**

（1）为什么顾客没有接受推销商品？小刘在推销商品时有哪些不足之处？

（2）如果是你，你将会如何进行推销？

## 口才拔高了"推销之神"

在日本有个叫原一平的人，身高只有145厘米，是个标准的"矮冬瓜"。他的工作业绩却是相当的惊人，曾连续多年占据日本全国寿险销售业绩之冠，被人誉为"推销之神"。

原来，原一平的身材虽然低人一等，但他的口才却高人一筹。在推销寿险产品时他经常以独特的矮身材，配上刻意制造的表情和诙谐幽默的言辞逗得客户哈哈大笑。他面见客户时通常是这样开始的。

"您好，我是明治保险的原一平。"

"噢！是明治保险公司。你们公司的推销员昨天才来过的，我最讨厌保险了，所以被我拒绝啦！"

"是吗？不过我比昨天那位同事英俊潇洒吧？"原一平一脸正经地说。

"什么？昨天那个仁兄啊！长得瘦瘦高高的，哈哈，比你好看多了。"

"可是矮个儿没坏人啊。再说辣椒是愈小愈辣哟！俗话不也说'人愈矮俏姑娘愈爱'吗？这句话可不是我发明的啊！"

"可也有人说'十个矮子九个怪'哩！矮子太狡猾。"

"我更愿意把它看成是一句表扬我们聪明机灵的话。因为我们的脑袋离大地近，营养充分嘛！"

"哈哈，你这个人真有意思。"

凭着出色的口才，原一平就是这样与客户坦诚面谈，在轻松愉快的气氛中不知不觉拉近了自己与客户之间的距离，很快一笔业务就搞定了。

看来，一个人身材矮小用不着怨天尤人，只要他能用后天的努力来弥补先天的不足甚至缺陷，吃苦耐劳、时刻进取、有所作为，在别人的眼里形象照样很高大。

（资料来源：彭真平.口才拔高了"推销之神".职业时空,2005(17)）

**思考与讨论：**

（1）原一平在推销上有什么特色？他为什么能够拉近自己与客户之间的距离？

（2）从本案例中你还得到了哪些启发？

## 只顾生意，不解人意

吉勒斯是美国著名的汽车推销员。一天，一位客人西装笔挺、神采飞扬地走进店里，吉勒斯心里明白，这位客人今天一定会买下车子。于是他热情地接待了这位客人，并为他介绍了不同品牌的车子，说明不同车子的性能、特点。客人频频点头微笑，然后跟随吉勒斯一起从展示场走向办公室，准备办手续。客人一边走，一边激动地说："你知道吗，我儿子考上医学院了，我们全家都非常高兴……"吉勒斯不顾顾客的兴致，抢过话题继续介绍汽车优良的性能。没等他介绍完，客人就又说道："我要买辆最好的车，作为礼物送给儿子……"吉勒斯接着客人的话说："我们的汽车无论是款式还是性能都是一流的……"客人有些不高兴，他看了吉勒斯一眼，没等他说完，抢着说道："我的儿子很可爱……"吉勒斯又说："是啊，我们的车子也确实是最好的……"客人的脸色越来越难看了："你这人怎么这样？""我……我们的汽车确实是……""你就知道汽车！"客人发火了，最后竟然拂袖而去。

（资料来源：洪艳梅.解"说"——浅谈对推销中"说"的认识.商业文化（下半月），2011（03））

**思考与讨论：**

（1）吉勒斯营销失败的原因是什么？

（2）本案例对你有何启示？

## 倾　听

小孙是天然食品销售员。一天她在给一位老太太上门销售时，对方反应冷淡，看起来销售工作实在没法开展。临走前，小孙忽然看到窗台上有一盆漂亮的盆花，上面种着红色植物。小孙故作惊讶地对老太太说："好漂亮的盆花！平常很少见到。""当然，这是兰花！"老太太的话马上多了起来，并且有些情绪激动。小孙马上接着问："真是好美！应该很贵吧？"老太太说："很贵。这盆花有两千块钱呢！"小孙又问："每天都要浇水吗？"老太太说："是的，每天都要悉心养育。"小孙说："那么，这盆花也算是家里的一分子喽？"这句话果然发挥了作用，立刻让对方觉得小孙是个有心人，于是开始倾情传授关于兰花的知识，而小孙则是一直在聚精会神地听。中途告一段落，小孙就把刚才心里所想的事情提出来："大妈，今天就当买一盆兰花把天然食品买下来吧！"结果老太太竟爽快地答应下来，并说："即使是我女儿、我丈夫，也不愿听我讲这么多……改天再来聊聊兰花好吗？"

（资料来源：未来之舟.销售礼仪.北京：中国经济出版社，2009）

**思考与讨论：**

（1）小孙营销成功的原因是什么？

（2）本案例对你有何启示？

## 乔·吉拉德的推销术

乔·吉拉德被誉为世界上最伟大的推销员，他在 15 年中卖出 13001 辆汽车，并创下一年卖出 1425 辆（平均每天 4 辆）的纪录，这个成绩被收入"吉尼斯世界大全"，那么你想知道他推销的秘密吗？他讲过这样一个故事：记得曾经有一次一位中年妇女走进我的展销室，说她想在这儿看看车打发一会儿时间。闲谈中她告诉我她想买一辆白色的福特车，就像她表姐开的那辆，但对面福特车行的推销员让她过一个小时后再去，所以她就先来这儿看看。她还说这是她送给自己的生日礼物：今天是我 55 岁生日。"生日快乐！夫人。"我一边说，一边请她进来随便看看，接着出去交代了一下，然后回来对她说："夫人，您喜欢白色车，既然您现在有时间，我给您介绍一下我们的双门式轿车，也是白色的。"我们正谈着，女秘书走了进来，递给我一打玫瑰花，我把花送给那位妇女："祝您长寿，尊敬的夫人。"显然她很受感动，眼眶都湿了，"已经很久没有人给我送礼物了，"她说，"刚才那位福特推销员一定是看我开了部旧车，以为我买不起新车，我刚要看车他却说要去收一笔款，于是我就上这儿来等他，其实我只是想要一辆白色车而已，只不过表姐的车是福特，所以我也想买福特，现在想想，不买福特也可以。"最后她在我这儿买走了一辆雪佛莱，并写了一张全额支票，其实从头到尾我的言语中都没有劝她放弃福特而买雪佛莱的词句，只是因为她在这里感到受了重视，于是放弃了原来的打算，转而选择了我的产品。

（资料来源：杨在田.最伟大推销员的真诚法则.理财,2010(03)）

**思考与讨论：**

（1）乔·吉拉德为什么能向这位妇女成功地推销雪佛莱车？

（2）乔·吉拉德在推销过程中体现了怎样的营销原则？

参考文献

1. 王炎,杨晶.商务礼仪——情境·项目·训练.北京:电子工业出版社,2014
2. 孔洁,张葵葵.大学生职业礼仪与社交礼仪.北京:中国电力出版社,2012
3. 毕文杰.你的职场礼仪价值百万.北京:中国画报出版社,2012
4. 李国辉.生客卖礼貌,熟客卖热情:一本书学会销售礼仪.北京:机械工业出版社,2012
5. 宋洪洁.每天学点销售学大全集.上海:立信会计出版社,2011
6. 王吉芳.营销礼仪.北京:北京交通大学出版社,2011
7. 宋洪洁.每天学点销售学大全集.上海:立信会计出版社,2011
8. 廖春红.中国式商务应酬细节全攻略.广州:广州出版社,2010
9. 水中鱼.销售金口才.武汉:华中科技大学出版社,2010
10. 汪彤彤.职场礼仪.大连:大连理工大学出版社,2010
11. 刘克芹.社交礼仪.北京:经济科学出版社,2010
12. 吴良勤.营销礼仪.北京:清华大学出版社,2009
13. 未来之舟.销售礼仪.北京:中国经济出版社,2009
14. 王华.金融职业服务礼仪.北京:中国金融出版社,2009
15. 王琦.旅游礼仪服务实训教程.北京:机械工业出版社,2009
16. 刘永俊,陈淑君.民航服务礼仪.北京:清华大学出版社,2009
17. 未来之舟.新员工入职礼仪培训手册.北京:中国经济出版社,2009
18. 未来之舟.职场礼仪.北京:中国经济出版社,2008
19. 吴运慧,徐静.现代礼仪实务.上海:上海交通大学出版社,2008
20. 张晓梅.晓梅说礼仪.北京:中国青年出版社,2008
21. 舒伯阳,刘名俭.旅游使用礼貌礼仪.天津:南开大学出版社,2008
22. 崔志锋.礼仪.北京:科学出版社,2008
23. 胡爱娟,等.商务礼仪实训.北京:首都经济贸易大学出版社,2008
24. 林友华,杨俊.公关与礼仪.北京:高等教育出版社,2008
25. 樊丽丽.实用生活礼仪常识.北京:中国经济出版社,2008
26. 谢迅.商务礼仪.北京:对外经济贸易大学出版社,2007
27. 刘长凤.实用服务礼仪培训教程.北京:化学工业出版社,2007
28. 吕维霞,刘彦波.商务礼仪.北京:清华大学出版社,2007
29. 徐克茹.商务礼仪标准培训.北京:中国纺织大学出版社,2007
30. 牟红,杨梅.旅游礼仪实务.北京:清华大学出版社,2007
31. 彭红.交际口才与礼仪.上海:华东师范大学出版社,2007
32. 李嘉珊.国际商务礼仪.北京:电子工业出版社,2007
33. 周庆.商务礼仪实训教程.武汉:华中科技大学出版社,2007
34. 陈秀泉.实用情景口才——口才与沟通训练.北京:科学出版社,2007
35. 张金霞.导游接待礼仪.北京:旅游教育出版社,2007
36. 杜明汉.营销礼仪.北京:电子工业出版社,2007
37. 尹菲.形体礼仪.北京:机械工业出版社,2007
38. 王斌.会展礼仪实训教程.重庆:重庆大学出版社,2007.
39. 杨丽敏.现代职业礼仪.北京:高等教育出版社,2007
40. 林成益,帅学华.现代礼仪修养教程.杭州:浙江大学出版社,2007
41. 向多佳.职业礼仪.成都:四川大学出版社,2006
42. 李莉.实用礼仪教程.北京:中国人民大学出版社,2006
43. 唐树伶,等.服务礼仪.北京:清华大学出版社,北京交通大学出版社,2006
44. 杨海清.现代商务礼仪.北京:科学出版社,2006
45. 冯玉珠.商务宴请攻略.北京:中国轻工业出版社,2006

46. 李嘉珊,刘俊伟.旅游接待礼仪.北京：中国人民大学出版社,2006

47. 马志强.语言交际艺术.北京：中国社会科学出版社,2006

48. 韦克俭.现代礼仪教程.北京：清华大学出版社,2006

49. 沈杰,方四平.公共关系与礼仪.北京：清华大学出版社,2006

50. 田长军.有礼任走天下.广州：中山大学出版社,2006

51. 洪美玉.旅游接待礼仪.北京：人民邮电出版社,2006

52. 周朝霞.营销礼仪.北京：中国人民大学出版社,2006

53. 刘晓清.现代营销礼仪.大连：东北财经大学出版社,2006

54. 胡晓涓.商务礼仪.北京：中国人民大学出版社,2005

55. 孙乐中.导游实用礼仪.北京：中国旅游出版社,2005

56. 黄琳.商务礼仪.北京：机械工业出版社,2005

57. 辽宁省教育厅.高职生就业与创业指导.沈阳：辽宁大学出版社,2005

58. 徐飙.文秘实习实训教程.北京：高等教育出版社,2005

59. 国英.现代礼仪.北京：机械工业出版社,2005

60. 王伟伟.礼仪形象学.北京：人民出版社,2005

61. 祝艳萍,张洁梅.公关礼仪.北京：光明日报出版社,2005

62. 鲍日新.社交礼仪：让你的形象更美好——献给大学生朋友.上海：上海教育出版社,2005

63. 李晓洋.人际沟通.长沙：湖南科学技术出版社,2005

64. 金正昆.社交礼仪教程.北京：中国人民大学出版社,2005

65. 金正昆.商务礼仪教程.北京：中国人民大学出版社,2005

66. 未来之舟.营销礼仪手册.北京：海军出版社,2005

67. 英格丽·张.你的形象价值百万.北京：中国青年出版社,2005

68. 周裕新.公关礼仪艺术.上海：同济大学出版社,2004

69. 李鸿军,石慧.交际礼仪学.武汉：华中科技大学出版社,2004

70. 陈柳.职业人形象设计与修炼.上海：上海远东出版社,2004

71. 国英.公共关系与现代交际礼仪案例.北京：机械工业出版社,2004

72. 吕维霞,刘彦波.现代商务礼仪.北京：对外经济贸易大学出版社,2003

73. 丁立新,江泽瀛.国际商务礼仪实训.北京：对外经济贸易大学出版社,2003

74. 关彤.社交礼仪.海口：南海出版公司,2003

75. 何浩然.中外礼仪.大连：东北财经大学出版社,2002

76. 李杰群.非言语交际概论.北京：北京大学出版社,2002

77. 北京康世经济发展研究所.白领礼仪.北京：中华工商联合出版社,2001

78. 舒伯阳,刘名俭.旅游实用礼貌礼仪.天津：南开大学出版社,2001

79. 杨军,陶犁.旅游公关礼仪.昆明：云南大学出版社,2001

80. 邱伟光.公共关系礼仪文化.北京：高等教育出版社,2000

81. 杨眉.现代商务礼仪.大连：东北财经大学出版社,2000

82. 张怡.涉外礼仪与技巧.北京：中国纺织大学出版社,1999

83. 郭文臣.交际与公关礼仪.大连：大连理工大学出版社,1998

84. 李兴国.现代商务礼仪.哈尔滨：黑龙江科学技术出版社,1998

85. 黎运汉.公关语言学.广州：暨南大学出版社,1998

86. 晓燕.公关礼仪.郑州：百花洲文艺出版社,1995

87. 要力勇,李华秀.实用公关技巧大全.北京：北京师范大学出版社,1992

88. http://zhaoqiuyu007.blog.sohu.com/73232240.html

89. http://www.xchen.com.cn/liyi/zhichangliyi/322554.html

参考文献